伦理学与人生

王海明　著

复旦大学出版社
www.fudanpress.com.cn

内容简介

本书系作者专心致志撰写22年而成的150余万字的《新伦理学》（商务印书馆2008年修订版）之精粹。它几乎将每个理论问题都化为一个鲜活的人生案例，通过解析各个案例而系统展现伦理学博大精深之原理，因而名之为《伦理学与人生》。

CONTENTS | 目录

第一讲

伦理学：关于优良道德的科学

■ 绪论提要

伦理学,就其最重要和最完美的部分来说,并不是怎样做人的科学,而是如何治国的科学,是治理社会的最高级、最重要、最关键的科学。伦理学,就其全部内容来说,则是关于道德价值的科学,是关于优良道德的科学:优良道德就是与道德价值相符的道德;与道德价值不符的道德是恶劣道德。伦理学分为元伦理学和规范伦理学以及美德伦理学。元伦理学主要通过研究“是与应该”的关系而提出确立道德价值判断之真理和制定优良的道德规范之方法:元伦理学是关于优良道德规范制定方法的伦理学。规范伦理学主要通过社会制定道德的目的,亦即道德终极标准,从人的行为事实如何的客观本性中推导、制定出人的行为应该如何的优良道德规范:规范伦理学是关于优良道德规范制定过程的伦理学。美德伦理学主要研究优良道德如何由社会的外在规范转化为个人内在美德,从而使优良道德得到实现的途径:美德伦理学是关于优良道德实现途径的伦理学。

一、伦理学：做人的科学还是治人的科学？

伦理学恐怕是一门被人误解最多的科学。最大的一个误解就是，自伦理学诞生以来，人们一直以为伦理学是一门教人怎么做人的科学。诚然，伦理学要教人怎么做人，伦理学教人应该追求美德、做一个好人，而不应该陷入恶德、做一个坏人。因为伦理学的研究表明：一个人追求美德还是陷入恶德，说到底，乃是他有无智慧的结果和标志。陷入恶德是"占小便宜吃大亏"，得不偿失，显然是一种真正的愚蠢和不智，是愚蠢和不智的结果；反之，追求美德是"吃小亏占大便宜"，得大于失，无疑是一种真正的智慧，是智慧的结果。所以，孟子曰："夫仁，天之尊爵也，人之安宅也。莫之御而不仁，是不智也。"①然而，这些怎么做人的智慧并非伦理学的主要研究对象，伦理学的主要研究对象是怎么治人、怎么治国的问题。伦理学，就其主要研究对象来说，并不是做人的科学，而是治人的科学；并不是怎样做人的科学，而是如何治国的科学，是关于社会治理原则——如公正、平等、人道、自由和异化等等——的科学，是关于治国最高原则的科学。我今天就来讲一下伦理学究竟是什么？为什么伦理学主要是治人的科学而不是做人的科学？

谁都知道，伦理学是关于道德的科学。这固然不错，但须注意，在这个定义中，道德是全称，因而其外延包括一切道德。这就是说，伦理学不是关于某个社会的特殊的、具体的道德的科学，而是关于一切社会的一切道德的科学，也就是关于一切特殊的、具体的道德所包含的那种共同的、抽象的、一般的、普遍的"道德"之科学，因而也就是关于道德的普遍本性的科学，说到底，也就是道德哲学。不过，细细想来，这个定义并不十分精确。因为道德无疑是一种社会制定或认可的行为应该如何的规范：道德与道德规范是同一概念。这样，道德便正如休谟所说，无非是人们所制定的一种契约，因而具有主观任意性，

① 《孟子·公孙丑上》。

具有优良与恶劣或正确与错误之分。就拿曾经风行数世纪的“女人应该裹小脚”的道德来说，这种道德显然是极其恶劣的、错误的。诸如此类的恶劣道德亦曾盛行于世界各地，以致达尔文叹曰：“极为离奇怪诞的风俗和迷信，尽管与人类的真正福利与幸福完全背道而驰，却变得比什么都强大有力地通行于全世界。”①

可见，道德是由人制定或约定的，因而有优劣之分：这就是“女人应该裹小脚”的伦理意蕴。这种意蕴意义重大，因为道德有优劣之分，不是别的，正是伦理学诞生的真正原因：伦理学的意义显然全在于避免恶劣的、错误的道德，制定优良的、正确的道德。因为制定道德并不需要伦理学，伦理学迟至公元前500—公元前400年前后，亦即在苏格拉底、亚里士多德和孔子、老子时代，才诞生的，而在伦理学诞生之前，道德早就存在了：有社会，斯有道德焉。只有制定优良的、正确的道德才需要伦理学：伦理学是关于优良道德的科学。因此，确切地讲，伦理学并不是关于道德的科学，而是关于优良道德的科学。这恐怕才是伦理学的精确定义：伦理学，亦即道德哲学，是关于优良道德的科学，是关于优良道德的制定方法和制定过程以及实现途径的科学。

如果说伦理学是关于优良道德的科学，那么，究竟怎样的道德或道德规范才是优良的？这是个十分复杂的问题，它牵连三个密不可分而又根本不同的重要概念：道德（道德规范）、道德价值、道德价值判断。人们往往以为，所谓道德或道德规范，亦即道德价值。其实，二者根本不同。因为道德或道德规范都是人制定或约定的。但道德价值却不是人制定或约定的。一切价值——不论道德价值还是非道德价值——显然都不是人制定或约定的。试想，玉米、小麦、猪肉和鸡蛋的营养价值怎么能是人制定或约定出来的呢？那么，道德价值与道德规范是何关系？道德规范是道德价值的摹本，是根据道德价值制定或约定出来的。例如，“应该无私利他”是一种道德规范，它岂不就是根据无私利他的道德价值制定的吗？无私利他具有正道德价值，因而是应该的：“应该无私利他”。同样，“不应该损人利己”也是一种道德规范，它岂不也是根据损人利己的道德价值制定的吗？损人利己具有负道德价值，因而是不应该的：“不应该损人利己”。

这样一来，道德规范便与道德价值判断一样，皆以道德价值为内容、对象、

① Charles Darwin, *Descent of Man and Selection In Relation to Sex*, John Murray, Albemarle Street, W. London, 1922, p. 186.

摹本，都是道德价值的表现形式：道德规范亦即道德价值规范；道德判断亦即道德价值判断。只不过，道德价值判断是道德价值在大脑中的反映，是道德价值的思想形式；而道德规范则是道德价值在行为中的反映，是道德价值的规范形式。因此，道德规范和道德价值判断有真假对错优劣之分。道德价值判断有真假之分：与道德价值相符的判断，便是真理；与道德价值不符的判断，便是谬误。道德规范则没有真假而只有对错优劣之分：与道德价值相符的道德规范，就是优良的、正确的道德规范；与道德价值不符的道德规范，就是恶劣的、错误的道德规范。举例说，如果为己利他确实是不应该的（这是一种道德价值），那么，断言为己利他是应该的道德价值判断便与其道德价值不符合，因而是一种谬误的、假的判断；而把为己利他奉为道德原则也与其道德价值不符合，因而是一种恶劣的道德原则。

那么，究竟怎样才能制定与道德价值相符的优良道德规范呢？人们制定任何道德规范，无疑都是在一定的道德价值判断的指导下进行的。显而易见，只有在关于道德价值的判断是真理的条件下所制定的道德的规范，才能够与道德价值相符，从而才能够是优良的道德规范；反之，如果关于道德价值的判断是谬误，那么，在其指导下所制定的道德规范，必定与道德价值不相符，因而必定是恶劣的道德规范。举例说，如果“为己利他是应该的”这一道德价值判断是真理，那么，我们把为己利他奉为道德原则，便与为己利他的道德价值是相符的，因而是一种优良的道德原则。反之，如果“为己利他是应该的”这一道德价值判断是谬误，那么，我们把为己利他奉为道德原则，便与为己利他的道德价值不相符，因而便是一种恶劣的道德原则。

所以，伦理学是关于优良道德的科学的定义实际上蕴含着：伦理学是寻找道德价值真理的科学，是关于道德价值的科学。这是伦理学的公认的定义，同时也是伦理学的深刻的、精确的定义。不过，这个定义显然只能由“伦理学是关于优良道德的科学”推出，而不能由“伦理学是关于道德的科学”推出。因为优良道德是不能随意制定、约定的，制定优良道德必与道德价值相关：优良道德是与道德价值相符的道德规范。所以，如果说伦理学是关于优良道德的科学，那么，伦理学就必须研究道德价值，因而就必定是关于道德价值的科学。反之，制定道德不必与道德价值相关：与道德价值相符的道德是道德；与道德价值不符的道德也是道德。所以，如果说伦理学是关于道德的科学，那么，伦理学就不必研究道德价值，因而就不必是关于道德价值的科学。

二、农村人与城里人眼中的美女

伦理学是关于优良道德或道德价值的科学，这意味着，伦理学就其根本特征来说，是一种规范科学或价值科学而不是描述科学或事实科学。这样，在科学的王国里，伦理学便属于规范科学而与事实科学相对立。那么，这是否意味着，伦理学只研究“应该”、“价值”、“规范”而不研究“是”、“事实”？行为应该如何与行为事实如何究竟是什么关系？这就是所谓“休谟难题”或“休谟法则”，因为休谟首次提出了这个问题：能否从“是”推导出“应当”？这是关于道德价值的产生和存在的来源、依据问题，是如何确定行为的道德价值的问题，是如何科学地确定伦理学的研究对象的问题，是元伦理学的源头、基石和核心，是元伦理学的基本问题，因而也就是伦理学最根本、最重要的问题。然而，它是如此之难，学术界研究了两百多年，形成了自然主义、情感主义、直觉主义、规定主义和描述主义五大流派，竟然至今未能解决。

我对于这个问题的强烈兴趣源于童年。那时父亲是铁路工人，月薪五十多元钱养育不起六个儿女，只好开荒种地、饲养猪鸡。我几乎每天都喂猪、放猪，和猪一起玩耍，帮它抓虱子，听它哼哼唧唧地不断向我致意，与它那水汪汪长睫毛大猪眼睛相对而视，总不厌倦。猪吃饱了，心满意足躺下睡觉。我玩累了，有时也跟着躺下，头就枕在猪肚子上，与它一同进入梦乡。猪——套用今日青年人的一句时髦话——真的就是我的最爱。然而，每到过年，我爹就要杀一头猪。看它拼命挣扎，听它凄惨呼号，我非常痛苦。我想不通：为什么杀猪是应该的，而杀人是不应该的？

这个问题后来困扰我二十余载。它也曾同样困扰着因胃癌而英年早逝的当代大哲诺齐克。他在《无政府、国家与乌托邦》中曾就这个问题试着解释说：“生物是不是按某种上升的等级安排的，以便可以使事物都为了那些等级高的生物的较大总体利益而做出牺牲或忍受痛苦？”①但是，他自己也感到这种解释难以成立，因而接下来又反问道：“更优越的生物是否可以为了他们的利益而牺牲我们？”②我们不妨再补充一句：比较高级的人是否应该

---

① 〔美〕诺齐克：《国家、无政府和乌托邦》，何怀宏译，中国社会科学出版社 1991 年版，第 55 页。
② 同上。

为了他们的利益而牺牲比较低级的人？聪明者是否应该为了他们的利益而牺牲愚蠢者？强者是否应该为了自己的利益而牺牲弱者？不仅如此，这种解释的最大缺憾乃在于，它犯下了英国元伦理学家摩尔所批判的"自然主义谬误"：从事实如何（人事实上是比猪高级的生物）直接推导出应该如何（人应该为自己的利益而使猪遭受痛苦和牺牲）。从事实确实不能直接推导出应该。试想，你怎么能从事实上存在无私利他，就推导出应该无私利他呢？如果说无私利他事实上是人能够做到的，因此就断言应该无私利他，那么我岂不就可以由损人利己是事实而断言应该损人利己吗？

应该与事实的关系确实是一个难题。对这个难题，今日西方伦理学家仍在热烈争论，但都认为还没有解决这个难题。不过，据我看来，一些伦理学家，如麦金太尔、福特、艾伦·吉沃思（Alan Gewirth）、J·L·马奇、马克斯·布莱克（Max Black）等人已接近解决该难题。因为他们或多或少、或明或暗地指出：从"事实如何"能够推导出"应当如何"。但不是直接推导，而是通过一个中介，这个中介就是主体的需要、欲望、目的：行为事实符合人的需要、欲望、目的，就是"应当"的，行为事实不符合、违背人的需要、欲望、目的，就是"不应当"的。他们的这种观点，虽然没有充分论证，但很令人信服。其实，这一见地可以追溯到古希腊智者普罗泰戈拉的那句名言："人是万物的尺度。"确实，人是万物的尺度或标准，更确切地说，人的需要、欲望、目的是万物的尺度，是万事万物应当不应当、好不好、坏不坏、美不美、丑不丑之尺度或标准。

这种观点，在19世纪俄国哲学家车尔尼雪夫斯基那里得到了非常生动而深刻的论述，他举了两个著名的例子来说明这个道理。其中一个就是，农村人的美女和城里人的美女是不一样的。农村人眼里的美女，虽然不至于是个大胖子，但一定比较丰满，有力气，脸不是那种苍白的，而是红润的，就像电影《人生》里的巧珍。这是因为农村人与城里人的审美需要不一样。农民的审美中蕴含着对力气的需要。因为一个农村的妇女，每年至少要养两头猪，甚至还要养上一头老母猪，老母猪每年要生十几头猪崽子。养猪实在不是一件容易的事情，一头猪一顿就能吃一锅猪食，每天至少要三顿啊！光养猪还不行，还得养活孩子，这没有好体力显然是不行的。因为在车尔尼雪夫斯基的那个时代，不只是养活两个孩子，一般要养活十个八个的。我姥姥就生了十三个小孩，我母亲是少了一些，只生了十个孩子。想想看，像林黛玉那样的美女能符合农民这种包含着好体力的审美需要吗？这就是林黛玉不可能是农民心目中的美女的缘故：她不符合农民的审美需要。

相反的，城里人眼里的美女就不一样了。农村人眼里的美女在城里人的眼里，比如在北大教授的眼里，我想一般不是美女。北大教授要这么有力气的人干嘛呢？城里人眼中的美女，一般说来，是苗条的，比较白净的，即使是苍白的，也可能是美的。我在读研究生的时候，曾和自幼生活在杭州城里的何包钢以及远志明——现在他们分别是澳大利业的高级讲师和美国牧师——讨论过车尔尼雪夫斯基的这个问题。我们争论得面红耳赤也没有解决问题，于是只好诉诸实践。在一个晚会上，何包刚首先发现了一个美女，我一看，禁不住大笑起来：那是什么美女？那岂不是大理石吗？苍白而瘦削。而我所发现的美女，他们俩看了，更是笑得前仰后合。确实，那是一个十分丰满的胖姑娘。我自幼生活在农村，养猪养鸡，审美需要中包含着力气，以至几十年来一直认为美女一定是胖姑娘，得胖乎乎的。很久以后，我才逐渐改变了这种农村人的审美需要，才认为胖并不美，才同意城里人何包钢的观点：苗条是美。那已经是我到京城二十余年之后的事情了。

农村人和城里人眼中的美女之差异说明，美与丑并不是客体本身独自具有的属性，而是客体的事实属性与主体的审美需要发生关系时所产生的属性，是客体依赖主体的审美需要而具有的属性，是客体的事实属性对主体审美的效用。因此，它是经过人的审美的需要，经过这些需要、欲望、目的之中介，从事实中推导出来的：符合人的审美需要、欲望、目的的事实，就是“美”的；不符合或违背人的审美需要、欲望、目的的事实，就不是美的。在车尔尼雪夫斯基看来，不但美和丑是这样，应当与不应当也是这样的。他自问自答道：“天下雨是应当还是不应当的呢？这要看是在什么时候。涝的时候下雨就是不应当的，旱的时候下雨就是应当的。”确实如此！记得我小时候常听我妈说：该下雨了，怎么还不下雨呀！为什么该下雨？因为那时天旱了人需要下雨，下雨符合人的需要因而是应该的，该下雨。又常听我妈抱怨：不该下雨偏偏下个不停！为什么不该下雨？因为那时天涝了人需要不再下雨，下雨不符合人的需要因而是不应该的，不该下雨。所以，应当不应当下雨并不是下雨本身的属性，而是下雨与人的需要发生关系时所产生的属性，是下雨依赖主体的需要而具有的属性，是下雨的事实属性对人审美的效用。因此，它是经过人的需要、欲望、目的这个中介从下雨之事实推导出来的：天旱时人有下雨的需要，因而下雨是应该的；天涝时人有不下雨的需要，因而下雨是不应该的。

可见，应当、美丑、价值如何，并不是客体本身独自具有的属性，而是客体的事实属性与主体的需要、欲望和目的发生关系时所产生的属性，是客体依赖主体的需要、欲望和目的而具有的属性，是客体的事实属性对主体需要、欲望和目的之效用。因此，美丑、价值、应该如何并不是直接从事实如何中推导出来的，而是通过主体的需要、欲望、目的间接地从行为事实如何和万物事实如何中推导出来的。人的行为的善恶或应该不应该也是这样的。每个人的行为，它的应当不应当，都是该行为对于主体的需要、欲望和目的的一种效用性。就拿小偷来说。记得 20 世纪 80 年代末，我初到北京，有一次乘公共汽车，衣兜里的一打纸被小偷扯出一半儿。这个小偷一看是纸，就溜走了。小偷当时心里或许想：偷错了，不应该偷这个穷光蛋。确实，小偷偷我是错的、不应该的，因为他偷盗的目的是得到钱，而我是个穷光蛋，他偷我达不到他偷钱的目的、不符合他偷钱的目的，因而是错的、不应该的。但是，后来我在北大任教，我的一个访问学者——她是个很有钱的富婆——的书包被小偷割开一个大口子，结果被偷走两千块钱。小偷当时心里或许想：偷对了！确实，小偷偷富婆是对的、应该的，他应该偷富婆，因为偷富婆能够得到钱，符合他偷钱的目的。

所以，行为的应该不应该不过是行为事实对于行为目的的一种效用性：符合目的就是应该的，违背目的就是不应该的。当然，这种“应该”并不是道德的“应该”，而是非道德的应该。应该（或价值）有“道德应该”（或道德价值）与“非道德的应该”（或非道德价值）之分。二者固然都是行为事实对于主体需要、欲望和目的的效用，但非道德应当或非道德价值是行为事实对于行为者个人目的之效用；道德应当或道德价值则是行为事实对于社会创造道德的目的之效用，是行为事实对于道德目的之效用。小偷偷富婆，能够偷到钱，符合自己的目的，因而是应该的：小偷应该偷富婆而不应该偷穷光蛋。这种应该属于非道德应该或非道德价值范畴。因为这种应该是偷盗的行为事实对于小偷个人目的的效用性。然而，按照常识，不论小偷偷富婆还是偷穷光蛋都是不应该的。这种应该不应该就属于道德应该或道德价值范畴。因为这种应该不应该乃是他偷盗的行为事实对于道德目的——保障社会存在发展最终增进每个人的利益——的效用性。任何偷盗——不论是偷富婆还是偷穷人——显然都有害于社会存在发展，都不符合道德的目的，因而都是不应该的、具有负道德价值的。这就是我们常说的应该不应该，亦即道德的应该不应该或道德价值，它们是行为事实对于道德目的的效用性：符合道德目的就是应该的，具有正道德价值；不符合道德目的就是不应该的，具有负道德价值。

因此，行为应当如何的道德价值是从行为事实如何的客观本性中产生和推导出来的，但是，它不是直接从行为事实如何的客观本性中产生和推导出来的，而是经过"道德目的"之中介，间接地从行为事实如何的客观本性中产生和推导出来的：行为应该或正道德价值等于行为事实与道德目的之相符；行为不应该或负道德价值等于行为事实与道德目的之相违。试想，为什么应该诚实而不应该撒谎呢？为什么诚实具有正道德价值而撒谎具有负道德价值？岂不就是因为，社会是一种利益合作体系，其基本纽带就是诚实，就是不撒谎。诚实能够保障社会合作，符合道德目的，因而是应该的，具有正道德价值；反之，撒谎势必毁坏社会合作，不符合道德目的，因而是不应该的，具有负道德价值。但是，有的时候，撒谎却是应该的，具有正道德价值；而诚实反倒是不应该的，具有负道德价值。一个人得了不治之症，医生往往会安慰他说，病虽然挺重，但不是什么不治之症，并鼓励他舒畅胸怀、积极治疗和锻炼。这明明是说谎，却是应该的、道德的。为什么？岂不就是因为这种欺骗有利于受骗者，因而符合道德目的？反之，医生如果告诉病人，他得了绝症，最多能活几个月，那么，这虽然是诚实，却是不应该、不道德的。为什么？岂不就是因为这种诚实有害于病人的身心，因而不符合道德目的？

可见，道德价值或行为应该如何，并不是行为本身独自具有的属性，而是行为的事实属性与道德目的发生关系时所产生的属性，是行为依赖道德目的而具有的属性，是行为事实如何对道德目的的效用。因此，行为事实如何是道德价值实体，道德目的则是道德价值标准；道德价值、道德应该、行为之应该如何，是通过道德目的，从行为事实如何中产生和推导出来的：行为之应该（或正道德价值）等于行为之事实与道德目的之相符，行为之不应该（或负道德价值）等于行为之事实与道德目的之相违。这就是休谟难题之答案，这就是行为应该如何从行为事实如何之中产生和推导出来的过程，这就是道德应该、道德价值所特有的推导方法，这就是道德应该、道德善、道德价值所特有的发现和证明方法，这就是优良道德的推导和制定之方法，这就是可以推导出伦理学全部对象、全部内容的伦理学公理，我们可以将它归结为一个公式而名之为"道德价值推导公式"：

前提1：道德目的如何（道德价值标准）
前提2：行为事实如何（道德价值实体）
———————————————
结论1：行为应该如何（道德价值）
结论2：优良道德规范（与道德价值相符的道德规范）

然而，问题显然在于，我们为什么将这个道德价值推导公式叫做伦理学公理呢？

三、伦理学公理

从1984年到2007年，整整22个寒暑，我几乎谢绝一切社会交往而只做三件事：撰写《新伦理学》、讲课和锻炼身体。我妻孙英常常半是骄傲半是抱怨地对别人说：海明只不过是一架写作机器，他锻炼身体完全是为了精力充沛地写作，他教书讲课完全是为了有钱给他这架写作机器买油、加油。令我无限欣慰的是，我总担心生前写不完的《新伦理学》(修订版)终于在2007年底完稿，并由商务印书馆出版。抱着上、中、下三册厚重的《新伦理学》，我激动不已。因为全书150余万字，竟然都是从构成道德价值推导公式的四个命题推导出来的：道德价值推导公式就是能够推导出伦理学全部对象和全部内容的伦理学公理！

诚然，按照亚里士多德和欧几里得的古典公理法的观点，公理是不需要证明的，因为它们是自明的、直觉的、公认的、不言而喻的。然而，非欧几里得几何学的产生表明这种观点是片面的。因为非欧几里得几何学的第五公设——经过直线外的一点，可作多条直线和原有的直线平行——显然不是自明的、直觉的；恰恰相反，它是完全违背人们的直觉的。所以，公理和公设不必是自明的、公认的。公理和公设之为公理和公设，正如波普所说，只在于从它们能够推演出该门科学的全部命题或全部内容①。因此，伦理学的公理之为公理，也只在于从它们能够推演出伦理学的全部命题或全部内容，而与是否自明无关。道德价值推导公式及其所包含的四个命题之为伦理学公理，与非欧几里得几何学的第五公设相似，并不是因为它们是自明的——恰恰相反，它们是人类思想的最大难题之一——而是因为由它们可以推导出伦理学的全部内容、全部对象。首先，从这个道德价值推导公式，可以推导出伦理学的基本对象由以下三部分组成。

第一部分是对于这个公式的“前提1：道德目的如何(道德价值标准)”的研究。但是，要弄清楚何为道德目的，就必须明白道德究竟是什么。因此，该部分首先研究道德概念、道德本性，围绕这个问题，形成了伦理相对主义与伦理绝对主义、道德主观主义与道德客观主义以及道德实在论与道德怀疑论之

① Sir Karl Popper, *The Logic of Scientific Discovery*, Harper Torchbooks, Harper & Row Publishers, New York, 1959, p. 71.

争；其次研究道德的起源和目的，围绕这个问题，形成了道德起源和目的自律论与他律论以及人类中心主义与非人类中心主义之争；最后研究道德最终目的之量化，亦即道德终极标准，围绕这个问题，形成了功利主义与义务论之争。这一部分的核心是道德最终目的：社会为何创造道德？因为道德最终目的之量化是衡量伦理行为事实如何的道德价值的终极标准，只有借助它，才能从伦理行为事实如何推导出伦理行为应该如何的道德价值以及与其相符的优良道德规范。

第二部分是对于这个公式的"前提 2：伦理行为事实如何（道德价值实体）"的论述。它的研究对象就是道德哲学家们所谓的"人性"：人性就是人的伦理行为事实如何之本性。因为"人"是全称，是一切人。所以，人性就是一切人都具有的属性，是一切人的共同性，也就是男女老幼等等一切人的共性，说到底，也就是人生而固有的本性。但是，伦理学所研究的人性仅仅是指可以言善恶的人性，而不包括不可言善恶的人性。那么，可以言善恶的人性究竟是什么？无疑只能是人的伦理行为——心理是行为的内在因素——本性，是伦理行为所固有的事实如何之本性。它是伦理行为不依赖道德目的而独自具有的属性，是伦理行为无论与道德目的发生关系还是不发生关系都同样具有的属性，是伦理行为的固有属性，是伦理行为应该如何的优良道德规范所由以产生和推导出来的实体，所以叫做"道德价值实体"，属于"道德客体"范畴。这一部分主要研究伦理行为的结构（伦理目的、伦理手段和伦理行为原动力）、类型（伦理行为十六种六类型）和规律（伦理行为发展变化四大规律）。围绕这些问题，形成了心理利己主义与恒久无私论两大流派。

第三部分是对于这个公式的"结论 1：行为应该如何（道德价值）"和"结论 2：优良道德规范（与道德价值相符的道德规范）"的研究。这一部分研究的过程和主要内容是行为的道德价值，而研究的结果和目的则是制定与行为道德价值相符的优良道德规范。行为道德价值是伦理行为独自不具有的属性，是伦理行为事实如何与道德目的——亦即道德终极标准——发生关系时所产生的属性，是伦理行为事实如何对道德目的的效用，是通过道德目的而从伦理行为事实如何的客观本性中推导出来的行为应该如何：优良道德规范就是与其相符的规范。因此，在这一部分中，首先，运用道德目的、道德终极标准——增进每个人的利益——来衡量伦理行为事实如何之十六种、六类型、四大规律：符合这个标准的伦理行为事实，就是所谓的"善"；违背这个标准的伦理行为事实，就是所谓的"恶"。善就是一切伦理行为应该如何的道德总原则；恶就是一切伦理行为不应该如何的不道德总原则。其次，从道德总原则“善”出发，一方面，推导出善待自我的道德原则“幸福”；另一方面推导出善待他人——主要是社会治理——的道德原则“公正”、“平等”、“人道”、“自由”和“异化”：公正是社会治理基本道德原则，平等是最重要的公正，人道是社会治理最高道德原则，自由是最根本的人道，异化是最根本的不人道。最后，从善、公正、平等、人道、自由、异化和幸福七大道德原则出发，进一步推导出“诚实”、“贵生”、“自尊”、“节制”、“谦虚”、“勇敢”、“智慧”、“中庸”等道德规则。该部分无疑是伦理学——伦理学是一种规范科学、价值科学——的核心，因而通过对这些问题的研究也形成了众多流派：围绕人性善恶，形成了性善论、性恶论、性亦善亦恶论和性无善恶论；围绕道德总原则“善”，形成了利他主义、利己主义、合理利己主义、个人主义、集体主义和己他两利主义；围绕社会治理道德原则，形成了平等主义、自由主义、人道主义和专制主义以及需要论、贡献论和自由公正论；围绕善待自我道德原则“幸福”，形成了主观论、客观论、完全论和快乐主义。

这三大部分就是规范伦理学的全部研究对象。因为规范伦理学就是关于优良道德规范制定过程的伦理学：规范伦理学主要通过社会制定道德的目的，亦即道德终极标准，从行为事实如何的客观本性中推导、制定出行为应该如何的优良道德规范。然而，道德规范无论怎样优良，如果不被人们遵守从而得不到实现，不过是一纸空文，什么用也没有。那么，如何才能使人们遵守优良道德，从而使其得到实现？通过良心、名誉和品德：良心与名誉的道德评价是道德规范实现的途径；良好的品德则是道德规范的真正实现。良心、名誉和品德就是美德伦理学的全部研究对象。美德伦理学主要研究优良道德由社会的外在规范向个人内在美德的转化过程：美德伦理学就是关于优良道德实现途径的伦理学。美德伦理学显然是对于如何实现道德价值推导公式的“结论2：优良道德规范”的研究。这样一来，规范伦理学不过是对于如何确立道德价值推导公式的“结论2：优良道德规范”的研究；美德伦理学则是对于如何实现道德价值推导公式的“结论2：优良道德规范”的研究；而对于道德价值推导公式本身如何成立的研究就是所谓的元伦理学：元伦理学就是关于道德价值推导方法的伦理学，就是关于优良道德规范制定方法的伦理学，说到底，就是确证道德价值推导公式的伦理学。于是，伦理学，抽象地看，是关于优良道德的科学；具体地讲，则是关于优良道德制定方法和制定过程及其实现途径的科学，因而由元伦理学、规范伦理学和美德伦理学构成，其全部对象可以归结如下图：

- 伦理学
  - 上卷　元伦理学：优良道德之制定方法
  - 中卷　规范伦理学：优良道德之制定
    - 道德价值主体：社会为何制定道德
    - 道德价值实体：伦理行为之事实如何
    - 道德价值和道德规范：伦理行为之应该如何的优良道德
  - 下卷　美德伦理学：优良道德之实现

可见，从道德价值推导公式及其所由以构成的四个命题，可以推演出伦理学的全部内容、全部对象，因而也就可以称之为伦理学公理：规范伦理学是具体研究这个公理的两个前提和两个结论的系统；美德伦理学是具体研究如何实现这个公理的结论的系统；元伦理学则是推导这个公理本身的系统。换言之，伦理学体系是一种可以公理化的体系：元伦理学是伦理学的公理系统，是伦理学公理化体系的前提系统；规范伦理学和美德伦理学则是伦理学的定理系统，是伦理学公理化体系的结论系统。

当然，伦理学的公理化体系与几何学、数学、力学的公理化体系有所不同。几何学是从公理直接推出该门科学的全部命题；伦理学则是从公理直接推出构成伦理学全部内容的各个部分，而间接推出伦理学的全部命题。无疑，这是伦理学公理化体系的缺憾。因为几何学的公理化体系是从公理直接推出或通过定理间接推出该门科学的全部命题，因而它所具有的真值传递功能遍及该门科学的全部命题：它能够把公理的真值直接或间接地传递给该门科学的全部命题。所以，几何学的公理化体系是完全精密的：不仅体系是精密的，而且这个体系所包含的全部命题也因其公理化而都是精密的。反之，伦理学是从公理直接推出构成伦理学全部内容的各个部分，而间接推出伦理学的全部命题，因而它所具有的真值传递功能只能及于构成该门科学的各个部分和某些命题，而不能遍及该门科学的全部命题。所以，伦理学的公理化体系是部分精密的：只有体系自身因其公理化而是精密的，但这个体系所包含的全部命题却不能因其公理化而都是精密的。

但是，这恰恰也是伦理学公理化体系优越于几何学等数学公理化体系之处。因为伦理学是从公理通过直接推出构成伦理学全部内容的各个部分、部门而间接推出伦理学的全部命题，因而伦理学公理化体系具有绝对的完全性：任何伦理学的命题都逃不出这个体系。试想，有什么伦理学命题能够逃出构成伦理学全部内容的各个部分呢？有什么伦理学命题能够逃出元伦理学和规范伦理学以及美德伦理学呢？反之，几何学等数学的公理化体系是从公理直接推出或通过定理间接推出该门科学的全部命题，因而它所具有的完全性总是相对的、不完全的：总是存在着这样一些命题，这些命题是该门科学的公理所不能推出来的，因而游离于该公理化体系之外。这样，我们说数学比伦理学精密便是相对的，这只是就构成公理化体系的每个命题来说，数学才比伦理学精密；然而，就公理化体系自身来说，伦理学却比数学更为完全，因而也就更为精密。

伦理学可以公理化，因而是一门相当精密的科学。因为公理化体系是最为精密的科学体系：这种体系是如此精密，以致自欧几里得构建第一个公理化体系以来，虽然自然科学各个领域的科学家竞相效仿，却只有数学和物理学以及某些自然科学的分支能够公理化而已。至于哲学社会科学，最为耐人寻味的是，不论是经济学、法学、政治学、人类学，还是美学、社会学、语言学等等，都没有人提出公理化的问题。唯有伦理学，自笛卡儿以来，先后有霍布斯、斯宾诺莎、休谟、爱尔维修、摩尔等划时代大师，极力倡导伦理学的公理化或几何学化。一些著名的自然科学家和科学哲学家，如爱因斯坦和赖欣巴哈，也曾试图寻找和确立伦理学公理。今天，罗尔斯在他那部影响深远的巨著《正义论》中仍然热诚地呼喊："我们应当努力于一种道德几何学：它将具有几何学的全部严密性。"①

诚然，把这种倡导付诸实际，从而真正构建伦理学为一个公理化体系的，古今中外只有斯宾诺莎一人而已，并且，斯宾诺莎的构建无疑是失败的：他没有发现能够推导出伦理学全部内容的伦理学公理。但是，他的失败具有历史必然性。因为人类对于元伦理学亦即伦理学公理系统的研究，直到 20 世纪初才刚刚开始。元伦理学的奠基作——摩尔的《伦理学原理》，发表于 1903 年。经过摩尔、普里查德、罗斯、罗素、维特根斯坦、石里克、卡尔纳普、艾耶尔、史蒂文森、图尔闵、黑尔等元伦理学大师先后半个多世纪的研究，发现和建构伦理学的公理体系方有可能。因此，我们不应该嘲笑斯宾诺莎伦理学的幼稚，而应该沿着斯宾诺莎的足迹，满载着 20 世纪元伦理学的成果，努力构建一种如同几何学和物理学一样客观必然、严密精确、可以操作，并且能够包容人类全部伦理学知识的公理化的伦理学。

四、吾人最后觉悟之最后觉悟

伦理学全部对象之推导使我们可以理解，为什么陈独秀认为"伦理的觉

① John Rawls, *A Theory of Justice*, Revised Edition, The Belknap Press of Harvard University Press, Cambridge Massachusetts, 2000, p. 105.

悟，为吾人最后觉悟之最后觉悟”。他的这一思想，真正讲来，实源于“半部《论语》治天下”之说。《论语》，要言之无疑是一种伦理学：它曾与亚里士多德的《尼各马科伦理学》一起，使伦理学成为一门独立科学。因此，“半部《论语》治天下”意味着：伦理学乃是治理天下的科学，是治理社会的科学，是治国的科学。确实，伦理学，就其核心与基础来说，乃是如何治国治人的科学，而不是如何修身做人的科学。因为伦理学是一种规范科学，因而主要是规范伦理学，是关于道德规范的科学。道德规范分为道德原则和道德规则：道德规则不过是道德原则的引申和实现，道德原则无疑远远重要和复杂于道德规则。因此，伦理学主要是关于道德原则的科学。伦理学所研究的道德原则无非七条：善、公正、平等、人道、自由、异化和幸福。善是一切伦理行为应该如何的道德总原则；幸福是善待自我的道德原则；公正与平等以及人道、自由、异化五大道德原则是社会治理的道德原则。

这样，一方面，从量上看，社会治理道德原则远远多于其他道德原则，可以说伦理学所研究的道德原则主要是社会治理道德原则：伦理学主要是关于社会治理道德原则的科学；另一方面，从质上看，亦即从道德的社会效用看，社会治理道德原则远远重要于其他道德原则。因为道德目的是为了保障社会存在发展和最终增进每个人的利益。就保障社会存在发展和增进每个人利益的效用来说，公正与平等以及人道与自由等社会治理道德原则无疑远远重要于大公无私、无偿给予，远远重要于仁爱和善行，远远重要于其他一切道德。因此，所谓伦理学，若就其最重要和最主要的部分来说，亦即就其核心与基础来说，乃是一种关于社会治理的道德原则的科学，是如何治国治人的科学。或许因此，我国遂有“半部《论语》治天下”之说；而亚里士多德则一再说，伦理学“这门科学就是政治科学”①。

伦理学，就其核心与基础来说，是关于社会治理道德原则的科学，因而也就是治理社会的最高级、最重要和最关键的科学，是对于人类社会的发展进步具有最大意义的科学。因为人类社会的发展进步，说到底，无疑都是每个人的劳动、活动之结果：每个人的劳动或活动是社会发展进步的基本原因。问题的关键在于，人是一种社会动物，每个人的劳动和活动——直接或间接地——总是一种社会活动。一切社会活动，要存在和发展，显然必须互相配合、有一定秩序而不可互相冲突、乱成一团，因而需要遵守一定的行为规范：一切社会活动都应该是某种行为规范之实现。行为规范无非两类：权力规范和非权力

---

① 苗力田主编：《亚里士多德全集》第八卷，中国人民大学出版社 1992 年版，第 4—5 页。

规范。所谓权力规范，也就是法（包括法律、政策和纪律等等），是依靠权力来实现的规范，是应该且必须遵守的行为规范；所谓非权力规范，亦即道德，是依靠非权力力量——如舆论、名誉、良心的力量——来实现的规范，是应该而非必须遵守的规范。于是，人的任何社会活动实际上都可以看做是对于某种道德或法的实现与背离。

法，不过是一些具体的、特殊的规则，法自身没有原则，法是以道德原则为原则的：法的原则就是道德原则。法的原则，如所周知，是正义、平等和自由。这些原则并不属于法或法律范畴。试想，谁会说正义是一项法律呢？谁会说平等是一项法律呢？谁会说自由是一项法律呢？正义、平等、自由等等都是道德原则，是社会治理的道德原则，因而也就是法律原则，也就是政治——政治是法的实现——的原则。这样一来，人的一切社会活动实际上最终便都是对于某种道德的实现与背离。而社会之所以能存在发展，无疑是因为人们的活动大体说来是遵守而不是背离道德的。所以，大体说来，人的一切社会活动都是道德的实现，因而道德的实现也就是社会发展进步的基本原因。

诚然，道德自身不过是一种行为规范，不过是一纸空文，是软弱无力的。但是，道德的实现与道德根本不同：道德的实现不是道德而是活动，不是规范而是行为。所以，道德的实现乃是社会发展进步的基本原因。这并不是说道德是社会发展进步的基本原因，而是说人的实现、奉行某种道德的社会活动——如法律活动、政治活动、经济活动、宗教活动等是社会发展进步的基本原因，是说人们推行、奉行某种道德的诸如此类的社会活动是社会发展进步的基本原因。一言以蔽之，道德规范本身，并不是社会发展进步的基本原因，但是，一个社会实行何种道德规范，则是社会发展进步的基本原因：推行优良的道德规范是社会进步的基本原因；推行恶劣的道德规范是社会停滞的基本原因。

这就是为什么陈独秀 1916 年在《新青年》的《吾人最后之觉悟》一文中曾这样总结道："自西洋文明输入我国，最初促吾人之觉悟者为学术，相形见绌，举国所知矣；其次为政治，年来政象所证明，已有不克守缺抱残之势。继今以往，国人所怀疑莫决者，当为伦理问题。此而不能觉悟，则前之所谓觉悟者，非彻底之觉悟，盖犹在惝恍迷离之境。吾敢断言曰：伦理的觉悟，为吾人最后觉悟之最后觉悟。"同年，陈独秀在《新青年》的《宪法与孔教》一文中又重申此语，并进一步解释道："盖伦理问题不解决，则政治学术，皆枝叶问题，纵一时舍旧谋新，而根本思想，未尝变更，不旋踵而仍复旧观者，此自然必然之事也。"独秀此语实乃无比深刻之洞见！国人的伦理觉悟——从而抛弃恶劣的、错误的、不科学的道德而奉行优良的、正确的、科学的道德——实乃最后最根本之觉悟，实乃社会发展进步的最后最根本之原因！

这个道理，只要简单比较一下中西社会发展之异同就更清楚了。为什么春秋战国时代中西同样繁荣进步？根本说来，一方面，岂不就是因为那时的中国和西方同样崇尚思想自由原则？西方有普罗泰戈拉、苏格拉底、柏拉图、亚里士多德等百花齐放；中国有孔孟、老庄、墨子、韩非子、公孙龙子等百家争鸣；另一方面，岂不就是因为，那时的中国和西方同样崇尚为己利他和无私利他并重的"己他两利主义"道德，以致孟子叹曰"天下之言，不归杨即归墨"？为什么中世纪中西同样萧条停滞？岂不就是因为那时中西同样丧失了自由而受制于专制主义道德？同样处在否定为己利他而只主张无私利他的基督教或儒家"利他主义"道德的统治之下？为什么近代以来，西方突飞猛进，中国却极大地落伍了？岂不就是因为西方摆脱了专制主义和利他主义而极大地发扬光大了自由和为己利他之原则，而中国却一如既往甚至变本加厉？为什么美国原本只是个土著部落的居住地，而经过短短两百年就成为世界第一强国？最根本的原因岂不就在于崇尚自由、自我实现与为己利他原则乃是美国的主流意识形态？

为什么倡导自由原则的社会必定繁荣进步，而否定自由原则的社会必定萧条停滞？因为倡导"自由"原则的道德最为优良，而否定"自由"原则的道德最为恶劣。这可以从两方面看。一方面，自由是每个人的创造潜能实现的根本条件，二者成正相关变化：一个人越自由，他的个性发挥得便越充分，他的创造潜能便越能得到实现；一个人越不自由，他的个性发挥得便越不充分，他的创造潜能便越得不到实现。另一方面，自由因其是每个人发挥创造潜能的根本条件，同时也就是社会繁荣进步的根本条件。因为社会不过是个人的总和。每个人的创造潜能实现得越多，社会岂不就越富有创造性？岂不就越繁荣昌盛？诚然，自由不是社会进步的唯一要素。科学的发展、技术的发明、生产工具的改进、政治的民主化、道德的优良化等等都是社会进步的要素。但是，所有社会进步的要素，统统不过是人的活动的产物，不过是人的能力发挥之结果，因而说到底，无不以自由——潜能发挥的根本条件——为根本条件。因此，自由虽不是社会进步的唯一要素，却是社会进步的最根本的要素、最根本的条件。

为什么利他主义道德占据统治地位的社会，必定萧条停滞，而推行己他两利主义道德的社会必定繁荣进步？因为己他两利主义道德最为优良，而利他主义道德最为恶劣。利他主义道德否定为己利他，而以无私利他规范人的一切行为。这样，一方面，它对每个人的欲望和自由的侵犯便最为严重：它侵犯、否定每个人的一切目的利己的欲望和自由；另一方面，它增进社会和每个人利益最为缓慢，因为它否定目的利己、反对一切个人利益的追求，也就堵塞了人们增进社会和他人利益的最有力的源泉。反之，己他两利主义道德一方面对每个人的欲望和自由侵犯最为轻微：它仅仅侵犯、否定每个人的损人的欲望和自由，因而只有在利益冲突时才要求无私利他；另一方面，它增进全社会和每个人利益又最为迅速，因为它倡导为己利他，鼓励一切有利社会和他人的个人利益的追求，也就开放了增进社会和每个人利益的最有力的源泉。

因此，陈独秀的"吾人最后之觉悟"所言千真万确，一个社会实行何种道德实乃社会发展进步的最后最根本之原因：推行优良道德是社会进步的最后最根本之原因，推行恶劣道德是社会停滞的最后最根本之原因。伦理学正是研究优良道德的科学，是关于如何制定和实现优良道德的科学，是关于优良道德的制定方法和制定过程及其实现途径的科学。因此，伦理学对于人类社会的发展进步便具有莫大的效用、莫大的价值：伦理学是对于人类用处最大的科学，是具有最大价值的科学，至少是具有最大价值的科学之一。

第二讲

道德本性：起源和目的

本讲提要

道德与法一样，就其自身来说，不过是对人的某些欲望和自由的压抑、侵犯，因而是一种害或恶；就其结果和目的来说，却能够防止更大的害或恶（如社会的崩溃）和求得更大的利或善（如社会的存在发展），因而是净余额为善的恶，是必要的恶。美德与道德一样，就其自身来说，不过是对拥有美德的人的某些欲望和自由的压抑、侵犯，因而是一种害或恶；但就其结果和目的来说，却能够使拥有美德的人防止更大的害或恶（如身败名裂）和求得更大的利或善（如安身立命），因而是净余额为善的恶，是必要的恶。所以，道德的起源与目的不可能是自律的，不可能是为了道德自身、为了完善每个人的品德；而只能是他律的，只能是为了道德和美德之外的他物：人类与非人类存在物的利益和幸福。但是，只有道德的特殊的和直接的起源、目的以及标准，才可能是为了增进动植物等非人类存在物的利益；而道德终极的起源、目的和标准，则只能是为了增进人类的利益。这样，一方面，当人类与动植物等非人类存在物的利益一致时，便应该遵循道德的特殊的、直接的目的和标准，便应该既增进人类利益又增进动植物的利益，甚至应该为了增进动植物的利益而增进动植物的利益；另一方面，当动植物等非人类存在物的利益与人类的利益发生冲突不可两全时，道德的特殊的、直接的目的和标准便不起作用了，这时，便应该诉诸道德终极目的和标准"增进人类的利益"，从而应该牺牲动植物等非人类存在物的利益而保全人类的利益。

绪论的最重要结论，就是道德价值推导公式。因为这个公式及其所包含的四个命题，乃是能够推导出伦理学全部对象和内容的伦理学公理，乃是元伦理学的根本问题。从这一讲开始，我们就具体研究这个公式所由以构成的四个命题。这一讲就具体解析这个公式的第一个命题，亦即“前提1：道德目的如何”。道德目的究竟如何，道德的起源和目的究竟是什么，是规范伦理学的根本问题。对于这个问题，从古至今一直争论不休。

这些争论可以归结为两大流派。一派是以儒家、墨家、康德和基督教伦理学家为代表。他们认为道德和美德是一种纯粹的善，是一种纯粹的好东西，因而道德的起源和目的是自律的：道德的起源和目的就是道德自身，就是为了道德自身，就是为了完善人的品德，从而使人与其他动物区别开来，实现人之所以为人者。所以，该流派的观点就叫做“道德起源和目的自律论”。另一派的主要代表是中国的法家、道家和西方的边沁、穆勒、西季威克、摩尔等人。他们认为道德是一种必要的恶，因而不可能自成目的性，不可能是自律的。道德的起源和目的一定是他律的，一定是道德之外的他物，是为了社会的存在和发展，是为了增进每个人的利益和实现每个人的幸福。这就是道德起源和目的之他律论。道德起源和目的的他律论与自律论之争是伦理学的最为根本的问题，也是最为艰深的问题。探讨这样一个问题的真正的起点，显然是要弄清道德究竟是一种纯粹的善，还是一种必要的恶？究竟什么是善？什么是恶？

一、偷盗欲望的满足是善

何谓善？孟子曰：“可欲之谓善。”①两千年后，罗素在给善下定义时完全复述了孟子的定义：“我认为，当一个事物满足了愿望时，它就是善的。或者更

① 《孟子·尽心下》。

确切些说，我们可以把善定义为愿望的满足。”①然而，照此说来，小偷偷盗，如果成功了，他偷盗的欲望得到满足了，岂不就是一种善吗？是的，是一种善！小偷偷盗成功，他偷得钱财的欲望得到满足，对于他当然是一种好事，是一种“善”。小偷偷东西是一种恶，是一种坏事，只是对别人说的，是对于被偷的人说的。被偷的人，他们的愿望就是不被偷窃。小偷偷他们，就使得他们不被偷盗的愿望得不到满足。因此，小偷偷东西对于他们来说就是一件坏事，是恶。

所以，善就是好，就是欲望之满足；恶就是坏，就是欲望之不满足。对不对？自我牺牲，我们说它是一种善，这不是对于自我牺牲者来说的；自我牺牲者牺牲了自己的利益乃至生命，他的求生的愿望得不到满足，因而对于他来说就是一种恶。自我牺牲对于牺牲者来说是一种恶。我们说它是善，那是对于社会和他人来说的。自我牺牲的行为对于社会和被救的人的需要是一种满足，所以我们才说它是一种善。无论任何愿望，不管它是好的还是坏的，它被满足就叫做善，被压抑就叫做恶。因此，善恶与好坏或正负价值是同一概念：客体有利于满足主体需要、实现主体欲望、符合主体目的的事实属性，叫做正价值，也就是所谓的好或善；客体有害于满足主体需要和实现主体欲望因而不符合主体目的的事实属性，叫做负价值，亦即所谓的坏或恶。

我们平常所讲的“善”，如助人为乐是善，其实是一种省略语，省略了“道德”二字，是“道德善”的省略语，仅仅是指“道德善”。助人为乐是善，其实是说：助人为乐是道德善。道德善只是善的一个种类。善既包括道德善又包括非道德善。偷盗欲望的满足是善，其实是说：偷盗欲望的满足是非道德善。不论是道德善还是非道德善，说到底，都是对于欲望的满足，都是对于需要、欲望和目的的实现。只不过，道德善所满足的，是社会的欲望，是社会创造道德的需要、欲望和目的，是道德目的；反之，非道德善满足的，则是行为者的个人欲望，是个人目的。

细细想来，善又有“内在善”与“外在善”之分。所谓“内在善（intrinsic good）”也可以称之为“目的善（good as an end）”或“自身善（good-in-itself）”，是其自身而非其结果就是可欲的、就能够满足需要、就是人们追求的目的的善。例如，健康长寿能够产生很多善的结果，如更多的成就、更多的快乐等等。但是，即使没有这些善的结果，仅仅健康长寿自身就是可欲的，就是人们追求的目的，就是善。因此，健康长寿乃是内在善。反之，所谓“外在善（extrinsic

---

① 罗素：《伦理学和政治学中的人类社会》，肖巍译，中国社会科学出版社 1992 年版，第66 页。

good)"也可以称之为"手段善(instrumental good)"或"结果善",乃是其结果是可欲的、能够满足需要,从而是人们追求的目的的善,是能够产生某种自身善的结果的善,是其结果而非自身成为人们追求的目的的善,是其自身作为人们追求的手段,而其结果才是人们所追求的目的的善。例如,冬泳的结果是健康长寿。所以,冬泳的结果是可欲的,是一种善,是人们所追求的目的;而冬泳则是达到这种善的手段,因而也是一种善。但是,冬泳这种善与它的结果——健康长寿——不同,它不是人们追求的目的,而是人们用来达到这种目的的手段,因而叫做"外在善"或"手段善"。

不难看出,内在善与手段善的区分往往是相对的。因为内在善往往同时也可以是手段善;反之亦然。健康是内在善。同时,健康也可以使人建功立业,从而成为建功立业的手段,成为手段善。自由可以使人实现自己的创造潜能,是达成自我实现的善的手段,因而是手段善。同时,自由自身就是可欲的,就是善,因而又是内在善。那么,有没有绝对的内在善?有的。所谓绝对的内在善,亦即至善、最高善、终极善,也就是绝对不可能是手段善而只能是目的善的内在善。这种善,正如亚里士多德所说,就是幸福;因为幸福只能是人们所追求的目的,而不可能是用来达到任何目的的手段①。

相应的,恶分为自身恶与结果恶。结果是恶的东西,其自身既可能阻碍满足需要、实现欲望、达成目的,从而是恶的;也可能有利于满足需要、实现欲望、达成目的,从而是善的。自身与结果都是恶的东西,如癌病,可以名之为"纯粹恶"。自身是善而结果是恶的东西,一般说来,其善小而其恶大,其净余额是恶,因而也属于"纯粹恶"范畴。举例说,吸毒、放纵、懒惰、奢侈、好色、贪杯等等绝大多数恶德,就其自身来说,都是一种需要的满足、欲望的实现、目的的达成,因而都是善;但就其结果来说,却阻碍满足或实现更为重大的需要、欲望、目的,因而是更为巨大的恶:其净余额是恶,因而也是一种纯粹的恶。反之,自身是恶的东西,其结果既可能是恶,也可能是善:前者如癌病,因而属于纯粹恶范畴;后者如阑尾炎手术,因而可以称之为"必要恶"。

必要恶既极为重要,又十分复杂。我们可以把它定义为"自身为恶而结果为善,并且结果与自身的善恶相减的净余额是善的东西"。必要恶,就是这样的一个东西,这个东西本身是对于欲望的一种压抑、阻碍,因而是一种恶和害;但是这个东西的结果,却能够避免更大欲望被压抑和实现更大的欲望,能够避

① 〔古希腊〕亚里士多德:《尼各马科伦理学》,苗力田译,中国社会科学出版社1990年版,第10页。

免更大的恶和害,求得更大的善和利。因此,这个东西的净余额——亦即它的结果的较大的善和它本身较小的恶进行加减所得出的净余额——却是利和善,而不是恶和害:这个东西就叫做必要恶。我们就拿阑尾炎手术和冬泳来说吧。

阑尾炎手术本身是一种恶和害,在人的肚子上开一个刀,流血,大伤元气,所以它是一种恶,不是好东西。但是,它能够避免更大的恶:死亡。因为得了阑尾炎,要是不做手术,你不承受手术之恶,你就将死亡。阑尾炎手术是一种恶,但是它的结果却是一种善,它能够避免更大的恶,所以其净余额是善和利,而不是害和恶。所以,阑尾炎手术就是一种必要的恶。另一种必要的恶,不是能够避免更大的恶,而是能够求得更大的善。比如说,我冬泳已有15个年头了,但每次下水都是有一番犹豫的,因为水温是零度,寒冷刺骨,那是非常难受的,那是对于我贪图舒适愿望的一种破坏、压抑和阻碍,因而是一种恶;但是它能够求得更大的善,能够使我健康长寿,所以它的净余额是一种善和利,而不是害和恶,因而是一种必要的恶。

伯纳德·格特(Bernard Gert)曾以"疼痛"为例,十分深刻地揭示了必要恶之本性:"说疼痛是一种恶,并不是说疼痛不能达成一种有用的目的。疼痛以某种方式向我们提供需要医治的警告。如果我们感觉不到疼痛,我们便不会注意到这种必要的医治,以致可能导致死亡的恶果。关于疼痛作用的这一事实在某种程度上可以用来解析恶的问题。它以某种方式表明,恶可能是世界上最好的东西:所有这种恶便叫做必要的恶。"①

显然,必要恶的净余额是善,因而实质上仍然属于善的范畴。只不过,它属于手段善、外在善、结果善范畴。并且,它的善既然仅仅存在于结果,而不在自身,其自身完全是恶;那么,它便不可能是内在善,而只可能是手段善、外在善、结果善:它是绝对的手段善、外在善、结果善,亦即绝对不可能是内在善、自身善的手段善。所以,如果说绝对的内在善只有"幸福"一种事物;那么,绝对的手段善或必要恶则不胜枚举,如手术、疼痛、政治、法律、监狱、刑罚等等。因为这些东西就其自身来说,无不是对于人的某些欲望和自由的限制、压抑、侵犯、损害,因而是一种恶;但是,这些恶却能够防止更大的恶(个人的死亡或社会的崩溃)和求得更大的善(生命的保存或社会的发展),因而其结果的净余额是善,是必要的恶或绝对的手段善。

---

① Bernard Gert, *Moraility: A New Justification of The Moral Rules*, Oxford University Press, New York, Oxford, 1988, p. 48.

二、两个小女孩的命运

善与恶的解析使我们可以发现，道德与美德，并不是纯粹的善，而是必要的恶。对于道德的这种本性，弗洛伊德曾举了一个著名的例子。有两个小女孩，一个是出生寒门，她对自己的道德要求比较低，良心较弱，品德较差。人穷志短，马瘦毛长，肚子吃不饱，恐怕就不要脸了。另一个小女孩出身名门，家境富裕，她对自己的道德要求较高，良心较强，品德较好。两人同样做了一件受到禁忌的事情，就是性的问题，在性的方面越轨，干了一件坏事。结果怎样呢？对自己的道德要求高的那个小女孩，遭受内疚感和罪恶感的折磨，最后成为神经症患者。反之，那个穷苦的对自己的道德要求较低的女孩，没有受到这种内疚感和罪恶感的折磨，没得什么神经症，而是健康地成长起来了。这个故事说明了什么？

这个故事说明：道德和美德，就其自身来说，乃是一种害和恶，而不是利和善。不过，这是一个极其复杂的问题，诸位必须耐住性子，听我慢慢道来。首先，人类社会，说到底，不过是一种利益合作体系。人，就其每个个体来说，是一种非常弱小的动物。想想看，他没有锋利的牙和爪以及速度和力量，如果单打独斗，一个人恐怕连一条狗都斗不过。所以，每个人自己是不能独自生存的。他要生存，就必须建立社会和人际关系。在这种关系中，在社会中，我为人人，人人为我，每个人便可以获得独自不可能获得的利益，便可以使每个人的利益得到充分的满足和实现。这就是人为什么是一种社会动物的缘故，这就是为什么每个人的活动，就其本性来说，都是一种社会活动的缘故。

不言而喻，人的社会活动，主要是关于财富的活动：一方面是关于物质财富的活动；另一方面是关于精神财富的活动。关于物质财富活动，也就是对于物质财富的生产、分配、交换和消费。这种活动，谁都知道，叫做经济。关于精神财富的活动比较复杂。举例说，我王海明在这里讲课，你们在这里听课。或者拉胡琴，唱二人转，说小品，这些东西，都是关于精神财富的活动，满足人们的精神需要，最终也能满足人的物质需要。这种创获精神财富的活动，至今还没有恰当的名字，姑且把它叫做“精神产业”或“文化产业”活动。经济活动和文化产业活动都是创造财富的活动，都是与财富有必然的、不可分离的关系的活动。反之，那些与财富没有必然的、不可分离的关系的活动，亦即完全不创造财富的活动，如朋友来往、同学交往、血缘关系、同事交际、爱情婚姻、拐骗盗窃、打架杀人等等，不妨名之为“人际交往”活动。

这三种活动，都是社会活动，因而要存在和发展，就必须互相配合、有一定秩序而不可互相冲突、乱成一团。这就需要对这些活动进行管理，没有管理，它们是不能存在和发展的。于是便产生了管理活动。不过，管理活动有的创造财富，有的不创造财富。创造财富的管理活动，如生产调度的工作和乐队指挥的工作，无疑仍然分别属于经济活动与文化产业：生产调度的工作属于经济活动范畴；乐队指挥的工作属于文化产业范畴。

不创造财富的管理活动也分为两类：政治和德治。孙中山先生早就说过，政治是一种管理活动：“政就是众人之事，治就是管理，管理众人之事就是政治。”①这个定义是比较深刻的，但还不够精确。因为管理活动不都是政治。像音乐指挥，其实也是一种管理。没有音乐指挥就不成调了，音乐会就没法演奏了。但是这种管理，显然不是政治，而是一种最高的音乐艺术。管理之为政治，它有一个特点，就是不创造财富；而音乐指挥是创造财富的，是创造精神财富的，音乐指挥那都是最好的音乐家啊！所以，政治这种东西，它的一个特点是，这个东西不太美，不太好，因为它不创造财富，这是它的一个特点。再一个特点，就是它和德治的区别：它是一种权力管理。权力就是仅为管理者所拥有且被社会承认的强制力量，是人们必须且应该服从的力量。它一方面表现为暴力强制，如判刑、收监、枪杀、体罚等等；另一方面则表现为行政强制，如处分、降职、降薪等等。被管理者不拥有权力。在家庭里面，你说谁有权力？当然是家长。在社会里，只有当官的才有权力。在一个班里，班长是有权力的，而普通同学是没啥权力的。所以权力是一种有组织的力量，它是这个组织的领导者所特有的。依靠权力的管理，是一种必须且应当服从的管理，我们把这种管理叫做政治。政治，简单地说，就是不创获财富的权力管理。

在权力管理之外，还有一种管理，叫做非权力管理，这是一种舆论管理。谁干了坏事，大家就七嘴八舌：“你看这小子，它是一个小偷，品德败坏，不是个好东西”，如此等等。所谓千夫所指，无病而死。大家一说，他就不敢干坏事了。所以，舆论也是一种管理。这种管理是非权力的，因为它没有组织、没有机关，而是群众的言论所形成的一种力量。它是应该而非必须服从的。因为它没有权力机关作后盾，你不服从也无法惩罚你。这样的一种管理，我们把它叫做“德治”。德治是一种软管理，它所凭借的力量是一种非权力力量，也就是使人应该而非必须服从的力量：这种力量一方面是使人自愿服从的力量，亦

① 马起华：《政治学论》，台湾商务印书馆 1977 年版，第 6 页。

即所谓教育，如思想的灌输、熏陶、培养等；另一方面则是非权力强制，即舆论强制，如人们的议论、谴责、赞扬、批评等。

我想，政治和德治之分，说到底，基于它们所管理的对象性质之不同。政治的对象仅仅是那些具有重大社会效用的行为，如民族争端、阶级斗争、杀人放火、贪污盗窃等，这决定了政治不能不具有“应该且必须服从”的力量，决定了权力是政治的本性：政治是权力管理，它要求被管理者的行为应该且必须如何。反之，德治的对象是人们的一切具有社会效用的行为，因而既包括具有重大社会效用的行为，又包括不具有重大社会效用的行为，如扶老携幼还是欺幼凌老、有礼貌还是没礼貌等。这就决定了德治仅仅具有“应该而非必须服从”的力量，决定了教育是德治的本性：德治是非权力管理，它要求被管理者的行为应该而非必须如何。这样，具有重大社会效用的行为，便既是政治对象，需要政治对其进行权力管理；同时还是德治对象，还需要德治对其进行非权力管理。反之，不具有重大社会效用的行为，则仅仅是德治对象，仅仅需要德治对其进行非权力管理。

然而，没有规矩，不成方圆。为了使经济、文化产业和人际交往以及一切具有社会效用的行为不致乱成一团而有一定秩序，从而保障其存在与发展，仅仅有政治和德治是不行的；还必须有被管理者怎样活动和管理者怎样管理的行为规范，以便用这些规范，一方面使被管理者知道他们的活动范围、标准，知道怎样活动才能够得到社会的允许赞成而不致扰乱社会秩序、侵犯他人利益、触犯规范、受到惩罚和谴责；另一方面则使管理者知道管理的准则、范围，用以惩罚和奖赏、表扬和谴责、允许和不允许人们做什么，从而保障社会行为秩序。否则，如果没有这些规范，那么，管理者就会无所遵循、各行其是、随心所欲滥用职权；而被管理者也就无所适从、糊里糊涂、互相侵犯、乱成一团。因此，唯有借助行为规范，才能实现对行为的管理，才能实现政治和德治，从而保障经济、文化产业、人际交往以及一切具有社会效用的活动之存在和发展。

不难看出，这种行为规范无非两种：法（包括法律、政策和纪律）与道德。法就是权力规范，就是政治活动遵循的规范，就是社会制定或认可的关于具有重大社会效用的行为应该且必须如何的权力规范；反之，道德就是非权力规范，就是德治活动遵循的规范，是社会制定或认可的关于具有社会效用的行为应该而非必须如何的非权力规范。这样一来，每个人的一切具有社会效用的活动——经济、文化产业、人际交往、政治和德治——便都应该遵守法和道德，便都应该是法和道德之实现。否则，不遵守道德和法的任何行为，都是非法的不道德的行为；不遵守道德和法的任何政治与德治，都是非法的不道德的政治和德治。

问题的关键在于，法不过是一些具体的、特殊的规则，法自身没有原则；法是以道德原则为原则的：法的原则就是道德原则。法的原则，如所周知，是正义、平等和自由，是从正义、平等和自由推演出来的。这些原则并不属于法或法律范畴。试想，谁会说正义是一项法律呢？谁会说平等是一项法律呢？谁会说自由是一项法律呢？正义、平等、自由等等都是道德原则，是社会治理的道德原则，因而也就是法律原则，也就是政治——政治是法的实现——原则。这样一来，不但政治应该是道德的实现，法也应该是道德的实现，从而人的一切社会活动——经济、文化产业、人际交往、政治、德治和法——最终便都应该是道德的实现。

因此，道德不但与政治和法一样，普遍源于经济活动、文化产业和人际交往的存在与发展之需要，目的是保障经济活动、文化产业和人际交往的存在与发展；而且普遍源于政治、法和德治的存在与发展之需要，目的在于造就优良政治、良法和优良德治：促进经济发展和繁荣文化产业以及保障人际交往自由安全，是道德与法和政治的共同的普遍目的；造就优良政治、良法和优良德治则是道德的特有的普遍目的。于是，道德便具有六大普遍的起源和目的：经济、文化产业、人际交往、法、政治和德治。这六种活动连同道德之总汇，便是所谓的"具有社会效用的活动"，便是所谓的"社会活动"，便是所谓的"社会"。所以，总而言之，道德普遍起源于社会的存在和发展的需要，是维持社会活动秩序从而保障其存在和发展的手段：保障社会的存在发展乃是道德的普遍的总目的；促进经济发展、繁荣文化产业、保障人际交往自由安全以及造就良法、优良政治和德治则是道德的普遍的六大分目的；而增进每个人的利益是道德终极目的。

这样一来，道德的普遍起源和目的便完全是他律的而不是自律的：道德不是源于道德自身，而是源于道德之外的他物——社会、经济、文化产业、人际交往、政治、法和德治——道德目的不是为了道德自身，不是为了完善每个人的品德，而是为了道德之外的他物，为了保障社会、经济、文化产业、人际交往、政治、法和德治的存在发展，最终增进每个人的利益。那么，道德的起源和目的究竟为什么只能是他律的而不是自律的？

因为道德与法和政治一样，乃是一种必要恶。细察人类社会活动对于人的利害关系，不难看出：政治、德治、法、道德四种活动与经济、文化产业和人际交往三种活动根本不同。经济活动和文化产业创造物质财富和精神财富，直接满足人的物质需要和精神需要；人际交往活动虽然不创造财富，却直接满足人的交往需要。因此，三者就其自身来说，都是对人直接有益的活动，都是有益无害的活动，因而都是"纯粹的善"。反之，政治、德治、法和道德，就其自身来说，不但不创造财富，而且还是对人的管理和规范，是对每个人的自由和愿望的一种限制，叫你干这个不让你干那个，是对你自由和愿望的一种压抑，一种侵犯。所以从这一点来看，道德就和政治、法一样，就其本身来说它是一种恶，它不是个好东西。因为使任何愿望受到压抑和受阻，都同样是一种恶。这种恶是一种必要的恶。因为要是没有道德，没有政治和法律，社会就无从存在和发展；有了道德，有了法律，有了政治，有了德治，人们的愿望虽然受到了一定的压抑、阻碍，甚至摧残，但是社会却能够存在，而社会存在，每个人的个人利益就能够得到满足了。所以道德与政治和法律都是一样的，就其本身来说是一种恶，但是就它的结果来说能够避免更大的恶，避免社会的崩溃；能够带来更大的善，亦即保障社会的存在和发展，最终能够实现每一个人的利益和幸福，所以它是一种必要的恶。

法律是一种必要的恶，对此，人们基本已经能够达成共识。这个道理最早是由边沁明确讲的。他说，每一条法律都是对自由的一次侵犯，都是对欲望的一种压抑，因而都是一种恶。我们可以接着边沁说，每一条道德都侵犯了自由，每条道德都是对自由的一次践踏，都是对欲望的一种压抑和限制。从这一点来看，道德和法律一样都是一种恶。当然，道德和法律性质有所不同。法律是规范具有重要社会作用的行为，杀人放火这些行为非常重要，这些行为如果不用法律予以制止，社会就将崩溃。道德则是规范不具有社会重要性和具有社会重要性的一切具有社会效用的行为。从这一点来看，一切法都是道德，而道德却不都是法：道德占有整个天，法律却只有半个天。既然一切法都是道德，既然法是对人的自由的一种侵犯，是一种必要的恶，那么，我们就可以说，道德——法律同时都是道德——也是一种必要的恶，因为它们都是同样的规范。"不准杀人"作为法律规范，它侵犯了人的自由，它压抑了人的杀人的愿望，它压抑了凶手的愿望，它是一种恶，那么，"不准杀人"，作为道德岂不也是这样的？

当然，法律这种东西依靠的是权力，依靠的是暴力和行政处罚，这样，它对人的愿望和自由的侵犯就更为严重。反之，道德依靠的是舆论，依靠的是教育，它对人的自由和愿望的侵犯就比较轻微。但是这仅仅是问题的一个方面。从另一个方面来看，恰恰相反，道德对人的侵犯比法律对人的侵犯要深广得多，要严重得多。因为法律仅仅规范人的极小一部分行为，就是那些具有社会重大作用的行为；而道德则规范、侵犯人的一切行为。道德堪称无孔不入，什么事情它都要管。法律只要你不杀人放火就可以了；道德却要求你的一切行为都应该循规蹈矩。所以道德对人的侵犯，比起法律要多得不可比拟。不但此也！法律对人的要求较低因而侵犯较低，它只是要求你不害人，它是一种底线伦理：法律是道德的底线。而道德对人的要求较高因而对人的侵犯也较高、较重，它不仅要求不害人，而且还要求自我牺牲。哪有法律要求自我牺牲的？所以，道德对人的侵犯更高、更强、更重。它要求你自我牺牲啊！法律仅仅触及你的肉体，对你进行惩罚；而道德则侵犯你的灵魂，叫你受尽心灵的折磨！叫你日夜不得安宁！所以，法律不会造就神经症，但是道德可以造就神经症。弗洛伊德说的那两个小女孩，表达的就是这个道理。那个最终患神经症的女孩，就是因为她对自己的道德要求高；而另一个女孩之所以没有患神经症，就是因为她对自己的道德要求低。所以，如果说法律就其自身来说是一种恶，那么，道德就其自身来说就更是一种恶了。

有些东西看起来好像是非常温和的，其实，越是温和的东西，往往越是残酷越是厉害。鲁迅早就借老子的口说过：你看那舌头和牙怎么样？舌头是软的，牙是硬的。但那牙都掉了，而舌头却永在。越柔的东西对人的侵犯往往越严酷，杀人不见血啊！道德和美德就是这样一个东西！对于道德和美德的这种本性，没有人比弗洛伊德看得更加透彻了。因为他发现，几乎百分之百的神经症患者都是他的道德良心造成的，都是他的良心所引起的内疚感所造成的，都是一种无意识的内疚感所致。神经症是一种最可怕的疾病！是一种最可怕的恶！看一看那些可怜的有洁癖的人，他们洗啊洗啊，一直把手洗出血。那些有强迫症的人，走路和开门都经历着可怕的痛苦和折磨。比如说，他心里会这样想：走七步他要把它打开。那么，他就非得恰好是七步开门。如果不是七步，他就要步子变得大一点或者小一点，否则他就闹心呀！更严重一些的强迫症患者，见了门，他要打立正才能开门。否则，他就痛苦得不得了。这些神经症是怎么得的？怎么会得了这种怪病？弗洛伊德说，那是道德良心，是一种内疚感造成的。因为内疚感比较强的人，道德感比较强的人，品德比较高尚的人，干了坏事之后，他的良心就极为痛苦。达尔文曾经描写过，这种良心的痛苦具有最深刻的震撼力，这种震撼力使得他宁可去自首接受惩罚，也决不愿意继续处于这种心灵极度不安极度痛苦的状态。可见，道德是对人的自由和愿望的更深刻的一种规范、限制、侵犯、践踏、损害。所以，如果说每一种法都侵犯了自由和欲望因而是一种恶，我们更可以说每一条道德都侵犯了自由和欲望，每一条道德都是一种恶。

道德与政治、法和德治这四个东西的本性，其实都是一样的。就它们本身来说，都不是好东西，都是人类不得已才创造出来的东西，因为没有它们社会就不能存在和发展。所以，这四个东西与经济、文化产业和人际交往三者根本不同：后三者都是纯粹的善，而前四者都是必要恶。以往我们对于这一点了解得不太多，在某种意义上讲我们根本就不了解。一说这是"政治任务"就崇高得不得了，政治是个啥呀？政治就它本身来说是个最坏的东西，它对人的自由和欲望是一种最强大的、最严重的侵犯。当然，没有政治是不行的，没有政治，社会必定崩溃，政治固然是一种严重的恶，却能够防止更大的恶：社会崩溃。因此政治是一种必要恶，是一种最重要的必要恶。道家也不是主张无政府主义，它还是要"无为而治"。它为什么要求"无为而治"？因为政治是一种最为剧烈的毒药，是一种最为惨烈的必要恶。人类原本有四毒四害四恶，有后患无穷同时又功勋无比的四毒四害四恶，那就政治、法、德治和道德。政治是四毒四害四恶之首！所以道家认为什么样的政治是最好的？无为到让你感觉不到，那就是最好的政治！哈佛大学著名的哲学家诺齐克将这种观点推到极端，认为国家的作用就是一个守夜人的作用，它的全部作用就是敲敲梆子防御外敌入侵而已！国家主席就是一个大更夫，就是一个大敲梆子者而已！为什么专制政府是最坏的政府呢？因为它对人的自由和欲望侵犯最重。宪政民主政治为什么最好呢？因为它对人的侵犯最轻。什么是宪政民主政治？宪政民主政治就是符合自由宪法的自治，宪政民主政治就是国家的最高权力掌握在每个人的手里，国家的政治不以某一个领袖的意志为转移，不是以某一个人的意志为转移，那就是你自己管自己、自己整自己。自己整自己，并且是遵循自由宪法，你想你能自己将自己整得那么重吗？宪政民主政治为什么是一个好的政治呢？其中的一个道理就在于此：它是一种对每个人的自由和欲望侵犯最轻的政治。

道德和美德，与政治和法律一样，是一种必要恶，意味着：道德的起源与目的不可能是自律的：一方面，道德不可能起源于道德自身，不可能起源于完善自我品德之个人道德需要；另一方面，道德目的不可能是为了自身，不可能是为了完善每个人的品德而满足个人道德需要。因为道德和美德既然就其自身来说，都仅仅是对人的某些欲望和自由的限制、压抑、侵犯，都仅仅是一种害和恶，那么，如果说道德目的就是为了道德自身，就是为了完善人的品德，岂不就等于说：道德的目的就是为了给予每个人以害和恶？岂不就等于说：道德目的就是为了限制、压抑、侵犯人的欲望和自由？岂不就等于说：道德就是为了压抑人的欲望而压抑人的欲望，就是为了侵犯人的自由而侵犯人的自由，就是为了害人而害人，就是为了作恶而作恶？

任何必要恶，就其自身来说，仍然是一种恶，因而皆不能自成目的：一切“必要的恶”的目的都是在这种“必要的恶”之外的他物。阑尾炎手术是一种必要恶，其目的不可能是其自身，不可能是为了给你的肚子豁一个口子；它的目的一定是在阑尾炎手术之外的他物：避免死亡。道德是一种必要的恶，因而道德的起源和目的一定是他律的而不是自律的：道德不是源于道德自身，而是源于道德之外的他物——社会、经济、文化产业、人际交往、政治、法和德治——道德目的不是为了道德自身，不是为了完善每个人的品德，而是为了道德之外的他物，为了保障社会、经济、文化产业、人际交往、政治、法和德治的存在发展，最终增进每个人的利益。这种观点就叫做道德他律论。因此，所谓道德他律论，亦即道德起源和目的他律论，就是认为道德起源和目的在于道德和美德之外的他物——亦即每个人的利益和幸福——的理论，因而是道德起源和目的之真理。

三、人与动物的分界

道德起源和目的他律论是真理，是否意味着道德起源和目的自律论是谬误？答案是肯定的。道德起源和目的自律论的主要代表，当推儒家、康德和基督教伦理学家。我读他们的有关著作，总是感到惊讶。因为他们的道德起源和目的自律论之基础，乃是一种极其陈腐可笑的人类中心主义滥调。他们从这种滥调出发，努力寻找什么人之所以为人、人区别于其他动物的“人性”。我常想，这种人性的研究究竟有什么科学意义呢？你想想看，人性如果排除食欲和性欲等一切人与其他动物共同的东西，它还会剩下什么呢？能够制造工具？可是大象、白蚁等等也能够制造工具。具有语言？可是大猩猩也能够运用60多个英文单词，鹦鹉也会说话。具有理智？可是大象、狗甚至猪也都具有自制——自制亦即情欲服从理智——能力而有所不为。无疑，人区别于其他动物的人之所以为人者的人的人性是微乎其微的。所以孟子也不得不承认：“人之所以异于禽兽者几希。”①

可是，道德起源和目的自律论者却自以为终于找到了这“几希”的人之所以为人者，那就是美德！他们认为，法律和道德并不是必要恶，而是必要善，是

① 《孟子·离娄下》。

一种必要的内在善、自身善。新儒家冯友兰曾就此写道："国家社会的组织，法律道德的规则，是人依其性以发展所必有底。对于人，它们是必要底，但不是必要恶，而是必要的善。"①道德和美德是一种必要善，是一种必要的内在善、自身善的观点，在康德那里得到了系统的论述。在他看来，一个人的道德意志、道德品质、品德之善，不仅就其自身来说就是善，因而是一种自在善、内在善，而且是一种无条件的绝对善②。道德和美德既然就其自身来说就是善的，是一种自在善，那么，道德的起源与目的，真正讲来，便是自律的：道德起源于道德自身，起源于每个人完善自我品德的需要；目的在于道德自身，在于完善每个人的品德，实现人之所以异于禽兽、人之所以为人者。这一点，孟子讲得十分透辟："人之有道也。饱食、暖衣、逸居而无教，则近于禽兽。圣人有忧之，使契为司徒，教以人伦——父子有亲、君臣有义、夫妇有别、长幼有序、朋友有信。"③

那么，这种观点能否成立？否，美德并不能把人和动物区别开来。因为动物也一样是有美德的。狗就有忠诚的美德，甚至比人更忠诚。狗和其他的动物不仅有"忠诚"的美德，还自我牺牲的美德，能够达到美德的最高境界。达尔文反复讲过这个道理。他在《人类的由来》中写道，有一小群狒狒突然发现一大群鬣狗围上来，就奋力跑到另一座山，突破了鬣狗的包围。但是，当狒狒们到了安全的地方时，才发现有一只小狒狒掉了队，被鬣狗团团围住。在这千钧一发的危急关头，一个大狒狒——他并不是小狒狒的父母——竟然冒着必死无疑的危险冲下山来，闯入鬣狗的包围圈，抱起小狒狒就跑。这一奋不顾身的举动把鬣狗们弄得目瞪口呆，等到明白过来时狒狒已经冲出了包围圈。这是何等富有自我牺牲的崇高美德啊！达尔文在《人类的由来》中还讲道，有一只小猴子对饲养员的感情很深，满怀感恩之心。它与一只大狒狒关在一个笼子里，小猴子平常最怕那个大狒狒。狒狒多凶猛啊，它敢和狗熊搏斗。有一天，大狒狒突然发怒，一口就把饲养员的脖子咬住了，咬住了它就不撒口，牙齿一点一点向里推进，越来越深，饲养员眼看就要被咬死了。这时，小猴子突然不顾一切地跑过来，在大狒狒身上狠狠地咬了它一口，大狒狒痛得把嘴咧开了，饲养员伺机跑了出去。这是何等难能可贵的美德啊！所以，动物不但有美德，而且可以具有最高尚的美德，因而认为道德目的就是使人品德高尚从而与其他动物区别开来的观点，是根本不能成立的：这种观点不过是一种极其陈腐

---

① 冯友兰：《三松堂全集》第四卷，河南人民出版社 1986 年版，第 592 页。
② 〔德〕康德：《道德形而上学原理》，苗力田译，上海人民出版社 1986 年版，第 42—43 页。
③ 《孟子·滕文公上》。

过时的人类中心主义滥调罢了。

道德自律论的错误不妨诉诸归谬法：如果道德目的是为了完善每个人的品德从而使人和动物区别开来，那就应该为了猪的利益而牺牲人的利益。因为道德目的乃是衡量一切行为应该不应该、道德不道德的终极标准。我们说，应该杀猪而不应该杀人，只是因为道德是人类创造的。人类创造道德的目的，最终是为了增进人类利益，是为了保障人类社会存在发展：杀猪有利人类社会、符合道德目的，因而是应该的；杀人有害人类社会、违背道德目的，因而是不应该的。然而，若就一个人的品德完善的程度来说，造福的对象离自己越远，他的品德便越完善：为别人高尚于为自己；为自己的同乡，高尚于为自己的妻儿；为自己的同胞，高尚于为自己的同乡；为人类高尚于为同胞。可是，为什么不可以进一步推下去：为了猪类高尚于为了人类？只是因为道德目的不是为了道德自身，而是为了保障人类社会的存在发展。道德目的是为了保障人类社会，因此，一个人造福的对象，才会在其是人类的前提下，离自己越远便越符合道德目的，便越高尚。如果人类创造道德的目的是为了道德自身，是为了完善每个人的品德，那么，每个人的造福对象，最终说来，也不应该以人类自己为限，而至少应该以一切与自己同样有苦乐福祸感情的动物为限。因为人类造福对象如果以自己为限，那就是自私，就不够高尚，就违背道德的目的，就是不道德的了；只有超越自己而以一切与自己同样有苦乐福祸感情的动物为造福对象，才算得上真正的无私，才算得上品德完善，才符合道德目的，才是道德的行为。所以，如果人类创造道德的最终目的就是为了使自己的品德完善，那么，每个人的造福对象，就应该超越人类自己而以一切与自己同样有苦乐福祸感情的动物为限；而且，在这个限度内，造福的对象无疑离自己越远，便越符合道德目的，便越高尚：为了猪高尚于为了人，因而当二者利益发生冲突时，应该为了猪的利益而牺牲人的利益。所以儒家和基督教这种道德目的自律论，合乎逻辑的最终的结论，并不是人道主义，而势必导致猪道主义、驴道主义、马道主义和狗道主义。这就是道德自律论所蕴含的反人类主义的荒谬结论：它充分表明道德自律论是不能成立的。

道德自律论的错误，直接说来，主要在于混淆自身善和结果善。道德与法一样，就其自身来说，不过是对人的某些欲望和自由的压抑、侵犯，因而是一种害或恶；就其结果和目的来说，却能够防止更大的害或恶（如社会的崩溃）和求得更大的利或善（如社会的存在发展），因而是净余额为善的恶，是必要的恶。美德与道德一样，就其自身来说，不过是对拥有美德的人的某些欲望和自由的压抑、侵犯，因而是一种害或恶；但就其结果和目的来说，却能够使拥有美德的人防止更大的害或恶(如社会和他人的唾弃)和求得更大的利或善(社会和他人的赏誉),因而是净余额为善的恶,是必要的恶。道德自律论者的错误,就在于将结果善当作自身善,从而认为道德和美德自身就是善的,是一种纯粹善。从此出发,便可以得出道德目的乃在于道德和美德自身的道德自律论之结论了。

道德自律论的错误,根本说来,则在于混同道德目的与行为目的。道德不能以道德、品德为目的。那么,一个人的行为能够以道德、品德为目的吗?能够是为了自我品德的完善吗?答案是肯定的。不过,一个人最初不可能为了美德而求美德;他最初追求美德的目的纯粹是为了利己。因为美德是一种必要的恶,美德这种东西就其自身来说是一种害和恶,它是对你的欲望和自由的一种限制和压抑。你看小孩生来都是自私的,是不喜欢美德的。一个小孩愿意做好孩子,一开始实在是迫不得已。因为他若不做好孩子,就将失去父爱、母爱;而失去父爱、母爱,他就无法生存了。他就像伏尔泰所说的,不过是一条大虫子,他怎么活呀?他要生存,要得到父爱、母爱,就得做个好孩子,就得有美德,有小孩子的美德。所以,皮亚杰说,小孩生来都是道德他律的。他原本不想做好孩子,他想放纵自己。但是,随着经验和智慧的积累,他明白,他要是放纵自己就得不偿失,他要是约束一下自己从而拥有美德,他就能够得到更多的东西。这样,他才追求美德,做一个好孩子。长大了,也是如此。试想,你为什么要追求美德啊,因为你要求前途!美德是人安身立命的一个必要条件,是求得幸福的一个根本的条件。你是为了利益而追求美德的,美德一开始不能成为你的行为目的。这样一来,美德便是每个人利己的最根本、最重要的手段:每个人对美德的需要是一种手段的需要。

但是,逐渐地,他便会因美德不断给他莫大利益而日趋爱好美德、欲求美德,从而便为了美德而求美德,使美德由手段变成目的;就像他会爱金钱、欲求金钱,使金钱由手段变成目的一样。这一点,功利主义思想家穆勒说得非常深刻。确实,什么东西给你好处和利益,你对什么东西就会产生一种爱,你就会爱上这个东西。你为什么爱上你的心上人呢?因为她长得漂亮,给你快乐和幸福。你一看到她就感到高兴,即使她长得丑你也爱上她。因为她虽然丑,但是她不断地给你钱,给你房子,给你好东西,给你快乐和幸福。可是,人生在世,什么东西能够给予他最重要最根本的快乐、利益和幸福?是美德。因为人是社会动物,每个人的一切利益和快乐都是社会和他人给予的。而社会和他人给予你利益和快乐,无疑是有条件的,这个条件就是:你必须有德而不能缺德。你要是缺德,你就必定要丧失你所能够从社会和他人那里得到的一切利益和快乐。所以,美德乃是每个人安身立命之本。这样一来,由于美德不断给予一个人以利益和快乐,他就会爱上美德。一个人一旦爱上了美德,他就会为了美德而求美德,美德就从手段变成了目的。这个时候他的行为目的就是为了美德,是为了美德而求美德,而不是为了利益而求美德。

于是,一个人的行为可以源于其完善自我品德的道德需要,目的是为了完善自我品德、为了道德自身:这是个人行为的起因和目的方面的道德自律。但是,道德目的却绝不可能是为了道德自身,绝不可能是为了完善人的品德。就这一点来说,道德与金钱一样:一个人的目的可以是为了金钱自身;但金钱的目的却绝不可能是为了金钱自身。自律论者的错误,就在于等同个人"行为起因与目的"的道德自律与社会"道德起源与目的"的道德自律,从而由个人的行为可以起因于完善自我品德需要、目的是为了自我品德的完善之正确前提,而得出错误结论:道德起源于人的品德完善的需要、目的是为了完善每个人的品德。道德是一种必要的恶,注定了道德的起源和目的一定是他律的:道德源于道德之外的他物——经济、文化产业、人际交往、政治、法和德治——道德目的是为了道德之外的他物,为了保障经济、文化产业、人际交往、政治、法和德治的存在发展。那么,道德的起源和目的是否可以归结为这六大方面:"经济"之发展、"文化产业"之繁荣、"人际交往"之自由安全以及"法"、"政治"和"德治"之优良?否!因为真正讲来,道德的起源和目的还有一个方面,那就是增进"动植物等非人类存在物的利益"。阿比(Edward Abbey)曾将这一点归结为一句名言:"我不愿将斧刃劈入一棵活树的枝干的程度,并不亚于我不愿用它来砍进一个人的肉体的程度。"①那么,为什么劈一棵树的错误不亚于砍一个人?

四、劈一棵树的错误不亚于砍一个人

康德曾经讲过:如果一条狗长期忠诚地服务于它的主人,当它老得无法继续提供服务时,它的主人应该供养它直至死亡;如果杀死或遗弃它,则是不应该、不道德、缺德的。可是,为什么杀死一条老狗是缺德的,杀死敌人却不但

① Roderrick Frazier Nash, *The Rights of Nature: A History of Environmental Ethics*, The University of Wisconsin Press, London, 1989, p. 169.

不缺德，反倒杀死越多越有美德？敌人不也是人吗？难道人的道德价值还不如狗吗？可以科学地解释这个问题的基本概念，就是“道德共同体”。

所谓道德共同体，顾名思义，就是应该按照道德规范相互对待的一切个体和群体的总和。敌人显然在道德共同体之外，或者说，敌人不是道德共同体的成员。因为我们与敌人是不能按照道德规范相互对待的。对敌人是不能讲道德的：杀死敌人不但不是缺德，而且杀死的越多反倒越有美德。同样，石头也不是道德共同体的成员，因为我们与石头是不能按照道德规范相互对待的。对石头也是不能讲道德的。我们不能说打碎石头是不道德的，也不能说保全石头是道德的：怎么样对待石头都无所谓道德不道德。那么，道德共同体的界限究竟应该划定在哪里？

当代美国生态伦理学家泰勒有一句名言：“弄死一株野花犹如杀死一个人同样错误。”①这就是说，道德共同体的界限不应该像传统伦理学或人类中心主义所认为的那样，应该以人类为限，而应该遵循今日生态伦理学或非人类中心主义的主张，以动植物等一切生物为限。这样一来，野花就与人类一样，都是道德共同体成员，因而弄死一株野花就犹如杀死一个人同样不道德、同样错误了。可是，这种观点能成立吗？

我们知道，道德是社会制定或认可的关于具有社会效用的行为——亦即有利或有害社会、他人、自己和非人类存在物的行为——应该如何的非权力规范。因此，所谓被道德地对待或道德关怀，说到底，也就是一种受益和受害的问题。这样一来，也就只有能够受益和受损的东西，只有具有利益的东西，只有具有分辨好坏利害的评价能力和趋利避害的选择能力的东西，才可能存在被道德地对待或道德关怀的问题，才可能成为道德共同体的成员。一块石头，无论如何对待它，是把它打碎还是好好放起来，都无所谓道德不道德。因为石头不具有分辨好坏利害的评价能力和趋利避害的选择能力，没有利益可言。所以，石头不存在受益和受损的问题，不存在是否被道德地对待或道德关怀的问题，因而也就不可能是道德共同体的成员。反之，如何对待狗，是殴打它、折磨它还是好好地养着它，则存在着道德不道德的问题。因为狗具有分辨好坏利害的评价能力和趋利避害的选择能力：狗拥有利益。所以，狗存在受益和受损的问题，存在是否被道德地对待或道德关怀的问题，因而可以是道德共同体的成员。

那么，是否只有狗和家畜等动物才具有分辨好坏利害的评价能力和趋利

---

① Roderrick Frazier Nash, *The Rights of Nature: A History of Environmental Ethics*, The University of Wisconsin Press, London, 1989, p. 155.

避害的选择能力从而才具有利益？不是。因为任何生物对于作用于它的东西，都具有分辨好坏利害的评价能力和趋利避害的选择能力。这种能力的最低级形态，就是所谓"趋性运动"。例如，植物叶肉细胞中的叶绿体，在弱光作用下，便会发生沿叶细胞横壁平行排列而与光线方向垂直的反应；在强光作用下，则会发生沿着侧壁平行排列而与光线平行的反应。这两种反应显然都是分辨好坏利害的评价能力和趋利避害的选择能力的表现：前者是为了吸收有利自己的最大面积的光；后者是为了避免吸收有害自己的过多的光；说到底，都是为了保持内外平衡，从而生存下去。

因此，分辨好坏利害的评价能力和趋利避害的合目的性选择能力是一切生物——人、动物、植物和微生物——所固有的属性，因而一切生物都拥有利益。那么，是否由此可以得出结论说，一切生物都应该得到道德关怀从而都是道德共同体的成员？当代生态伦理学家的回答大都是肯定的。在他们看来，具有分辨好坏利害的评价能力和趋利避害的选择能力从而具有利益，是应该得到道德关怀从而具有道德共同体成员资格的充分条件："只要某个生物感知痛苦，便没有道德上的理由拒绝把该痛苦的感受列入考虑。"①这样一来，一切生物便都因其具有利益而都应该得到道德关怀从而都是道德共同体的成员。然而，这种观点是不能成立的。因为照此说来，那些给人类带来极其巨大灾难的生物，如霍乱、鼠疫、梅毒、乙肝、艾滋病等病毒和细菌以及虱子、跳蚤等等，便与那些给人类带来巨大福利的生物同样是道德共同体的成员，因而同样应该得到道德关怀：难道还有比这更荒谬可笑的吗？

其实，能够趋利避害从而具有利益，只是应该得到道德关怀从而具有道德共同体成员资格的必要条件而非充分条件。非人类存在物应该得到道德关怀从而成为道德共同体成员，不但必须具有利益，而且还必须对人类有利，给人类带来利益，能够与人类构成一种大体具有互惠关系的利益共同体。因为即使是人，也并不都应该成为道德共同体的成员。一个人，如果是一个害人精，杀人放火、无恶不作，他就应该被杀头而不能成为道德共同体的成员了。即使一个人是好人，是个战斗英雄，但是，如果他是我们正与之交战的敌人，那么，我们就应该杀死他：敌人不可能是道德共同体的成员。所以，我们杀死敌人，并不是不道德的。相反的，我们杀死的敌人越多，我们就越是英雄好汉，我们就越拥有美德。人尚且如此，更何况非人类存在物？

所以，对人类有利，乃是非人类存在物应该得到道德关怀从而成为道德共

---

① 〔美〕彼得·辛格：《动物解放》，孟祥森、钱永祥译，光明日报出版社1999年版，第12页。

同体成员的更为根本的必要条件：具有利益是应该得到道德关怀的前提；对人类有利则是应该得到道德关怀的依据。那么，这两个条件结合起来，是否能够成为道德关怀的充分条件？是的。具有利益并且有利于人类，乃是非人类存在物应该得到道德关怀从而成为道德共同体成员的充分条件：任何存在物，只要具有利益并且有利于人类，就应该得到道德关怀从而成为道德共同体成员。因为一种能够分辨好坏利害和趋利避害的具有利益的生物，如果给了我们利益，那么，我们就应该心存感激，也回报它们以利益，而决不应该给它们以不必要的损害。只有如此，我们对它们才是公正的、道德的；否则，如果我们不是回报它们以利益，而是回报它们以损害，对于它们可能就是恩将仇报、忘恩负义，就是不公正的、不道德的。

还是拿康德举证的那条老狗来说。它曾长期忠诚地服务于它的主人，甚至于危难之际救了它主人的性命。那么，主人是否也应该回报它以巨大的利益呢？主人是否应该在它老得无法继续提供服务时，供养它直至死亡呢？是的。然而，主人为什么应该这样做呢？为什么一个有良心的主人如果这样做就会心安理得；否则，如果不这样做而是杀死它，就会内疚而良心不安呢？显然是因为，按照等利交换的公平原则，老狗给予了主人巨大的利益，那么，主人回报老狗以相应巨大的利益，就是老狗应得的。这样，主人只有给予它巨大的利益，才符合等利交换的公平原则，对于它才是公平的、善的，因而当主人这样做时，他才会感到良心安宁。反之，如果杀死这条老狗，对于它就是不公平的、恶的、缺德的，因而当主人这样做时，他才会感到内疚而良心不安。

对于狗是如此，对于其他生物亦然。试想，一方面，树木给了我们巨大利益；另一方面，树木也具有一定的分辨好坏利害的评价能力和趋利避害的选择能力，从而也具有一定的利益。因此，按照公正原则，我们对于树木就应该心存感激，也回报它们以利益，而决不应该给它们以不必要的损害。否则，如果我们不是回报它们以利益，而是回报它们以不必要的损害，随意折断树枝和践踏花草，就违背了等利交换的公正原则，使它们遭受了不公正、不道德的对待，因而是不应该的、不道德的。所以，泰勒一再说，随意拔除一棵植物与杀死一个人同样是一种道德错误："弄死一株野花犹如杀死一个人同样错误。"阿比(Edward Abbey)这样写道："我不愿将斧刃劈入一棵活树的枝干的程度，并不亚于我不愿用它来砍进一个人的肉体的程度。"[①]因此，具有利益并且有利于

① Roderrick Frazier Nash, *The Rights of Nature: A History of Environmental Ethics*, The University of Wisconsin Press, London, 1989, p. 169.

人类，从而能够与人类构成一种大体具有互惠关系的利益共同体，乃是非人类存在物应该得到道德关怀从而成为道德共同体成员的充分条件：有利于人类的一切生物就是道德共同体的界限。

人类与有利于人类的动植物等非人类存在物是道德共同体的界限，显然意味着：道德的起源和目的是为了增进人类与动植物等非人类存在物的利益，是为了保障"经济"之发展、"文化产业"之繁荣、"人际交往"之自由安全和"法"、"政治"、"德治"之优良以及动植物等非人类存在物的利益。但是，不难看出，道德的直接的起源和目的，可以是为了增进动植物等非人类存在物的利益；但道德的终极的起源和目的，则只能是为了增进人类的利益，说到底，是为了增进每个人利益。因为道德目的是衡量一切行为善恶的道德标准：道德的直接的目的是道德的特殊的直接的标准；道德的终极目的是道德的终极标准。所以，"为了增进动植物的利益"等道德的直接的目的便是道德的特殊的直接的标准；而道德的终极标准则只能是道德的终极目的："增进人类的利益"。

这样，一方面，当人类与动植物等非人类存在物的利益一致时，便应该遵循道德的特殊的、具体的和直接的标准，便应该既增进人类利益又增进动植物的利益，甚至应该为了增进动植物的利益而增进动植物的利益，如当老狗不能再提供服务时，主人应该继续供养直至它死亡等等。但是，另一方面，当动植物等非人类存在物的利益与人类的利益发生冲突不可两全时，道德的特殊标准便不起作用了；这时，便应该诉诸道德终极标准"增进人类的利益"，从而应该牺牲动植物等非人类存在物的利益而保全人类的利益。举例说，当一只老虎与一个人相遇，如果不杀死老虎人就会被咬死，那么，不论这只老虎如何宝贵，哪怕它是世界上仅有的一只而人类大有过剩之虞，也应该杀死老虎而救人性命。因为只有增进人类的利益才是道德终极标准。再比如，人类如果不吃动植物，固然保全了它们的生命，却牺牲了自己的幸福乃至生命：人类的幸福和生命与动植物的生命发生冲突不可两全。在这种情况下，人类吃动植物，固然违背了"增进动植物的利益"的道德特殊标准，却符合"增进人类利益"的道德终极标准，因而是道德的、应该的。

第三讲

道德终极标准：增减每个人的利益总量

本讲提要

道德终极标准是由若干标准构成的道德标准体系：一个总标准和两个分标准。总标准是在任何情况下都应该遵循的道德终极标准：增减每个人的利益总量。分标准1，是在人们利益不发生冲突而可以两全情况下的道德终极标准，亦即所谓的帕累托标准：无害一人地增加利益总量。分标准2则是在人们利益发生冲突而不能两全的情况下的道德终极标准："最大利益净余额"标准——它在他人之间发生利益冲突时，表现为"最大多数人的最大利益"标准；而在自我利益与他人或社会利益发生冲突时，表现为"无私利他、自我牺牲"标准。

一、尾生之信与康德之诚

在我们这个堪称相对主义的时代，人们动不动就说：没有什么绝对的东西，一切都是相对的；没有什么终极的东西，一切都存在于过程之中。因此，他们一瞧见“道德终极标准”这几个字，就会嗤之以鼻：哪里会有什么道德终极标准呢？那么，我们为什么说存在道德终极标准？道德终极标准究竟是什么？

道德终极标准的提出，源于各种道德规范之间时常发生的冲突。“尾生之信”和“康德之诚”堪称这种冲突的典范。尾生是中国古代的一个青年男子，他和一个女子谈恋爱，约会在大桥底下，因为大桥底下比较偏僻，好说话。但是大桥底下并不安全啊！当尾生赴约来到桥下时，河流涨水，洪水上来了。尾生面临一个道德难题：是守信而留在大桥底下还是离开大桥而逃生失信呢？离开大桥可以自救，但是那样一来就要失信；要是守信而留在大桥底下就不能自救：“贵生”道德规范和“守信”道德规范发生冲突而不能两全。他的选择是守信留在大桥底下！他抱住桥柱子，水往上涨，他就往上爬。结果，尾生被淹死了。这就是尾生之信！

就这一点来说，伟大的康德与尾生同样可笑。因为康德曾举例说，一个凶手正在追杀一个无辜者，这时候有一个人正好目睹了无辜者藏在什么地方。凶手就问这个人：你看见一个人往哪里跑了？这时候这个人就面临着两种道德规范的冲突：是要“诚实”还是要“救人”？如果他要诚实，就得告诉凶手那无辜者藏在哪儿，那他就不是在救人而是在害人了；他要救人，就得违背诚实这一道德规范而欺骗凶手。在这种情况下应该怎么办？康德的答复是：要诚实，即使害人，也要诚实，因为诚实是一条“绝对的律令”。我们不妨将此称之为“康德之诚”。

康德之诚与尾生之信何其相似！确实，康德犯了和尾生同样的错误。究竟是要诚实还是要救人，要守信还是要自救？既然这些原则本身发生了冲突，那么，就无法从这些原则出发解决应该服从哪一个原则的问题，而只应该诉诸一个更高的原则,比如说,诉诸“最大利益净余额”原则。按照这个原则,应该救人而撒谎,应该自救而失信。因为有什么东西能够比人的生命更宝贵呢?所以,救人和自救的正价值大于撒谎和失信的负价值,救人和自救的利大于撒谎和失信的害,净余额是正价值而不是负价值,是利而不是害。反之,诚实而害人,守信而轻生,净余额是负价值而不是正价值,是害而不是利。所以,应该撒谎救人,而不应该诚实害人;应该失信自救,而不应该守信而轻生。

不过,这里又有一个问题,“最大利益净余额”这一原则是否在任何情况下都应该遵循?当“最大利益净余额”与其他原则,如“增进每个人利益”这一原则发生冲突时应该怎么办?比如,我们这儿大约有400人,如果杀死其中的一个无辜者,你们每个人都能够活到100岁,都能够成为伟大的思想家和亿万富人,那么,利益净余额就会远远大于不杀死该无辜者的利益总量。这样一来,如果遵循最大利益净余额原则,就应该杀死该无辜者,而这就违背了“增进每个人利益”的原则;如果遵循“增进每个人利益”的原则,就不应该杀死该无辜者,但又违背了“最大利益净余额”这一原则。那么,应该怎么办?应该服从哪一个原则?如此推导下去,最终应该服从的那个道德原则就是所谓道德终极标准。

道德终极标准就是最根本的道德标准,是产生、决定、推导出其他一切道德标准的标准,是在一切道德规范发生冲突时都应该服从而不应该违背的道德标准,是在任何条件下都应该遵守而不应该违背的道德标准,是在任何条件下都没有例外而绝对应该遵守的道德标准,因而也就是绝对道德标准。对于这个绝对道德标准,穆勒曾这样写道:“有一个基本的原则或法则,作为全部道德的基础……这一个原则是在各种原则之间发生冲突时进行判决的尺度。”① 穆勒沿袭以往的传统而称之为道德“终极标准(Ultimate)”或道德“第一原则(First Principle)”②。

道德终极标准无疑只能是一个,而不能是两个或两个以上。因为如果有两个,这两个道德原则还可能发生冲突,在发生冲突的时候,就只能遵循其中的一个,而必定违背另一个。那个应该违背的显然不是道德终极标准;而只有那应该遵循的才是道德终极标准。所以,道德终极标准只能是一个。那么,这一个道德终极标准是什么呢?

道德价值推导公式表明,主体的需要、欲望和目的,是衡量一切事物善恶

---

① Louis P. Pojman, *Ethical theory: Classical and Contemporary Readings*, Second Edition, Wadsworth Publishing Company, USA, 1995, p. 172.

② 同上书,p. 173。

对错价值如何之唯一标准，因而也就是衡量他们自己行为的善恶对错价值如何之唯一标准。一个人如果是个小偷，他的目的是偷得多多的钱，那么，他偷富人和偷穷人这两种行为，对他来说，前者便是应该的、对的、具有正价值的，而后者则是不应该的、不对的、具有负价值的。因为富人有钱，偷富人符合他多多偷钱的目的；穷人没钱，偷穷人不符合他多多偷钱的目的：他偷钱的目的，是衡量他自己行为价值的标准。反之，如果他的目的是做一个好人，那么，他就应该做好事而不该偷盗。因为做好事符合他做好人的目的；而偷盗则不符合他做好人的目的：他做好人的目的，是衡量他自己行为应该与否的标准。

但是，个人目的只是衡量行为价值之标准，只是衡量行为善恶之标准，却不是衡量行为道德价值之标准，不是衡量行为道德善恶之标准。衡量行为道德善恶或道德价值之标准，不是个人目的而是道德目的：道德目的是衡量一切行为的道德善恶或道德价值之标准。你偷东西，偷盗成功，符合你的个人目的，是一种善，具有正价值；偷盗失败，不符合你的个人目的，是一种恶，具有负价值。但是，不管你偷成功还是没有偷成功同样都是一种道德恶，都同样具有负道德价值，都同样是不道德不应该的。为什么呢？因为不管成功与否都不符合道德目的。道德的目的是保障社会存在发展、增进每个人的利益。你偷盗成功与否都同样有害社会和他人，违背道德目的，因而同样都是一种道德恶，同样具有负道德价值，同样是不应该、不道德的。

诺齐克不懂得道德目的是衡量一切行为的道德善恶或道德价值之标准，因而问道："生物是不是按某种上升的等级安排的，以便可以使事物都为了那些等级高的生物的较大总体利益而做出牺牲或忍受痛苦？"①照此说来，杀猪之所以是应该的，而杀人是不应该的，就是因为猪比人蠢，比人低级。如果按照他这个逻辑推论就不好办了。因为就可以推到人类身上了：愚蠢的人就应该为聪明的人服务；聪明的人就应该杀愚蠢的人或者奴役愚蠢的人。因为按照达尔文主义者海克尔的说法，最愚蠢的人和最聪明的人的智力差距，要比最聪明的动物和最愚蠢的人的差距还要大。这样一来，聪明的人就应该杀愚蠢的人了？诺齐克的错误说到底，就在于他不懂得道德目的乃是评价行为是否道德的标准。为什么说杀人是不应该的而杀猪是应该的？这个问题，仔细想想，岂不就是因为你的社会是人类社会，你这里所说的"应该"和"不应该"乃是人类社会道德意义上的"应该"和"不应该"？假如猪建立了一个社会，那么，在这个社会中，恰恰相反，杀人就是应该的，杀猪就是不应该的。因为杀猪不符

---

① 〔美〕诺齐克：《国家、无政府和乌托邦》，何怀宏译，中国社会科学出版社 1991 年版，第 55 页。

合猪类社会的道德目的，杀人符合猪类社会的道德目的。

任何社会，只要是具有大脑的动物所组成的社会，就一定是有道德的。有的人，对于这一点大不以为然，以为只有人才有道德才有美德，其实这是错误的。猪，你仔细观察，它也是有羞耻心的。不要说狗了，就说猪，它要是偷吃了你桌上的饭，它是很羞愧的，它不好意思。我是观察过的。猪要是吃它槽子里面的食，或者是你掉在地上的，它就理直气壮，大摇大摆的，它知道这是应该的。相反，它要是趁你看不见，到你的饭盆来一口，这时候它再见到你，它是不敢看你的，它不好意思。它有道德感。有大脑的社会动物，就有道德感。有道德感，说到底，就是因为有道德目的。所以，你杀猪是应该的，仅仅是在人类社会中。因为你所说的"应该"和"不应该"，是用人类社会的道德目的来衡量的。所以我们得到一个结论：道德目的是衡量一切行为的道德善恶或道德价值之标准。

道德目的是衡量一切行为的道德善恶或道德价值之标准，却未必是衡量一切行为的道德善恶或道德价值之终极标准。因为道德目的分为道德特殊目的与道德普遍目的。道德特殊目的仅仅能够产生和推导出某些道德规范，而不可能产生和推导出一切道德规范；只可能衡量某些行为之善恶和某些道德之优劣，而不可能衡量一切行为之善恶和一切道德之优劣。这样，道德特殊目的便不可能是道德终极标准。举例说，许多社会都曾处于这样的阶段：所提供的食品不足以养活不断增加的人口。为了避免所有的人都被饿死，人们所制定和奉行的道德规则不尽相同。爱斯基摩人的规则是将一部分女婴和年老体衰的父母置于雪地活活冻死。巴西的雅纳马莫人的规则是杀死或饿死女婴，并在男人之间不断进行流血的战斗。新几内亚的克拉基人的规则是男人在进入青春期以后的数年内只可建立同性恋关系。这些人制定这些特殊道德规范的目的，都是为了避免所有的人都被饿死。显然，"避免所有的人都被饿死"这个道德的特殊目的，只能够产生和推导出诸如此类、极其有限的道德规范，而不可能产生和推导出一切道德规范；只能够衡量诸如此类极其有限的行为之善恶和诸如此类极其有限的道德规范之优劣，而不可能衡量一切行为之善恶和一切道德之优劣。因此，"避免所有的人都被饿死"之道德特殊目的不可能是道德终极标准。

道德特殊目的不可能是道德终极标准，显然意味着：道德终极标准只能是道德普遍目的。那么，道德普遍目的是什么呢？我们在上一讲里讲过，道德普遍目的分为直接的普遍目的与最终的普遍目的，亦即道德终极目的：道德最终的普遍目的或道德终极目的，是增进每个人的利益；而道德直接的普遍目的，则是“一总六分”：一个总目的，亦即保障人类社会和利益共同体之存在发展；六个分目的，亦即“经济”之发展、“文化产业”之繁荣、“人际交往”之自由安全、“法”和“政治”之优良以及增进动植物等非人类存在物的利益。

道德终极标准无疑是道德最终的普遍目的，亦即道德终极目的，说到底，是道德终极目的之量化：增减每个人利益总量。不过，话说回来，“增减每个人利益总量”也就是“增减全社会和每个人利益总量”。因为每个人的利益与个人利益不同。个人利益属于自我范畴，因而与社会利益既可能一致也可能不一致：有利社会却可能有害自我；有利自我却可能有害社会。反之，每个人利益则属于社会范畴，因而与社会利益必定完全一致：凡是有利（或有害）社会的，显然必定有利（或有害）每个自我；凡是有利（或有害）每个自我的，必定有利（或有害）社会。这样，“增减全社会利益总量”与“增减每个人利益总量”是完全吻合一致的：“增减全社会利益总量”就是“增减每个人利益总量”；反之亦然。因此，道德终极标准也可以归结为：“增减全社会——亦即保障经济之发展、文化产业之繁荣、人际交往之自由安全、法之优良、政治之优良——和每个人利益总量”。

当然，道德终极标准的最确切的表述是：增减每个人利益总量。但是，这一表述，特别适合于衡量的，是每个人的行为之善恶，而不是一个社会所奉行的道德之优劣。因为与一个社会所奉行的道德不同，每个人的一时一事之行为，一般说来，不可能一一涉及经济、文化产业、人际交往、法和政治各个方面。比如说，衡量“一个人帮助盲人过街的行为”之善恶，显然不宜运用“增减经济、文化产业、人际交往、法和政治诸种利益总量”的道德终极标准；而只宜运用“增减每个人利益总量”的道德终极标准。反之，一个社会所奉行的道德，却必然同时作用于经济、文化产业、人际交往、法和政治等一切方面。所以，具体衡量一个社会所奉行的道德之优劣的道德终极标准，则应该是：增减社会——亦即经济、文化产业、人际交往、法、政治——和每个人利益总量。这就是说，评价某种道德优劣，只应看它对全社会——亦即经济、文化产业、人际交往、法、政治——和每个人利益总量的效用如何：哪种道德促进经济和文化产业发展速度最快、保障人际交往的自由和安全的系数最大、使法和政治最优良、最终增进全社会和每个人利益最多，哪种道德便最优良；反之，则最恶劣。

这样一来，道德终极标准便具有两层意思：增减全社会和每个人利益总量既是评价一切行为善恶道德的终极标准，又是评价一切道德优劣好坏的终极标准。我们先来看第一层意思：增减全社会和每个人利益总量是衡量一切行为善恶的终极标准。这就是说，评价行为是否应该、是否道德，不能看它对行为者的道德、品德、道义的效用如何，而只能看它对每个人利益的效用如何。如果一种行为能够增进全社会和每个人的利益总量，那么，不管这种行为是多么的丑陋、多么的自私，就它本身来说是多么的不好、多么的恶劣，这种行为在道德上都是善的，都是道德的、应该的，都是具有正道德价值的。相反，如果一种行为减少了社会和每个人的利益总量，那么，不管这种行为是多么漂亮、多么动听、多么高尚、多么美好，都是一种道德恶，在道德上都是恶劣的行为，都是一种应该否定的具有负道德价值的行为。就拿被我们多年来一直批判的“为己利他”来说。冯友兰和康德都说这种行为是一种“巧于算账”的商人的行为，不具有正道德价值。确实，这种行为就它本身来说，它不高尚。因为这种行为的行为者造福社会和他人纯粹是为了他自己的利益，这不高尚。但是，这种行为无疑能够极大地增进社会和每个人的利益，符合道德终极标准，因此它就是道德的、善的，它具有正道德价值。相反，像“无私奉献”和“自我牺牲”这种行为本身是非常好的，它是最漂亮、最动听和最高尚的，是美德的最高境界。但是，它仅仅是在利益不能两全的情况下，才是应该的、道德的；而在利益一致而不发生冲突的情况下，谁倡导“自我牺牲”，谁就是在干一种缺德的事情；因为在这种情况下，自我牺牲是不应该、不道德的。为什么？因为在利益不发生冲突的情况下，自我牺牲无疑减少了每个人的利益总量。所以，评价一种行为的好坏，评价一种行为的善恶，不能看这个行为本身，而是要看这个行为增进了每个人的利益还是减少了每个人的利益。这是道德终极标准的一层意思。

再看道德终极标准的另一层更为复杂的意思。一切道德规范，都没有真假，而只有对错、优劣。评价一种道德规范的优劣应该以什么为终极标准呢？就是增减全社会和每个人利益总量。符合这个终极标准，就是优良道德，不管这种道德本身是多么的不好；相反，违背了这个道德终极标准，不管这种道德多么的好，它都是一种恶劣的道德。比如说利他主义。我们传统的、儒家的和现在的道德都只主张无私利他，而否定为己利他，这种道德叫做利他主义。这种道德仅仅主张“无私奉献”、“自我牺牲”，就这种道德本身来看它是非常高尚的、高调的。但是我们说这种道德是人类所有道德体系中最恶劣的道德！原因何在呢？就是因为道德是一种必要的恶，任何道德都会对人的自由和愿望有一种侵害。什么样的道德是好的呢？对每个人的利益、愿望侵害最轻，而对每个人的利益、愿望的实现增进最多的那样一种道德就是最好的道德；相反就是最恶劣的。利他主义道德对每个人的利益愿望侵犯最重，因为它否定一切目的为了自己的行为。你只要是为自己，不论给社会和他人带来多大的利益和贡献，在这种利他主义道德看来也都是不道德的、缺德的。所以，它侵犯、否定为己利他，侵犯、否定一切为自己的行为，而不仅仅否定、侵犯“损人利己”的行为。这样，它对每个人的利益和愿望的损害、侵犯最重。

那么，利他主义道德对每个人的利益增进得如何呢？我们说，它对每个人的利益增进得最少。为什么呢？因为利他主义道德否定为自己，否定个人利益追求，这就打断了人们增进社会和他人利益的最有力的动机，堵塞了人们增进社会和他人利益的最根本的源泉。所以，古往今来，哪里摆脱了利他主义道德，哪里的社会就突飞猛进；哪个社会奉行利他主义道德，哪个社会就注定是停滞的。为什么在古代中国没有落后？因为那个时候的中国与西方一样，都没有被利他主义所统治，利他主义在那时仅仅是一个流派而已。那时正如孟子所哀叹的那样：“天下之言不归杨即归墨”。杨就是个人主义论者杨朱，个人主义之言盈天下，岂不意味着利他主义不占统治地位？中世纪中国也没有落后，但那不是因为别的什么，而是因为那时的西方与中国利他主义同样占据统治地位，是因为基督教利他主义占了绝对的统治地位，因而西方同样处于停滞缓慢的千年黑夜。只是近代以来，中国才落后了？为什么？因为西方文艺复兴时期以来，个人主义兴起，打破了利他主义的一统天下，打破了基督教的“爱”的统治；而中国不但没有挣脱利他主义，可以说反而是利他主义登峰造极。这就是中国落后的根本原因。所以，凡是倡导利他主义道德的社会注定都是一个停滞的社会或发展缓慢的社会，因而是对每个人的利益增进最少的社会。利他主义道德一方面对每个人的利益侵犯最重，另一方面给予每个人的利益最少，它的净余额最少，因此它是最坏的道德，它是人类历史上最坏的道德。

个人主义自文艺复兴以来经过与利他主义二百多年的搏斗，终于在 17 世纪彻底击败了利他主义而成为西方主流意识形态。这就是西方社会迅猛发展的根本原因。但是，个人主义道德并不美。我们为什么否定个人主义道德？就是因为个人主义道德本身是有缺陷的。我也不主张个人主义，因为它犯了一个大错误，它否定“无私”，它认为无私的行为是不可能存在的或者认为即使它存在也是不应该的。如尼采就认为无私是不存在的也是不应该的。老子、庄子也是这么看的。存在主义思想家大多数也是这么看的。海德格尔、萨特就是这么看的。然而，个人主义道德本身虽然有大缺陷而并不美，但是，一方面，它对于每个人的利益、愿望压抑得最轻、损害得最少。因为个人主义仅仅反对损人利己，它不但不反对为自己，而且它还倡导为自己，它的核心、它的真正的内涵是就是倡导个人自由和自我实现，就是倡导个人创造性潜能的充分实现，使自我成为可能成为的最有价值的人。个人主义的这样的一种内涵、这样的一种精神就能推动社会蓬蓬勃勃的发展。因为社会前进的真正的、根本的动力，乃是自由和自我实现。只有有自由，每个人才有个性，只有有个性，才有创造性，这样才能实现他的创造性潜能，成为可能成为的最有价值的人。所以，自我实现不单是每个人的最高的幸福，是他最高需要的满足，而且也是整个社会最大财富的源泉。其实，社会的发展，说来说去，无非就是物质财富和精神财富的丰富和增进，而物质财富和精神财富的丰富和增进，说到底取决于每个人创造性潜能的发挥和实现，取决于每个人的自我实现程度。个人主义抓住了这一点。所以个人主义一方面对每一个人的利益、愿望压抑最轻，另一方面由于它抓住了人的潜能的真正实现，倡导一种自由和自我实现，它就极大地增进了社会的财富，极大地推进了社会的发展。所以，个人主义，我们说它是优良的还是恶劣的？首先，我要声明，我不赞成个人主义，我是中国最系统批判个人主义的人。但是，和利他主义相比，它却是极其优良的，利他主义是极其恶劣的。个人主义并不完善，但是，你要是一手举着个人主义，一手举着利他主义，舍此再无选择，那么我肯定要选择个人主义，因为相较而言，它是更加优良的道德。

可见，评价一种道德是否优劣，不在于它本身如何，而在于它对于全社会和每个人利益的增进如何。就是看它对每个人的损害是不是最少，对社会和每个人利益的增进是不是最多。一种道德，不管它如何不中听，只要它一方面能够对每个人的损害最轻，无为而治，另一方面它又能够极大地推进社会的发展，使得每个人的利益能够得到最大限度的满足，那么这种道德我们就说它是最好、最优良的道德，相反，就是最恶劣的。一句话，“不管白猫黑猫，抓住老鼠就是好猫”，邓小平这句话说得是非常对的。不管什么道德，只要是能把社会蓬蓬勃勃的发展起来，能使每个人的利益得到最大限度的增进，这种道德就是好的。所以，我们要坚持和发挥邓小平的“猫论”：“不管白猫黑猫抓住老鼠就是好猫”。抓耗子是养猫的目的，因而是评价猫“好”猫“坏”的一个终极标准。当然，现在的阔太太养猫不是为了抓耗子，那就要另当别论了。波斯猫抓不了耗子，阔太太也说它是好猫，因为阔太太养波斯猫的目的不是为了抓耗子，她的目的是为了消愁解闷、好看好玩。因此，你要是给她弄来个抓耗子能手大狸猫，那不是要吓着她了吗？这样能抓耗子的猫对于她来说就不是好猫了。因为她的目的不是抓耗子嘛。相反，一般情况下我们养猫是为了抓耗子，或者说穷人养猫是为了抓耗子，那么抓耗子就是评价猫好猫坏的唯一的终极标准。道德也是这样。道德就是猫，道德终极标准就是能够抓到的耗子总量，这个耗子的总量就是每个人利益总量：增进这个总量的道德就是好道德。不过，在现实生活中，人们的利益往往互相冲突而不能两全，因而增进每个人的利益往往是不可能的。这个时候应该怎么办？对于这个难题，今日西方伦理学家诉诸"惩罚无辜"的理想实验。

二、惩罚无辜可能是一种道德善

大家知道，爱因斯坦为了解决一些理论物理学问题往往诉诸理想实验。今日西方伦理学家们也用理想实验来破解一些伦理学难题。为了确立解决人们利益发生冲突而不能两全情况的道德标准，他们曾设计很多理想实验、假想实验，最有名的就是所谓的"惩罚无辜"：

一位法官知道某人是无辜的。但是，如果不惩罚他，如果不判他死刑，那么全城就会有一场大骚乱，而在这场骚乱中必定有数百人丧生。相反，如果惩罚这个无辜者，杀了他，那么，骚乱就会平息，除了这个倒霉蛋儿谁都不会死。在这时怎么办？显然，法官应该惩罚和杀死这个无辜者，这样做是应该的，甚至是一种道德善。当然，法官惩罚无辜是不公正的，是一种道德恶。但是，法官不惩罚无辜而让骚乱发生遂使数百无辜者丧生是一种更大的不公正，是一种更大的道德恶。所以，法官惩罚一个无辜者固然是道德恶和不公正，却可以防止数百无辜者丧生之更大的不公正和更大的道德恶，净余额是道德善，因而是应该的、道德的、善的。

从这个理想实验可以看出，虽然"增进每个人利益总量"是衡量一切行为是否道德的道德终极标准；但是在人们的利益发生冲突而不能两全的情况下，增进每个人利益总量却是不可能的。因为在这种情况下，要增进一些人的利益，就必然减少另一些人的利益，因而不可能增进每个人利益总量，而只可能增进利益净余额——增进与减少之余额叫做利益净余额——增减利益净余额是解决利益冲突的道德终极分标准。法官惩罚一个无辜者而拯救数百无辜者，增进了利益净余额，因而是道德的、应该的，是一种善；相反，如果他不惩罚无辜而让骚乱发生遂使数百无辜者丧生，减少了利益净余恶，因而是不道德、不应该的，是一种恶。

所以，增减利益净余额是解决利益冲突的道德终极标准，更确切些说，最大利益净余额是解决利益冲突的道德终极标准。因为在利益冲突情况下，显然应该最小地减少不得不减少的利益，而最大地增进可能增进的利益，从而使利益净余额达到最大限度：最大利益净余额是解决利益冲突的道德终极标准。试想，在董存瑞托炸药炸敌人碉堡的情况下——亦即在只能由人去托炸药炸敌人碉堡的情况下——不论一个人还是两个人托炸药炸碉堡，都增进了利益净余额。因为用一个人或两个人的生命换来更多人的生存，都是增进了利益净余额，而不是减少了利益净余额。但是，显然不应两个人而只应该一个人托炸药。原因无疑是：牺牲一个人符合最小地减少不得不减少的利益的标准；而牺牲两个人则不符合最小地减少不得不减少的利益的标准。所以，在人们的利益发生冲突而不能两全的情况下，道德终极标准"增减每个人利益总量"便具体化为"最大利益净余额"标准："最大利益净余额"是在人们的利益发生冲突而不能两全的情况下，衡量一切行为是否道德的道德终极分标准。

不难看出，最大利益净余额标准具有正与反或积极与消极两方面内容。正的或积极方面，是在增进一方利益的同时必定减少另一方利益的情况下的最大利益净余额标准，可以概括为"两利相权，取其重"：应该选择最大的利益而牺牲较小的利益。因为在这种情况下，选择最大的利益而牺牲较小的利益，是最大地增进了利益净余额。例如，要增进老百姓的安全利益，必定要打击扒手、减少和牺牲扒手的利益。在这种情况下，显然应该选择增进老百姓的安全利益而打击和牺牲扒手的偷窃利益。因为老百姓的安全利益远远大于扒手的偷窃利益：增进老百姓的安全利益而打击和牺牲扒手偷窃利益，是最大地增进了利益净余额。

"最大利益净余额"的反的或消极的方面，是在不可避免要遭遇到两种以上的损害情况下的最大利益净余额标准，可以概括为"两害相权，取其轻"：选择最小的损害而避免更大的损害。因为在这种情况下，选择最小的损害而避免更大的损害，是最大地增进了利益净余额。就拿今日西方伦理学界十分流行的"电车"的理想实验来说。一辆飞驰而来的电车，前面有一个道岔，右边站着1个人，左边站着5个人，这辆车这个时候刹不住闸了，但司机还是可以选择的：是往右边开轧死1个人还是往左边开轧死5个人？这个时候，司机便面对两种损害：是害1个人的生命还是害5个人的生命？显然，司机应该驶向右边的轨道轧死那1个人。因为这样做，是选择最小的损害而避免更大的损害，是最大地增进了利益净余额。

可见，"最大利益净余额"就是选择最小损害而避免更大损害、选择最大利益而牺牲最小利益，就是最小地减少不得不减少的利益而最大地增进可能增进的利益，从而使利益净余额达到最大限度：它是解决一切利益冲突的道德终极分标准。那么，它是解决一切利益冲突的绝对标准吗？或者说，在利益冲突的情况下，只要符合最大利益净余额原则的行为就是道德的、应该的吗？就拿那个电车的理想实验来说，如果道岔右边站着的那1个人是伟大的价值极大的爱因斯坦，而左边的那5个人是价值远远小于爱因斯坦的芸芸众生，那么，轧死爱因斯坦的净余额是负价值，而轧死5个芸芸众生的净余额是正价值。这样一来，轧死5个芸芸众生而保全1个爱因斯坦便符合最大利益净余额原则。可是，这样做是道德的、应该的吗？

三、应该轧死一个爱因斯坦还是五个芸芸众生

究竟应该轧死1个伟大的价值近乎无限大的爱因斯坦，还是应该轧死价值远远小于1个爱因斯坦的5个芸芸众生？正确的答案恐怕是：应该轧死伟大的爱因斯坦而保全5个芸芸众生！因为轧死爱因斯坦而保全5个芸芸众生，虽然可能违背最大利益净余额标准，却符合最大多数人最大利益标准：最大多数人最大利益标准重要于最大利益净余额标准。因为最大多数人最大利益标准是从两个标准——最大利益净余额标准和增进每个人利益总量——推导出来的分复合标准。

一目了然，最大多数人最大利益标准是从最大利益净余额标准推导出来的。因为在利益冲突的情况下，一般说来，保全最大多数人最大利益而牺牲最少数人最小利益，其净余额无疑是最大的利益，符合最大利益净余额标准，因而是应该的、善的、道德的；反之，如果保全最少数人最小利益而牺牲最大多数人最大利益，其净余额是最大的损害，违背最大利益净余额标准，因而是不应该的、恶的、不道德的。这个道理，车尔尼雪夫斯基讲得十分清楚："经常有这样的情况，即各个民族同各个等级之间的利益相抵触，或者同全人类的利益相抵触；同样，也经常会有这样的情况，即个别等级的利益同全民族的利益相抵触。在上述一切情况下，便产生关于有利于一些人和有害于另一些人的利益的行为、制度或关系的性质的争论……在这种情况下，理论上的正义性究竟在哪一方，这并不难于解决。全人类的利益高于个别民族的利益，全民族的利益高于个别等级的利益，多数等级的利益高于少数等级的利益。在理论上，这一次序是毋庸置疑的。它只是把几何公理——'整体大于部分'、'大数大于小

数’——运用到社会问题上来罢了。”①

可见,在他人之间发生利益冲突的情况下,应该保全最大多数人最大利益而牺牲最少数人最小利益,从而使利益净余额达到最大限度:这就是所谓“最大多数人的最大利益”或“最大多数人最大幸福”标准。所以,“最大多数人的最大利益”或“最大多数人最大幸福”乃是最大利益净余额标准在他人之间发生利益冲突情况下的体现,是解决他人之间利益冲突的最大利益净余额标准,是解决他人之间利益冲突的道德终极标准。因此,这一标准也可以叫做“最少数人最小损害”或“最少数人最小不幸”标准。因为按照这一标准,不但应该最大地增进最大多数人的最大利益,而且应该最小地减少最少数人的最小利益,从而使利益净余额达到最大限度。这个道理,也可以用那辆失控电车的理想实验来说明:如果把它驶向左边轨道,将轧死 5 个人;如果驶向右边轨道,将轧死 1 个人;如果驶向中间轨道,将轧死两个人。那么,应该将它驶向哪个轨道?显然应该驶向右边轨道,轧死 1 个人而避免轧死 5 个人或两个人。因为这样的选择导致的是最少数人最小不幸和最大多数人的最大利益,从而使利益净余额达到最大限度,符合最大利益净余额标准。

“最大多数人最大利益”或“最大多数人最大幸福”标准,不但是解决他人利益冲突的“最大利益净余额”之道德终极分标准的体现,而且也是“增减每个人利益”之道德终极总标准的体现:“最大多数人最大利益”是解决利益冲突的近似的道德终极总标准。因为在他人利益发生冲突时,无疑只有增进最大多数人利益和减少最少数人利益,才最接近符合“增进每个人利益”:增加最大多数人利益,比增加最少数人利益,更接近增加每个人利益;减少最大多数人利益,比减少少数人利益,更接近减少每个人利益。因此,我们可以说,“最大多数人最大利益”或“最大多数人最大幸福”,乃是解决他人之间利益冲突的近似的“增减每个人利益总量”标准。

最大多数人最大利益标准既然是两个标准——最大利益净余额和增进每个人利益总量——在利益冲突情况下的具体体现,那么,它就蕴含着两个标准发生矛盾的可能性。这种可能表现在:最大多数人的利益可能不是最大利益;最大利益可能是少数人利益。这样一来,如果保全少数人利益而牺牲最大多数人利益,便可能得到最大利益净余额;反之,如果保全最大多数人利益而牺牲少数人利益,便绝不可能得到最大利益净余额。那么,在这种情况下,应该牺牲最大多数人利益而保全少数人利益吗?答案是否定的。因为任何道德

---

① 《十八至十九世纪俄国哲学》,商务印书馆 1988 年版,第 348 页。

标准——“最大利益净余额”也不例外——与道德终极总标准发生冲突，都应该服从道德终极总标准。道德终极总标准是“增减每个人利益总量”。因此，如果增进每个人利益，即使比增进一些人的利益而减少另一些人的利益，就利益总量来说，少得多；那么，按照道德终极总标准，也应该增进每个人利益，而不应该增进一些人的利益、减少另一些人的利益，以求得最大利益净余额。因为道德最终目的、道德终极标准乃是增进每个人利益总量，而并不是最大利益净余额，也不是增进一些人或大多数人利益总量。最大利益净余额和最大多数人最大利益不过是在利益冲突因而不可能增进每个人利益情况下的权宜之计罢了。这样，增进一些人利益而减少另一些人利益，不论如何能够增进利益总量，不论如何符合最大利益净余额标准，也都只有在不可能增进每个人利益总量的情况下，亦即在利益发生冲突而不能两全的情况下，才是正当的；而在可能增进每个人利益总量的情况下，亦即在利益不相冲突的情况下，则不论增进每个人利益所造成的利益净余额是如何小，不论增进一部分人的利益而减少另一部分人利益会达到何等巨大的利益净余额，也都只有增进每个人利益才是正当的。

于是，推此可知：

在利益发生冲突时，即使增进少数人利益比增进最大多数人利益，更能够增进利益总量，更能够使利益净余额达到最大限度，也不应该增进少数人利益而牺牲最大多数人利益。因为在他人之间的利益发生冲突时，只有增进最大多数人利益和减少最少数人利益，才最接近符合“增进每个人利益总量”这一道德终极总标准：增加多数人利益，比增加少数人利益，更接近增加每个人利益；减少多数人利益，比减少少数人利益，更接近减少每个人利益。所以，在解决利益冲突时，道德终极总标准对于最大利益净余额标准，具有绝对的优先性。也就是说，在他人利益发生冲突的情况下，首先，应该根据道德终极总标准，保全最大多数人的利益而牺牲最少数人利益；尔后，才应该根据最大利益净余额标准，保全最大利益而牺牲最小利益，从而使利益净余额达到最大限度。

因此，举例说，如果在利益冲突的情况下，最大多数一方的人数如果占90%，就应该保全这90%人的利益而牺牲与其冲突的10%的人的利益；即使相反的选择会达到更大的、最大的利益净余额。同样，如果最大多数一方的人数占51%，也应当如此。只有在冲突双方的人数都是50%的情况下，保全哪一方的利益净余额最大，才应该保全那最大净余额的一方，而牺牲另一方。所以，对于失控电车究竟应该轧死1个爱因斯坦还是5个芸芸众生的难题，正确的答案是应该轧死爱因斯坦而保全5个芸芸众生，即使相反的选择会达到更大的、最大的利益净余额。但是，这些情况无疑统统都是例外而不是常规。按照常规，道德终极总标准与最大利益净余额标准总是完全一致的。因为按照常规，最大多数人的利益无疑都是最大利益；最少数人的利益，无疑都是最小的利益；因而只要保全最大多数人的利益而牺牲最少数人的利益，就能够得到最大利益净余额：最大利益净余额与最大多数人最大利益是一致的。所以，蒙塔古写道："边沁始终认为，实际上，最大量的幸福只有采取措施，谋求最大多数人的幸福时才能达到。"①

总之，最大多数人最大利益，亦即应该保全最大多数人最大利益而牺牲最少数人最小利益，从而使利益净余额达到最大限度，是解决他人之间利益冲突的道德终极标准。按照这一标准，在他人之间发生利益冲突的任何情况下，都应该保全最大多数人利益而牺牲最少数人利益，即使最大的利益例外地是最少数人的利益，而不是最大多数人的利益。因此，"最大多数人最大幸福"标准的关键词，乃是"最大多数人"，而不是"最大幸福"：最大多数人最大幸福，是最大多数人的最大幸福。所以，这一标准决不可以省略"最大多数人"而更改为"最大幸福"。因为最大幸福毕竟有可能——不论这种可能性是如何小、如何例外——是少数人的幸福，而不是最大多数人的幸福。

四、柯华文与尾生之比较

柯华文的英雄事迹，恐怕人人皆知。当时歹徒抢劫储蓄所，所里存有两万元人民币，工作人员柯华文与歹徒搏斗而壮烈牺牲，曾引起全国学习柯华文英雄事迹的热潮。然而，细一思量，又很令人困惑：难道两万元钱比柯华文的生命还重要？柯华文死得值吗？我们的回答是肯定的。因为人们的利益冲突，从每个人的角度看，最重要的就是己他利益冲突，亦即自我利益与社会和他人利益之冲突。在这种情况下，"最大利益净余额"和"最大多数人最大利益"标准表现为"自我牺牲"标准。按照这一标准，便应该为了社会和他人的利益而牺牲自我利益，亦即害己利他、自我牺牲；而不应该为了自我利益而牺牲社会和他人利益，亦即害他利己、损人利己。因为，一方面，自我仅仅是一个人，是

---

① 参〔英〕边沁：《政府片论》，沈叔平等译，商务印书馆1995年版，第36页。

最少数人；社会和他人是自我之外的一切人，是最大多数人。因此，在自我利益与社会、他人利益发生冲突时，害己利他、自我牺牲符合最大多数人最大利益标准；反之，害他利己、损人利己则违背最大多数人最大利益标准。另一方面，社会和他人的任何利益，总体讲来，都大于自我的任何利益。所以，害己利他、自我牺牲，其差为利，利益净余额是增加了，符合最大利益净余额标准；反之，害他利己、损人利己，其差为害，利益净余额是减少了，违背最大利益净余额标准。所以西季威克说："当私人利益与最大多数人的最大幸福发生冲突时，功利主义比常识更严格地要求自我牺牲。"①

诚然，在某些场合，当己他利益发生冲突时，利他之利可能小于利己之利。歹徒抢劫储蓄所，所里存有两万元人民币，工作人员柯华文与歹徒搏斗而壮烈牺牲。这里柯华文的利他之利不过两万元，显然小于其利己之利——生命。所以，在这种场合，柯华文利他害己、自我牺牲，其差是害。反之，当此场合，如果柯华文听命于歹徒，利己害他、损人利己，其差是利。但是，从总体上说，当利己与利他发生冲突、不能两全之时，每个人只有牺牲自我利益，才能保障社会存在发展；而只有社会存在发展，每个自我才能生存。反之，如果每个人在己他冲突不能两全时，不是自我牺牲而是损人利己，那么，人们便会彼此损害、乱成一团，从而社会也就不可能存在发展；社会不能存在发展，每个自我便不可能生存。这样，自我牺牲，就某一具体场合来说，可能害大于利；但从总体上说，却既保全了社会，又保全了自我，因而利大于害。反之，损人利己，就某一具体场合来说，可能利大于害；但从总体上说，却既牺牲了社会，又牺牲了每个自我，因而害大于利。所以，对于自我牺牲等等行为的利与害，西季威克曾这样分析道："一种行为可能害多于利——就这一点来说它必被功利主义所谴责——但是，就总体来说，这种行为却可能具有利多于害的倾向和特质。"②

然而，如果利他害己以致牺牲自我性命，从总体上说，也有利自我吗？是的。因为如果没有社会，一个人独自生存，其死亡的可能性几乎是百分之百，显然远远大于他生活于社会中当自我性命与更重要的社会利益、他人性命发生冲突不能两全时，自我牺牲而死亡的可能性。所以，每个人在自我性命与更重要的社会利益、他人性命不能两全时，牺牲自我性命，确实极其有害自己；但是，如果每个人当此场合都不是牺牲自我性命，而是牺牲社会和他人性命，那么，社会便不会存在，每个人便会面临更大可能的死亡。因此，每个人当自我

---

① Henry Sidgwick, *The Methods of Ethics*, Macmillan and Co. Limited, London, 1922, p. 499.
② 同上书，p. 426。

性命与更重要的社会利益、他人性命发生冲突时选择自我牺牲，从总体上看，是选择了一种较小可能的死亡，是利己。

对于这个道理，合理利己主义者爱尔维修曾举一例。他说，有100个人因轮船失事滞留在一座无物可食的荒岛上，等待救援。终于到了这一天：如果不吃人，所有的人都会饿死。这时，每个人显然都会同意抽签，而中签者自我牺牲：被其他人吃掉。中签者自我牺牲是利己还是害己？表面看是害己。但从总体上看，却是利己。因为他选择了较小可能的死亡：他若不抽签，是百分之百的死亡；他抽签而自我牺牲，只是百分之一可能性的死亡。人们之所以认为自我牺牲有害自我，就是因为他们只见自我牺牲的现象而不见其实质，只见自我牺牲的具体场合而不见其总体联系。

可见，在某些己他利益发生冲突的具体场合，即使自我牺牲的净余额是害，而损人利己的净余额是利；但从总体上看，自我牺牲的净余额却是利，而损人利己的净余额却是害。总体大于局部。所以，自我牺牲的总体之利，大于损人利己的局部之利，其最终净余额是利，是利益总量的增加。反之，损人利己的总体之害，大于自我牺牲的局部之害，其最终净余额是害，是利益总量的减少。因此，当自我利益与社会、他人利益发生冲突不能两全时，自我牺牲符合"最大利益净余额"原则，因而是应该的、道德的：自我牺牲是在自我利益与社会、他人利益发生冲突情况下的道德终极标准。

自我牺牲与无私利他、无私奉献实际上是同一概念。因为你的行为目的不是为了自己得到什么利益，那才叫无私奉献。如果你的行为目的是为了得到"良心的满足"，那也不叫无私奉献。只有不为自己的任何利益而完全为了别人的利益，才叫无私奉献。这样一来，你要是真正的无私奉献，便不但不是为了得到自己的利益，而且还牺牲了自己的时间和精力，甚至会丧失生命。比如拯救溺水之人时，不但牺牲了自己的时间和精力，而且有被溺水之人死死抓住从而导致自己被淹死的危险。什么叫做自我牺牲？自我牺牲的含义其实是非常广的，自我牺牲就是自我利益的牺牲。人最高的利益就是个人生命，自我生命的牺牲仅仅是自我牺牲的一个含义，是自我牺牲的极端。看见一人落水挣扎，我救他上岸。按照通常理解，我如果未被淹死，便是无私利他；只有我被淹死才是自我牺牲。其实，我未被淹死，也是自我牺牲：牺牲了自我的时间、劳动、安全。路见乞丐，我给他一元钱。这是无私利他，也是自我牺牲：牺牲了自己一元钱。无私奉献至少牺牲了你的时间和精力，而时间和精力其实是一个人最宝贵的东西。生命不就是时间？时间不就是生命？因此，说到底，"无私奉献"和"自我牺牲"实乃同一个概念。

可见，一切无私利他都是自我牺牲，一切自我牺牲也都是无私利他：自我牺牲与无私利他是同一概念。不过，自我牺牲易生歧义、外延模糊；而无私利他则简单明了、外延明确。因此，作为自我利益与社会、他人利益发生冲突的道德终极标准，与其说是自我牺牲，不如说是无私利他，或者毋宁合而言之："无私利他、自我牺牲"是解决己他利益冲突的道德终极标准。那么，这是否意味着，在己他利益发生冲突的任何情况下都应该无私利他、自我牺牲？或者说，当自我利益与社会和他人利益发生冲突而不可两全时，应该无条件地绝对地无私利他、自我牺牲？否！

无私利他、自我牺牲之为解决己他利益冲突的道德终极分标准，并不是绝对的、无条件的：它虽然适用于柯华文与歹徒搏斗而牺牲，却不适用于"尾生之信"那样的特殊情况。我们讲过，当尾生与一女子约会于桥下而先到了桥下时，洪水上涨，他的自我利益与他人利益便发生了冲突：自救是利己，守信是利他，二者不能两全。要活命自救，便要离开桥下失信于她，对于她是一种损害，岂不就是损人利己？但要守信于她，便要守在桥下自我牺牲。那么，尾生应该怎么办？无私利他、自我牺牲是己他利益冲突的道德终极标准，似乎意味着：尾生应该守在桥下自我牺牲，而不应该离开桥下损人利己。尾生的实际选择也正是如此：他宁死而不失信，抱住桥墩活活淹死了。然而，现在我们都晓得，尾生的选择是错误的，他应该失信而逃离桥下。那么，这是否意味着，在类似情况下，损人利己是应该的、道德的？亦非也！因为像尾生所遇到的这种情况，如果他失信自救，那么，就失信自救这种行为的现象来看，确实是一种损人利己；但是，就其实质来说，却属于单纯利己范畴。因为失信之于那个女子，固然是对她的一种损害；但是，这种损害比起尾生的活命和死亡，无疑是极小极小的，是微不足道的无限小，以至于可以当作零来看待。这样一来，尾生失信自救，表面是损人利己，实质岂不就是一种单纯利己？相反的，他宁死守信，表面是自我牺牲，实质岂不是一种纯粹害己？

这样一来，便与柯华文英雄事迹恰恰相反，尾生宁死守信，用死亡之害己来换取守信之利他，不但在当下具体场合，其净余额是害和负价值，而且就社会总体来说，其净余额也是害和负价值。如果尾生失信自救，不但在当下具体场合，其净余额是利和正价值，而且就社会总体来说，其净余额也是利和正价值。因为，如果每个人都像尾生那样，与女人约会都宁死守信，男人岂不就死光了吗？如果每个人都像尾生那样，只要自己的生命与他人的蝇头小利发生冲突，就自我牺牲而用自己的死亡来保障他人的蝇头小利，那么，人岂不早就统统死光了吗？还能有什么社会存在发展可言？相反的，岂不只有失信自救，男人们才能活下来，岂不只有牺牲他人的蝇头小利而保全自己的生命，每个人才能活下来，从而社会才能够存在发展吗？所以，尾生宁死守信，不论就当下具体场合还是就社会总体来说，其净余额都是害和负价值。这就是为什么尾生应该失信自救，而不应该宁死守信的缘故，这就是为什么尾生之信实属愚忠愚孝而被历代嘲笑的缘故：它的表面是无私利他、自我牺牲而实质则是纯粹害己的具有负道德价值的不道德的行为。

因此，无私利他、自我牺牲之为解决己他利益冲突的道德终极分标准，完全是相对的、有条件的；它与诸如诚实等道德规范一样，只适用于正常的、一般的情况，而不适用于非常的、例外的情况。当己他利益发生冲突时，只有在他人利益总体说来大于自我利益的条件下，才应该无私利他、自我牺牲。反之，在他人利益总体说来远远小于自我利益的情况下，便不应该无私利他、自我牺牲，而应该保全自我利益，放弃和牺牲他人利益。因为在这种情况下，自我牺牲实质是一种纯粹害己的具有负道德价值的行为；而牺牲他人实质上是一种单纯利己的具有正道德价值的行为。这就是为什么德国大伦理学家包尔生说：如果一个人偷一块面包就可以活命，否则就可能饿死，那么，他偷一块面包就是应该的、道德的。

五、杀一不辜而得天下，不为也

“最大利益净余额”和“最大多数人最大利益”以及“无私利他”三个标准都仅仅是利益冲突情况下的道德终极标准，都仅仅是道德终极总标准“增进每个人利益总量”在利益冲突情况下的体现。那么，在人们利益一致、不发生冲突而可以两全的情况下，道德终极标准是什么？孟子的回答是：杀一不辜而得天下，不为也[①]。转换成我们现代人的语言，就是：“不害一人地增加利益总量”乃是利益一致而不相冲突的情况下的道德终极标准。按照这一标准，在人们利益一致、不发生冲突而可以两全的情况下，便应该不损害任何一个人地增加人们的利益，便应该无害一人地增进每个人利益或一些人利益，便应该使每个人的境况变好或使一些人的境况变好而不使其他人的境况变坏。这就是说，在人们利益一致、不发生冲突而可以两全的情况下，你损害任何一个人的

① 《孟子·公孙丑上》。

利益，哪怕是极大地增进了社会和每个人的利益，都不符合“不损害一人地增进每个人利益”的道德终极标准，都是缺德的，不道德的。

比如说，我们这个大课堂就是一个社会，就是一个由将近400人结成的社会。我们的利益是一致的。但是，要是把我王海明杀了，你们在座的诸位的利益就能增进“一百”；要是不杀王海明，你们的利益就仅仅能增进“一”。在这个时候你们杀王海明符合最大利益净余额原则，但是它不符合“不损害一人地增进每个人利益”的原则。那么，它就是不道德的、不应该的。只有在那种情况下它才是应该的，那就是，要是不杀王海明，在座的诸位都得死，在这时候，你杀王海明，符合最大利益净余额原则，是道德的、应该的。为什么？因为利益发生冲突了，生命发生冲突了，最大利益净余额是解决利益冲突的道德终极标准。但是，如果不发生冲突而可以两全，那么，只要损害了一个人，不管利益增进得多么多，都是不道德的。在利益一致的时候，你极大地增进了社会和他人的利益，哪怕你损害了一个人的利益，也是不道德的、缺德的。因为社会是每个人缔结的，它是为每个人的利益服务的。两个人以上的一个共同体就叫做社会。你缔结社会干嘛呀？不是为多数人服务的，而是为每个人的利益服务的。因此，在利益没有发生冲突而可以两全的时候，显然应该增进每个人的利益，而不是仅仅增进大多数人的利益。但是，当利益发生冲突的时候，增进每个人利益是不可能的，因而才不得不损害人少数人的利益以保全多数人的利益，从而达到最大利益净余额。

很多政治家违背了这一原则。比如曹操，官渡之战，他杀了那个无辜的运粮官，那个运粮官是没有罪的。但曹操杀了他就可以稳定军心；要是不杀他军队也不至于崩溃，并没有处于不杀他军队就会大乱从而有更多人死亡的不可两全情况。但是，杀了他会更好一些，就像杀王海明就能使你们的利益增进一百，不杀只能增进一。在这种情况下，曹操就选择了杀运粮官。曹操这么干显然是缺德的。一些经济学家也好不了多少。比如说，旧福利经济学家庇古主张“收入均等化”，为什么呢？因为财富的边际效用会随着它的增多而递减。一个富翁，一万块钱的价值对于他和对于我们中的任何一位，那是不一样的。一万块钱对于我们一个穷书生，那是价值极大的；但是对于那个富翁来说，那才一万块钱，可能也就是一张“纸”啊！对于李嘉诚来说，一万块钱算个什么呢？结果，庇古发现，社会财富的增多不在于生产而在于分配！你就把李嘉诚的钱、富翁的钱，拿来分给诸位就行了。分给所有的穷人，一直分到财富均等的时候，这个时候财富的社会效用和价值就处于最大状态了。只要有一点财富不均等，价值就要比均等的小。因为同样的财富，对于富人的价值小，对于穷人的价值大；财富均等的时候，它的价值岂不就处于最大状态？所以庇古主张收入均等化，主张剥夺富人，把富人的财富不但要给穷人，最后还要达到完全平等、均等。当然，这种主张，我这个穷光蛋听了是很快乐的。但是它是违背功利主义在利益不相冲突情况下的“不害一人地增进利益总量”之道德终极标准的。他这么做的时候，自以为是按照功利主义原则去做的，但是他误解了功利主义，他把功利主义仅仅理解成“增进最大利益净余额”。

社会财富的增进，富人和穷人的财富的增进，在一般情况下并不是相互冲突不可两全的。在这个时候，你不能损害任何一个人的利益。你增进社会的财富，至少要不损害一个人的利益。这个道理，被新福利经济学大师帕累托提出来了。帕累托高于庇古的地方，就在于此。他说，增进一部分人的财富，至少要不损害哪怕一个人的利益。这个原则就是在利益一致的情况下的道德终极分标准。利益一致的情况下就应该不损害一人地增进每个人的利益。因为道德最终目的或道德终极总标准是增进每个人利益总量，而并不是增进最大利益净余额或最大多数人最大利益：最大利益净余额或最大多数人最大利益不过是在利益发生冲突因而不可能增进每个人利益情况下的无奈选择。因此，在人们利益不相冲突的情况下，也就只有无害一人地增进利益总量——亦即使每个人的境况变好或使一些人的境况变好而不使其他人的境况变坏——的行为，才符合“增进每个人利益总量”之道德终极总标准，因而才是应该的、道德的；反之，如果为了最多数人最大利益而牺牲最少数人最小利益或为了社会和他人利益而牺牲自我利益，那么，不论这样做可以使利益净余额达到多么巨大的、最大的程度，不论这样做可以给最大多数人造成多么巨大的、最大的幸福，便都违背了“增进每个人利益总量”之道德终极总标准，因而便都是不应该、不道德的。一言以蔽之曰：杀一无辜而得天下，不为也。孟子此言，堪称利益可以两全情况下的道德终极标准之精辟概括。

对于这个标准，我们不妨再用一个理想实验来进一步说明。假设损害一小撮人，某国家就会突飞猛进，从而给最大多数人带来极为巨大的幸福，使利益净余额达到最大限度。反之，如果不损害一小撮人，该国家最大多数人也并不会受到任何损害；但该国家却会发展较慢，从而最大多数人得不到最大幸福、利益净余额达不到最大限度。在这种情况下，怎样做才是道德的？如果选择前者，损害一小撮人而使最大多数人得到最大幸福，那么，既不符合“增进每个人利益总量”之道德终极总标准，更不符合利益不相冲突情况下的“无害一人地增进利益总量”之道德终极分标准，因而是不道德的；只有选择后者，不损害任何人，即使该国家因此而停滞不前，也符合“增进每个人利益总量”之道德终极总标准，符合利益不相冲突情况下的“无害一人地增进利益总量”道德终极分标准，因而是道德的。

哈曼曾由此设计了两个著名的理想实验，不但难倒了自己，也一直令中西学者困惑不已。一个理想实验是这样设计的：一个医生，如果把极其有限的医药资源用来治疗 1 个重病人，另外 5 个病人就必死无疑；如果用来救活这 5 个病人，那个重病人就必死无疑。医生显然应该救活 5 人而让那 1 个重病人死亡。反之，另一个理想实验是这样的。有 5 个分别患有心脏病、肾病、肺病、肝病、胃病的人和 1 个健康人。这 5 个病人如果不进行器官移植，就必死无疑；如果杀死那个健康人，把他的这些器官分别移植于这 5 个病人身上，这 5 个病人就一定能活命，而且会非常健康。医生应该怎么办？显然不应该杀死那 1 个健康人而救活这 5 个人①。问题恰恰就在于：为什么第一个案例应该为救活 5 人而牺牲 1 人，第二个案例却不应该为救活 5 人而牺牲 1 人？

原来，其中的奥妙就在于，在第一个案例中，5 个人与 1 个人的利益发生了冲突：保全 5 个人的利益必定损害那一个人的利益：5 个人要活命必定导致那一个人死；反之亦然。因此，在这种情况下，医生救活 5 人而让那 1 个重病人死亡，符合利益冲突时的道德终极标准——最大多数人最大利益标准和最大利益净余额标准——因而是道德的。反之，在第二个案例中，5 个病人与 1 个健康人的利益并没有发生冲突：保全这个健康人的利益和性命，并没有损害那 5 个病人的利益和性命；这个健康人的利益和性命并不是用这 5 个病人的利益和性命换来的。因为并不是那个健康人要活命，就必定导致那 5 个病人的死；也不是那 5 个病人的死亡，才换来了那个健康人的活命。那 5 个人的死亡是他们的疾病所致，而与那 1 个健康人的活命没有任何关系。没有关系，怎么会发生利益冲突呢？因此，在这种利益不相冲突的情况下，医生如果为救活 5 个病人而杀死那 1 个健康人，虽然符合利益冲突时的道德终极标准（亦即最大多数人最大利益标准和最大利益净余额标准），却违背了利益不相冲突的道德终极标准（亦即无害一人地增进利益总量），因而是不道德的、不应该的。这就是为什么第一个案例应该为救活 5 人而牺牲 1 人，第二个案例却不应该为救活 5 人而牺牲 1 人的缘故。

---

① Louis P. Pojman, *Ethical Theory: Classical and Contemporary Readings*, Second Edition, Wadsworth Publishing Company, USA, 1995, pp. 478 - 479.

六、无终食之间违仁

我读《论语》，曾被《里仁》篇的这段话深深打动："子曰：富与贵，是人之所欲也。不以其道得之，不处也。贫与贱，是人之所恶也。不以其道得之，不去也。君子去仁，恶乎成名。君子无终食之间违仁，造次必于是，颠沛必于是。"君子无终食之间违仁！造次必于是！颠沛必于是！何等崇高！何等纯洁！何等浩然正气大丈夫！然而，后来我研究道德终极标准，才知道这种境界崇高得过了头，违背道德终极标准，因而是不道德的！因为，综上所述，综观道德终极标准，可知它并不是一个标准，而是由一个总标准和两大分标准系列所构成的道德标准体系。总标准是在任何情况下都应该遵循的道德终极标准：增减每个人的利益总量。一个分标准是在人们利益不发生冲突而可以两全情况下的道德终极标准，亦即所谓的帕累托标准：无害一人地增加利益总量。另一个分标准系列则是在人们利益发生冲突而不能两全的情况下的道德终极标准："最大利益净余额"标准——它在他人之间发生利益冲突时，表现为"最大多数人的最大利益"标准；而在自我利益与他人或社会利益发生冲突时，表现为"无私利他、自我牺牲"标准。这样，相对性便是道德终极分标准的基本性质。"无害一人地增加利益总量"标准仅仅适用于利益一致不相冲突的情况，而不可能适用于利益冲突的情况；因为在利益冲突的情况下，不损害任何人的利益是不可能的。反之，"最大利益净余额"和"最大多数人的最大利益"以及"无私利他、自我牺牲"标准则仅仅应该运用于利益冲突的情况，而不应该运用于利益一致不相冲突的情况。因为在利益不相冲突的情况下，不论牺牲少数人利益还是牺牲自我利益都是不应该的。

然而，问题是，我们说无私利他仅仅适用于利益冲突领域，一定会遭到人们的强烈反对和抵触。因为从孔子开始，两千年来，我们的主流意识形态就一直在倡导：你吃饭的时候、走路的时候、写东西的时候、谈话的时候，你匆促急遽之时、颠仆困顿之际，都不应该违背仁爱原则，都要达到仁爱无私的境界，都应该用仁爱无私的标准来要求自己："君子无终食之间违仁，造次必于是，颠沛必于是"。一句话，君子无时无刻不仁爱无私也！有道德的人时时刻刻都应该仁爱无私！我们现在也是这样，主张在任何场合都应该无私奉献，都应该毫不利己、专门利人。其实，这种倡导是不道德的，它违背道德终极分标准：不害一人地增进利益总量。因为无私奉献就是自我牺牲，我们反复强调了这一点。

无私奉献至少牺牲了你最宝贵的东西：时间和精力。所以，“无私奉献”和“自我牺牲”是同一个概念。自我牺牲，我们现在都承认，是在利益发生冲突的情况下才适用的。那么，我们应该再进一步说：“无私奉献”也只有在利益发生冲突的时候的才适用的。因为在利益一致的时候，你要是“无私奉献”——无私奉献与自我牺牲是同一概念——那就意味着损害了自我，也就是通过损害了一个人的利益来增进社会和他人利益，岂不就违背了“不损害一人地增进每个人利益”的道德终极分标准？倡导任何时候都应该无私利他，不但违背道德终极分标准，而且违背道德终极总标准：增进社会和每个人的利益总量。何以见得？

原来，在利益一致的时候，只应该为己利他、己他两利，而不应该无私奉献、自我牺牲。因为在这个时候，为己利他既利己又利他，显然增进了社会和每个人的利益；而无私奉献呢，它只是增加了社会和别人的利益，自己不但没有得到什么利益，而且还得自我牺牲，至少牺牲了自己的时间和精力。所以，无私利他是一增一减，等于没有增加社会利益总量，因而实际上是违背了“增进社会和每个人利益总量”的道德终极总标准。不仅此也！对于社会和每个人利益总量的增进，“为己利他”是一种具有动力机制的原则，这条原则贯彻下去，必将极大地增进社会和每个人的利益。因为这种行为的目的是为自己，而每个人为自己都是最积极最有干劲的。什么行为要是离开的自己的利益，恒久说来，必定是苍白无力的。“一个和尚挑水吃，两个和尚抬水吃，三个和尚没水吃”，这就是最深刻的人性！“为己利他”就符合这种人性。试想，如果你对社会和他人的利益增进得越多，你自己得到的就越多，那么，你岂不就来劲了？你的积极性岂不就来了？你岂不就能够最大限度地增进社会和他人的利益？

为己利他其实就是亚当·斯密所谓的“看不见的手”。亚当·斯密发现在市场经济中每个人都是为自己的，因为市场经济的本性就是买卖经济，而买者和卖者就是所谓的经济人，无疑都是为自己的。卖者想贵卖，买者想贱买，双方不但不为对方，而且还必定与对方争夺利益。这就是为什么竞争是市场经济的固有法则的缘故。利益争夺的结果，只好等价交换：“等价应交换”是一种买卖行为应该如何的道德原则，而并不是一种经济规律。哪有什么等价交换的经济规律啊？经济规律是不可违背的，等价交换却是处处可以违背、时时可以违背的。它分明是一个“应当如何”的斤斤计较的原则，不是一个必然如何的规律。这种斤斤计较和利益争夺表明，市场经济的行为目的，正如亚当·斯密所言，都是为自己的。但是这种每个人都是为自己的市场经济却能够把社会推向繁荣，使社会蓬蓬勃勃地发展起来。为什么呢？就是因为它的目的是利己的，而手段却是利他的：为己利他就是市场经济的“看不见的手”，就是市场经济为什么能够使社会繁荣富强的动力机制和根本原因。

在利益一致的时候，一个人要是无私奉献而不是为己利他，那么他对社会和别人的利益增进便会远远少于为己利他。为什么？因为无私利他，恒久说来，是没有动力的。这一点，你想想你自己，你要是给别人干什么事的时候，你有多大的劲呢？你要是为自己的时候，你的劲岂不就来了？这就是人性啊！恒久说来，谁都是这样的。无私奉献，当然有，但是，这种行为不能持久，恒久说来，它必定是苍白无力。所以，古往今来，做出巨大贡献的英雄豪杰、伟大的思想家、科学家等等，都不是那种无私利他的道德楷模。这种道德楷模能干什么呢？伯夷叔齐，据说是这种的道德楷模。他们能干什么呢？不过活活使自己饿死在首阳山上而已！真正能推动社会发展的，只能是那些“为己利他”的伟大英雄。试问，唐宗宋祖、秦皇汉武，有哪一个是无私奉献的？曹雪芹、托尔斯泰、贝多芬有哪一个是整天想着“我要为别人”的呢？

因此，在利益一致的时候，无私利他必定远远少于为己利他所增加的全社会和每个人的利益总量。因为只有为己利他才具有——而无私利他则不具有——人们增进社会利益的最强大的动力：个人利益追求。所以，在利益一致的时候，你要是反对为己利他而倡导无私奉献，那么，社会利益总量就会大大减少。这样一来，岂不就违背了道德终极总原则：增进全社会和每个人的利益总量。反之，在这个时候，你主张、倡导为己利他而否定无私利他，社会利益总量就会大大增进，因而符合这个道德终极标准。于是，我们得到一个结论：在利益一致的时候，倡导无私奉献，一方面违背了道德终极总标准“增进全社会和每个人的利益总量”，另一方面，也违背了道德终极分标准“不损害一人的增进每个人的利益”。因此，孔子主张时时刻刻都要仁爱无私（君子无终食之间违仁，造次必于是，颠沛必于是）便既违背道德终级总标准又违背道德终级分标准，因而是不道德的、不应该的、恶的。所以，我们说，道德终极分标准“无私奉献、自我牺牲”，固然是一个非常高尚的道德原则，却仅仅适用于自我利益和他人利益发生冲突的时候，而不适用于利益一致可以两全的情况。

无私利他仅仅适用于自我利益和他人利益发生冲突，而不适用于利益一致可以两全的情况，意味着：无私利他是一个偶尔的道德原则。因为在人们的社会生活中，利益一致、可以两全无疑是一个恒久的、正常的现象；而利益冲突、不可两全则是一个偶尔、例外的现象。任何社会要能够存在和发展，就必须在正常的、恒久的、多数情况下是利益一致而可以两全的；否则，如果利益冲突不能两全是一种恒久的、正常的情况，这个社会就得崩溃。所以，利益冲突是例外，利益一致是常规。这样一来，无私奉献既然仅仅适用于解决利益冲突不可两全的情况，那么，它就是一种例外的、偶尔的道德原则。这就是无私利他的适用范围。它不是一个常规的恒久的道德原则，常规的恒久的道德原则是“为己利他”。但是“为己利他”也不是绝对的，它仅仅适用于利益一致的情况。因为在利益冲突的时候，你不能为己利他。这不是因为为己利他不好，而是因为在利益冲突的时候，你必定不是“无私奉献、自我牺牲”，就是“损人利己”，而绝不可能“为己利他”。因为“为己利他”是利益一致的体现，是人们利益一致的道德原则。从这一点看，“为己利他”就是一个恒久的道德原则。因为人和人的利益一致是恒久的，“为己利他”就是一个恒久的、常规的道德原则，而“无私奉献”是一个偶尔的、例外的道德原则。

总而言之，任何道德终极分标准——“最大利益净余额”、“最大多数人的最大利益”、“无私利他”和“不损害一人地增加利益总量”或“为己利他”——都是相对的，都仅仅适用于一定场合；而只有道德终极总标准——增进全社会和每个人的利益总量——才是绝对的道德原则，它在任何场合都适用。在利益一致的时候它适用，表现为不损害一人地一增进每个人的利益，表现为为己利他、己他两利；而在利益冲突的时候它也适用，表现为“最大利益净余额”和“最大多数人的最大利益”以及“无私利他”。“不损害一人地增加利益总量”、“为己利他、己他两利”既然是利益一致可以两全情况下的道德标准，那么也就应该是恒久的道德标准；反之，“最大利益净余额”和“最大多数人的最大利益”以及“无私利他”则因其是利益冲突情况下的道德标准，因而应该是偶尔的道德标准。这就是道德终极诸标准的适用范围。

七、吃人道德：照着讲与接着讲

五四运动的主将，如李大钊，陈独秀和吴虞等人，都写了很多文章否定儒家道德。他们的主要根据可以归结为一点：儒家道德体系虽然博大精深，但它的核心却是专制主义，因而就其整体来说，便是一种绝对的极端错误和极端有害的思想体系。因为专制主义不但违背政治平等、经济平等和机会平等原则，剥夺所有人应该享有的各种平等权利，使所有人生活于一个极端不平等、不公正和无人权的等级社会；而且违背政治自由、经济自由和思想自由原则，剥夺所有人应该享有的各种自由权利，使所有人都生活于一个遭受全面的奴役、异化和不自由的社会,完全丧失个性而不可能实现自己的创造性潜能,因而必定极端阻碍社会发展进步,造成社会停滞不前。

不但此也!儒家专制主义道德体系之谬误、负价值与罪恶,正如吴虞所言,更因其统治和毒害中国两千多年而无比地增大和膨胀:"其流毒诚不减于洪水猛兽矣。"①所以,鲁迅借狂人之口,极为深刻而中肯地将孔子和儒家专制主义道德体系的本质归结为"吃人":"我翻开历史一查,这历史没有年代,歪歪斜斜的每页上都写着'仁义道德'几个字。我横竖睡不着,仔细看了半夜,才从字缝里看出字来,满本都写着两个字是'吃人'!"这是何等的生动、中肯、深刻、正确和科学啊!以至五四运动 80 余年之后,我宁愿仍然"照着讲"这吃人道德,照着鲁迅、李大钊和陈独秀来讲儒家道德。不过,我还要"接着讲"。因为,依我之愚见,鲁迅等五四运动的反孔主将仅仅说出了儒家道德负价值之一半,而遗漏了另一半更为根本的负价值,那就是儒家的义务论或道义论。

义务论的负价值比专制主义更为根本,因为义务论是一种关于伦理学最根本的问题——道德终极标准——的谬论。围绕道德终极标准,古今中外的争论可以归结为两大流派:义务论和功利主义。义务论又叫做道义论,在中国主要以孔子和儒家为代表。所有的儒家,孔子、孟子、荀子和宋明理学,乃至我们的冯友兰先生,当代新儒家,都主张义务论或道义论。李泽厚的观点其实也属于这个流派。义务论是我国两千年来的主流意识形态。在西方,义务论的主要代表就是康德和基督教。基督教伦理学家,像路德、加尔文和当代活着的弗雷彻,都是义务论者。义务论曾是西方的千年——中世纪——主流意识形态。诚然,中国的义务论比较温和,它有功利主义色彩。像孔子、孟子和荀子,都有功利主义色彩,不是纯粹的义务论,而是以义务论占据主导地位。但是基督教的义务论是最典型的、最纯粹的。康德的义务论也是典型的纯粹的义务论。所以,义务论,几乎古往今来最伟大的道德哲学家都在倡导。

义务论的基本观点和我所讲的恰恰相反。它为什么叫做义务论呢?因为它是把道义、义务、道德、美德——而不是功利、利益、幸福——奉为道德终极标准的流派,是把增减每个人的品德完善程度——而不是增减每个人的利益总量——奉为道德终极标准的流派。功利主义正好相反,它是把功利、利益、幸福——而不是道义、义务、道德、美德——奉为道德终极标准的流派,是把增减每个人的利益总量——而不是增减每个人的品德完善程度——奉为道德终极标准的流派。二者的这一根本分歧,充分表现于对"为己利他"的评价。"为

---

① 赵清、郑成编:《吴虞集》,四川人民出版社 1985 年版,第 64 页。

己利他”行为无疑只能增进而决不会减少全社会和每个人的利益总量，符合功利主义道德终极标准——增进每个人利益总量——因而在功利主义看来是道德的。但是，在义务论看来，为己利他却是不道德的。因为它——如康德和冯友兰所说——“是一种为自己占便宜的机智”①，是一种“巧于算账”的行为②，而不是品德完善境界，不符合义务论的道德终极标准：增进每个人的品德完善程度。这就是自孔子以降，两千年来的我国主流意识形态一直否定为己利他的根本原因。但是，我们的观点显然属于功利主义，我们说功利主义是真理，而义务论是谬论。这可以从三个方面来考察。

首先，从义务论和功利主义的前提来看。义务论究竟是怎么得出“增减每个人的品德完善程度”是道德终极标准的？原来，义务论者都是道德起源和目的自律论者。道德起源和目的自律论者认为道德和美德是一种纯粹的善，因而道德的最终目的就是为了道德而道德，为了义务而义务，说到底，就是为了完善每个人的品德，从而使人和动物区别开来，实现人之所以为人者。这样一来，增进每个人品德完善程度也就是衡量一切行为善恶的终极标准。所以，义务论的前提是道德起源和目的自律论。这种道德起源和目的自律论，在上一讲中已经分析过了，是不能成立的。因为道德和美德不是一种纯粹的善，而是一种必要的恶，是人类为了达到利己目的（保障社会的存在发展、增进每个人利益）而创造的害己手段（压抑、限制每个人的某些欲望和自由）。这就是说，道德和美德本身是对每个人的某些欲望和自由的限制和压抑，是一种恶；而结果是保障社会的存在发展、增进每个人利益，是一种善。净余额是善，因而是必要的恶。必要的恶是不能自成目的性的。它不能以它自身为目的。因为必要的恶就其自身来说就是恶，恶显然不能自为目的。美德和道德本身对每个人的某些欲望和自由的限制和压抑，是一种恶，因而不能自成目的。如果说美德和道德自成目的，是自律的，是为了道德自身，是为了完善每个人的品德，那就等于说：道德的目的就是为了压抑人的欲望、侵犯人的自由，就是为了压抑人的欲望而压抑人的欲望，就是为了侵犯人的自由而侵犯人的自由，就是为了害人而害人，就是为了作恶而作恶。所以，道德目的不可能是自律的，而只能是他律的：不可能是为了道德和品德自身，而只能是为了道德和品德自身之外的利益、幸福：为了保障社会存在发展，最终增进每个人利益、实现每个人幸福。所以，义务论的前提是不能成立的。而功利主义的前提是能够成立的。因为功利主义的前提就是一种道德目的他律

---

① 〔德〕康德：《道德形而上学原理》，苗力田译，上海人民出版社 1986 年版，第 96 页。
② 冯友兰：《三松堂全集》第四卷，河南人民出版社 1986 年版，第 606 页。

论。在功利主义者看来，道德的起源、目的一定是在道德和美德之外，是在于社会的存在和发展和每个人利益的增进，每个人幸福的实现。为什么呢？因为在功利主义看来，道德是一种必要的恶。这样，品德的完善就绝不是评价行为是否道德的终极标准，而只有每个人利益的增进的才是行为是否道德的终极标准。所以，义务论的前提是道德起源、目的自律论，是一个谬论；功利主义，它的前提是道德起源、目的他律论，是真理。

第二点，从义务论和功利主义的结论来看。凡是主张义务论的，由于把品德的完善境界当成道德的最终目的和道德的终极标准，因而都否定为己利他而把无私利他作为衡量一切行为是否道德的唯一的终极标准。因为在人类的全部行为中，只有“无私奉献、自我牺牲”才是品德的完善境界，才符合义务论的道德最终目的和道德终极标准，因此它才是道德的。这一点，许多人一直弄不明白：为什么有那么多的大思想家都仅仅主张“无私奉献”而否定“为己利他”？就是因为他们是义务论者，而义务论将道德的终极标准奉为品德的完善。所以，义务论，从它的结论来看，是一种褊狭的道德理论，因为它否定一切目的利己的行为而仅仅主张无私奉献。在它看来，只要为自己，就都是不道德的，都不符合道德完善的目的，只有为他人才符合道德的完善境界，才符合道德终极标准，才是道德的。这就是义务论为什么反对“为己利他”，而仅仅主张“无私奉献”的真正原因之所在。相反，功利主义，从它的结论来看，它是一种全面的道德。因为功利主义是把每个人利益的增进奉为行为是否道德的终极标准。这样，它在利益一致的时候，就倡导“无害一人地增加利益总量”，倡导“为己利他”、“己他两利”；在利益冲突的时候，就倡导“最大利益净余额”和“最大多数人的最大幸福”以及“自我牺牲、无私奉献”。所以，功利主义主张一种多元化的道德原则，这样，它就表现出一种全面性。因此，从结论看，功利主义显然优于义务论。这就是我们说它是真理的最重要的原因之所在。

最后，也是最重要的，我们从效用来看，义务论道德是最恶劣的道德，而功利主义道德是最优良的道德。为什么呢？因为义务论把“无私奉献”奉为评价人的行为是否道德的终极标准，这样它就否定一切为自己的行为，它对每个人的利益侵犯最重。你看基督教、《圣经》，对每个人的利益压抑得多么深重：你只要是为自己那就是在犯罪！你为自己，不但是一种不道德而且是一种罪恶。《圣经》和加尔文以及路德都是这样来看的。当代基督教伦理学家彼彻姆好一点，只是说“为自己”的行为是“不道德”的行为。因此，义务论对每个人的利益侵犯最重，以致往往导致神经症和人格扭曲变态。使人最主要的冲动得不到宣泄，就容易得神经症和人格变态。人最主要的冲动不是“无私奉献”，不是

"爱的热诚"，而是为自己！人的最主要的冲动，最重要的动力，乃是为自己！而基督教就反对这个，压抑这个，结果导致性格畸形和神经症。这都是义务论对人的本能的恒久的冲动压抑的结果。得不到常态的满足，就会寻求变态的满足。弗洛伊德为什么非常反对基督教道德？原因就在于此！他说，所有的神经症患者都有一种无意识的内疚感，都是道德造成的，他指的就是基督教道德。他处处反对基督教道德，原因就在于它对每个人的利益侵犯最重：它几乎是否定、反对、压抑和侵犯你百分之九十的行为。因为你百分之九十的行为一般来讲都是为自己的。相反，功利主义否定和侵犯你什么行为？它仅仅侵犯你百分之十的行为。因为"损人利己"的行为是它唯一侵犯和不允许的。"损人利己"的行为，在人类行为总和中，是不多的。人在社会上主要靠"为己利他"才能生存，你要"损人利己"，你就不长久，你就无安身立命之地。好人常在，美德是幸福的一大必要条件。这样，你损人的行为其实并不多。虽然你有强烈的损人的冲动，嫉妒心使你想去杀人、毁容，把比你强的人干掉，但是那种冲动不如你"利己"的冲动更有力量。所以你的行为并不是表现在整天疯狂地去毁容和杀人去，而是表现在你疯狂地追求你的个人利益。所以，正常的人，不是变态的人，没有多少损人利己的行为，因而功利主义对人的侵犯就不重。功利主义者主张一种多元化的道德，主要是"为己利他"，它仅仅是反对损人利己，它对每个人的损害最轻。因此，功利主义不会造成神经病，只有你主要的冲动得不到宣泄的时候才会得神经症或者是性格变态。义务论侵犯、否定每个人的一切目的利己的欲望和自由，也就堵塞了每个人增进社会和他人利益的源泉和动力，因而对于全社会和每个人的利益的增进是最少的。我反复讲了这一点。因为它堵塞了社会发展的源泉和动力：个人利益追求。西方如果现在还是基督教占据统治地位，那就好了，中国就不会落后了。西方为什么进步了？文艺复兴以来个人主义和功利主义兴起，打破了基督教一统天下的局面，开放了每个人增进社会和他人利益的最有力的源泉和动力：个人利益追求。这是它突飞猛进的根本原因。文艺复兴以来，基督教在西方也就是一个流派，不再占据统治地位。美国人的意识形态，种种考证表明，是个人主义占据统治地位。基督教在哪里占据统治地位，哪里的社会发展一定缓慢。整天在那里要人们"爱别人"、要"无私奉献"，要人们不要追求自己的个人利益，这套说辞是最没劲的！你看，你为自己才能狂奔，你才能奉献你的一切！你要是通过利他来为自己，为己利他，社会就蓬蓬勃勃的发展。功利主义就在于抓住了"为己利他"这匹彪悍的牲畜，驾驭它，把社会的大车拉得飞快！爱尔维修说得对，个人利益的追求，乃是使社会辉煌灿烂的天火。义务论熄灭了这个天火，社会注定是死水一潭，缓慢、停滞。西方基督教占据统治地位的千年停滞缓慢的黑夜证明了这一点。

总而言之，义务论的道德标准，一方面，对每个人的欲望和自由侵犯最为严重：它侵犯、否定每个人的一切目的利己的欲望和自由；另一方面，它增进全社会和每个人利益最为缓慢，因为它否定目的利己、反对一切个人利益的追求，也就堵塞了人们增进社会和他人利益的最有力的源泉。于是，合而言之，义务论道德是给予每个人的害与利的比值最大的道德，因而也就是最为恶劣的道德。反之，功利主义的道德标准，一方面，对每个人的欲望和自由侵犯最为轻微：它仅仅侵犯、否定每个人的损人利己的欲望和自由；另一方面，它增进全社会和每个人利益又最为迅速，因为它肯定为己利他、鼓励一切有利社会和他人的个人利益的追求，也就开放了增进全社会和每个人利益的最有力的源泉。于是，合而言之，功利主义道德便是给予每个人的利与害的比值最大的道德，因而也就是最为优良的道德。这样一来，五四运动否定儒家道德显然便是科学的和正确的。因为孔子和儒家的思想体系固然博大精深、源远流长，甚至包藏诉说不尽的真理和善；但是，它的基石和核心——义务论和专制主义——却是谬误和负价值。所以，就孔子和儒家思想体系所包含的真与谬以及恶与善的净余额来说，无疑是极大的谬误和极大的负价值；因而就其整体来说，便是一种极端错误和极端有害的思想体系。

道德终极标准——增减每个人的利益总量——固然极其重要，但运用这个标准来直接衡量人们那些千差万别的行为还是过于宽泛模糊，难以直接断定其善恶。比如说，你用这个道德终极标准来断定婚姻恋爱中的"群居"、"性解放"和"一夫一妻制"，就很难决其善恶。要准确决其善恶，就需要从道德终极标准推导出适合这些行为的具体道德规范，如"贞洁"、"三从四德"等等，然后再用这些具体道德规范来衡量这些具体行为，那么，这些行为之善恶道德就清清楚楚了。所以，你仅仅知道道德终极标准，还是远远不够的：它是伦理学最根本的东西；但是伦理学真正的、主体的东西并不是它。伦理学主体的东西乃是一系列更为具体的道德规范和道德原则。根据道德价值推导方法，这些伦理行为应该如何的道德原则和道德规范，如果与道德价值相符从而是优良的正确的，就只能通过道德终极标准，从伦理行为事实如何的客观本性中推导出来：伦理行为事实如何是伦理行为应该如何的道德价值实体。人的伦理行为事实如何的客观本性非他，就是所谓的"人性"。因此，道德终极标准之后，应该研究人性或道德价值实体——亦即人的伦理行为事实如何的客观本性——以便从中通过道德终极标准推导出人的伦理行为应该如何的优良道德规范。

第四讲

人性：生之谓性

本讲提要

一个人之所以能无私利人，无非是因为他有两种感情。一种是完善自我品德之心、做一个好人的道德需要和道德感情。这种需要和感情无疑会推动他去做好事，而最好的事当然就是无私利人。另一种是爱人之心的非道德需要和非道德感情。爱人之心所以会导致无私利人，一方面是因为它使爱者与被爱者融为一体、发生同情心，从而帮助他所爱的人得到快乐、摆脱痛苦；另一方面则是因为它使爱者对被爱者心怀感激、发生报恩心，从而为他的恩人谋取快乐和利益：爱人之心通过产生同情心和报恩心而导致无私利人的行为。

一、非由外铄我也，我固有之也

人性这个概念极为复杂，人类争论了两千多年也没有弄清楚。江恒源曾说，人性是个最为源远流长、聚讼不休的难题："我们哲学史上发生最早而争辩最激烈的，就是'人性'问题。"[①]张岱年也说："人性，是中国哲学中一个重大问题，历来讨论不休，派别亦极分歧。"[②]诸子百家之人性论虽然分歧极大、争论激烈，但是，认为人性乃人生而固有，却是共识。性无善恶论者告子曰："生之谓性"[③]。性有善恶论者董仲舒曰："如其生之自然之资谓之性。"[④]性三品论者韩愈曰："性也者，与生俱生者也。"[⑤]性恶论者荀子曰："生之所以然者谓之性"[⑥]。但是，说得最准确的，当推性善论者孟子。他将人性的这一定义归结为11个字："非由外铄我也，我固有之也。"[⑦]那么，这一先秦诸子公认的定义能成立吗？

答案是肯定的。你仔细想想，人性是什么，这个"人"无疑是指所有的人。因为它是一个全称判断，主词取其全部外延。所以，"人性"指的是所有人的属性，也就是所有人的共同属性。所有人的共同属性，它意味着什么呢？意味着老人、小孩、过去的人、现在的人、将来的人、男人、女人、两性人、呱呱坠地刚出生的婴儿和行将就木的垂死老人等等一切人的共通属性：这就是所谓的"人性"。人性是一切人都具有的属性，是一切人共同地、普遍地具有的属性，亦即一切人的共同性、普遍性；而仅仅为一些人所具有的特殊性，则不是人性。所

---

① 江恒源：《中国先哲人性论》，商务印书馆1922年版，第4页。
② 张岱年：《中国哲学大纲》，中国社会科学出版社1982年版，第183页。
③ 《孟子·告子上》。
④ （西汉）董仲舒：《春秋繁露·深察名号》。
⑤ （唐）韩愈：《原性》。
⑥ 《荀子·正名》。
⑦ 《孟子·告子上》。

以，荀子云："凡人之性者，尧舜之与桀跖，其性一也。君子之与小人，其性一也。"①举例说，怜悯之心，人皆有之。怜悯心是一切人共同具有的东西，是一切人的一种共同性、普遍性。所以，怜悯心是一种人性。反之，杀人越货之心、敲诈勒索之心等等，不是一切人都具有的共同性、普遍性，而仅仅是一些人具有的特殊性，因而都不是人性。

人性是一切人普遍具有的属性，蕴含着：一个人，只要是人，则不论他是多么小，哪怕他只是个呱呱坠地的婴儿，他也与其他人同样具有人性：人性是呱呱坠地的婴儿与行将就木的老人共同具有的属性。这就意味着，人性必是生而固有的，而不是后天习得的。否则，如果人性是后天习得的，那么，呱呱坠地的婴儿岂不就不具有人性了？于是，所谓人性，正如先秦诸子所言，乃是一切人与生俱来、生而固有的普遍本性。

可是，人性亦即人生而固有的观点，却为我国今日学者所拒斥。因为在他们看来，这种观点蕴含着：人性都是人的自然本性。这是由于他们以为，人生而固有的本性都是人的自然本性；而人的社会本性则都是后天获得的。这种观点是不能成立的。因为所谓社会也就是两个以上的人因一定关系而结合起来的共同体。因此，每个人的社会性或社会本性，也就是他的那些与他人有关的属性；而他的自然本性或自然性，则是他的那些仅仅关乎他自己一人的属性。比如说，你有食欲、两个眼睛、一个鼻子，没有尾巴，这就是人的自然本性，因为这些东西都是仅仅关乎自己一人的属性。反之，你与他人发生关系才有的那些本性，如同情心、报恩心、爱人之心等等，就都是人的社会本性。同情心这种人性是人的社会本性，因为它是人和人发生关系时才有的，它是对他人的一种关系，一种心理反应。但是同情心也是生而固有的。这一点孟子说得很对，它不是由外边灌输给我、教育给我的，它是我生而固有的。外在的教育，你后天的环境和实践，你的修养等等，它能使这种本性发挥、扩充，或者使它逐渐地变小、变少。你看，再坏的人、再凶残的人、再缺乏同情心的人，它也生而固有同情心，不信你就把他叫到这儿来，我当场给他做实验。我把他老爹或者他儿子叫到这儿来，我拿个大钉子，往他儿子脑袋上面钉，你看他的脑袋舒不舒服、难不难受？他肯定也难受。人皆生而固有同情心！所以人的社会本性和自然本性都是一样的，都是人生而固有的：人性就是人生而固有的属性。

然而，人性是人生而固有的普遍本性，似乎意味着：人性完全是一成不变的。其实不然。因为人性显然由质与量两方面构成，是质与量的统一体。从

① 《荀子·性恶》。

质上看，亦即从质的有无来说，人性确实完全是生而固有、一成不变的，是普遍的、必然的、不能自由选择的。但是，从量上看，亦即从量的多少来说，在一定限度内，人性却是后天习得的，是不断变化的，是特殊的、偶然的、可以自由选择的。就拿爱人之心与恨人之心来说。爱人之心与恨人之心人人皆有，因而都是人性。所以，一个人，不论他多么自私冷酷，多么卑鄙恶毒，他都不可能丝毫没有爱人之心。试想，他能丝毫不爱给了他巨大的快乐和利益的父母和妻儿吗？同理，一个人，不论他多么仁慈善良，多么温良恭俭让，他都不可能丝毫没有恨人之心。试想，他能不恨给他巨大痛苦的人吗？他能不恨杀害他父母的仇人吗？他能不恨夺走他心上人的情敌吗？所以，从爱人之心与恨人之心的质的有无来看，二者完全是一切人生而固有、一成不变的，是普遍的、必然的、不能自由选择的。

但是，从量的多少来看，在一定限度内，爱人之心与恨人之心则都可以是后天习得的，是不断变化的，是特殊的、偶然的、可以自由选择的。所以，一个生性冷酷的人，对于他人给予的快乐和利益反应天生淡漠，因而他对他人的爱极为匮乏。但是，如果他后天不断努力完善自己的品德、想方设法增进自己的爱人之心，那么，他原本贫乏的爱人之心，便可以逐渐丰富起来，甚至可能成为一个极富爱人之心的人。同理，一个生性热心助人为乐的人，对于他人给予的快乐和利益反应天生强烈，因而他对他人的爱极为厚重。但是，如果他后天不幸被一些冷酷的歹人所包围，这些歹人不断给他痛苦和损害，那么，他原本丰富的爱人之心，便可能逐渐贫乏起来，甚至可能成为一个爱人之心极其贫乏的人。

于是，一方面，人性的质是守恒的，遵循恒有恒无定律。任何人，如果生而具有什么人性，那么，不论后天如何，他从生到死必将永恒具有而绝不可能丧失它：人性绝不可能从有到无。任何人，如果生而不具有什么人性，那么，不论后天如何，他从生到死必将永恒没有而绝不可能获得它：人性绝不可能从无到有。另一方面，人性的量，在一定限度内，是不守恒的。任何人，不论他生而固有的某种人性是多么贫乏，在一定限度内，他都可以通过后天的习得而使之极为丰富；不论他生而固有的某种人性是多么丰富，在一定限度内，他都可以通过后天习得而使之极为贫乏。于是，合而言之，人性便是这样一种东西：它在质上是生而固有、一成不变、不生不灭的，是普遍的、必然的、不能自由选择的；而在量上，在一定限度内，则可以是后天习得、不断变化的，是偶然的、特殊的、可以自由选择的。那么，构成人性的这两种因素究竟是何关系？

我们应该沿袭中国古典哲学传统而称之为“体用”关系。因为普遍性与必然性不可能独立存在，而只能通过特殊性与偶然性表现出来。所以，人性的质之有无只能通过人性的量之多少表现出来：人性的质是人性的内容，并因其一成不变性而是人性的“体”；人性的量则是人性的形式，并因其众多之变化而是人性的“用”。举例说，怜悯之心，人皆有之。这是必然的、普遍的、不变的、不可自由选择的。但是，怜悯心并不能赤裸裸地独自存在，而只能存在和表现于每个人的可多可少、可强可弱、时强时弱、时多时少的怜悯心之中。怜悯心的这些变化的、特殊的、偶然的属性，是怜悯心的量，是怜悯心的表现形式，并因其变异性而是怜悯心的“用”；而它所表现出来的不变的、必然的、普遍的怜悯心，则是怜悯心的质，是怜悯心的内容，并因其不变性而是怜悯心的“体”。这样一来，人性便是“体”与“用”的统一体：人性的“体”，亦即人性的质之有无，完全是生而固有、一成不变的，是必然的、普遍地、不能自由选择的；人性的“用”，亦即人性的量之多少，在一定的限度内，是后天习得、不断变化的，是特殊的、偶然的、可以自由选择的。这就是人性的结构。根据这一结构，可以说：人性是质与量、体与用、不变与变化、普遍与特殊、必然与偶然的统一体。

显然，人性极其复杂多样，因而与其他复杂多样事物一样，都是若干门不同科学的研究对象，而皆非一门科学的研究对象：一门科学只研究其一部分本性。那么，伦理学所研究的人性究竟是人性的哪一部分呢？伦理学是关于道德的科学，因而只能研究可以言道德善恶、可以进行道德评价的人性，而不能研究不可言道德善恶、不可进行道德评价的人性。举例说，知情意与怜悯心，都是人生而固有的本性，因而都是人性。但是，知情意显然是不可言道德善恶的人性，因而便不是伦理学对象，而是心理学对象。反之，怜悯心是可以言道德善恶的人性：怜悯之心，仁也。所以，怜悯心是伦理学对象，而不是心理学对象。那么，究竟什么人性才能是道德评价的对象呢？道德是人的行为应该如何的规范。所以，道德评价的对象只能是人的行为及其心理：心理是行为的内在因素；行为是心理的外在表现。因此，能够进行道德评价因而可以言道德善恶的人性，只能是人的行为及其心理之本性。

不过，严格说来，人的行为及其心理也并不都是可以进行道德评价而言道德善恶的。就拿吃饭用筷子还是用刀叉来说，用刀叉和筷子吃饭都是人的行为，却都是不可以进行道德评价而言道德善恶的。那么，究竟是什么行为及其心理才是道德评价对象？可以进行道德评价而言善恶的，无疑仅仅是那些受利害他人与利害自己的意识支配的行为，亦即利害人己意识支配的行为，亦即所谓伦理行为。更确切些说，伦理行为及其心理，如引发利己目的的自爱心、求生欲、自尊心和引发害己目的的自恨心、自卑心、内疚感、罪恶感以及引发利他目的的爱人之心、同情心、报恩心、完善自我品德之心和引发害他目的的恨人之心、复仇心、嫉妒心等等，才是可以进行道德评价而言道德善恶的。所以，作为伦理学对象的人性，乃是人的伦理行为——心理是行为的内在因素——事实如何之本性。那么，伦理行为究竟有哪些事实如何之本性？这无疑是十分复杂的问题。研究这一问题的起点显然是：究竟何谓伦理行为？

二、大锅饭亲历

1961年，我11岁，正好赶上共产风、大锅饭。记得有一次，我和全班同学去一个生产队犁地。临走的时候，我爹教我怎么吃大锅饭。他嘱咐我，第一碗千万不要盛满，一定要盛得比别人少一些。第二碗则要满满的盛，能盛多少就盛多少。因为大锅饭就那么一大锅，吃完了就没了。所以，第一碗如果盛满，吃完一碗就没有了，就只能吃一碗。如果盛得比别人少一些，那就能在别人吃完第一碗之前吃完第一碗，就可以再盛上满满一大碗，这样就能够吃上一大碗多。我牢牢记住了爹的教导，但好容易挨到吃饭的时候，才发现别的同学也是第一碗盛得少。这样一来，每个人都明白，究竟谁能够多吃些，主要取决于吃的速度了。于是，大家不管饭菜多么热，都奋力地往自己的嘴里塞。吃完饭一看，我的老天，有的同学的嘴唇都烫起了泡！我赶紧摸摸自己的嘴唇，好像没什么事儿，多亏爹妈给我生得结实耐烫！这件事已经过去四十多年了，但我到现在还记得清清楚楚、恍如昨日。特别是，当我研究伦理行为概念的时候，我反复琢磨：第一碗盛不盛满、用大碗还是小碗、快吃还是慢吃究竟是不是伦理行为？

如所周知，伦理行为与道德行为是同一概念，无非是道德所规范的行为，是能够进行道德评价、可以言道德善恶的行为。然而，问题在于：什么样的行为才能够进行道德评价、可以言道德善恶呢？非常明显，比如说，我下意识地把这个杯子碰翻了，这是一种行为——就像萨特说的——但对这个行为显然不能进行道德评价。因为它是下意识或无意识的。而能够进行道德评价的行为一定是有意识的，是在意识的支配下的。但有意识的行为也未必都能够进行道德评价。比如说，我去看花，我就为了看花而看花，我就喜欢这个东西，我去了，就是因为它美。那么，这是审美行为，而不是伦理行为。如果看花是为了修身养性，是为了使我身体健康精神愉快，使我自己能够得到某种好处、利益，那就是一种伦理行为了。因为这种行为具有利害意识：它是利己的。

这就是说，伦理行为最根本的特点，是具有利害意识，它是在利害己他(它)意识支配下的那样一种人的实际行为，说到底，就是受利己、害己、利他(它)和害他(它)意识支配的行为。因此，我用大碗吃饭还是用小碗吃饭，快一些吃还是慢一些吃，原本无关人己利害意识，所以是一种非伦理行为，伦理学不研究这种行为。但是，如果我用大碗快吃公家的大锅饭，像我在1961年吃大锅饭那样，就有关人己利害意识了，因而就是一种伦理行为了。因此，所谓伦理行为或道德行为，便是具有道德价值、可以进行道德评价的行为，说到底，就是受利害己他(它)意识支配的行为；反之，所谓非伦理行为或非道德行为，则是不具有道德价值、不能进行道德评价的行为，说到底，是不受利害己他(它)意识支配的行为。

伦理行为无疑是一种相当复杂的行为。凡是复杂的现象，你要对它进行研究，必须要看它的结构。我们现在来看伦理行为的结构。它原本是由三个因素构成的，那就是伦理行为手段、伦理行为目的和伦理行为原动力。手段和目的，在弗洛伊德之前，公认为是行为的结构。确实，任何行为都有目的和手段。所谓目的，就是有意识地为了达到的结果，也就是行为主体有意识地为了达到的行为结果；手段则是有意识地用来达到某种结果的某种过程，也就是行为主体有意识地用来达到行为结果的行为过程。你们现在刻苦读书，是一种行为过程，就叫做手段。你们通过这种手段或过程为了达到的结果，比如说，为了得到文凭、为了升官发财、为了去留学等等，则都是目的。任何行为，一定都是由手段和目的构成的。但是，弗洛伊德发现，这样一种结构只不过是行为的浅层结构，是浅层心理学研究的。他的心理学，大家知道，叫做"深层心理学"。"深层心理学"之为深层心理学，关键在于进一步探讨目的的原因：行为原动力。行为原动力的概念在弗洛伊德以前已经提出来了，像边沁，他就已经多次论及行为原动力。但是，他没有形成原动力的理论体系。首次形成体系的是弗洛伊德。弗洛伊德提出的行为原动力的概念是非常重要的，是伦理学至关重要的一个问题。那么，究竟什么是原动力？目的是手段的动力，这一点是没有问题的。你们每到星期一就到这里来听我的课，这是一个手段。听课读书是一个手段，一定是有动力在推动和支持它，它才能够进行。因为这种行为也未必是愉快的，坐到那儿不能随意活动也是不太舒服的。这种手段的动力是什么？是目的。目的是手段的动力。所以，斯大林说：伟大的毅力产生于伟大的目的，目的是动力，是手段的动力。可是，你为什么会有想当官的目的、想求得名声的目的？这里面一定还有原因，目的的根本、非目的的原因，就叫做原动力：原动力就是行为的根本、终极的、非目的的原因。

行为原动力是引发行为目的的根本的原因、动因。可是，行为的根本目的，亦即目的的目的，显然也是引发行为目的的根本原因、动因。那么，行为根本目的与行为原动力的区别何在？行为原动力与行为根本目的都可以是引发某一目的的原因。但是，如果引发某一目的的原因本身仍是目的，仍是行为主体为了达到的东西，它便是根本目的；如果产生某一目的的原因本身已经不再是目的，而只是原因，已经不再是“为了什么”，而只是“因为什么”，它便是原动力。

这个道理，我想还是用弗洛伊德的性学理论来说比较容易懂。因为原动力概念就是他的性学理论系统论述的。我们可以结合我国古代秀才读书的目的来说明弗洛伊德的原动力理论。古代的秀才刻苦读书，往往在一个非常寒冷的小屋里面昼夜苦读，目的是什么呢？恐怕是为了金榜题名：求名是苦读的目的。可是，求名又是为了什么？可能是为了求爱。金榜题名时，洞房花烛夜嘛。所以，求爱可能是求名目的的目的，亦即根本目的。如果我们再进一步追溯，就是碰到了弗洛伊德理论的那个核心概念：性欲。试想，你为什么要求爱？岂不就是因为有性欲？要是没有性欲，你就不会不厌其烦地求爱了。性欲就是秀才苦读的原动力，而不再是苦读的根本目的。因为性欲本身已经不再是目的，而只是原因，已经不再是“为了什么”，而只是“因为什么”。弗洛伊德把性欲看成是人的一切行为的原动力，也是因为性欲是一种自然的存在。它不是“为了”什么，而是“因为”什么。确实，你不能说我王海明的性欲是目的。我“为了”满足我的性欲而去求爱情，才是目的：求爱是目的；性欲却不是目的，而是原动力。所以，“原动力”一定是用“因为”来标志的。为什么求爱？“因为”有性欲，它不是用“为了”来标志的。我为什么要苦读？“为了”求名，“为了”求利，“为了”求爱，这都是目的或根本目的，而不是原动力。

可见，行为原动力与行为根本目的之异同在于：二者都是行为的根本原因。但是，行为根本目的是某一行为目的的目的因，是尚未深化到超越目的层次的行为目的的原因；行为原动力则是行为目的的非目的因，是已经深化到超越了目的层次的行为目的的原因。因此，可以说行为原动力比行为根本目的更为深远、根本：行为原动力乃是行为根本目的的原因，是行为根本目的的非目的因，是行为终级原因。

推演手段、目的和原动力的行为三因素结构可知，伦理行为的静态的、表层的结构由伦理行为目的与伦理行为手段构成；而伦理行为的动态的、深层的结构则由伦理行为目的、伦理行为手段、伦理行为原动力构成。根据伦理行为和行为目的、行为手段以及行为原动力诸概念的定义，可以得出结论说：

所谓伦理行为目的，亦即具有道德价值、可以进行道德评价的行为目的，也就是对道德目的具有效用的行为目的，说到底，也就是利害己他（它）的行为目的，是行为者所要达到的利害己他的行为结果。因此，伦理行为目的不过4种：利他（它）目的、利己目的、害他（它）目的、害己目的。所谓伦理行为手段，亦即具有道德价值、可以进行道德评价的行为手段，也就是对道德目的具有效用的行为手段，说到底，也就是利害己他的行为手段。因此，伦理行为手段也不过4种：利他（它）手段、利己手段、害他（它）手段、害己手段。所谓伦理行为原动力，则是引发伦理行为的根本的、非目的的原因，也就是引发利害己他行为的根本的、非目的的原因，说到底，也就是产生利害己他行为的非目的因，是产生利他与利己以及害他与害己四种目的的非目的因。

伦理行为手段、伦理行为目的和伦理行为原动力三因素是伦理行为概念的内在结构，是人性的内在结构。这种结构非常重要，因为伦理学对人性的研究就是按照这个结构来进行的：首先要研究伦理行为原动力规律，接着研究伦理行为目的规律，然后研究手段规律，最后研究伦理行为规律。不过，伦理行为结构还只是人性、人的人伦理行为的内在分割，而不是外在的、相互间的分割。伦理行为概念外部的相互间的分割，叫做伦理行为类型。所以，在研究了伦理行为的结构之后，我们就来进一步探查伦理行为有哪些类型。伦理行为的类型也是非常重要的。现行道德非常褊狭，就是因为它忽略了对伦理行为类型的全面研究。现行道德仅仅主张一种行为，就是“无私奉献”，殊不知人的符合道德的伦理行为林林总总，岂止无私奉献一种？作为一种科学的优良道德原则，必须具有全面性，而错误之所以为错误，就在于片面性，就在于偏见：错误就是偏见，就是盲人摸象，就是抓住了一个片面的真理把它加以夸大。偏见比无知更可怕。所以我们要想确立全面的优良的道德原则，必须对人的全部的伦理行为进行探讨和分类。这样我们就能够确立一种全面的、能够指导人的各种类型行为的优良的道德规范和道德原则。

那么，人类的伦理行为可以分为哪些类型呢？我们知道，一方面，一切行为都是由目的和手段构成的；另一方面，伦理行为是受利害己他（它）意识支配的行为。因此，伦理行为的目的就分为四类。第一类就是利己的，是目的利己的伦理行为。第二类就是目的利他的，是目的利他的伦理行为。目的利己的行为，说起来大家都能理解。因为人的绝大多数行为都是为自己的，这就是“目的利己”。“目的利他”亦即所谓“无私奉献”，就是行为目的是为了他人而不是为了自己的行为。这种行为往往被否认，但它确实是存在的。母爱我们都承认是无私的，爱就能导致无私。想想看，我们的母亲岂不往往是为了我们而不为自己？不但不为了自己，有时甚至还牺牲自己。这些行为都是无私奉献、目的利他的行为。

第三类就是害己的目的，是目的害己的行为。这种行为似乎很难理解，曾有很多学生否认存在这种行为。但是，这种行为是存在的，把目的害己这种行为类型发掘出来是弗洛伊德。弗洛伊德主义，我们现在只知道，它的核心是无意识与性。但是，从伦理学来看，它最重要的贡献恐怕是发现每个人都或多或少有目的害己的行为。真的，人不都是利己的。弗洛伊德探查了这样一些变态的事实，说明人还存在着目的害己的行为。弗洛伊德主义发现，人的死亡并不都像我们想的那样，尽量死得痛苦少一些。一个人如得了极其痛苦的癌，有可能选择从十层楼上跳下自杀，这是一个比较舒服的、痛苦少的方法，这是目的利己。用害己的手段实现利己的目的，这是我们能够理解的。但是还有一些死亡的方式，弗洛伊德主义发现，你是不能用利己的目的来说明的，它是目的害己的。比如说，有的人是怎么自杀的呢？他是扑向飞转的圆锯！他扑上去把自己拦腰锯断，你说这样疼不疼？难受不难受？有比这种死法更加可怕更加痛苦的吗？可是，似乎还有比这个更狠的，他扑向火山口，把自己活活烧死。还有人，竟然将烧红的烙铁塞到自己的嘴里，把自己活活烙死！这些行为的目的显然不是减少痛苦而是增加痛苦，显然不是目的利己而是目的害己，是目的害己的伦理行为。

第四类是目的害他，是目的害他的伦理行为。对于这种行为，弗洛伊德主义论者曾举例说，一个小孩被他的父亲毒打了一顿，之后他非常恨他的父亲，他想报复他父亲，想杀他父亲。但是，有两个障碍阻止了他这么做。一个是他只是一个小孩，力气太小，杀不了他父亲。另一个是，存在着一个道德的堤坝阻拦他杀父亲。是啊，谁敢杀父啊！怎么办呢？他左思右想，终于想通了。干脆将父亲最喜欢的宝贝弄死岂不万事大吉？父亲最疼爱的宝贝是什么？是我。我把我自己弄死，岂不就最能使他痛苦？所以这个小孩最终是把自己勒死了。他的目的并不是害己而是害他，是惩罚报复他的父亲。托尔斯泰写的安娜·卡列尼娜自杀身死的时候也是这种心态。她卧轨的目的就是为了报复和惩罚佛伦斯基。当她走到他们第一次相见的火车站时，她嘴里不断地说“惩罚他、报复他”，然后纵身投入正在行使列车的铁轨。她卧轨的一刹那，还想抽身出来，但是已经来不及了。她也是目的害他，用害己的手段来害他，和那小孩勒死自己是一样的。

伦理行为有四类目的，也只有这四类目的：利他、利己、害他与害己。因为伦理行为作为受利害己他意识支配的行为，显然意味着：伦理行为可以分为利他、利己、害他与害己四类。伦理行为由伦理行为目的与伦理行为手段构成。因此，伦理行为目的可以分为利他目的、利己目的、害他目的与害己目的。伦理行为手段也有这四种：利己手段、利他手段、害他手段与害己手段。这个道理比四类目的更容易理解。利己的手段很常见，比如说，我往自己的脸上擦一点雪花膏，保养皮肤，就是手段利己。我现在讲课是在利他。我的目的是什么？可能是为了工资，讲课是为稻粱谋。果真如此，这就是目的利己手段利他的行为了。同时。讲课也是在害己，因为讲一次课，体力与精力都消耗很大，对寿命有影响，孙思邈说养生要少言嘛。所以，讲课过多会减寿，是手段害己，是以害己的手段来利己或利他。最后，还有害他的手段，这个大家都知道，大家偶尔的也都干那么几下子损人利己的事。损人利己就是手段害他、目的利己。这样一来，伦理行为的目的和手段便都分为利己、利他、害己与害他 4 种。伦理行为目的与伦理行为手段结合起来，便形成 16 种伦理行为：

目的 类型 / 手段	利己	利他	害己	害他
利己	1. 完全利己	5. 为他利己	9. 利己以害己	13. 利己以害他
利他	2. 为己利他	6. 完全利他	10. 利他以害己	14. 利他以害他
害己	3. 害己以利己	7. 自我牺牲	11. 完全害己	15. 害己以害他
害他	4. 损人利己	8. 害他以利他	12. 害人以害己	16. 完全害他

1. “完全利己”，即目的利己、手段利己的行为，也就是目的与手段都既不利人又不损人而仅仅利己的行为。例如，一个人在朋友家作客，忽然发现朋友的放钱处。但他既不偷取，也不把自己的钱放进，而只是花用自己的钱：这就是一种完全利己的行为。俗语“各人只扫门前雪，莫管他人瓦上霜”的行为，也属此类。这种行为的经典概括，当推杨朱的那两句名言：“拔一毛而利天下不为也”、“不以天下易其胫一毛”。萨特的哲理小说《厌恶》的主角洛根丁也是这样一个既不利人又不损人的完全利己的人：“我是孤零零地活着，完全孤零零一个人。我永远也不和任何人谈话；我不收受什么，也不给予什么。”①

2. “为己利他”，即目的利己、手段利他的行为，也就是以造福社会和他人

① 〔法〕萨特：《厌恶及其它》，郑永慧译，上海译文出版社 1987 年版，第 13 页。

为手段而求得自己利益的行为。例如，一个人为了成名成家而刻苦读书、著书立说；为了富贵荣华而努力工作；为了赚钱发财而下海经商等等行为均属此类。合理利己主义极为推崇这种行为。霍尔巴赫甚至说："德行不过是一种用别人的福利来使自己得到幸福的艺术。"①梁启超说得更妙："固不必奢谈兼爱以为名高，亦不必讳言为我以自欺蔽，但使举利己之实，自然成为爱他之行。"②

3．"害己以利己"，即目的利己、手段害己的行为，也就是通过牺牲自己的一部分利益以求得自己另一部分利益的行为。例如，车尔尼雪夫斯基小说《怎么办》中的拉赫美托夫为了练就顽强意志而睡钉床，便是害己以利己；我国历史上有名的"卧薪尝胆"、"头悬梁，锥刺骨"等行为也都属此类。

4．"损人利己"，即通过损人手段以达到利己目的的行为，如偷盗、贪污、敲诈勒索、施虐狂等等。

5．"为他利己"，即目的利他、手段利己的行为，如我们常说的为革命而读书、为祖国而夺魁、为人民而做官等等。孔子说的"君子谋道不谋食……学也，禄在其中矣"③也是此意："学"、"谋道"是爱人为他，而"禄"、"食"是利己。

6．"完全利他"，即目的利他、手段也是利他的行为。例如，孟子所说的出于恻隐之心而救孺子于深井的行为，便是一种完全利他的行为。因为，一方面，这种行为的手段，不言而喻，是毫不利己而完全利他；另一方面，这种行为的目的也是毫不利己、完全利他：完全是为了孺子，而丝毫不是为了自己；不但不是为了自己，而且还极可能自我牺牲。

7．"自我牺牲"，即目的利他、手段害己的行为，也就是在自我与他人利益发生冲突、不能两全时，不得不牺牲自我利益以保全他人利益的行为；如董存瑞托炸药、黄继光堵枪眼、王杰扑地雷、刘英俊拦惊马、徐洪刚斗歹徒等等。孔子盛赞这种行为："志士仁人，无求生以害仁，有杀身以成仁。"

8．"害他以利他"，即目的利他、手段害他的行为，如父母为了改掉儿子偷窃恶习而痛打儿子、医生为确诊治病而给患者做胃镜等令患者十分痛苦的检查等等。

9．"利己以害己"，即目的害己、手段利己的行为，也就是以快乐较多或痛苦较少的手段来达到害己目的的行为。古罗马安东尼的妻子克莉奥佩特拉访求无数易死秘方，最后选用小毒蛇咬死自己，便是以痛苦较小的手段实现自杀

① 〔法〕霍尔巴赫：《自然的体系》上卷，管士滨译，商务印书馆1964年版，第247页。
② 葛懋春编选：《梁启超哲学思想论文选》，北京大学出版社1984年版，第54页。
③ 《论语·卫灵公》。

目的的“利己以害己”。自杀者往往选择痛苦少一些的自杀方法，如注射氰化钾、从最高的楼层跳下等等，显然都属于利己以害己。

10. “利他以害己”，即目的害己、手段利他的行为。例如，一个人受内疚感驱使而让医生在自己身上进行新针灸疗法试验，从而实现其折磨自己的渴望，便是利他以害己。再比如，薄伽丘的《十日谈》中有一穷困潦倒者，流落街头、夜宿山洞，正欲自杀时，恰遇一人杀死他人，于是便冒充凶手而代替该人服刑，从而以利他手段实现其害己自杀之目的：利他以害己。

11. “完全害己”，即目的害己、手段也害己的行为。这种行为，如弗洛伊德所说，也引发于诸如内疚感、罪恶感的自恨心。例如，一个印第安人酒后杀母因而内疚，于是不论冬夏都不着衣物，严冬时露宿雪地。我们平时也曾看见，有的母亲因管教不了儿女而拼命纠扯自己的头发，或猛打自己的脸。这也引发于自恨心：恨自己无能，恨自己怎么会生出这些畜生。

12. “害人以害己”，即目的害己、手段害人的行为。例如，一个人受内疚感驱使而欲入狱惩罚自己，于是便故意破坏公物、扰乱治安以便让警察抓住自己的行为，便属于此类。

13. “利己以害他”，即目的害他、手段利己的行为，如为了杀死仇人而锻炼身体、练功习武等等。

14. “利他以害他”，即目的害他、手段利他的行为。例如，据说刘邦送钱给骂他而为他所痛恨的小孩，以便让他养成骂人恶习；再比如，西施委身吴王以求灭吴，等等。这些都属于利他以害他行为范畴。

15. “损己以害人”，即目的害人、手段害己的行为。例如，一个女大学生因嫉妒而宁愿犯法服刑而损毁另一女同学的美丽容貌，便属于损已以害人的行为。

16. “完全害人”，即目的害人、手段也害人的行为。这是典型的复仇行为，是古老而又常见的社会现象，多少年来，一直成为戏剧、小说和电影的重要题材。特别是中国的旧式或新派武侠小说，大都以这种完全害人的复仇行为为主题，几乎千篇一律：张三的父母被李四杀害，张三逃进深山老庙，为了杀害李四报仇雪恨而勤学苦练，一朝武艺学成便出庙下山寻杀李四。

这 16 种伦理行为，从上可知，在人们的实际生活中均一一存在。不过，人们实际上的伦理行为，往往并不只属于某种纯粹的、简单的类型，而大都是混合的、复合的类型。例如，一个学者，玩命地著书立说，其目的便可能既为自己求名利，又为他人谋幸福；其手段则既造福社会和他人，又损害自己的健康。于是，他如此玩命著书立说，便是为己利他、无私利他、害己以利己、自我牺牲

4 种伦理行为的复合形态。然而，不论任何社会任何人的伦理行为如何怪诞、奇特、罕见，均无逃乎这 16 种伦理行为而尽在其中：只不过或者是其纯粹类型，或者是其复合形态罢了。因为这 16 种伦理行为系由人的全部伦理行为目的与全部伦理行为手段结合而成，因而便包括人类一切社会一切人的一切伦理行为。

综观伦理行为概念之分析，可知所谓人性——人的伦理行为事实如何之本性——就其内在结构来说，由伦理行为目的、伦理行为手段和伦理行为原动力三因素构成；就其外在类型来说，则分为 16 种。细察 16 种伦理行为之本性，将使我们发现，人的一切伦理行为，莫不循由四大规律而发展变化。这四大规律便是：伦理行为原动力规律、伦理行为目的规律、伦理行为手段规律、伦理行为规律。所以，我们对于人性、人的伦理行为之本性的进一步研究，便循由如下顺序：伦理行为原动力、伦理行为目的和伦理行为手段——对于伦理行为原动力的研究，是对人性的定质分析；对伦理行为的目的和手段的研究，则是对人性的定量分析。

三、雨果夫人何故爱上一个丑八怪

我读雨果传，读到雨果夫人背叛雨果而爱上雨果的一个铁哥们儿时，十分惊讶、遗憾和困惑。因为，当时雨果不但名满天下，而且高大英俊，堪称美男子；相反的，雨果的那个铁哥们儿却是一个丑陋不堪的罗锅儿。我百思不得其解，并且暗自思量：这样的好事怎么就轮不到我这个“三等残废”呢？后来研究爱的本性，才知晓其中奥妙。

原来，正如冯友兰所道出的那个命题：“理智无力欲无眼”。理智就像眼睛，因而能够指导每个人行为。但是，理智没有力量，它不是行为的动力。行为的动力是没有眼睛的盲目欲望，是没有眼睛的盲目的感情。这也是非理性主义的基石，是非理性主义的合理的核心思想。确实，理智是不能引发和推动你的行为的。为什么呢？因为每个人的一切行为都是由需要引发和推动的。想想看，你为什么今天来听课啊？因为你有听课的需要，是不是？你有文凭的需要，你有求知的需要，这些需要促使你来听课。对不对？但是，斯宾诺莎说得好，需要并不能直接引发行为，需要只有被觉知而转化为欲望——欲望就是对需要的觉知——才能引发你的行为。

你的身体，比如说，现在需要水分。这种需要不能引发你喝水的行为。对水分的需要只有转化成口渴的欲望、喝水的欲望，这个时候你才会去喝水。否则你的身体再需要水，你也不会去喝水的。比如，有一位老师的夫人患有糖尿病，这时，她的身体就有一种需要——吃无糖食品。但是，这种需要在她不知道自己有糖尿病的时候，就没有引发她吃无糖食品的行为。相反的，她依然大吃特吃她的最爱：糖腌西红柿。只是当她知道自己身患糖尿病，从而吃无糖食品的需要转化为欲望的时候，她才拒绝糖腌西红柿而吃无糖食品。

可见，引发和推动每个人行为的乃是欲望和需要：欲望是行为的直接原动力；需要是行为的间接的原动力。理智则是为了实现欲望和需要的手段。因此，叔本华之言是很有道理的：每个人的人生就是一场瞎子驮着瘸子的奔跑。这瘸子就是理智，他有眼睛，告诉你怎么走，但是他没有力量。他是个瘸子，跑不动嘛。相反的，瞎子就是欲望，他有力量却没有眼睛，它看不见路，所以背上瘸子当自己的眼睛。确实，人的一切行为的原动力是欲望。欲望是七情——喜怒哀乐爱恶欲——之一，因而属于感情的范畴。所以，说到底，感情乃是一切行为的原动力。那么，引发一切伦理行为的感情究竟是什么呢？是爱和恨。

人生在世，恐怕没有什么比爱和恨更为我们所熟悉了。可是，爱与恨究竟是什么，却很难说清。不过，遍查典籍，推敲生活，可以看出，洛克、斯宾诺莎、休谟、费尔巴哈、弗洛伊德的阐释较为真切：爱与恨乃是一种心理反应，它们与快乐、利益与痛苦、损害有必然联系：爱是自我对其快乐之因的心理反应，是对给予自己利益和快乐的东西的心理反应；恨是自我对其痛苦之因的心理反应，是对给予自己损害和痛苦的东西的心理反应。确实，什么东西给你快乐和利益，那么，你想不爱它都不成，你一定会爱它；什么东西给你痛苦和损害，你想爱它也爱不了，你一定恨它。爱与恨是对乐与苦的必然的、客观的、不以人的意志而转移的心理反应，就像铁遇到氧一定要生锈、水遇到热一定要蒸发一样。

大学生这个年龄正是爱和恨最有体验的年龄，最有资格来谈爱和恨，你想想，你为什么爱上了你的心上人呢？岂不是因为你的心上人给了你快乐和利益？心上人长得漂亮，给了你不可言传的快乐和利益，使你一见钟情，爱上了她。他天天和你聊天，给你解忧，逗你高兴，给你买这买那，给了你莫大的快乐和利益，所以，渐渐地，你爱上了他。相反的，如果他今天对你破口大骂，明天拳脚相加，后天敲诈背叛你，你还能爱他吗？所以，爱就是对快乐的心理反应。这样一来，你要想叫谁爱上你，那并不难。你只要不断地给他快乐和利益就可以了。你长得不好不要紧，因为快乐和利益并不仅仅在于长相。人需要的不仅仅是容貌体态，他还需要关怀体贴，还需要幽默智慧，还需要钱财房子。你如果能够不断给她利益，满足她的需要，从而不断给她快乐，她就会爱上你了。你长得丑，她也会爱上你的。因为友爱和爱情是没有界限的：它们同样是快乐和利益的心理反应。

这就是雨果夫人为什么会背叛雨果而爱上一个丑八怪的缘故。雨果的夫人是怎么背叛他的？就因为雨果不懂得"爱就是对快乐和利益的心理反应"呀！他有一个好朋友，是个评论家，文艺评论家，长得非常丑，而且驼背。但是，他很有智慧，又是个光棍，因而有闲暇。雨果把他的妻子，一个非常美丽年轻的女人托付给他照顾。雨果高大英俊，才华横溢，名满天下。他把自己的妻子托付给一个丑陋的驼背，这还会有什么问题吗？但是，雨果大错特错了！他这个朋友固然丑陋，却有的是闲暇和机智，因而能够整天给她消愁解闷。你想，孤独的女人多需要消愁解闷和智慧幽默的聊天啊！消愁解闷和智慧幽默的闲聊对于她是何等巨大的快乐和利益啊！结果，伟大而漂亮的雨果的夫人竟然完完全全地爱上了这个丑八怪，并且不折不扣实实在在地背叛了她的伟大的夫君雨果。

自古以来，好男儿不免常常感叹，抱怨鲜花怎么往往会插在牛粪上！他们就是看不到那牛粪给了鲜花多少营养、快乐和利益，就是不知道那牛粪对于鲜花有多么的重要！小的时候我就经常听人说："好汉没好妻，赖汉娶花枝"。又听说："大丈夫难免妻不贤、子不孝"。当时颇为不解。现在看来，道理很简单。不过是因为赖汉有闲暇，能够不断给女人快乐和利益；而好汉整天忙事业，给予女人的只是寂寞和痛苦。给予女人的只是寂寞和痛苦，她们怎么不会心香所在、另有所属呢？因此，爱具有不以人的意志为转移的必然性。试想，谁愿意爱上罗锅驼背丑八怪呢？美丽无比的雨果夫人怎么会想到自己会爱上这么一个人呢？但她就是爱上了这么一个丑八怪！岂不就是因为爱是不以人的意志为转移的？

爱是一种必然的、不以人的意志为转移的心理反应。谁给你快乐，你就爱谁，谁给你痛苦，你就恨谁。绝对没有纯粹的爱，道理也在这里。你说母爱、父爱是纯粹的吗？据弗洛伊德主义，通通不是纯粹的。母亲往往妒恨她的女儿。她的女儿花枝招展，宛如蝴蝶在她母亲面前飞来飞去。可是，母亲已经人老珠黄，看到女儿如此靓丽固然高兴，但她有时候也会感到些许痛苦。你长得这么漂亮，她却已经人老珠黄，你在她面前飞来飞去，你给她带来痛苦了，所以她必定恨你。只不过，她的这种恨被远为巨大的爱掩埋罢了。夫妻之间更是既爱又恨。你最爱的人,同时你也会或多或少恨她,因为她对你总难免有各种各样的伤害,从而或多或少带给你痛苦。甚至她向某个美男笑一笑,就足以使你痛苦不堪了,因而必定引发你对她或多或少的恨。

你们是北大学子、天之骄子。但是,你回到家,你的兄弟姐妹是农民,或是下岗在家。在他们面前,不要太爱展示你的美丽羽毛。否则,他们虽然爱你因而为你高兴和快乐,但你的行为也会给他们带来痛苦,引发他们的妒恨之心。雨果的哥哥为什么自杀了？他长得也与他的伟大的弟弟一样帅,只是个子矮一些,虽然没有雨果那么大的才华,却也是有才华的。但毕竟难以与其弟弟相比。你想,普天之下、古往今来能有几个雨果啊！但是,伟大的雨果使他的哥哥相形见绌,给他哥哥带来巨大的痛苦,因而使他哥哥既爱他又恨他。恨之欲其死,所以他想杀他弟弟,但是爱和道德的堤坝阻挡他下手:谁能杀自己的亲弟弟啊！最后他就自杀了。

因此,爱和恨是对于快乐和痛苦的必然的、不以人的意志为转移的心理反应。你想爱上谁就会爱上谁吗？绝不是。他只有给你快乐和利益你才会爱上他。性爱是这样,父爱与母爱也是这样。人们往往以为父爱母爱是本能,是天生的、无条件的。是的,它是一种本能,具有与生俱来和无条件的因素。但是,这种本能是怎么来的？无非是因为子女能够给父母带来一种最大的快乐和利益:使他们永生的渴望得到实现。柏拉图说:生命短暂,每个人最深切的愿望就是永生。儿女在某种程度上使他们这种永生的愿望得到了实现:这就是父爱和母爱的最根本的原因。所以,归根结底,母爱和父爱是后天的、有条件的。逐渐地,这种有条件的、后天的爱才进化为先天的、无条件的,从而固定为本能。但是,父爱和母爱永远不会完全是本能和无条件的;其中很大一部分永远是后天的、有条件的。否则,有的父母有为什么会勒死他们的儿子？海南岛的一个案例就是这样的。父母给他们的儿子吃了安眠药,然后拿来绳子,活活把他勒死了。为什么呢？因为这个不孝子孙不断地虐待父母,不断地给他们损害和痛苦。这种痛苦和损害积累到一定程度,他们对儿子的爱与恨的净余额就是纯粹的恨了。这种恨积累到一定程度,他们就勒死了他。所以,父母之爱,不论就其先天固有的本能还是就其后天习得的部分来说,都是对于子女给予的快乐和利益的心理反应。

可见,就像铁遇氧必然生锈、水加热必然蒸发一样,人遭受损害和痛苦必恨,而接受利益和快乐必爱:爱是一个人对给予他利益和快乐的东西的必然的、不依人的意志而转移的心理反应;恨是一个人对给予他损害和痛苦的东西的必然的、不依人的意志而转移的心理反应。可是,爱与恨又是怎样成为一切伦理行为的动因、根据、原动力的呢？原来，使一个人快乐和痛苦的既可能是他人，也可能是自我本身。所以，爱与恨便分为爱人之心与自爱心以及恨人之心与自恨心：爱人之心是对于成为自己快乐之因的他人的心理反应；恨人之心是对于成为自己痛苦之因的他人的心理反应；自爱心是对于成为自己快乐之因的自己本身的心理反应；自恨心是对于成为自己痛苦之因的自己本身的心理反应。这四种爱与恨正是产生一切伦理行为——目的利人、目的害人、目的利己、目的害己四种伦理行为——的动因、根据、原动力。

四、迷路绿树湾

1988 年的一个夏日，我携爱女芳淳去长春净月潭的绿树湾游玩。我俩爬到山顶，但见绿树蓝天，白云朵朵，群山之间，更有那净月潭万顷湖水，波光粼粼，扁舟悠悠。顿觉俗肠扫尽，不禁吟咏起我的最爱："归去来兮辞"。但流连忘返之际，不小心迷路了。绿树湾好似原始森林，很容易迷失方向。临行时朋友都告诫我要小心，因为听说那里有见到人就追赶的大狗熊。我迷失在树木花草之中，顾不得鸟语花香，只听得松涛阵阵，不禁害怕起来。因为我这个人可谓少有大志，十分惜命，就怕死，从七八岁开始长跑，一直跑到现在，主要就是为了命能够长些，好实现自己的抱负。这个时候我就想，要是那个大狗熊突然出来的话，我怎么去应对呢？说老实话，我知道我女儿的命没有我的命的价值大，这么多年我刻苦奋斗不容易啊！但是，我很清楚，我会毫不犹豫地与大狗熊搏斗，宁可自己丧生于狗熊之口，也要让我女儿逃生。为什么呢？因为我对我女儿有一种非常深沉的爱：这种爱会使我自我牺牲。

这种心理体验，在我后来研究伦理行为原动力规律时，使我深信目的利人行为的存在。伦理行为原动力规律的核心问题就是：人为什么会有目的利人的行为？所谓目的利人，亦即行为目的是为了别人而不是为了自己的行为，也就是无私利他、自我牺牲的行为。这种行为能否存在，是利他主义与利己主义分歧的根本问题：自孔墨与老庄、亚里士多德与伊壁鸠鲁以来，人们一直争论至今。那么，一个人究竟为什么会无私？主要是因为他有一种爱，他对社会与他人有一种爱。再自私的人，他也有无私的行为。人，其实没有完全无私的人，也没有完全自私的人。人，不管他多么自私，他或多或少都有对社会与他人的爱。因为他或多或少总要从社会与他人那里得到快乐和利益。他无论如何自私自利，但对于这种快乐和利益都会发生一定的心理反应；就像你给他脸上一拳，他的脸必定会发生诸如红肿青紫的肉体反应一样。他的这种对于他人所给予他的快乐和利益的心理反应，就叫做爱，就叫做对他人的爱，就叫做爱人之心。这种爱就会推动他也相应地为他人的快乐和利益而劳作：这就是无私利他。无私利他岂不就是为他人的快乐和利益而劳作吗？所以，无私利他源于爱人之心：爱人之心必然导致无私利人的行为。这个道理，儒家与基督教都反复讲过。我自家对它的体悟，最早就发生于我的那次绿树湾之游。我是那样贪生怕死，却为什么宁愿与狗熊搏斗而救自己的女儿？就是因为我对女儿的无与伦比的深沉的爱：爱会导致无私利人、自我牺牲。如果我不是与女儿而是与我的助教伊雷遭遇狗熊，说老实话，我肯定撒腿就跑。因为我固然爱我的助教，但这种爱毕竟远远不及对我女儿那么深沉的爱，因而不足以克服撒腿就逃的自爱的冲动。

可见，爱就会导致无私。哪里有爱哪里就有无私。不但人是这样，动物也是这样。老母猪下了猪崽子之后，真可谓充满了无私的精神哪！猪无疑是狼的最爱，但是，狼来了如果看到的是带领猪崽子的老母猪，那狼都得害怕。任何猪都不是狼的对手，可是狼为什么反倒害怕老母猪呢？因为对猪崽子的爱使老母猪置生死于度外，因而一看到狼，便咬牙切齿，满嘴白沫，扑上前去与狼玩命。狼一看见吓得就跑。正所谓：硬的怕愣的，愣的怕不要命的。达尔文说，鸟儿是最胆小的一种动物，但为了保护她的幼子，会冒着天大的危险。我在电视里看见，一条野狗正在搜寻鸟窝，母鸟为了掩护还不会飞的小鸟，便冒险佯装受伤吸引野狗，而要将野狗吸引来，就必须装得像，因而难以迅速起飞，结果被野狗扑杀。所以，只要心中充满爱，就能够无畏无私、自我牺牲：爱是引发无私利他和自我牺牲行为的原因、根源、原动力。可是，为什么爱人之心会导致无私利人的行为？爱人之心引发无私利人的心理机制是怎样的呢？

原来，爱人之心是经过同情心和报恩心的中介导致无私利人的行为的。所谓"同情心"，顾名思义，就是与他人发生同样感情的心理。看到别人快乐我也快乐，看到别人痛苦，我也痛苦。这就叫做同情心。"傻瓜人人爱"。为什么呢？你一看那傻瓜你就高兴啦！因为傻瓜总是嘻嘻笑的，哪有傻瓜愁眉苦脸的？傻瓜高兴你也高兴，就是你的同情心。同情源于爱，没有爱就没有同情。现在你要是看见仇人痛苦，你能同情他吗？仇人相见，分外眼红，恨不得生吃了他的肉，哪会有同情？不是吗？你要是我的仇人，那么，把你的耳朵割掉了或者把你的舌头掏出来割掉，我一点也不难受，非但不难受，而且还非常舒服。为什么？因为我恨你。相反，如果你是我弟弟，你的耳朵被切割，我就非常难受了。为什么？因为爱，因为我爱你。

所以，同情是爱的一种表现，你爱得越深，同情心就越大。我在街上走，有时候碰到要饭的，一个老头，我最多给他一两块钱。虽然我对他同情，但是我对他爱的浅，那是一种颇为淡薄的泛泛的人类之爱。但是，假设那个老头就是我爹，你说我这个时候会怎么做呢？我就会非常非常痛苦。见到别的老头讨饭，我也痛苦。但是我痛苦的不深，因为爱得不深。对我爹我爱得深，要是见到我爹讨饭那就不是一两块钱的问题了，我必定泪流满面，赶快把他老人家接到我家里，好好地奉养起来。所以，这个同情心，大家一定要记住，它是爱人心理的一种表现。

爱人之心就是通过产生同情心而达到无私利人之结果。因为你爱一个人，你就会和他产生同情，这个时候他快乐你就快乐，他痛苦你也痛苦，于是你就和他人融为一体。这个时候你就会为了使他得到快乐和摆脱痛苦而行动。这种行动就像是使自己得到快乐、摆脱痛苦一样，然而实质上是"毫不利己"的，不但毫不利己，而往往是一种自我牺牲。我小的时候，有什么好吃的东西，我就叫我妈吃；而我妈总是给我小弟弟吃。她总说看到我弟弟吃比她自己吃还高兴。因为她极爱我弟弟、她的老儿子，她已经和他融为一体：老儿子快乐她也快乐，老儿子痛苦她也痛苦。所以，她把她吃的东西给他的老儿子吃，就像自己吃一样。但是，实际上，自己啥也没有吃着，自己饿着肚子，自己净吃不好的东西。这岂不是无私？不但是无私，而且是一种牺牲：牺牲了自己的口腹之欲。

所以，爱人是通过同情而使自己与所爱者融为一体，从而为了所爱者得到快乐和摆脱痛苦而奔走，就像是为了自己得到快乐和摆脱痛苦一样的奔走。但是，这种行为真正来讲，不是为自己而是为他人的。所以孟子说："恻隐之心，仁之端也"。你看那儿着火了，遇难者在那里呼救，如果你富有同情心，就会毛骨悚然、心急如焚。你就会跳入火海去救遇难者，就像是使自己摆脱苦难一样。但是，实际上，你这种行为，不但是毫不利己，而且也是一种自我牺牲，也有牺牲自己生命的危险啊！对不对？所以，爱人之心是通过同情心的中介，导致无私利人的行为的。

爱人之心导致无私利人行为的另一个中介是报恩心。基督教和儒家都非常强调报恩心。儒家那个"孝"的理论的核心就是报恩心。基督教把他的全部道德归结为"爱"，又进一步归结为报恩心之爱。所谓"恩"其实也是一种爱，是一种特殊的爱。因为爱是对自己得到的快乐和利益的一种心理反应。如果我得到的快乐和利益是他人无意给我的，那就叫做"爱"而不叫"恩"；如果是他人有意给我的，比如说，是父母或者朋友有意给我的，这就叫恩。报恩心就是对于有意给予自己快乐和利益的人也有意给他以快乐和利益的心理。所以，报恩心必然导致为自己的恩人谋利益的行为，因而必定导致无私利他。

但是，有的人说，报恩心所引发的行为其实还是为自己的。这种观点是不能成立的。因为报恩心所引发的行为，只是“因为”恩人给了自己的利益，却不是“为了”从恩人那里得到利益；恰恰相反，报恩心所引发的行为完全是“为了”恩人谋利益。对不对？比如说，伊雷在我困难的时候给过我一百块钱，对我是有恩的，因为这是一种有意给予的利益和快乐。那么，我现在发了财，当了大款，给了他两万块。滴水之恩，涌泉相报嘛。我这种行为就是一种报恩心的行为。这种行为是无私的。因为我给他两万块，不是“为了”得到他一百块，不是“为了”再从他身上得利益。因为他已经是一个穷困潦倒的穷困汉了。我给他两万块，只是“因为”——而不是“为了”——他给过我一百块。所以，报恩心的行为目的是无私的；而行为的根源、源头、原动力才是利己的。是不是？所以，无私的行为的另一个源头就是报恩心。爱是通过报恩心、通过对自己所爱的人心怀感激，通过也有意给自己的恩人以利益和快乐的那样一种心理，来达到无私利人结果的。

诚然，我们在现实生活中看到，报恩和同情乃至爱，实际上往往并没有导致无私利人的行为。那不是因为这种心理不是无私利人的动因，而是因为一个人除了有报恩心、同情心和爱人之心，还有自爱心。他有爱人之心、同情心和报恩心而未能无私利人，是因为他的自爱心压抑、阻挡、克服了他的爱人之心、同情心和报恩心。所以，一个忘恩负义的人，也并不是没有报恩心；报恩心是人的本性，任何人都必定具有。只不过他的报恩心弱一些，自爱心更加强些罢了。如果一个人没有自爱心——或自爱心较弱——只有爱人之心、同情心、报恩心，或者后者较强，那么，他的爱人之心、同情心和报恩心一定会导致无私利人的行为的。

可见，一个人之所以能够无私利人，是因为他有爱人之心。爱人之心所以会导致无私利人，一方面是因为它使爱者与被爱者融为一体、发生同情心；另一方面则是因为它使爱者对被爱者心怀感激、发生报恩心。不过，爱人之心、同情心、报恩心所引发的行为之目的虽然是无私利人，但产生这种无私目的的根本的非目的原因，亦即行为的原动力却仍然是利己。因为所谓爱，就是自我对其利益和快乐的一种心理反应，因而爱人之心——及其所衍生的同情心和报恩心——不过是对于成为自己快乐之因的他人的心理反应。所以，爱人之心、同情心和报恩心固然会导致无私利人的行为，但是，这种行为的原动力仍然是利己。你为什么要无私地给你所爱的人以利益和快乐呢？因为你爱的人给了你利益和快乐，否则你就不会爱他。因为爱就是对于利益和快乐的一种心理反应嘛。为什么我要给我的朋友两万块呢？这个行为是无私的，目的是无私的，但是这种行为的原动力仍然是利己。因为他曾经给过我一百块。是不是啊？

就拿徐良来说。在中越边境战争的时候，他失去了一条腿，他有一次讲演时激动地说：我徐良为了祖国都失去一条腿了，难道我还是为自己吗？他用他的现身说法来反对利己主义。我们现在来假设徐良确实是为祖国为人民丢掉了一条腿，因而是无私利他、自我牺牲。但是，我要进一步地问你徐良：你为什么为中国人丢掉了一条腿？你为什么不为越南人，而且还打越南人？越南人也是人啊，说到底，还不是因为你是中国人而不是越南人吗？说到底还不是因为你的利益和快乐乃至你的躯体都是中国人给的吗？所以凡是无私的行为仔细地推导、追究起来，都一定是源于一种利己心，这就是无私行为的原动力。

总之，一个人之所以能够无私利人，是因为他有爱人之心。爱人之心所以会导致无私利人，一方面是因为它使爱者与被爱者融为一体、发生同情心；另一方面则是因为它使爱者对被爱者心怀感激、发生报恩心。而他之所以有统摄、产生同情心和报恩心的爱人之心，又只是因为他的快乐和利益都是他人给予的：对他人的爱不过是对于成为自己快乐之因的他人的心理反应。所以，爱人之心、同情心、报恩心所引发的行为之目的虽然是无私利人，但产生这种无私目的的根本的非目的原因，亦即行为的原动力却仍然是利己。那么，爱人之心——及其所衍生的同情心和报恩心——是不是无私利人的唯一动因？不是的。爱是人与动物所共有的、不学而能、不经道德教化便可以出现的自然的、天赋的道德感情，是源于个人的非道德需要的道德感情，它仅仅是无私利人动因之一方面。引发无私利人的另一方面动因，则是人所特有的、经过后天道德教化从而能实现的感情，亦即源于个人的道德需要的道德感情：完善自我品德之心。

人是一种社会动物，而且正因为是社会动物而是道德动物。每个人或多或少总有一种做一个好人、高尚的人、有道德的人的需要和欲望。是不是？你看，我的小女儿，我要是对她说“你是一个坏孩子”，她哇的一声就哭了。为什么呢？因为她有一种做好孩子的需要和欲望，她哭，是因为她做一个好孩子的需要和欲望得不到满足了。所以，一说她是好孩子，她张大嘴就乐了。因为她做一个好孩子的需要和欲望得到了满足，而任何需要和欲望得到满足都会快乐。我们从小一直到现在，看电影时往往会很焦急地问："某某是好人还是坏人?"这就是因为我们都有一种做一个好人而不做坏人的需要和欲望。对于每个人都具有的这种做一个好人的道德需要和欲望，康德名之为"对道德法则的敬重心"，儒家名之为"成圣成贤之心"，精确地说，不如名之为"完善自我品德之心"。

然而，一个人怎样才能成为好人、道德的人、高尚的人，从而满足其道德需要、实现其完善自我品德之心？只有做好事。因为正如存在主义所言：存在先于本质，你干什么就是什么。所以，亚里士多德说美德就是一种技艺，一个人美德的获得就和学竖琴一样。你怎么成为竖琴手的呢？只有不断地弹琴。你今天弹，明天弹，弹来弹去，你就成了竖琴手。你怎么学会游泳的呢？你今天游、明天游，游来游去，你就成为一个会游泳的人了。你怎么成为一个有美德的人呢？你怎么样使你成为一个好人呢？只有做好事。今天做一件，明天做一件，后天做一件，做来做去，你就成为一个好人了，你就是一个有美德的好人了。那么，什么样的事是最好的事呢？无疑是无私奉献。最好的最高尚的事就是无私奉献：无私利他是至善。这样，一个人一旦有了完善自我品德之心，有了做好人这样一种道德需要，他就会做好事，就会无私利人。

所以，无私利人的另一个源头就是"完善自我品德之心"，用儒家的语言说，就是"成圣成贤之心"。儒家的核心思想，大家知道，可以概括为四个字："内圣外王"。所谓"内圣"，就是指一个人要有一种做好人的道德需要、道德欲望和道德理想。这种道德需要、道德欲望和道德理想的最高境界就是"圣贤"境界。你怎么样才能够成为圣贤呢？只有"外王"。所谓外王，就是指将成圣成贤之心要付诸于"外"，亦即要行动，要无私利他。外王就是无私奉献、造福社会和他人，而不是要你当国王去。这个"外王"，美籍华裔学者张浩解释得非常对：就是积极的"无私奉献"，就是己欲立而立人，己欲达而达人，就是要达到"仁"的境界。"仁"就是无私奉献。所以，"内圣外王"揭示了这样一个深刻的道理，那就是，一个人要想"内圣"、"成圣成贤"，成为一个好人，就必须要付诸行动而无私利人，必须达到"仁"的境界。所以"仁"是"圣"的一个手段，是"圣贤"的一个手段。所以，一个人之所以能"外王"而无私利人，就是因为他有"内圣"之心，就是因为他想往"成圣成贤"，就是因为他有完善自我品德之心：无私利人源于完善自我品德之心。

这个思想的最早的来源，就是孔子的那句话："古之学者为已，今之学者为人。"但是，有人说，你看儒家这不是主张"为自己"吗？港台的一些新儒家也在那里讲，儒家是主张"人己兼爱兼为"的。果真如此，儒家思想就有现代化的意味了，就可以指导现代化的建设了。其实不然。因为孔子厚古薄今，他说“古之学者为己，今之学者为人”，意思就是说：古代的、真正的仁人，那些有道德的人，那些圣人、贤人，他们行为的目的是为了自己。为了自己的什么呢？是为了完善自己的道德人格、道德自我，用王阳明的话来说，是为了自己的“真吾”。所谓“真我”是什么呢，真我就是“道德自我”，就是自己的道德人格，就是“成圣成贤”。所以，孔子这句话的意思是说，古人是那样的人，他的行为目的是为了“成圣成贤”；而现在的人则是为了叫人看。做了事叫人看，是为了名利。后来，他这句话后来就演进为儒家的核心思想：“内圣外王”。“内圣外王”说的就是：一个人之所以能够无私奉献，达到仁爱的境界，就是因为他想往“成圣成贤”，就是因为他有做一个好人的完善自我品德之心。所以完善自我品德之心或做一个好人的道德需要和欲望，是使“无私奉献”发生的动因和根据。

然而，一个人为什么会有完善自我品德之心而追求美德呢？他为什么要做好人呢？好人、美德和道德都是对自己行为和自由的一种限制、约束、压抑，因而是一种“害”与“恶”。那么，人们为什么还要做一个好人呢？因为好人和美德虽然是一种约束和压抑，但是，它却能够使好人和有美德者得到更大的利益。做一个好人，有美德，固然受到约束和压抑，是吃了亏。但是，吃的是小亏，占的是大便宜。因为人是个社会动物，每个人的生活都完全依靠社会和他人：他的一切利益都是社会和他人给的。而社会和他人给你这些利益，是有条件的，这个条件就是：你必须为社会和他人做贡献，从而是一个有美德的人，是一个好人，而不是一个缺德的人。这样一来，一个人是否有美德，便是他一切利益中最根本的利益：如果社会和他人认为他品德好，那么，他便会得到社会和他人的赞许，便会得到他可能从社会和他人那里得到的一切利益；反之，则会受到社会和他人的谴责，失去他本来可以从社会和他人那里得到的一切利益。因此，做一个好人有美德，是“吃小亏占大便宜”。

这个道理，我的九岁的女儿也懂得。她为什么要做一个好孩子？做好孩子就要受到限制、束缚和压抑，因此，我记得很清楚，好几次她都大声说：“我不做好孩子！”但是，她是有理智的，她一算计，做一个好孩子划得来。因为一方面，做好孩子能吃上糖和好东西，能得到父爱母爱，能得到一切重大的利益；另一方面，做好孩子要忍受种种约束，如穿衣服快一点，自己洗洗脸，不挑食，好好学习等等。这些东西都对她的一种压抑，但是这种压抑能够换来更大的利益，所以她才要做好孩子。这就是一个人最初为什么会有美德需要的缘故：他需要美德，因为美德就其自身来说，虽然是对他的某些欲望和自由的压抑、侵犯，因而是一种害和恶；但就其结果和目的来说，却能够防止更大的害或恶（社会和他人的唾弃）和求得更大的利或善（社会和他人的赞许），因而是净余额为善的恶，是必要的恶。所以，孟子有一个非常深刻的命题：美德是最大的官和最好的房子。他这样写道："夫仁，天之尊爵也，人之安宅也。莫之御而不仁，是不智也。"①美德是最大的官和最好的房子，没有人阻挡你去获得美德，你却不去，是不智也。不做好人的人，实在是不聪明啊，是缺乏道德智慧的表现。

因此，美德最初乃是一个人利己的最根本、最重要的手段：他对美德的需要是一种手段的需要。但是，逐渐地，他便会因美德不断给他莫大利益而日趋爱好美德、欲求美德，从而便为了美德而求美德，使美德由手段变成目的；就像他会爱金钱、欲求金钱、使金钱由手段变成目的一样。于是，人们以美德为目的、为完善美德而完善美德的行为，源于以美德为手段、为利己而美德的行为，源于利己。这样，以美德为目的的完善自我品德之心的行为之目的，虽然是无私利人；但是，以美德为目的的完善自我品德之心，却引发于以美德为手段的利己心：一个人之所以会有完善自我品德之心，最初是因为美德给了他莫大的利益。所以，完善自我品德之心所引发的行为虽然是一种目的无私利人的行为，但引发这种行为的最初的非目的原因、原动力，却仍然是利己。

综观目的利人之原因，可知一个人的行为可以是无私奉献的。因为一方面他有爱人之心、同情心和报恩心。这种感情不用道德教化便可以具有，猪狗都有，老母猪都有，所以是非道德感情。另一方面，一个人之所以无私利人，是因为他有"完善自我品德之心"。这种感情需要道德教化才能具有，因而只有人才具有，所以是一种道德感情。但是，再进一步追问下去：一个人为什么会有完善自我品德之心？因为美德给你带来了莫大利益。一个人为什么会有爱人之心、同情心和报恩心？是因为社会和他人给了他快乐和利益。所以，追究到底，一个人的行为目的可以是无私利他，引发无私利他行为的直接动因虽然有爱人之心与完善自我品德之心的区别；但是，引发无私利他行为的最终的非目的动因，亦即无私利他行为之原动力，却只能是利己心：利己是无私利他行为的原动力。

---

①《孟子·公孙丑上》。

第五讲

爱有差等：最深刻的人性定律

■ 本讲提要

何谓爱有差等?《论语》等儒家典籍对此解释说,爱父母是因为我最基本的利益是父母给的;爱他人是因为我的利益也是他人给的。但是,父母给我的利益多、厚、大;而他人给我的利益少、薄、小。所以,爱父母与爱他人的程度便注定是不一样的,是有多与少、厚与薄之差等的:谁给我的利益较少,我对谁的爱必较少;谁给我的利益较多,我对谁的爱必较多。因此——墨子进而引申说——我对我自己的爱必最多。

一、其貌不扬的临时工为何轧死漂亮的棒球明星

1963年,纽约有一个其貌不扬的临时工,在一场棒球比赛散场之后,驾车冲上人行道,把在这场比赛中获胜的漂亮明星轧死。他为什么要轧死这位素昧平生的漂亮英雄?这个谋杀者供认其犯罪动机在于,他不能忍受这位相貌出众的运动员那么丰神俊爽、光彩夺目:嫉妒心使他害人而不惜违法害己。这一残忍的事实具有深刻的伦理意蕴,那就是,它表明人具有其他一些生物所不具有的特性。因为,根据进化论,生物的一切性状既不可能是为了利他,也不可能是为了害他,而只可能是为了利己。因为唯有利己,才能被自然选择而存在;若不利己,必被自然淘汰而灭绝:生物的合目的性是完全利己的。所以,达尔文一再说:"自然选择不能使一个物种产生专门为了有利或损害另一物种的任何东西;虽然它能适当地产生对另一物种极其有利甚至不可缺少的或极其有害的部分、器官和分泌物,但是,在所有的情况下,同时都是利己的。"①

相反的,人是一种矛盾体,他既有无私奉献、目的利他的行为,又有目的害人、纯粹害人的行为。所谓目的害人的行为,亦即行为目的是为了害人而不是为了利己的行为;不但不是为了利己,而且往往为了害人而宁愿害己。那位其貌不扬的临时工杀害素不相识的棒球英雄,就是一种为了害人而不惜违法害己的行为,就是一种目的害人的行为。由此可见,目的害人是一种十分独特的行为,它与两种行为形似而神异:一方面,目的害人与损人利己都属于害人行为,但后者以害人为手段,而前者以害人为目的;另一方面,目的害人与目的利人虽然目的恰恰相反,但手段却往往相同:害己。那么,这种行为是否只有那些心灵极为阴暗的人才干得出来呢?不是的。每个人,不管他多么善良,都或多或少地存在着目的害人的行为。

---

① Charles Darwin, *On the Origin of Species*, Harvard University Press, Cambridge, 1964, p. 205.

因为每个人不但有爱而且有恨。爱是对于快乐和利益的心理反应,谁给你快乐和利益,你就会爱谁。相反呢,恨是对于痛苦和损害的心理反应,谁给你痛苦和损害,你就恨谁。恨是你给我痛苦和损害造成的,那么,反过来,对你的恨就会推动我也相应地给你痛苦和损害。所以恨人之心是导致目的害人的动因。莎士比亚的《威尼斯商人》堪称揭露恨人之心导致目的害人行为的心理机制的杰作。犹太商人夏洛克和安东尼奥签订了一个合同,就是他借给安东尼奥三千块钱,到期不还,就要从安东尼奥身上挖下一磅肉。结果,安东尼奥的商船触礁,衍期未还。他的朋友巴萨尼奥愿意出六千块钱来帮他还。但夏洛克宁愿不要六千块钱,也要从安东尼奥身上取下一磅肉!为什么夏洛克非得要那一磅臭肉而不要六千块钱呢?

夏洛克说:他对安东尼奥怀有一种久积的仇恨。因为安东尼奥总是奚落他、污蔑他、瞧不起他,动不动就说他是一个犹太鬼,只知道赚钱。天长日久,夏洛克对他就有一种久积的深刻的恨,这种恨就推动夏洛克不要六千块钱而利己,却只要从他身上取下一磅肉。这一磅肉他既不能吃也不能喝,要它干吗呢?就是为了害安东尼奥,因而是一种目的害人的行为。莎士比亚由此揭示了这样一个道理——这个道理后来被弗洛伊德来加以引申——就是,恨人之心是一种攻击性心理,它必然要导致侵犯他人、侵犯他所憎恨的对象的这样一种行为:恨人之心必然导致目的害人的行为。那么,恨人之心是通过怎样的心理机制具体导致目的害人的行为的呢?主要是通过两大具体的、典型的恨,一个就是嫉妒心,一个就是复仇心。

嫉妒心与同情心恰恰相反,是一种典型的恨人之心,是一种与他人发生相反感情的怨恨心理。看到别人快乐我就痛苦,看到别人痛苦我就快乐,幸灾乐祸,这就是嫉妒心。嫉妒心是每一个人都有的。你看我们现在坐在这儿都是冠冕堂皇,我王海明坐在这儿讲道德的,但是,我心灵深处,其实仍然有一种强烈的嫉妒。为什么呢?因为嫉妒心必然源于他人对自己的伤害、他人给自己的痛苦。但是,这种痛苦和损害不是他人有意给的,而是他人的优势的客观的结果。在他人的优势面前就显出我的劣势,我的劣势就给了我痛苦和损害,是不是?这种痛苦和损害是谁造成的呢?是他人优势的一种无意的结果。本来我长得挺高,我原来以为我还挺高的,我在我女儿面前是显得挺高的,但在你贾旗面前,你一米八几的个子,我才一米六十多,我就矮了。本来我是有能力的,是吧?但是,在更强的人面前我就弱了。那么,我的这个弱、我的矮,我的这些个缺陷是谁造成的呢?是强者,是贾旗造成的!你虽然是无意造成的,但是这对于我来说是一种莫大的痛苦,对不对?那么我对你就是恨,这种恨叫做嫉妒。所以啊，嫉妒是人人都有的，除非你不是人，谁敢说他没有嫉妒呢？因为在你面前总有比你强的人，有比你强的人，就显出你的拙劣，显出你的弱势，就会使你痛苦，就会使你恨他：这就是嫉妒。

然而，是不是强者就没有嫉妒呢？多年来学术界认为嫉妒心仅仅是弱者有的。这是大错特错的，强者有一种更可怕的嫉妒，强者对弱者有一种更恶毒的嫉妒。他嫉妒什么呢？原来，强者之所以是强者，完全是因为弱者的存在。如果弱者的弱势不断改善，不断增强，强者岂不就不再是强者？贾旗本来是挺强的，是一米八三的个子，但是，如果我王海明的个子不断地长的话，那他就不再高大了。对不对？所谓强者都是和弱者比的，只是在弱者面前才显出他的强来。那么你这个弱者，要是逐渐地强起来，原来你是没学问的，后来你的学问越来越厉害；原来你不会打乒乓球的，现在你的乒乓球越打越好。我的乒乓球原来公认是最好的，结果你的乒乓球逐渐地好起来，就威胁到我的冠军的宝座了。那么，你就给我造成痛苦了。所以弱者的改善对强者的优势，是一种莫大的威胁，这就给强者带来了痛苦和损害。因此，强者对于弱者的优势的改善必定有一种憎恨的心理：这就是强者的嫉妒。强者的嫉妒心是更可怕的。因为弱者嫉妒强者，并不能把强者怎么样；但强者要是嫉妒你弱者，他就有种种借口来压抑你、践踏你、排挤你，甚至置你于死地。所以，我们不要说嫉妒就是弱者的心理，嫉妒更是强者的心理。一切人都怀有嫉妒心。

不难看出，每个人嫉妒心的强弱与被嫉妒者关系的密切程度成正比：关系密切嫉妒心就越强。李鹏当总理，我根本不会嫉妒。因为我跟他没什么关系啊！相反的，如果是我们的班长当总理，我肯定嫉妒和痛苦啊！是吧？小小班长都当上了总理，而我却仍然是个白丁，我怎么会不难受！当然，我也会高兴，因为我可以借点儿光，是吧？但是，我肯定还是非常难受，妒火中烧。

嫉妒心是人类人性中最阴暗的东西。因为嫉妒心这种恨，它必然要导致对他人的损害。嫉妒心导致的行为，你仔细想想，它不是利己的，它是一种纯粹目的损人的；不但不利己，往往还以损己作代价，因而和损人利己是截然不同的。你看美国人写的那本《嫉妒论》，举了很多的例子来说明这个道理。他讲在一个女大学生宿舍发生了一件毁容案。住在下床的一个女生长得非常漂亮，情场得意；住在她上铺的那位，长得丑陋，情场失意。一天半夜，长得丑的这个女生妒火中烧，竟然拿一把利刃在那个漂亮女大学生的她脸狠狠割了一刀！你说她这个行为是利己吗？显然并不利己。因为那是毁容案哪！那是非常严重的犯罪，最低也得判十年刑罚啊！所以，这也是一种自我牺牲哪！只不过不是目的利人的自我牺牲，而是目的害人的自我牺牲。所以，嫉妒心导致的行为，是最可怕最丑恶的行为。因为这种行为比人类最主要的恶行——损人利己——还恶毒。损人利己至少对自己的利益还有所增进；而嫉妒所导致的行为既损人又不利己，因而是一种纯粹的恶。

中国的古语早就讲"木秀于林，风必摧之"。一棵树木长得比别的树木高了，木秀于林，那它必定要倒霉了！出头的树，会被风刮倒。出头的椽子先烂！"土堆于岸，流必湍之"。你原本是土，却竟然成了土堆，那还了得？因为我们都是平平的而没有成堆啊！所以，河流就会把你这个土堆湍平了！是吧？"行高于人，众必非之"，你比别人强，那可就没你好日子过了！"自古红颜多薄命"啊！你长得漂亮，好！我们就在道德上打倒你！我们都说你是妓女！妓女长得漂亮对我们就没有威胁了，对吧？我们长得丑，但是我们纯洁！这个嫉妒心哪，真是可怕得不得了！有一个小品，是侯跃文说的。他说一只鹤走到了鸡群里面。鸡们非常痛苦和愤怒。于是，拿锯的拿锯，拿刀的拿刀，拿绳子的去拿绳子，就要把这个鹤的腿给锯断！侯跃文问：这究竟怨谁呢？他的回答是：怨那个鹤！你这只鹤干吗要往鸡群里面挤呀？依我看，不应该怨鹤。因为在人群当中总是有人天才卓越而是鹤，总是有人低劣平庸而为鸡：天才是社会前进的火车头。

但是，上帝是公平的。天才、能者的命一般都不太好！道家早就看破了这一点，因而有言："真人不露相，露相非真人"。天才能者难免被众人妒忌。想想看，芸芸众生谁不希望那些能人名人落水啊！你看电影戏剧小说，主人公如果一帆风顺，是没有人愿意看的。主人公历经磨难、艰难困苦、可歌可泣，那就吸引我们了，我们就会津津有味地看下去！人啊，都希望强者多灾多难。如果强者一帆风顺，那么众人就会给他制造麻烦，叫他多灾多难。这就是嫉妒心必然要导致目的害人行为的本性。所以，你在单位和人竞争，你的能力比别人差，你不一定就是败者啊！败者最可能是能力最强的人。所以，我们往往看到，一个单位真正享福的、真正有势力的人，他并不很聪明，甚至或多或少是个傻瓜废物窝囊废。因为"傻瓜人人爱"嘛。亚历山大大帝的一位大臣的儿子即将当官的时候，他父亲给了他一句话：你要装傻！装傻一点最好。为什么呢？因为你要是傻的话，岂不就显出我的聪明了？我周围都是傻瓜，我不就是最聪明的人啦！所以，嫉妒心是导致目的害人行为的一种根源；而装傻则是防御嫉妒心侵犯的一种方法。

不论如何，一个人之所以会恨他人只是因为他人给了他痛苦和损害：恨人之心是对于成为自己痛苦之因的他人的心理反应。如果这痛苦和损害是他人无意给予我的——如他人的优势或他人的劣势的改善——那么，这种痛苦和损害便仅仅是痛苦和损害，而不是仇。我对于这种痛苦和损害便仅仅有嫉妒心等恨的反应，而不存在复仇心，是非复仇心之恨。然而，如果我所遭受的痛苦和损害，是别人有意给我的，那么我对这种痛苦和损害的心理反应就不仅仅是恨，而且还是仇，这时我对他就会产生一种复仇心：复仇心就是对于有意给予自己损害的人也有意给他以损害的心理。

因此，复仇心与嫉妒心一样，会导致目的害人而非利己的行为；不但不利己，而且也往往以自我损害、自我牺牲为手段：为了给予仇人痛苦和损害，不惜自己再遭受痛苦和损害，不惜自我牺牲。你看大仲马的《基督山恩仇记》，就是复仇心推动基督山伯爵不惜自我牺牲而去报仇雪恨。他的这种行为不但不是利己的，而且自己有死的危险。大仲马的这个小说的原型是他在档案中查到的当时发生的真实案例。基督山伯爵的原型实际上最终并没有胜利。他杀死第二个仇人而后与第三个仇人搏斗时，被第三个仇人杀死了。他不是连着找了三个仇人都报了仇了吗？那只是小说，事实上，他是被第三个仇人给杀死了，他没有斗过人家。复仇的行为往往是要自我牺牲的啊！所以复仇不是损人利己，而是目的害人。

总之，当一个人在恨他人的时候，如果这种恨是对他人有意给予自己痛苦和损害的心理反应，那么，他便会对他人心怀仇恨、发生复仇心，从而使仇人遭受痛苦和损害；如果造成这种恨的痛苦和损害是他人无意给予的，是他人的优势或劣势的改善的客观结果，那么，他便会对他人心怀嫉妒、与他人发生相反感情，从而使他人遭受痛苦和损害：恨人之心通过衍生嫉妒心和复仇心而导致目的害人之行为。而一个人之所以会有衍生嫉妒心和复仇心的恨人之心，又只是因为他的痛苦和损害都是他人给予的：对他人的恨不过是对于成为自己痛苦之因的他人的心理反应。所以，恨人之心、嫉妒心、复仇心所引发的行为之目的虽然是纯粹害人，但产生这种害人目的的根本的非目的原因，亦即行为的原动力，却仍然是自我的苦乐、利害、利益，是趋乐避苦的利己心。

二、两种自杀：注射氰化钾与扑向飞转的圆锯

弗洛伊德之前，人们虽然知道存在着大量的害己行为，但是，那都是以害己为手段，而目的是利己的，也就是通过牺牲自己的一部分利益以求得自己另一部分利益的行为，如“卧薪尝胆”和“头悬梁，锥刺骨”以及吸烟、喝酒、截肢、

移皮、受虐狂等等。这种观点也很符合达尔文的自然选择进化论:“自然选择决不会使一种生物产生有害自己的任何东西……没有一种器官是为了给它的所有者造成痛苦或损害的目的而形成的。如果公平地衡量各部分所造成的利和害,那么可以看到,各部分整体说来是有利的。”①然而,弗洛伊德发现,人类存在着目的害己的行为。这一发现的最重要的根据,就是存在着两种自杀。

一种自杀是我们所熟知常见的,如跳楼、上吊、割破动脉、开放煤气、吞服安眠药等等。这种自杀害己很好理解,显然都是为了逃避更大痛苦和损害,因而害己便不是目的而是手段,便是害己以利己,属于目的利己行为。因为利己具有二重性:趋利与避害——趋利是利己,避害也是利己。弗洛伊德 80 岁时因患鼻咽癌而注射氰化钾自杀之害己,便是为了逃避更大的痛苦,因而是害己以利己,属于目的利己行为。反之,另一种自杀则是比较罕见的、难以理解的。因为自杀者选择的竟然是一种非常可怕非常痛苦的方式,如扑向飞转的圆锯、扑向火山口,或者用烧红的烙铁捅到嘴里,把自己活活的烙死,或者专门找一个垃圾堆、一个最脏的地方,让自己死在那里。你说这些极其可怕的死法,其动因究竟是什么呢?显然不是为了逃避痛苦和损害,而是出于受苦受害的强烈渴望,是为了受苦而受苦、为了受害而受害,因而便是目的害己的行为。弗洛伊德以前,人们没有发现这种行为。这种行为虽然自古就存在,但是人们一直觉得,人都是目的利己、利他或害他的,而绝不可能有目的害己的行为。

那么,人为什么会有这种目的害己的行为?弗洛伊德是一个能量守恒论者和达尔文主义论者,他认为人的恨和爱都是一种能量,由食物等等转化而来。确实,你要是饿着肚子,你还能那么爱吗?你要是饿肚子,你还能那么恨吗?“人之将死,其言也善”,“鸟之将死,其鸣也哀”,为什么?它没劲啦!没有能量啊!是不是?爱是一种这样的能量:指向谁,就会为谁谋利益。相反的,恨则是一种这样的能量,指向谁,就会损害谁:如果指向他人而成为恨人之心,就会引发目的害他的行为;如果指向自己而成为自恨心,就会引发目的害己的行为。然而,一个人为什么会产生自恨心并导致目的害己之行为?

这是因为,一方面,恨是一个人对给予他损害和痛苦的东西的必然的、不依人的意志而转移的心理反应。每个人所遭受的痛苦和伤害,固然大都来自他人,但也往往是自己造成的。一个人的痛苦和伤害如果是他人造成的,他便必然会恨他人,便必然会产生恨人之心;如果是自己造成的,他也必然会恨自己,也必然会产生自恨心:自恨心是对于成为自己痛苦之因的自己本身的必

① Charles Darwin, *On the Origin of Species*, Harvard University Press, Cambridge, 1964, p. 201.

然的、不依自己的意志而转移的心理反应。另一方面，恨——正如弗洛伊德所说——是破坏性、损害性行为的动因：如果所恨的对象是他人，便会导致目的害人的行为；如果所恨的对象是自己，便会导致目的害己的行为①。那么，自恨心究竟是怎样引发目的害己之行为的？

原来，自恨心是通过内疚感、罪恶感和自卑心引发目的害己之行为的。内疚感与罪恶感源于每个人都有做一个好人的道德需要。任何需要得到满足都会快乐；而得不到满足都会痛苦。同样，你做一个好人的道德需要如果得到满足了，那么，你就会快乐；如果受到了阻碍得不到满足，那么你就会痛苦。如果这种阻碍来源于你自己，也就是说你做了坏事，比如说你偷东西或者给别人造成了种种的伤害，那么，你做好人的需要，就得不到满足了。那么，这个时候，你就会感到痛苦。而这痛苦是你自己造成的，你对这种痛苦的心理反应，就是一种自恨，这种自恨就叫做内疚感和罪恶感：内疚感和罪恶感是对自己因损害他人而造成自己良心痛苦的心理反应——内疚感是违背道德所导致的良心痛苦的一种心理反应；罪恶感则是违反法律所导致的良心痛苦的一种心理反应。

内疚感与罪恶感，如所周知，往往是一种相当强烈的持续的焦虑，是震撼心灵的极深刻的情绪上的动荡不安；如果不能为自爱心所中和、抵消，便会以各种残害自己的行为来自我惩罚以赎罪，从而解除罪恶和内疚、摆脱焦虑、达到内心的安宁：内疚感与罪恶感是导致目的害己的行为的动因。精神分析学家在研究这些事实时进而发现：每一种神经症患者都存在着引发于内疚感和罪恶感的受折磨之无意识需要。弗洛伊德举例说：有这样一位中年妇女，这个妇女，非常奇怪，因为她诉苦说她的膝盖摔坏了。可是，弗洛伊德根据她摔倒的情形断定她是自己故意摔坏的。弗洛伊德问她为什么故意摔坏自己的膝盖："当她明白这些看似意外的事故实为自己故意时，她就好像改变了她的方法似的：同样的原因不再造成事故，而是使她患上小病了，如黏膜炎、咽喉炎、流行性感冒或风湿肿。"弗洛伊德在探查她的病因时终于发现，她以前干过缺德事，因而有一种强烈的内疚感和罪恶感。这种内疚感和罪恶感促使她以各种残害自己的行为和病患来自我惩罚。因此，当弗洛伊德在给这种病人治病的时候说"你这病快好了"，结果病人听了反倒好像非常痛苦了，随着病情加重了；而当弗洛伊德说"你这病重了"，结果病人反倒高兴起来，病很快好起来了。弗洛伊德由此发现，一切神经症患者，都有一种自毁自残自我惩罚的倾向，这

---

① *Sigmund Freud Collected Papers*, Volumn 4, Basic Books, Inc. Publishers, New York, 1959, p. 80.

种倾向源于她的无意识的内疚感和罪恶感。

这种行为，在现实生活中我们也都能看到。我当兵的时候有一个团长，他和他的女儿有不正当的关系。因此，他有一种强烈的内疚感和罪恶感。于是，他就自首了。其实，他的女儿也没有告他。他自首完全是自愿。因为自首意味着自毁前途，他就是要自毁自己的前途！还有一个印第安人酒醉的时候，把自己的母亲杀死了。醒来之后非常痛苦，有一种罪恶感，这种罪恶感就驱使他，无论冬夏都不穿衣服，赤身裸体冬天在风雪中冻自己，夏天在烈日底下晒自己。为什么呢？因为他恨自己，他杀死了自己的母亲，有一种深深的罪恶感。所以，人确实有这种目的害己的行为的，这种行为源于内疚感和罪恶感。你仔细看一看那些大作家的小说，也有这种动因的描写。你看那《复活》，聂赫留朵夫为什么要和玛斯洛娃结婚呢？这会毁了他的前程啊！玛斯洛娃是一个妓女啊！聂赫留朵夫当陪审员的时候，有一天在法庭上，他一看有个犯人就是当年被他诱惑的纯洁少女玛斯洛娃。聂赫留朵夫深信玛斯洛娃的堕落就是自己造成的。于是，他深感内疚，嘴里不停地说自己是一个流氓！一个坏蛋！他就惩罚自己，惩罚自己的措施就是要和玛斯洛娃一起到她的流放地西伯利亚，然后和她结婚，最终毁坏自己在上流社会的辉煌的前程。这就是内疚感和罪恶感所导致的自毁前程、目的害己的行为。

那么，内疚感和罪恶感是引发目的害己行为的全部动因吗？否！自己损害自己、目的害己的行为还有另一大源头，那就是自卑感。自卑感和内疚感、罪恶感还不一样。内疚感和罪恶感是因为自己的无德给他人造成的损害从而引发自己良心痛苦的一种心理反应；而自卑感则是因为自己的无能而导致行为失败从而给自己带来痛苦的一种心理反应。但是，仅仅认为自己无能卑下，还不是自卑。认为自己卑下但能加以改变，恰恰是自信、自尊。只有认为自己卑下且无能加以改变，才是自卑：自卑感是自认无能改变自己之卑下的心理。所以，生理上的缺陷，最容易引起自卑感。为什么？因为生理上的缺陷是不能改变的。如果我不幸是个瘸子和罗锅，我怎么才能改变自己不是瘸子和罗锅呢？斯大林说，罗锅只有坟墓才能医治。是不是啊？我要是罗锅的话就不可能改变，你怎么改变啊？只有坟墓才能医治啊！在坟墓面前人人平等了。戴高乐最疼爱的女儿好像就是一个罗锅，她死的时候，戴高乐说：你终于和别人一样了、平等了。我打篮球的时候有一次把我的腿筋打断了，那个时候就是瘸着走路。我才第一次体会到生理上有缺陷会使人多么的自卑。我恨不得走一步就对人说，我不是瘸子！

然而，阿德勒却说自卑感推动世界前进，因而是个好东西。阿德勒是大错特错的。他的错误首先在于以为自认自己卑下就是自卑感。殊不知，自认自己卑下有的时候是自尊心。你看从社会底层上来的那些人都特别厉害。这些人认识到自己卑下，但觉得自己能够改变自己的卑下，这就叫自尊心。只有认为自己不能改变自己之卑下才是自卑。认为自己卑下但能够改变自己之卑下——亦即自尊心——能够推动社会和世界前进；但认为自己卑下且不能改变自己之卑下——亦即自卑心——绝不可能推动社会和世界前进，而只能导致自暴自弃、目的害己之行为。试想，如果一个人认为自己的失败、痛苦是自己的无能造成的，并且是不可改变的，他会怎么样呢？必定会自暴自弃、破罐破摔了。你看达尔文写的那个大猩猩，大猩猩高大雄壮、好勇斗狠，敢和熊搏斗。两个大猩猩打起来的话，你知道失败者干什么吗？它会挥起两个大拳头，拼命锤打自己的胸膛："我叫你失败！我叫你无能！我叫你卑下！我打死你这个窝囊废！"这一定是那个捶打和惩罚自己的大猩猩当时所想的。因为记得童年的时候，我们兄弟姐妹六个小孩，我们天性好斗，经常打架，我妈有时管不了我们，盛怒之下，就用手掌拼命打自己的脑门；有时甚至用驱赶蚊蝇的"蝇甩子"的拇指粗细的木棍啪啪打自己的脑袋。她老人家边打边说："我叫你能养不能教！我叫你养了这么多活驴！我打死你这个窝囊废！"真可怕啊！我当时不理解，后来读达尔文大猩猩的故事，才知道人类和大猩猩一样，自卑感会导致自毁自残、自我惩罚或目的害己的行为。

总之，当一个人在恨自己的时候，如果这种恨是对于因自己的无能给自己造成的痛苦的心理反应，那么，他便会发生自卑感而自暴自弃、自毁自残；如果这种恨是对于因自己缺德所造成的良心的痛苦的心理反应，那么，他便会发生内疚感和罪恶感，从而以各种残害自己的行为来赎罪：自恨心通过衍生自卑感和内疚感或罪恶感而导致目的害己之行为。而一个人之所以会有自恨心，又只是因为他的痛苦和损害都是他自己造成的：自卑感和内疚感(或罪恶感)不过是对于成为自己痛苦之因的自己的缺德和无能的心理反应。所以，自恨心所引发的行为之目的虽然是纯粹害己，但产生这种害己目的的根本的非目的原因、亦即行为的原动力，却仍然是自己的痛苦、自己的苦乐，是趋乐避苦的利己心。

三、列宁病逝前十分喜爱的小说

四十多年来，令我最难忘的是，列宁病逝前夕，请人朗诵他十分喜爱的杰克·伦敦的小说《热爱生命》。小说的主人公是个淘金者。在他淘金归来的荒野雪地里,失去了食物和子弹,只好吃一点野菜、浆果和偶尔在水坑中抓到的几条小鱼。如此不知走了多少天,终于虚弱得再也站不起来,只能爬了。爬到第六天,被几个考察队员看见。但他们只觉得是“发现了一个活着的动物,很难把它称作人。它已经瞎了,失去了知觉。它就像一条大虫子在地上蠕动着前进。它用的力气大半都不起作用。但是它老不停。它一面摇晃,一面向前扭动,照它这样,一个钟头大概可以爬上二十尺”。

四十多年来,每当眼前浮现列宁坐在椅子里静静地听着《热爱生命》的时候,我就感伤不已。后来探讨目的利己的动因时,我又仔细地读了这本《热爱生命》的小说,追问究竟是什么动力使那个淘金者如此顽强地求生?由此我终于领悟了目的利己之动因、动力。所谓目的利己,不言而喻,亦即为自己谋利益的行为,也就是求利避害、求乐避苦的行为:求乐、求利是积极的利己;避害、避苦是消极的利己。这种行为的动因,在思想史上,似乎无人探讨。因为人们大都赞成伏尔泰的话:正如没有必要去证明人有脸一样,没有必要去证明一个人为什么会有利己目的;因为人人莫不求利避害,求利避害是人的本能[①]。然而,这种见解是肤浅的。因为人不仅有利己目的,而且还有害己目的。如果说利己是人的本能,那么,他为什么还会害己呢?

想想看,你为什么会有利己目的?岂不只是因为你有自爱心?岂不只是因为你爱自己?你如果没有自爱心而有自恨心,或者你的自恨心克服了你的自爱心,那么就会像我们刚才说的,你就不会利己而会害己的。所以一个人之所以目的利己,是因为它有自爱心,他对自己有一种爱,这种爱一方面表现在对自己生命的爱,就叫做求生欲;另一方面表现在对自己行为的爱,对自己人格的爱,这叫做自尊心。因为一个人的自我就是由这两个东西构成的:一个是自己的生命,以及生命自我;一个是自己的行为,亦即行为自我。是不是啊?行为自我也就是自己的人格:人格上行为的结果。因为正如海德格尔所言,你做什么你就是什么:做什么事、有什么行为就是什么人格。我王海明如果当初不断偷东西偷到一定的程度,我的人格就是小偷的人格,就是小偷了。那么,我为什么搞伦理学呢?我原来不是搞伦理学的,我读研究生的时候读的是哲学。我中学的时候,最热爱的是数学。可是,自 1969 年开始,37 年我一直在搞伦理学,于是,我就成了一个伦理学者。你干什么你就是什么。

我们首先来看看一个人为什么会爱自己的生命,换言之,他为什么会有求

---

① 《睿智与偏见——伏尔泰随笔集》,余兴立等选译,上海三联书店 1990 年版,第 8 页。

生欲？有人又说这是本能，这等于什么也没有说！因为正如弗洛伊德所言，人还有求死欲呢，人是有生和死、爱和恨两种本能。那么，人们为什么会爱自己的生命呢？进化论解答了这个问题：生命是一个人一切快乐的源泉，是一个人的最大、最根本的快乐。进化论告诉我们，物质形态越高级，便越娇嫩而越难存在，它赖以存在的手段和能力便越加高级复杂。当物质形态进化到动物时，便产生了感知苦乐的能力和手段。苦乐只是动物这种比较高级的物质形态才有的能力。这张桌子就没有苦乐感知。随你怎么敲打它，它也不知道疼痛。为什么？因为它不需要，没有苦乐感知能力，它也能存在。石头也没有苦乐感觉，因为它不需要有这个东西也能够存在。植物也没有苦乐感觉，它也不需要这种感觉能力就可以存活。但是，到了动物没有苦乐感觉能力就不行了。那头猪，你别看它蠢，如果像植物一样，无苦无乐、无忧无虑，固定在某处任风吹雨打，那它肯定活不长。它会感冒发烧，找不到吃的，活活病死饿死。所以，苦乐的感觉是一种高级的物质形态——动物——所具有的能力，是一种能够自由运动的动物的能力。

那么，在什么情况下它会感到快乐呢？显然是在有利于它生存的情况下，当然一般来说是这样的。有利于它生存的时候就快乐，有害于生存的时候就痛苦。是不是啊？你什么时候快乐呢？你吃好东西的时候。如果叫你吃一把刀，或者是割你的耳朵，你说你会快乐吗？你肯定很痛苦，为什么？因为这些勾当不利于生存。我躺一躺，躺在沙发上，不那么累，我就舒服，就快乐，因为它有利于生存。凡是有利于生存的，你对它的心理反应就是快乐，有害于生存的，你对它的心理反应就是痛苦。于是，生命本身、生存本身的快乐就是最大的快乐！对不对？人只要活着，那就是最大的快乐。“好死不如赖活着”，你活着就是快乐。你为什么能够活下去啊？就是因为活着快乐啊！你要是痛苦，你就不活了。为什么自杀？痛苦啊！你快乐你才想活着。生命的快乐，就是最大的快乐。

这一点，我原来体会不深。我有个舅舅，可以说是最无能、社会最底层的人，他在十八岁的时候就遭遇车祸而脊椎变形，变成了一个罗锅，干不了活。你想我的舅母她能忠于这么一个不能干活的罗锅吗？后来，舅舅就被舅母扫地出门，赶回了姥姥家，和自己的老母亲相依为命。我姥姥和舅舅都有一种病，就像宾努亲王那样，不停地哆嗦颤抖，比帕金森病厉害多了。你说，人到这个地步，还能活下去吗？但他老人家不但能够活下去，而且活得很快活，比我快乐多了。他竟然快乐得总是唱歌，而且经常是“夜半歌声”，睡在梦中也哼着东北二人转小调。你看我，其实挺痛苦的，活的挺累，常常唉声叹气。他呢，欲望少，他真正的欲望就是生存，生存的欲望能够得到满足，所以他总是快乐。从他的例子上，我就想到了，我要是像他那样，我早就应该死了。但是人家活得那么快乐，你知道是为什么吗？就是因为生命本身的快乐就是最大的快乐。

因此，庄子有言："至乐活身"。最大的快乐就是活着。到了葛洪则进一步提出："死王乐为生鼠"。死皇帝乐为活老鼠，活着哪怕是一个老鼠，那也比一个无比高贵的皇帝死了要好多了！真是千真万确的至理名言啊！他看到了人生最大的快乐就是生命的快乐。可是，我们现在往往不知道这一点，只顾在那里争名夺利、伤生害命。

生命本身就是最大的快乐，而爱就是对于快乐和利益的心理反应。所以，每个人对自己的生命都有一种强烈的爱，都有一种强烈的求生欲。那么，每个人的求生欲将导致什么行为？显然是使自己的生命得以存在和发展的行为，因而也就是求利避害、求乐避苦的行为，说到底，也就是目的利己的行为。最能说明这个"利己目的源于生命之爱、源于求生欲"的道理的，恐怕就是列宁病逝前夕请人朗诵的杰克·伦敦的那部小说——《热爱生命》。试问，究竟是什么动力使小说的主人公、那个淘金者那样顽强地求生？显然是对他的生命的爱，是他的求生欲："逼着他向前走的"，杰克·伦敦一再说，"是他的生命，因为这生命不愿意死"。可是，他为什么爱自己的生命而不愿意死呢？毫无意义，只是因为生命的快乐乃是人的最根本、最重要、最大的快乐。于是，我们可以得出结论说：目的利己的行为，直接说来，源于求生欲；而根本说来，则源于生命的快乐。

然而，求生欲所能引发的，无疑仅仅是一部分并且是基本的、低级的目的利己行为：活着。仅仅是求生欲，还不能引发那些比较高级的目的利己行为：活得有作为、有成就、有价值。引发这些行为的，乃是另一种自爱心：自尊心。何谓自尊心？原来，每个人，你再无能，你也觉得自己了不起，你对自己的人格或行为自我也有一种爱。是不是？我原来不知道这一点。因为"人下有人"哪！还有比我大舅无能的人哪！所以，他都混到那个份上了，却还总是自以为了不起！这是大大出乎我的意料！他整天哆哆嗦嗦的，都打回姥姥家去了，却总是充满了自信、自尊。他满怀自尊和骄傲地对我说："我要养活你姥姥，只有我才能养活你姥姥啊！"我不禁诧异，问他怎么养活？他说："我打鸟儿啊！我买个鸟枪打鸟儿，卖鸟儿。"我一听，不禁捧腹大笑。我说对他说："我当过兵，都打不准，打不到鸟儿。你的手这么哆嗦，怎么能打着鸟呢？"于是，他又告诉我，他要买个毛驴车，到火车站拉送客人，赚来钱养活我姥姥。我说你那哆哆嗦嗦能赶毛驴车吗？就是能，又有谁敢坐你的车啊？但他对自己的人格或行为自我总是有一种爱和骄傲。所以人再无能，他对于自己的行为自我或自己的人格也总有一种爱。可是，一个人，不论如何低下，为什么会爱自己的人格，会爱他的行为自我？

现代心理学表明：引起快乐的最主要的情境条件是，一个人追求并达到目的。每个人的行为，目的都是为了满足一定的需要、实现一定的欲望。如果他的行为获得成功，从而满足了需要、实现了欲望、达到了目的，那么，他便快乐；反之，他便痛苦。不言而喻，每个人的行为不论如何屡遭失败，却总有数说不尽的成功，总有数说不尽的快乐。尽管这些成功和快乐可能极为琐碎渺小，如想走路就能走路，想看电影就能看电影，想吃饭就吃到了，想看书就看了。当然，我的种种的成功都需要别人的帮助，但是为什么别人会给我帮助？还不是我自己的活动造成的？所以，每个人的一切快乐之终极原因，具体讲来，是他自己的行为；总体地看，则是他自己的人格。这就是每个人为什么都爱自己的人格的秘密。

爱自己的人格，不言而喻，也就是使自己的人格受尊敬的心理，也就是使自己的人格受自己和他人尊敬的心理：爱自己的人格与自尊心是同一概念。自尊心就是使得自己赢得自己和别人尊敬的心理。自尊心它会使你干什么？它会使你追求成就，有所贡献、有所创造。因为你只有有所成就、有所贡献、有所创造，你才能赢得别人和自己的尊重，你才能实现你的自尊心，才能实现你的自尊需要。所以，《列子》曰："为鸡狗禽兽矣，而欲人之尊己，不可得也。"①因此，自尊心必将导致使自己有作为、有价值的目的利己的行为：自尊者必自强自立也。所以，梁启超和罗尔斯都一再说，自尊心是人类前进的根本动力之一。这样一来，自尊心便高于求知欲。因为求生欲使人珍爱生命，活得长久；自尊心则会使人有所创造，有所成就：这种成就和创造显然比保命高级。

总之，一个人之所以会有利己目的，只是因为他有自爱心：一方面是因为自爱在自己生命方面的表现是求生欲，因而必导致维持自己生命的低级的目的利己行为；另一方面是因为自爱在自己人格方面的表现是自尊心，因而必导致使自己有所作为的高级的目的利己行为。而他之所以会有统摄求生欲与自尊心的自爱心，又只是因为他的快乐之因是他自己：他自己的生命是他最根本、最重要、最大的快乐；他自己的行为和人格是他一切快乐之终极原因。所以，求生欲、自尊心、自爱心所引发的行为，不但目的是为了利己，而且产生这种目的的根本的非目的原因，亦即行为的原动力，也是利己。

---

① 《列子·说符》。

综观目的利人与目的害人以及目的利己与目的害己行为之原动力，可以得出结论说：

首先，一个人的行为目的之所以能够无私利他，只是因为他有爱人之心——同情心和报恩心——和完善自我品德之心：他之所以爱人而生同情心和报恩心，只是因为他人给了他利益和快乐；他之所以有完善自我品德之心，说到底，也是因为美德给了他莫大的利益和快乐。所以，无私利人的直接的原因、根据、原动力是爱人之心和完善自我品德之心；而终极原因、根据、原动力则是他人给了自己快乐和利益。其次，一个人所以会目的害人，只是因为他恨人而有嫉妒心和复仇心；他之所以心怀嫉妒和复仇而恨人，又只是因为他人给了他痛苦和损害：目的害人的直接的原因、根据、原动力是恨人之心，是嫉妒心和复仇心；而终极原因、根据、原动力则是他人给了自己痛苦和损害。再次，一个人所以会有利己目的，只是因为他爱自己，是因为他爱自己的生命而有求生欲和爱自己的人格而有自尊心；而他所以自爱而有求生欲和自尊心，只是因为他自己的生命和人格是他一切快乐之终极原因：利己目的的直接的原因、根据、原动力是自爱心、求生欲、自尊心；而终极的原因、根据、原动力则是自己给了自己快乐和利益。最后，一个人之所以会有害己目的，只是因为他的恨转向了自己而有内疚感、罪恶感和自卑感；而他所以会有内疚感、罪恶感和自卑感而恨自己，则是因为他的痛苦之因乃是他自己的缺德和无能：害己目的的直接的原因、根据、原动力是自恨心，是自卑感、内疚感、罪恶感；而终极的原因、根据、原动力则是自己给了自己痛苦和损害。

可见，每个人的行为目的，既可能是无私利他，又可能是自私利己，既可能是纯粹害人，也可能是纯粹害己。引发这些行为目的之直接非目的原因，亦即行为直接原动力，是各不相同的。但是，引发这些行为目的之最终非目的原因，亦即行为终极原动力，却完全相同：都是自己的苦乐利害，都是利己。人的一切伦理行为，如上所述，无非目的利己、目的害己、目的利他和目的害他四类。于是，总而言之，可以发现一切伦理行为所遵循的普遍规律：

每个人的行为目的都是自由的、可选择的、各不相同的：既可能是无私利他，又可能是自私利己，既可能是纯粹害人，也可能是纯粹害己；但是，产生这些行为目的的共同的非目的原因，亦即一切伦理行为原动力，却是必然的、不可选择的、人人完全一样的：只能是自己的苦乐利害，只能是利己。

这就是伦理行为原动力规律。显然，伦理行为原动力规律并非仅仅意味着：一切伦理行为的原动力都是利己的。这仅仅是该规律的内涵之一；它还具有另一内涵：确实存在着无私利他行为目的，正如存在着自爱利己行为目的一样。所以，伦理行为原动力规律具有双重内涵：一方面，每个人的行为目的既可能无私利他，又可能自私利己，既可能纯粹害人，也可能纯粹害己；另一方面，产生这些目的的共同的非目的因，亦即每个人一切伦理行为的原动力，只能是利己。

伦理行为原动力规律无疑是最深刻的人性定律。但是，这一定律，实为人性定质分析：它仅仅分析了人为什么能无私；却没有分析人能在多大程度上无私。更确切些说，它仅仅揭示了引发各种伦理行为目的的动因、原动力，说明了每个人为什么会有利己、利他、害己、害他四大目的，从而为这些目的——特别是两千年来一直争论不休的无私利他目的——的存在找到了根据。可是，人究竟能在多大程度上无私？一个人，果真如利他主义所说，能够恒久乃至完全无私吗？每个人的利己、利他、害己、害他四大目的多与少、久与暂的相对数量是否也有规律可循？有的，那就是顶顶有名的"爱有差等"定律：这是对人性的定量分析。

四、心理力学定律：李宗吾的伟大"发现"？

《厚黑学》作者李宗吾一再说，他最主要最伟大的理论贡献是发现"心理力学定律"。对于这一定律，他这样写道："吾人任发一念，俱是以我字为中心点，以距我之远近，定爱情之厚薄。小儿把邻人与哥哥相较，觉得哥哥更近，故小儿更爱哥哥。把哥哥与母亲相较，觉得母亲更近，故小儿更爱母亲。把母亲与己身相较，自然更爱自己。故见母亲口中糕饼，就取来放在自己口中。……由此知人之天性，是距我越近，爱情越笃，爱情与距离，成反比例，与磁电的吸引力相同。"①但是，李宗吾却宣称，关于这一定律的理论乃是他的创造："一日，在街上行走，忽然觉得人的天性，以'我'为本位，仿佛面前有许多圈子，将'我'围住，层层放大，有如磁场一般；而人心的变化，处处是循着力学规律走的……其时爱因斯坦的相对论已传至中国，我将爱氏的学说，和牛顿的学说，应用到心理学上，创一臆说：'心理依力学规律而变化。'"②问题显然在于：一方面，这一心理力学定律能否成立？另一方面，这一定律是不是李宗吾的发现？

① 李宗吾：《厚黑学续编》，团结出版社 1990 年版，第 108 页。
② 李宗吾：《厚黑学》，求实出版社 1989 年版，第 132 页。

这一定律，真正讲来，不过就是儒家的“爱有差等”，因而并非李宗吾的发现。但是，这一定律确实能够成立，因为它不是别的，而正是伦理行为原动力规律的引申。伦理行为原动力规律是最根本的规律，但它仅仅确证人的行为有哪些类型，特别是确证无私奉献行为。它最终说明了无私奉献的行为是有根据的，它的根据就是爱人之心、同情心、报恩心和完善自我品德之心；而爱人之心、同情心、报恩心和完善自我品德之心最终又源于利己心。所以，无私利他行为存在着一系列逐渐深化的根据：爱人之心、同情心、报恩心和完善自我品德之心是无私奉献的直接的根据；利己心则是其最终的根据。这样，我们就从质上说明了人是有无私奉献行为的。但是，我们还要从量上来考究，一个人的无私奉献的行为，如果经过良好的道德修养和道德教育，能不能够成为他一生恒久的行为？也就是说，一个人一生的或若干年的多数的行为能不能达到无私奉献的境界？一切的利他主义者，如儒家、基督教、康德和墨家等等，都认为就事实而言，固然人绝大多数的行为都是为自己，而无私的行为只能是极少数的偶尔的，但是，经过良好的道德修养和道德教育，一个人的无私奉献的行为就能够达到恒久乃至完全。这就是人性的定量分析的核心问题。现在我们就来考究人的伦理行为在量上究竟有没有什么比例和规律可循？社会达尔文主义者，如道金斯和威尔逊，认为一个人的无私奉献的行为只能是偶尔的少数行为。他们把这种规律叫做无私奉献相对数量规律。

我们现在就来探讨这个规律。对于这个规律最早的探讨，可以追溯到儒家的“爱有差等”规律。何谓爱有差等？《论语》等儒家典籍对此解释说：

爱父母，是因为我最基本的利益是父母给的；爱他人，是因为我的利益也是他人给的。但是，父母给我的利益多、厚、大；而他人给我的利益少、薄、小。所以，爱父母与爱他人的程度便注定是不一样的，是有多与少、厚与薄之差等的：谁给我的利益较少，我对谁的爱必较少；谁给我的利益较多，我对谁的爱必较多。

这就是儒家“爱有差等”定律。不言而喻，这一规律的基础就是伦理行为原动力规律。因为按照伦理行为原动力规律，我之所以能够无私利人，是因为我爱他人，而我之所以能够爱他人，是因为他人给了我利益和快乐。从此出发，我们就可以进一步推理，谁给我的快乐和利益较少，我对他的爱便较少；那么，我无私为他谋利益的行为便较少；谁给我的利益和快乐较多，我对他的爱便较多，那么，我无私为他谋利益的行为便较多。

这样一来，爱不可能一视同仁，不可能“爱无差等”。为什么呢？因为一个人从他人那里得到的利益不可能是同等的，而一定是有差等的。自己的父母给我的利益多、厚、大，他人的父母给我的利益少、薄、小。当然，如果我的父母把我抛弃了，他人的父母——我的养父母——给我的利益就可能多、厚、大。这个时候我对他人的父母的爱就多、厚、大了。所以，爱这个东西固然崇高，但它的出身和根源却并不崇高，堪称"有奶就是娘"。谁给他奶，他就管谁叫娘；谁给他利益和快乐，他就爱谁；谁给他奶多，谁给他的利益和快乐多，他对谁就爱的就越多：不管是亲妈还是干妈还是狼妈妈。"酒干倘卖无"那首歌很有哲理。你是捡破烂的，但是你养育了我，那么我对你的爱就多于那个抛弃了我的父母的爱；我无私为你谋利益就多于为我父母谋利益。所以，爱和为所爱的人谋利益注定是有差等的。这是儒家的伟大贡献。墨家批驳儒家说：按照儒家的爱有差等，谁给我的利益少，我给谁的爱就少，谁给我的利益多，我对谁的爱就多，那么，我对我自己的爱就最多。是不是？所以，儒家说了半天还是为自己，因而并非真正主张"无私利他"的仁爱原则。所以，墨家反对儒家，主张爱无差等，倡导应该同等地爱一切人，因为只有如此，才是真正的无私利他。孟子对墨家爱无差等的反驳有两点：

第一，孟子认为爱无差等没有人性的根据，是不可能达到的。"爱无差等"比"爱有差等"固然高尚，却是任何人都不可能做到的。孟子举例说：你能够同等地爱邻人的儿子和自己的侄子吗？换言之，你能同等地爱自己的父母和别人的父母吗？你能同等地爱自己的儿子和别人的儿子吗？不可能。确实如此。试想，墨家讲"爱无差等"，但是你看他们自己的行为，也必定是爱有差等的，根本达不到爱无差等的境界。因为无论如何，他们也是到自己的母亲的坟前默哀，而不可能每有一个老太太死了他就去哀悼一遍的。然而，按照爱无差等的要求，他们却是应该这样做的。

第二，孟子说，即使爱无差等可以做到，也是不公平的，是缺德的、不应该的行为。为什么呢？因为同等地爱自己的父母和别人的父母，那就等于无父无母：无父无母是禽兽也！孟子骂的对！你的父母养育了你，别人的父母没有养育你，但是你却同等地爱他们，你却同等地为他们谋利益，这岂不等于无父无母，这公平吗？不公平。不公平不就是缺德吗？试想，贾旗和伊雷，与我的关系不一样。伊雷和我是铁哥们儿，贾旗和我是普通朋友。那么，如果我现在信奉墨家，主张爱无差等，同等地对待贾旗和伊雷。这个时候伊雷心里会怎么想？他一定会觉得不公平。恐怕我们小的时候都有这种不公平的感觉。两个特别要好的人，如果其中的一个人要把另一个人与芸芸众生同等的对待，那么这"另一个人"肯定会感到不公平。所以，弗洛伊德说，基督教的爱无差等是不公平的。基督教和墨子一样，主张爱无差等。圣经一再说，我们应该爱无差等。为什么呢？因为上帝是把雨露和阳光的同等地给好人和歹人的。弗洛伊德指责基督教爱无差等的根本原因就在于爱无差等不公平。

显然，孟子对墨家爱无差等的反驳是完全正确的。不但爱有差等是可能的、有根据的，爱无差等是不可能的、没有根据的；而且爱有差等是公正的、应该的、道德的，爱无差等则是不公正、不应该、不道德的。这一点儒家高于墨家，这也是为什么儒家能够源远流长，而墨家却早就断了根热闹一阵就完了的缘故。儒家爱有差等思想历代相沿、不断发展，后来不知道何年何月被人用同心圆来表示：

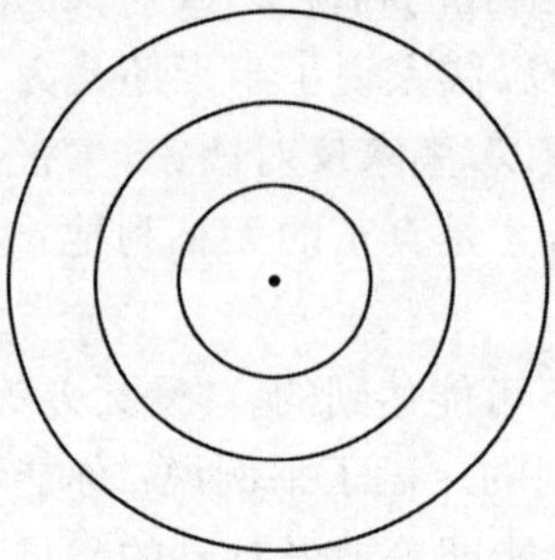

同心圆的圆心是自我，圆圈是他人。离自己（圆心）最近的他人（圆圈），就是给自己利益和快乐多的，按照儒家的观点，就是父母。稍远一点是妻儿兄妹；再远一点是朋友同乡；更远一点是同胞；最远的是外国人。一个人，确实像儒家说的那样，谁给我的利益多，谁就离我越近，我对谁的爱就越多，我无私地为他人谋利益的行为就越多；谁给我的利益和快乐越少，谁就离我越远，我对他的爱就越少，我无私地为他人谋利益的行为就越少。

这就是儒家的爱有差等理论，它的确是真理。但是，它对爱有差等的人性定律仅仅说了一半；还有另一半，更重要的一半，它不敢说了。但是，这更重要的一半却蕴含其中。那么，这更重要的一半究竟是什么呢？就是自爱必多于爱人，为己必多于为人。最早看到这一半的是墨家。《墨子·耕柱》篇便借巫马子的口，将儒家爱有差等进一步引申为：我对我自己的爱必最多。墨子这样写道："巫马子谓子墨子曰：'我与子异，我不能兼爱。我爱邹人于越人，爱鲁人于邹人，爱我乡人于鲁人，爱我家人于乡人，爱我亲人于我家人，爱我身于吾亲，以为近我也。'"

对于这段话，冯友兰说："巫马子是儒家的人，竟然说'爱我身于吾亲'，很可能是墨家文献的夸大其词。这显然与儒家强调的孝道不合。除了这一句以外，巫马子的说法总的看来符合儒家精神。"①其实，冯友兰只说对了一半。他忽略了"爱有差等"具有双重含义：一是作为行为事实如何的客观规律的"爱有差等"；一是作为行为应该如何的道德规范的"爱有差等"。从道德规范看，"爱我身于吾亲"确与儒家的孝道不合，也与儒家认为"为了自己即是不义"的

① 冯友兰：《中国哲学简史》，北京大学出版社 1985 年版，第 87 页。

义利观相悖。墨子断言“爱我身于吾亲”是儒家的主张，无疑是夸大、歪曲。这一点，冯友兰说对了。但是，从行为规律来说，既然谁离我越近、给我的利益越多，我对谁的爱必越多，那么，我对我自己的爱无疑必最多：爱我身必多于爱吾亲。边沁也看破了这一点。他写道：“每个人都是离自己最近，因而他对自己的爱比对任何其他人的爱，都是更多的。”①因此，“爱我身于吾亲”虽是作为儒家道德规范的“爱有差等”所反对的，却是作为行为规律的“爱有差等”的应有之义，是其必然结论，而决非墨子夸大其词。

但是墨家原本是从儒家分化出来的极左派，比儒家更极端，因而更反对为自己，更加反对“爱我身于吾亲”。所以，它从爱有差等推出这个结论，只是为了反驳和否定儒家的爱有差等，从而主张“爱无差等”。但是，它推出这一结论——爱我身于吾亲——是极端重要的。我们现在再来仔细地看一看这个同心圆。谁给我的利益和快乐越少他就离我越远，我对他的爱就越少，我无私为他谋利益的行为就越少；谁给我的快乐和利益多，谁离我就越近，我对他的爱就越多，我无私为他谋利益的行为就越多。那么，我对我自己的爱必然就最多，自爱必多于爱人！为自己必多于为他人！而为自己的行为总是多于为别人的行为，就意味着：每个人必定恒久为自己，而只能偶尔为他人。因为所谓“恒久”，就是超过一半的意思，就是在你的行为总和中超过一半；所谓“偶尔”，就是少数，就是在你的行为总和中不及一半的行为。这样，爱有差等人性定律的真谛最终便可以归结为：每个人必定恒久为自己，而只能偶尔为他人。这就是爱有差等定律，也可以称之为伦理行为目的规律。

这个规律在19世纪被德国大伦理学家包尔生命名为“心理力学法则”，可能是因为它和万有引力定律非常相像。万有引力是一种物理现象，是一种物体间的相互引力：两个物体间的引力的大小和它们的距离的平方成反比，和它们质量的乘积成正比。这就是万有引力定律。爱有差等乃是人的心理力学定律，是揭示每个人的那种爱人之心所导致的目的利他行为的那样一种力学定律。所以包尔生把它叫做心理力学法则。爱有差等的心理力学法则，无疑比万有引力定律更加深刻、复杂、伟大！因为物理现象无自由可言，是不会欺骗人的；而人的心理和行为却是自由的、充满假象，很难探讨得到。关于这一点，弗洛伊德曾进一步地说，不但别人很难知道我在想什么，我自己也很难知道自己想什么。因为人有很多无意识的愿望和动机，这些东西是他自己所不

---

① Ignacio L. Gotz, *Conceptions of Happiness*, University Press of America, Inc. Lanham', New York, 1995, p. 287.

知道的。人的行为的最根本的、真正的动力，并不是有意识的、自己知道的欲望和动机，而是那种自己不知道的、无意识的欲望和动机。所以，人的心理是最难探查的。

我小时候读《说岳全传》有一句话到现在还记得："画虎画皮难画骨，知人知面不知心"。心理学研究心理，比物理学复杂多了；而伦理学所研究的心理，比心理学所研究的心理不知道复杂多少倍！因为心理学所研究的人的心理现象是可以进行定量测量，有仪器可以把它测量出来，它可以数学化；但是，伦理行为的心理是不能进行定量测量的，所以是更难把握的。爱有差等之人性定律比万有引力之物理定律不但复杂艰深，而且对于人类社会的发展进步具有更大的意义和价值。因为正如陈独秀所言：国人的伦理觉悟——从而抛弃违背人性的恶劣的错误的不科学的道德而奉行符合人性的优良的正确的科学的道德——实乃最后最根本之觉悟，实乃社会发展进步的最后最根本之原因！然而，对于这一爱有差等之人性心理力学定律，李宗吾竟然在他的《厚黑学》里说是他的伟大的发现。李宗吾先生的脸可谓厚矣！因为他如此将爱有差等的同心圆心理力学定律说成是他的创造，实在是一种剽窃：首先是对鲍尔生的剽窃，因为他出生于鲍尔生之后，他是20世纪中国思想界的一个人物；最终是对儒家的"爱有差等"的剽窃。

爱有差等之人性定律在现代心理学得到了很好的印证。因为从某种意义来说，弗洛伊德心理学最重要的成果就是这个定律。他曾两次用马和骑手的关系来说明这一定律。马就是本我，亦即行为原动力的心理系统，说到底，也就是生理欲望，特别是那些无意识的生理欲望，主要是食欲和性欲。骑手就是自我，亦即行为心理系统，亦即行为目的与行为手段的心理系统，主要是理智。弗洛伊德说，骑手骑着马在前进，我们都以为骑手是自由的，马是听从骑手的，骑手让马往哪里走，马就往哪里走。换言之，我们都以为我们的行为目的的选择是自由的，只要我们想怎样无私利他，就能够怎样无私利他。其实不然。弗洛伊德说，恒久的看，整体地说，骑手是不自由的，他注定要按照马的欲望前进的；他背离马的意志而争得自由从而让马听从他，只能是偶尔的、局部的。这就是说，每个人的行为目的，偶尔地看，才是自由的、任意的：可以压抑也可以满足其生理需要和欲望；但恒久地看，则是不自由的：必定顺从生理需要和欲望的指令，而追求生理需要和欲望的满足。

弗氏曾多次以性欲为例论证这一规律。他说，以往人们认为自己能够压抑他的性欲，能够改变他的行为的原动力，使其听从于自我，以为他的目的可以自由选择。这是大错特错的。因为人的性欲这种本我或生理欲望是不可压抑的，它是一定要寻求满足的，人的行为目的最终总是为了满足他的性欲，无论你怎么压抑。只不过，你压抑它，它就寻求变态的满足，就寻求替代的满足；要是不压抑它，它就寻求真正的满足，寻求正常的满足。这一点，你仔细想一想，还是很有道理的。北大曾有一个博士生，他和我同岁。这个人，他就不谈恋爱，一心搞学问，他的性欲处于压抑状态。在读硕士的时候，我们俩是同学。那个时候他就是这样。结果，他不得不寻求替代满足。他的书桌墙上就挂着扮演林黛玉的演员像，边读书边观看。有一天，睡午觉的时候，我就听到住在隔壁的他大吵大叫起来了。我过去一看，只见他怒容满面。他对我叫道："你过来看一看！你看这像话吗？"我一看，原来那个林黛玉的演员像的嘴巴上面都被别人给画上胡子了。他怎么能不愤怒呢！你画上了胡子，他就寻找不到替代满足了，因为他是一个男子汉啊！

我的同学此举堪称"画饼充饥"。你吃不着真饼，就不妨画一个饼；画一个饼也能解决点问题，弗洛伊德称之为"替代满足"。替代满足永远达不到真正的满足，于是你就会不断地画下去，所画出来的画饼，弗洛伊德称之为升华，亦即真饼的"升华"，说到底，也就是性欲的升华。达·芬奇画蒙娜丽莎，依弗洛伊德主义之见，就是因为达·芬奇三岁丧母，有恋母情结，他画了好几年哪！蒙娜丽莎不是别的，就是达·芬奇恋母情结的性欲的一种升华，一种替代满足。性欲的替代满足永远达不到性欲的真正满足。所以，得不到真正满足的性欲就会推动他不断地努力画画，不断努力地著书立说，一句话，努力于追求升华。这样，他在艺术上就取得了巨大的成就。上世纪30年代中国一些学者也用这个道理来说明《金瓶梅》。《金瓶梅》为什么有很多性爱描写？其实就是得不到需要满足的作者在寻求性欲的替代满足啊！据说作者兰陵笑笑生是一个穷教书先生，只能看着他所执教的那些家庭的明眸皓齿、灯红酒绿，他却一个也得不到，他的性欲被压抑，他就寻求替代满足。他怎么样来满足呢？他不是画画，他用了另一种方式，就是将这些男欢女爱写成一部书，从而使自己的性欲得到宣泄和替代满足。

因此，弗洛伊德说，每个人的性欲和食欲等生理欲望是引发一切行为的原动力，是不可能被恒久压抑的，而必定要得到满足：不是常态的正常的满足，就是变态的、替代的满足。这样一来，人的行为的目的虽然可以压抑性欲和食欲等生理欲望，从而和引发它的行为的原动力背离，但是这种背离只能是偶尔的；反之，满足性欲和食欲等生理欲望从而与行为原动力相符必定是恒久的。特质心理学讲的也是这个道理。行为和行为者的特质是可以背离的，但只能是偶尔的背离，恒久的来说，他的行为一定是和他的特质相符的。比如说，兔子的特质就是懦弱，但它有勇敢的时候，兔子急了还咬人哪！那时它是很勇敢的啊！老虎的特质是勇敢，无所畏惧，对不对？但老虎也有怯懦的时候，老虎有的时候就害怕了，慌慌张张地就跑了。但是，老虎懦弱的时候一定是偶尔的，而勇敢无畏则是恒久的。这就是特质心理学的行为原理。引申这一原理可以说：人的行为的目的和原动力必定恒久相符，而只能偶尔相违。我当初就是受到特质心理学的启发，领悟到行为目的与行为原动力的恒久相符偶尔背离的道理的。

问题的关键在于，弗洛伊德还由此进一步指出，行为原动力或性欲和食欲等生理欲望遵循着唯乐原则，是完全利己的。确实，我们不是常说性爱、爱情是自私的吗？其实，这只说对了一半。因为情（性欲）是利己的，而爱是无私的。性欲是自私的，是利己的；而爱、爱情不是自私的，爱是无私的。为什么呢？因为爱与情或性欲根本不同。按照马斯洛的人的需要的五种类型，情或性欲属于生理需要、生理欲望，是最低层次，这一层次的东西是完全利己的。所以，性欲是排他的、利己的、自私的；而爱或真正的爱情则是利他的。为了爱情，人们可以无私奉献乃至牺牲。就像弗洛伊德说的，爱情使人对其所爱的人越看越完美，越看越伟大；相反，自己则相形见绌、越来越渺小。最后，他就会像飞蛾扑火一样，为他所爱的人赴汤蹈火、自我牺牲。所以，爱情能够导致无私奉献。但是，性欲等生理欲望却都是自私的、利己的。

这样一来，一方面，每个人的行为目的与最终产生它的行为原动力必定恒久相符，而只能偶尔相违；另一方面，每个人的一切行为的原动力只能是自爱利己。于是，合而言之，可以得出结论说：每个人的行为目的如果是出于自爱心而利己，便符合最终产生它的行为原动力，因而必定是恒久的；反之，如果出于爱人之心而无私利他，便背离了最终产生它的行为原动力，因而必定是偶尔的。一句话，每个人必定恒久为自己而只能偶尔为他人。这就是现代心理学所昭示的伦理行为目的相对数量规律，这就是现代心理学对于爱有差等人性定律之印证和推演。弗洛伊德将心理学的这一成就看得非常重要，认为这是他的最主要的发现，是对人类自尊心的第三次打击，也是最伟大的一次打击。

第一次打击是哥白尼做出的。哥白尼之前，人们都认为人类是宇宙的中心，人死了可以上天堂或下地狱，灵魂不朽，那有多好哇！人类的自尊心得到满足了。但是，哥白尼发现太阳才是中心，地球不过是围绕它旋转的一个星球而已。人类就像是一只只蚂蚁似的，是星球上面的一个个渺小的居民，在浩瀚的宇宙中，如同尘埃。这对人类的自尊心是一次打击。你不能永生了！你就是那么一个动物，一只蚂蚁而已。不过，尽管遭此打击，尽管人们承认哥白尼的理论是真理，他们还是普遍信仰人类中心主义，认为人类还是与其他动物根本不同，有不可逾越的鸿沟。是不是啊？

然而，达尔文对人类的这种自尊心进行了毁灭性的打击。达尔文证明，人猿同祖。人和猿，从解剖学上看，没有什么根本区别，没有不可逾越的鸿沟。你想，人与其他动物最根本的区别是大脑。但是，类人猿却比正常人的最大的脑量，还要大得多。类人猿的脑量可以达到一千四百克左右。人类的最大的脑量——法国一个著名的作家——才九百克。其他方面的区别就更无关紧要了。你有两个肺，猪也有两个肺；你有肝，猪也有肝；你有心，猪也有心。人类是由猿进化来的，并且是由那些弱势的、被从森林里赶出来的猴子进化来的。这是对人类自尊心的第二次打击。

但是，人类的自尊心还没有被击垮。人类还是妄自尊大，以为人类毕竟是理智动物，是按照理智行事的；而其他动物则是本能的动物，是按照本能或欲望行动。弗洛伊德说，这种观点是错误的，因为人其实并不是自己的主人。确实，你决心不谈恋爱就可以不谈恋爱吗？你决心不吃饭就可以不吃饭吗？马克思早就说，一个想有所成就干一番事业的人，恋爱结婚是最大的蠢事！但是，他 17 岁就开始追求比他大四岁的燕妮，24 岁就结婚了。所以，即使一个人一心想干事业不谈恋爱不结婚，到头来还是不由自主地谈起恋爱，甚至结婚。因此，理智无力欲无眼，理智并不是欲望的主人；恰恰相反，正如休谟所言：理智是为欲望服务的奴仆。

在这一点上，人与其他动物并没有什么区别。因为其他动物不是像我们现在所想的那么蠢，完全按照本能行动；它也按照理智行动的，只不过它的理智没有人类来得高明。对此我最有感触。我曾在海南任教两年半，当时卖猪肉都是一条一条地挂着，海南的人喜欢养那种大狗经常在这肉林中跑来跑去，却没有一个去咬那肉的，而只是吃你掉在地上的肉。这是何等理智的行为啊！我有一天冬泳回来经过六郎庄，想在那里买点香喷喷的烤肉。我正在专注地看着烤肉，却突然感到下边有一对眼睛也和我一样地在观看。我往下一看，原来是一条大狗蹲在那里静静地欣赏着烤肉！它就在那里看着，没有什么遮拦，完全可以一口把肉叼走，为什么不叼呢？分明是理智指导着它的行为！它的理智告诉它，如果叼走烤肉，有可能被打死啊！

所以，正如弗洛伊德主义所言，我们绝不能说人是理智的，动物是本能的。人与其他动物一样，都不是自己的主人，都不是自己的欲望的主人。人的行为，恒久说来，与其他动物一样，是被完全利己的生理欲望所必然决定的、不由自主的、不自由。更确切些说，每个人的行为目的，偶尔地看，才是自由的、任意的：可以压抑也可以满足其完全利己的生理需要和欲望；但恒久地看，则是不自由的：必定顺从完全利己的生理需要和欲望的指令，而追求生理需要和欲望的满足。这就是弗洛伊德主义给予人类自尊心的打击，是人类自尊心所遭受的第三次打击。这一打击蕴含着：每个人的行为目的，恒久地看，是不自由的，是必定为自己的；偶尔地看，才是自由的，是能够为他人的。这就是爱有差等人性定律之真谛，这是伦理行为目的之量的规律。

然而，我们平时却看到，我们一天到晚忙忙乎乎，好像都是为别人在谋利益。我王海明在这里讲课、备课，每天都在写书，岂不都是在为别人做嫁衣裳？不知不觉已经老了，满头白发，大有鞠躬尽瘁、死而后已的样子，以致人家都说我王海明很勤奋，我干的这些事都是在为别人谋利益。我们看到一些人，特别是那些令人敬仰的领袖，更是每天都在忙，最后累死拉倒。马克思最喜欢讲的一句话也是："我是在为人类工作"。凡此种种，岂不违背了恒久为自己的人性定律吗？

原来，每个人单独讲来，连一条狗都斗不过，无疑是一个软弱的动物。帕斯卡甚至说：人是一根芦苇，是一根脆弱的芦苇；但是，人又是一根智慧的芦苇。他的智慧告诉他，如果离开社会和他人，他就啥也不是了；但若结成群体、创建社会，他就能够征服一切。于是，人们便结成社会：人是一种社会性动物，人的生活乃是一种社会性生活。这种生活的根本特征，无疑是"我为人人，人人为我"，亦即分工与协作。而分工与协作便使每个人的一切行为都是通过他人、以依靠他人为手段；而仅仅通过自己、以依靠自己为手段的行为是不存在的。

不言而喻，在社会生活中，每个人的恒久的、绝大多数的行为必定都处于分工与协作之中，都是大大小小的社会集体活动或与他人和社会有关的活动；而分工与协作之外的、与社会和他人无关的孤独的个人活动是极其罕见、微乎其微的。因此，在社会生活中，每个人仅仅通过自己、以依靠自己为手段的行为便只可能是极少数的、偶尔的；绝大多数的、恒久的行为，必是通过社会和他人、以依靠社会和他人为手段。这是不难理解的。且不说成人之前，每个人是何等地依靠父母或养育者；就是长大之后，那衣食住行、事业爱情，又有哪一样是不依靠社会和他人的？仅仅依靠自己而不依靠社会和他人的行为，细细想来，实在寥寥无几——除了独自登山摘野果、下海采野菜、游山玩水、观花赏月之类的行为，还能举出什么呢？

每个人以依靠自己为手段的行为只能是偶尔的、极少数的，意味着：每个人的利己手段与害己手段——二者是依靠自己的两种相反表现——之和，只能是偶尔的、极少数的。因此，分别说来，每个人的利己手段与害己手段便都只可能是偶尔的、极少数的。反之，每个人以依靠社会和他人为手段的行为必定是恒久的、绝大多数的，则意味着：每个人的利他手段与害他手段——二者是依靠社会和他人的两种相反表现——之和，必定是恒久的、绝大多数的。因此，分别说来，每个人的利他手段与害他手段便都可能是恒久的、绝大多数的：恒久的、绝大多数的手段如果是利他，那么，害他手段显然便是偶尔的、极少数的；恒久的、绝大多数的手段如果是害他，那么，利他手段显然便是偶尔的、极少数的。于是，与伦理行为目的相对数量规律——每个人的行为目的必定恒久利己——相反，每个人的行为手段必定恒久利他或害他。

可见，每个人的行为手段必定恒久利他或害他——如果利他手段是恒久的，那么害他手段必是偶尔的；如果害他手段是恒久的，那么利他手段必是偶尔的——而只能偶尔利己与害己。这便是被人的社会本性所决定的伦理行为手段相对数量规律。

这一规律使我们可以理解，为什么每个人的行为目的必定恒久为自己，可是我们看到的现象却恰恰相反：绝大多数人都是恒久为他人谋利益，都是恒久为人民服务。这就是因为，行为目的是看不到的；能够看到的，乃是行为手段：行为目的是通过行为手段推断出来的。试想，我们岂不是只能看到教师在给学生讲课，工人在为他人生产，农民在为他人种地？但是，谁能看到教师讲课的目的？谁能看到工人生产的目的？谁能看到农民种地的目的？伦理行为手段统计性相对数量规律表明：任何社会，就其绝大多数人的多数行为来说，手段必利他。所以，我们看到的是：任何社会，就其多数的、恒久的行为来说，都是利他，都是为人民服务，因而呈现“我为人人、人人为我”之面貌。但是，这仅仅是行为的外在手段，而不是行为的内在目的。

然而，我们往往由人们都在为人民服务，便断言他们的目的是为人民服务，他们的目的是利他，进而断言人们的行为目的可以恒久达到无私利他的境界。这显然是把行为手段当成了行为目的。人们的恒久行为都是为人民服务，是不错的；但是，这仅仅是行为手段。绝大多数人的行为手段，恒久说来，都是为人民服务。如果由此断言为人民服务可以是人们行为的恒久目的，那就大错特错了。因为伦理行为目的规律告诉我们：为人民服务只可能是人们行为的偶尔目的，而不可能是人们行为的恒久目的。因此，为人民服务有目的与手段之分：作为手段的为人民服务可以是恒久的；作为目的的为人民服务则只能是偶尔的——把目的与手段区别开来，这是把握人性的关键所在。

按照伦理行为目的相对数量规律，每个人的行为目的必定恒久利己，而只能偶尔利他、害他、害己：唯有利己目的是恒久的。按照伦理行为手段相对数量非统计性规律，每个人的行为手段必定恒久利他或害他，而只能偶尔利己与害己：唯有利他手段或害他手段才可能是恒久的。于是，这两个规律结合起来，便构成伦理行为类型相对数量规律：

每个人的行为，必定恒久为己利他或损人利己——如果恒久为己利他，则必偶尔损人利己；如果恒久损人利己，则必偶尔为己利他——而只能偶尔无私利他、单纯利己、纯粹害人、纯粹害己。换言之，每个人的行为，唯有为己利他与损人利己才可能是恒久的，才可能超过他全部行为之一半；而其余一切行为——无私利他、单纯利己、纯粹害人、纯粹害己——之和，也只能是偶尔的，只能少于他全部行为之一半。

那些恒久为己利他者，如靠为别人生产粮食菜蔬为生的农民、靠为别人制造产品为生的工人、靠把产品送给需要者为生的商人、靠把知识传授给学生为生的教师等等，以依靠为社会和他人工作为生的芸芸众生，便是所谓的好人或君子。好人也不可能不损人利己。谁能够一点都不损人利己呢？甚至品德极其高尚的老托尔斯泰，有一次也为了给女儿置办嫁妆而欺骗一个买马者，以致事后忏悔不已。但是，好人的损人利己再多，也必定少于为己利他，否则，他就不是好人了。好人也不可能完全没有纯粹害人的行为。试问，谁能没有嫉妒心、复仇心、恨人之心呢？谁能一次都没有害人之意呢？只不过，好人极少纯粹害人罢了。

那些恒久损人利己者，如以偷盗、贪污、诈骗、绑架、抢劫等损人手段为生的人，便是所谓的坏人或小人。可是，我们为什么往往很难识别坏人呢？岂不就是因为坏人也不可能没有大量为己利他的行为？然而，他为己利他再多，也必定少于损人利己；否则，他就不是坏人了。坏人也不可能完全没有无私利他的崇高行为。岂不闻“虎毒不食子”乎？即使是那些最坏的人，也不可能完全丧失爱人之心。试问，他能不爱他心爱的人吗？能不爱他的父母、子女、情人吗？能一点都不为他们谋利益吗？只不过，他无私利他极其罕见，并且大都只能给予极少数人罢了。

那些在利益冲突时能够无私利他、在利益一致时能够为己利他，从而几乎没有损人利己、纯粹害人、纯粹害己行为的人，便是最好的人了，便是所谓的仁人。仁人的无私利他行为固然远远多于常人，亦即远远多于普通的好人；却也只可能是偶尔的，只可能接近而永远达不到恒久，达不到他行为总和之一半。因为爱有差等之人性定律表明，每个人的自爱必多于爱人，为己必多于为人：每个人必定恒久为自己，而只能偶尔为他人。这样，一个人即使是仁人，他也必定是人，因而人所固有的，他无不具有。因此，他的恒久的、超过他行为总和一半的行为，必定也只能是为己利他。否则，他就违背了"爱有差等"之人性规律，他就不是人了。

那么，什么样的人堪称最坏的人呢？正如最好的人是好人之极端，最坏的人则是坏人之极端。最好的人的特点，如上所述，是无私利他远远多于普通的好人。反之，最坏的人则是纯粹害人的行为，亦即出于嫉妒心等恨人之心的行为，远远多于普通坏人的人。不过，这些人纯粹害人的行为再多，也只可能是偶尔的，只可能接近而永远达不到恒久，达不到他行为总和之一半。因为如上所述，引发每个人利己目的的自爱心，必多于引发他的其他目的的爱人之心和恨人之心以及自恨心之和：这是不以人的意志而转移的人性定律。这样，一个人即使是最坏的人，他也必定是人：人所固有的，他无不具有。因此，他的恒久的、超过他行为总和一半的行为，必定也只能是目的利己，因而也就只可能是损人利己，而不可能是纯粹害人。否则，他就违背了人性规律，他就不是人了。

可见，每个人，不论是好人还是坏人，不论如何的好而高尚无比，还是何等的坏而龌龊绝伦，他的行为，必定都是恒久为己利他或损人利己——好人必恒久为己利他而偶尔损人利己，坏人必恒久损人利己而偶尔为己利他——而只能偶尔无私利他、单纯利己、纯粹害人、纯粹害己。这就是伦理行为类型相对数量规律，因而也就是人性类型的相对数量规律。

我们通过"伦理行为概念"、"伦理行为原动力"、"伦理行为的目的与手段"的研究，完成了"道德价值实体：伦理行为事实如何"篇，揭示了作为伦理学对象的"人性"——人的伦理行为事实如何之本性——的内涵可以归结为伦理行为目的、伦理行为手段、伦理行为、伦理行为原动力四层次。

伦理行为目的层次的人性是：每个人都具有利己、利他、害己、害他四种行为目的，并且必定恒久利己而只能偶尔利他、害他、害己。这是伦理行为目的相对数量规律。伦理行为手段层次的人性是：每个人都具有利己、利他、害己、害他四种行为手段，并且必定恒久利他或害他，而只能偶尔利己与害己。这是伦理行为手段相对数量规律。伦理行为目的和手段结合起来，便构成十六种、六类型伦理行为。伦理行为类型层次的人性是：每个人的行为，必定恒久为己利他或损人利己；而只能偶尔无私利他、单纯利己、纯粹害人、纯粹害己。这是伦理行为类型相对数量规律。伦理行为原动力，亦即引发一切伦理行为——手段和目的——的普遍的非目的因。伦理行为直接原动力的人性是：每个人都具有引发利己目的的自爱心（求生欲与自尊心）和引发害己目的的自恨心（内疚感、罪恶感与自卑心）以及引发利他目的的爱人之心（同情心与报恩心）和完善自我品德之心以及引发害他目的的恨人之心（复仇心与嫉妒心）；并且其自爱心（求生欲与自尊心）必定是引发行为的恒久的决定性动因，而其他感情——爱人之心、同情心、报恩心、完善自我品德之心和恨人之心、复仇心、嫉妒心以及自恨心、内疚感、罪恶感——之和，也都只能是引发行为的偶尔的决定性动因。伦理行为终极原动力的人性是：引发每个人一切伦理行为的终极非目的的因、终极原动力，只能是趋乐避苦、趋利避害的利己心。这就是伦理行为原动力规律。

这些性质和规律，也就是所谓“人的伦理行为事实如何之本性”，亦即伦理学所研究的人性。这些性质和规律既然是人性，那么，它们也就是一切人生而固有、永恒不变、必然的、普遍的属性；因而也就不能独立存在，而只能存在和表现于人们那些变化的、特殊的、偶然的属性之中。人们那些变化的、特殊的、偶然的属性，就是人性的“用”，就是人性的表现形式；而它们所表现出来的这些不变的、必然的、普遍的人性，则是人性的“体”，是人性的内容。所以，伦理学所研究的人性，也是内容与形式、体与用、不变与变化的统一体：这些人性的“体”或内容，亦即人性自身，是不变的、普遍的、必然的；而这些人性的“用”或形式，则是变化的、特殊的、偶然的。举例说：

每个人都具有利己、利他、害己、害他四种行为目的，并且必定恒久利己而只能偶尔利他、害他、害己。这是伦理行为目的相对数量规律，是普遍的、必然的、不变的，因而是人性的“体”或人性之内容。然而，品德高尚者的利他目的虽然达不到恒久却可能接近恒久；而害他目的虽然不可能无却可能接近于无。反之，品德败坏者的害他目的虽然达不到恒久却可能接近恒久；而他利他目的虽然不可能无却可能接近于无。这是特殊的、偶然的、变化的，因而是人性的“用”或人性的表现形式。

每个人都具有引发利己目的的自爱心（求生欲与自尊心）和引发害己目的的自恨心（内疚感、罪恶感与自卑心）以及引发利他目的的爱人之心（同情心与报恩心）和完善自我品德之心以及引发害他目的的恨人之心（复仇心与嫉妒心）；并且其自爱心（求生欲与自尊心）必定是引发行为的恒久的决定性动因，而其他感情——爱人之心、同情心、报恩心、完善自我品德之心和恨人之心、复仇心、嫉妒心以及自恨心、内疚感、罪恶感——之和，也都只能是引发行为的偶尔的决定性动因。这是伦理行为原动力规律，是普遍的、必然的、不变的，因而是人性的“体”或人性之内容。然而，品德高尚者的爱人之心和完善自我品德之心之为引发行为的决定性动因，虽然达不到恒久却可能接近恒久；而恨人之心、嫉妒心、复仇心之为引发行为的决定性动因，虽然不可能无却可能接近于无。反之，品德败坏者的恨人之心、嫉妒心、复仇心之为引发行为的决定性动因，虽然达不到恒久却可能接近恒久；而爱人之心和完善自我品德之心之为引发行为的决定性动因，虽然不可能无却可能接近于无。这是特殊的、偶然的、变化的，因而是人性的“用”或人性的表现形式。

人性是内容与形式、体与用、不变与变化的统一体，乃是伦理学对其进行研究的意义之所在。因为一方面，如果知道人性的哪些因素是必然的、不可改变的，便不会要求人们改变这些不可改变的人性，便不会制定违背人性的恶劣道德，而能够制定符合人性的优良道德。比如说，你制定“无私奉献”的道德原则，按照人性的分析，你只能把它奉为偶尔的道德原则来引导人的极少数的、偶尔的行为；人的绝大多数的行为都只能用“为己利他”来引导。否则，你就将在人性的定律面前碰得头破血流，你就只能造就伪君子！另一方面，如果知道哪些人性因素是偶然的、可以改变的，便可以减少、禁止其与道德相违者，而增进、发扬其与道德相合者，从而使优良道德规范得到实现。比如说，根据人性的分析，我们知道，每个人的同情心与妒忌心之有无是必然的、不可改变的；而其多少是偶然的、可以改变的。那么，据此我们便可以减少和压抑嫉妒心，而发扬和扩充同情心。因为嫉妒心有害社会存在发展，违背道德终极标准，而同情心则有利社会存在发展、符合道德终极标准。

因此，人性乃是优良道德规范制定和实现的基础、源泉。那么，在人性、人的伦理行为事实如何之本性中，究竟哪些可变因素是与道德相合抑或相违？符合人性之不变因素的优良道德究竟是怎样的？这就是“道德价值以及与其相符的优良道德规范”的研究对象：以道德之真正目的、优良的道德终极标准为尺度，来衡量这些人的伦理行为事实如何的本性之善恶，从中推导、制定出伦理行为之应该如何的优良道德规范。

第六讲

善：道德总原则

本讲提要

无私利他的正道德价值最高，是伦理行为最高境界的应该如何，是道德最高原则，是善的最高原则，是至善；单纯利己的道德价值最低，是伦理行为最低境界的应该如何，是道德最低原则，是善的最低原则，是最低的善；为己利他是利他与利己的混合境界，其道德价值介于无私利他与单纯利己之间，是伦理行为基本境界的应该如何，是道德基本原则，是善的基本原则，是基本的善。利他主义（其代表主要是儒家、墨家、康德、基督教）否定为己利他和单纯利己，而把无私利他奉为评价行为是否道德的唯一准则；合理利己主义（其代表主要是爱尔维修、霍尔巴赫、费尔巴哈、车尔尼雪夫斯基、老子、韩非、梁启超）否定无私利他和单纯利己，而把为己利他奉为评价行为是否道德的唯一准则；个人主义（其代表主要是尼采、海德格尔、萨特、杨朱、庄子）否定无私利他或为己利他，而把单纯利己奉为评价行为是否道德的唯一准则。所以，利他主义与合理利己主义以及个人主义不过是分别夸大无私利他、为己利他、单纯利己三大善原则而堕入谬误的片面化真理而已。

一、40 年前的困惑

我 1950 年生于吉林镇赉，在花草繁茂、虫鸟争鸣的小乡镇坦途长大。父亲是铁路工人，月薪五十多块养不起六个儿女，只好到处开荒种地。我常和二哥海宾锄地于烈日之下，挥汗如雨，便把背心浸过凉水穿上。一次，我问二哥："怎样才能逃此苦海，求得富贵？"二哥说："唯有读书。岂不知十年寒窗苦，一朝天下闻？"我遂发愤读书。但没过多久，大约是在 1968 年前后，举国上下便开始了对成名成家、个人奋斗的大批判，开始了大立"公"字、大破"私"字、狠斗"我"字、把自己从"我"字中解放出来的"公字化"运动，到处都能够听到大庆人的豪言壮语："离我远一寸，干劲增一份；离我远一丈，干劲无限涨；我字若全忘，刀山火海也敢上。"我悲哀、我困惑、我寻求：为什么只要目的利己，则不论手段如何利人，都是不道德、不应该的？为己利他、成名成家和个人奋斗为什么是不道德、不应该的？从此我便沉溺于伦理学研究。

我万万没有想到，"误入尘网中，一去四十年"。目的利己的道德价值的研究，会持续如此漫长的过程，以致将一个龙腾虎跃的棒小伙儿，变成了满头白发一脸沧桑的老头子。40 年不懈钻研的原动力，就是一直在我心中咆哮的为这个忍辱负重、功勋无比的"魔鬼"——为己利他——正名的呐喊与渴望。如今我终于明白，所谓应该的、道德的与不应该的、不道德的，不过是行为事实对于道德最终目的或道德终极标准的效用：符合道德最终目的或道德终极标准的伦理行为事实，就是伦理行为之应该；违背、不符合道德最终目的或道德终极标准的伦理行为事实，就是伦理行为之不应该。为己利他，我们说，它是应该的。它是伦理行为应该如何的道德原则。理由何在？很简单，就是因为"为己利他"既利己又利他，符合道德终极标准——保障社会的存在发展和增进每个人利益——因而就是善的、应该的、道德的。相反，损人利己，这是一种行为事实，那么，你怎么知道损人利己是不应当的呢？它为什么是不应当的呢？就是因为它不符合道德终极标准：保障社会的存在发展和增进每个人利益。如果每个人都损人利己，如果一个社会损人利己的行为超过一半，如果损人利己的行为多于为己利他的行为，这个社会就得崩溃。试想，如果卖假药等损人利己的行为，多于卖真药等为己利他的行为，这个社会岂不就不会有药铺，药铺岂不就得关门了？这个社会岂不就得崩溃了？所以，损人利己行为势必导致社会的崩溃，不符合道德终极标准——保障社会的存在发展和增进每个人的利益——因而就是不应当的。我们现在就按照这个思路来用道德终极标准衡量我们所研究的伦理行为事实如何，从中就可以推导出伦理行为应该如何的道德总原则。伦理行为事实如何，如上所述，可以归结如下表：

行为手段＼目的	利己	利他	害己	害他
利己	完全利己	为他利己	利己以害己	利己以害他
利他	为己利他	完全利他	利他以害己	利他以害他
害己	害己以利己	自我牺牲	完全害己	害己以害他
害他	损人利己	害他以利他	害人以害己	完全害他

这就是人类全部的伦理行为。你要想制定科学的、优良的道德原则，就必须用道德终极标准来衡量这16种伦理行为。这个工作我们以往没有做，非常主观任意地断定“无私奉献”就是人的行为应当如何的道德原则，认为人就是应该无私奉献的。人确实应该无私奉献。但是，真理的本性在于全面，谬误本性就在于片面。你仅仅倡导无私奉献，那么其他的行为呢？为己利他是不是符合道德终极标准的？是不是应该倡导的？科学的、优良的道德原则应该是一个体系，不应该仅仅倡导一种。所以，你要想建立优良的道德原则，就必须用道德终极标准来衡量全部的伦理行为。这样，你从中推导出的道德原则才是全面的、科学的、优良的。当我们用道德终极标准来衡量伦理行为事实如何16种的时候，我们发现，关键的问题就在于“目的利己”这种行为的道德价值究竟如何？也就是成名成家、个人奋斗、个人利益的追求、目的是为了自己的行为，它究竟是道德的还是不道德的？这是古往今来争议最大的一个难题。这个问题不解决，其他行为的道德价值就无从谈起。

我们多年来都是信奉一种利他主义的观点，就是儒家、基督教、康德、墨家他们所代表的观点，认为只要是为自己，不管手段如何有利于他人、有利社会，最多只能是合法的，但是绝不是合乎道德的，甚至它就是不道德的。所以，个人利益的追求在中国主流文化当中历来都是被否定的。我们现在也是这样的。我们现在树立的道德楷模，没有一个说他如何为自己的，都是说他是为了祖国、为了人民如何如何。为什么呢？因为我们的文化、我们的传统就是认为"为己犹如为盗"，墨家就是这样讲，孔子和孟子也都这么看。我们半个多世纪以来的观点也是这么看的：为自己就是不道德的，只有无私奉献才是道德的。这是最有力量的一种观念了。

另一种观点，就是我们常识的观点，也是合理利己主义的观点，就是认为目的为自己既不善也不恶，非善非恶，就看你用什么手段来实现。你要是用利他的手段、用造福社会和增进他人利益的手段来实现，就是善的，就是善的源泉；反过来，如果用损害社会、损害他人利益的手段来实现利己的目的，那么你的个人利益、利己的目的就是恶的，就是恶的源泉。我们的常识是这么看，现在在座的诸位多数也都是这么看：个人利益的追求是非善非恶的。这就比较缓和一点。这是合理利己主义的观点。这个观点其实也是成问题的。个人主义论者，像海德格尔、萨特、尼采、杨朱、庄子等等，他们的观点和合理利己主义还是不一样，而认为个人利益追求或目的利己是一种善。

对于个人利益的追求或目的利己，它究竟是善的还是恶、是道德的还是不道德的，古往今来争论了两千多年。那么，据我们的观点来看，在这一点上，个人主义的观点恐怕是正确的，而合理利己主义和利他主义都是错的。为什么呢？因为，我们说一种行为是善的还是恶，其实就是看它是否道德符合道德最终目的、道德终极标准。道德终极标准是什么呢？是增进每个人利益。利己、个人利益追求显然是符合道德终极标准的，因为它增进了自己的利益，也就增进了每个人利益的总量，对不对？所以它符合道德终极标准，符合道德目的，那么，它就是应该的、善的、道德的。所以，我们说个人主义的其他观点未必正确，但是在这一点上只有它看到了真理。

所以，什么叫做行善？为自己就是行善！未必是修桥补路才是行善。为自己那就是行善。它本身是善的，但是，它又是善与恶的共同的源泉。这一点，合理利己主义看对了。你要是以利他的手段来实现个人利益的追求，它就是善的源泉；你要是以损人的手段实现，那么，个人利益追求就是恶的源泉。我们多年来仅仅看到了一面，就是个人利益是万恶之源，这个并不错，但是它片面。一切恶确实来源于个人利益追求。像北京外语学院的冯大兴，他会好几门外语，但是他的个人利益膨胀，为了给他的未婚妻买好东西，他拿一个大扳子去撬银行，有两个看门的，他就用大扳子把他们打死了。这是恶，这是不成问题的，是什么造成的？是个人利益造成的。

但是，我们不应该仅仅强调了一面，忘了另一面：目的利己或个人利益追求同时也是万善之源。亚当·斯密所谓的“看不见的手”说的就是这个道理。他发现，在市场经济领域，每个人都是为自己的；但是，有一只“看不见的手”却使每个人“为己必利他”，亦即从为自己出发，而必定达到造福社会和他人之结果。确实，在市场经济领域人们都是为己的，做买卖都是为己的，这是没有问题的。但是，你看看，市场经济为什么能够繁荣发展呢？就是因为有一只“看不见的手”，使你为己必然利他。更确切些说，就多数市场经济行为来说，亦即就绝大多数经济人的多数行为来说，为己必利他。其实，古往今来的丰功伟绩，也大都是以个人利益的追求为源泉的。所以从这一点来看，个人利益追求又是善的源泉。所以个人利益追求本身是善的，同时它又是善与恶的共同源泉。

其实，你仔细想一想，个人利益追求原本有众多层次。最低的、最初级的追求，就是珍爱生命，就是求生欲所导致的那些行为。珍爱生命无疑会导致善，导致健康的社会。试想，人们要是不珍爱生命，那么，这个社会将是一个什么样的社会呢？病夫的社会！你得了肝癌，用棍子支撑着，这时候你工作的精神是伟大。但是，如果每个人都向你要学习，岂不是一个肝癌的社会吗？“小车不倒只管推”，我们多年来倡导这种精神，其实这是鼓励人缺德！“小车不倒只管推”，你得了肝病不好好治疗，只知道干活，你传染了多少人？你将给社会带来多大的害处啊？最近有位教授讲，谁健康就奖励谁。这是有道理的，但我们多年来就不知道这一点。我们说鲁迅肺上面穿了洞还在拼命地工作，这是何等伟大的精神，殊不知那也是一种缺德的行为啊！鲁迅、曹雪芹他们都是有点缺德的！他们缺乏贵生的美德。为什么孔子活到了七十三，孟子活到了八十四？因为他们有贵生的美德啊！“缺德”是各种各样的，有的是缺乏勇敢的美德，有的是缺乏节制的美德，很多人都缺乏贵生的美德。贵生是道家所倡导的最基本的道德原则啊！这个原则实际上是非常重要的。

所以，利己就是一种美德，是一种善。据达尔文考察，在草昧未开的原初社会，那个时候，人们的智力低下，认识不到节制等善待自己的、利己的道德的重要性。节制、自尊、贵生、谨慎、幸福等道德规范，都不是善待他人的，都是如何善待自己，都是讲怎么样利己的。但是，由于在初民社会，人们认识能力低下，所以就认为这些美德绝不是什么美德。他们就像我们现在这样，只是主张“无私奉献”，只是倡导人们如何要为部落做出牺牲。后来，人们才逐渐认识到了节制等利己的美德对于社会的意义。你想想，要是这个社会都是一群酒鬼、一群瘦鬼、一群病夫，你这个社会还能够繁荣吗？后来，随着文明社会的到来，人们才越来越重视如何善待自己的美德。

但是，贵生、珍爱生命毕竟是最初级的利己，是一种最低级的美德。高级一点的利己的美德就是自尊。因为自尊不仅仅是使自己受到尊重这样的一种善待自己的行为；这种行为也像罗尔斯和梁启超所说的那样，乃是社会一切财富的源泉。试想，你如何使得自己受到自己和别人的尊重呢？显然就要有所成就。你要有成就，有所创造，有所发明，你干出事业来，别人才会尊重你，否则谁会尊重你？孟子早就说了，如果你像鸡狗一样，谁会尊重你啊？所以，自尊的社会价值是莫大的。每个人只有有了自尊，有了这样的一种使得自己受到自己和别人尊重的心理，他才会不断地创造，他才会克服多年劳作的苦辛，他才能够在各个领域做出成就，从而社会才能够蓬蓬勃勃地发展。所以利己不但是一种善，而且是最根本、最重大的善之一啊！

最高级的利己就是自我实现。自我实现就是实现自己的创造性潜能从而成为一个可能成为的最有价值的人。自我实现，正如马斯洛所言，乃是人的最高级的需要，因而是一个人的利益和幸福的最高体现。每个人追逐个人利益和幸福，表现在各个方面，如追逐金钱、追求地位、追求权力、追求名望等等。但是，最高的最有价值的幸福乃是实现自己的创造潜能，从而成为一个可能成为的最有价值的人。这样的人是最令人羡慕的。试想，纵使你有一个亿的资产，到头来你自己能享用多少？你能吃多少？你能住多少？难道你每时每刻都不停地吃、每天每夜都换一个地方睡不成？其实人们从内心里并不怎么钦佩你。当然，他要求到你的时候，给你说两句好话。你不就是一个钱口袋吗？那些大款，你有啥啊？你靠机会、运气、家庭、关系赚了大钱。除了钱，你有啥啊？那么当官呢？《儒林外史》讲得很好，没有当官的时候舍了命求官，真正求到的时候，味同嚼蜡，骑虎难下。我曾经当过副处长，知道那个骑虎难下的滋味。因为你当了副处长你就得当处长，否则你面子下不来。我当时也不想干了，但就像骑老虎似的，下不来了。当官真的没啥意思。李白说得好：功名富贵若常在，汉水亦应西北流。所以，只有实现自己的创造性潜能才是最幸福、最重要、最有价值的：它是最高级的利己，是目的利己的最高表现。

实现自己的创造性潜能不但对自己具有最大价值，而且对社会具有最大价值。社会的财富是靠什么东西来的？它是每个人的活动创造的，是每个人潜能实现的结果，特别是每个人创造性潜能实现的结果。所以，最自由的因而每个人能够充分实现自己的创造潜能的社会，就是最繁荣、最富强的社会。这么多年来，我们的苦少吃了吗？要鼓足干劲、力争上游，多快好省地建设社会主义，玩命地干，可是到头来怎么样呢？你说美国是一个什么样的社会？它是不是叫我们整天无私奉献、叫我们要玩命地干？不是的！它是一个提倡自由的国度，它鼓励每个人充分地实现自己的潜能，这样社会就能够蓬蓬勃勃地发展起来了。所以自我实现是全社会一切财富之最重大、最根本的财富，是全社会一切财富的最根本、最重要的源泉，是一个国家崛起的最具决定性的因素。

可见，目的利己、个人利益追求，就其本身来说就是善，就其结果来说则是善与恶的共同源泉。那么，强烈的利己、个人追求，就其本身来说就是巨大的善！个人利益追求越强烈，这个善就越大！因此，不但不应该压抑和批判个人利益、个人名利的追求，而且应该鼓励和倡导成名成家、发财致富、当官致贵。这样社会才能够繁荣富强啊！是不是？你应该有着强烈的个人欲望和追求！你看看古往今来那些出人头地者，有哪一个是个人利益追求淡泊的人？个人利益追求淡泊的人永远不过是一个只能成就小善小恶的凡夫俗子啊！只有个人利益追求强烈的人才能够克服困难，承受几十年成就事业的万般苦辛，他才能够有所发明，他才能够发现推动历史前进的新的动力，他才能够开辟历史的新的篇章！在这样的人面前，珠穆朗玛峰不过是一个土丘而已！相反，个人利益追求淡泊的人，一个小小的土丘那也成了不可逾越的珠穆朗玛峰！所以，强烈的个人利益、个人名利的追求乃是最大的善！

当然，强烈的个人利益、个人名利的追求之为巨大的善的源泉，仅仅是问题的一个方面；另一方面，强烈的个人利益、个人名利的追求也是巨大的恶的源泉。那些巨大的恶，像希特勒、墨索里尼、东条英机做出的罪恶，无疑源于强烈的个人利益之追求。这些历史的罪人，同样是由特殊材料构成的；这些材料的动力源就是一种强烈的、火焰般的个人利益的追求！这是没有问题的。但是，支撑着拿破仑前进的，使托尔斯泰写出他的一部一部书的，也是一种强烈的个人利益的追求、成名成家的强烈的渴望。像托尔斯泰这样的人，品德是非常高尚的，很有钱，但是他倡导平民化，骑毛驴子、穿白布衫子、吃米粉团子。他为什么能够写出那一部一部的著作呢？为什么写出《战争与和平》、写出《复活》、写出《安娜卡列尼娜》这些不朽的著作？他自己说，他就是追求虚荣！其实是追求光荣，也就是一种强烈的个人名利、个人利益之追求。同样，拜伦为什么能够成为拜伦呢？因为他就追求“一觉醒来名声就传遍天下”。所以，我们在这一点上赞成穆勒的观点，个人利益追求越强烈，意味着它本身就越是巨大的善，同时也是巨大的善和巨大的恶的源泉。

我们还可以做进一步的比较。强烈的个人利益追求，它不但要善于、优胜于、好于淡泊的个人利益追求，而且它还远远地优越于、重要于、伟大于“无私奉献”的追求。这一点我不知道你们仔细想过没有？人要想做出一番事业，要想在历史上留下痕迹，要想能够开辟出历史的新的篇章，要想能够建功立业，他势必要付出一辈子的苦辛，他一定是要几十年如一日，至少是要恒久为之，而不能偶尔为之。只有恒久的行为才能够造就出丰功伟业，偶尔的行为只能够成就小善小恶的俗举。这一点，我想是能够成立的。古往今来的那些伟大的成就，哪一个是偶尔为之、一蹴而就的？这一点能够成立，我们就可以推论，无私奉献的行为注定成就不了丰功伟业！为什么呢？因为“爱有差等”的人性定律告诉我们：无私的行为它只能是偶尔的，人们恒久的行为必定是为自己；人们必定是恒久为自己，而只能偶尔为他人。那么，成就你丰功伟业的行为，一定是为己利他的行为，而绝不会是无私奉献的行为。所以，你仔细看看历史，那些在历史上做出了伟大成就的人，哪一个是无私奉献的楷模？古往今来伟大的人物，贝多芬也好，达·芬奇也好，各个领域里面的伟大的思想家，有哪一个是无私奉献的楷模？秦皇、汉武、唐宗、宋祖，曹雪芹、托尔斯泰、牛顿、莱布尼兹，有哪一个是无私奉献的人？能说牛顿和莱布尼兹是无私奉献的楷模吗？不可能！因为两人为了争夺微积分的发明权都已经到了不择手段的地步，而成为科学史上一段丑闻和污点。

就是马克思本人也很难说他是无私奉献的楷模！我是专门研究马克思主义的，到现在有人还是认为我是属于“马克思主义新左派”。但是马克思不是无私奉献的楷模，这一点大概是可以肯定的。我这里指出一件差不多谁都知道的事情。马克思和恩格斯四十多年的友谊，曾差点毁之于一旦。因为恩格斯的爱人白恩氏逝世的时候，恩格斯给马克思写了一封信，沉痛地告诉马克思，白恩氏死了。他就等着马克思给他安慰呢！但是马克思他一事当前，想的不是恩格斯的悲痛，而是自己的贫困。他回复恩格斯的信竟然对白恩氏只字未提，而只是表白自己的贫困，向恩格斯要 5 英镑。恩格斯读了马克思的信，着实伤心。他给马克思回信，谴责马克思：你怎么能这样呢？虽然白恩氏和我不是名正言顺的夫妻，但是我们其实也就是夫妻。她和我生活了这么多年，她死了，你一句安慰的话也没有，你还是我的真正的好朋友吗？一想到我们多年的友谊就将毁于一旦，我的心很痛苦。马克思一看，慌了神，马上给恩格斯回了一封信说：当时接到你的信知道夫人逝世，我非常痛苦，大燕妮和小燕妮也都非常的痛苦，但回信时不知怎么就忘了这码事。

所以，我怎么看也看不出马克思是一个雷锋式的无私奉献的楷模。如果那样的话，我也就不热爱他了。因为那不是人，那是神。我是非常热爱马克思的。我这一次到曲阜，他们说你买一个孔子像吧，我说，我不买，因为我有马克思的像。我不喜欢孔子。古往今来真正能够做出伟大贡献的，他一定是并且只能是一个强烈的追求个人利益的人。为什么呢?爱有差等的人性定律决定了无私奉献只能是偶尔的。你要是承认爱有差等,你就得承认每个人必定恒久为自己而只能偶尔为他人;你承认了每个人是恒久为自己的,就意味着历史上的丰功伟绩决不能是无私造成的!无私奉献的行为成就不了丰功伟业。所以,最终我们得到一个结论:无私奉献对于公共利益的贡献不过是如投石入海,它的力量是很小的,在历史上是无足轻重的;而对个人利益强烈的追求则是推动公共利益之洋的狂风巨浪,个人利益的追求是使社会繁荣富强、蓬勃发展的天火。

综上可知,应该反对的,既不是利己目的,也不是强盛的利己目的,更不是以利他手段实现的利己目的,而仅仅是以损人手段实现的利己目的。利己目的,正如霍尔巴赫所说,分明是一块沃土:这块沃土,由于人在上面的播种和耕耘是同样宜于生长有益的作物和有害的荆棘的。道德的最重要的任务就在于:在这块沃土上播下有益社会和他人的作物,除掉有害社会和他人的荆棘,从而生长出公共利益和他人利益以及个人利益的丰硕果实!因此,列宁不但不反对个人追求、利己目的,而且还把它奉为调动劳动者积极性进行社会主义建设的依据:“不是直接依靠热忱,而是借助伟大革命所产生的热忱,依据个人利益,依据个人兴趣,依据经济核算……否则你们就达不到共产主义,你们就不能把千百万人引导到共产主义。”①

二、两句三年得,一吟双泪流

我的伦理学研究的动力,原本是为成名成家正名,特别是为那种为了自己成名成家正名,亦即为所谓“个人奋斗”正名;而绝不否定为祖国成名成家,不但不否定为祖国成名成家,而且认为为祖国成名成家是成名成家的最高境界。但是,研究结果实在是出乎意外。因为,如果从利己目的之善恶出发,进而解析以其为轴心的16种伦理行为的善恶问题,我们就势必得出这样结论:仅仅为自己而不为祖国成名成家是应该的、道德的;反之,仅仅为祖国而不为自己成名成家却是不应该的、不道德的。我到今天还清楚记得,我得出这个结论的那个日子。那是1998年的一个夏日的下午,我和往日一样,坐在颐和园团城

① 《列宁选集》第四卷,人民出版社1976年版,第592页。

湖畔，背靠那棵大树，像画家那样地写着我的《新伦理学》。忽然，我确信我找到了30年来我一直在探索的那个难题——成名成家的道德价值——的答案：仅仅为自己而不为祖国成名成家是应该的、道德的；反之，仅仅为祖国而不为自己成名成家却是不应该的、不道德的。我激动异常，抬头远眺玉泉山上的玉峰塔，但见塔旁群鸽翱翔、白云悠悠，不禁顿时泪流满面，颇有当年贾岛“两句三年得，一吟双泪流”的感慨。闲言少叙，现在就让我将当初得出这一结论的推演过程重现出来。

首先，我们刚刚讲过，人类全部伦理行为可以归结为16种。不难看出，这16种人性或伦理行为，按其对于道德最终目的或道德终极标准——增减每个人利益总量——的符合还是违背之效用，可以归结为两大方面。一方面，人类全部道德的、应该的、善的伦理行为可以归结为三大行为类型、三大道德境界、三大道德原则、三大善原则。第一大行为类型包括4种目的利他行为，可以名之为“无私利他”。第二大行为类型包括为己利他和惩罚他人的目的害人以及自我惩罚的目的害己两种等害交换行为，不妨仍名之为“为己利他”；因为为己利他的基本境界显然是等利交换，因而便大体与等害交换的道德价值相等。第三大行为类型包括完全利己和害己以利己，可以名之为“单纯利己”。这样，人类全部的善行便不过三类：无私利他、为己利他、单纯利己。利他的道德价值无疑高于利己的道德价值。所以，无私利他的正道德价值最高，是伦理行为最高境界的应该如何，是道德最高原则，是善的最高原则，是至善；单纯利己的道德价值最低，是伦理行为最低境界的应该如何，是道德最低原则，是善的最低原则，是最低的善；为己利他是利他与利己的混合境界，所以其道德价值便介于无私利他与单纯利己之间，是伦理行为基本境界的应该如何，是道德基本原则，是善的基本原则，是基本的善。

另一方面，人类全部不道德的、不应该的、恶的行为也可以归结为三大行为类型、三大不道德境界、三大不道德原则、三大恶原则。第一大类型包括4种目的害他行为(除去等害交换的惩罚他人的行为)，可以名之为“纯粹害人”。第二大类型是“损人利己”。第三大类型包括4种目的害己行为(除去等害交换的自我惩罚的行为)，可以名之为“纯粹害己”。这样，人类的全部恶行也不过三类：纯粹害人、损人利己、纯粹害己。害他的负道德价值显然高于害己的负道德价值。所以，纯粹害他的负道德价值最高，是伦理行为最高境界的不应该如何，是不道德的最高原则，是恶的最高原则，是至恶；纯粹害己的负道德价值最低，是伦理行为最低境界的不应该如何，是不道德的最低原则，是恶的最低原则，是最低的恶；损人利己的负道德价值则介于纯粹害他与纯粹害己之间，是伦理行为基本境界的不应该如何，是不道德的基本原则，是恶的基本原则，是基本的恶。

然而，无私利他是最高的善，却不是最重要的善；为己利他是基本的善，也是最重要的善，是最大的善。为什么？因为只有“为己利他”或“损人利己”才可能是每个人的恒久的行为，而无私奉献只能是偶尔的行为。人类社会主要的善，我刚才讲了，是由恒久的行为造成的，而不是由偶尔的行为造成的。因此，人类社会的善主要是源于为己利他而不是源于无私奉献；社会上的丰功伟绩不是无私奉献铸就的，而是为己利他铸就的。社会的本性，正如罗尔斯所言，就是一个利益交换体系，而不是一种无偿的行为体系。整个社会从它的终极目的看，从社会的整体来看，是靠为己利他来维持的，而不是靠无私奉献来维持的。所以无私奉献是道德的最高境界，但是没有这个东西，社会也能够存在和发展。然而，如果没有为己利他，这个社会就会崩溃了。所以，我们说，为己利他是基本的善，也是最重要的善，它是引导人类恒久行为的那样一个恒久的道德原则，它是基本且恒久的道德原则；无私奉献是最高的善，是最高的道德原则，但是，它是最高且偶尔的道德原则，它不是最重要的道德原则。单纯利己也是这样的，它是最低且偶尔的道德原则。

反过来也是一样，损人利己是最重要的恶。因为每个人的恒久行为，不是损人利己就是为己利他。所以，在所有的恶行中，只有损人利己才有可能成为恒久的行为，而纯粹害他和纯粹害己都不可能成为恒久的行为。你看见过有多人在那里整天害己割自己的耳朵、割自己的鼻子？纯粹害人去割别人的脸，那样的行为也是很少的，你看见过几个？那都是有点变态的人才会干的。所以，只有损人利己的行为才是经常发生的。比如说，偷东西啦，说别人的坏话啦，整别人啦，这些损人利己的行为是常事。整别人是为什么？把别人的脸涂得黑黑的，我的脸不就漂亮了吗？这是一种损人利己的行为。谁不干点儿损人利己的勾当？活着不容易啊！财富很有限啊！你当了班长我就当不了班长，那我能不整你吗？你长得漂亮我长得难看，又是我的情敌。我多么想咬掉你的鼻子！但我要是咬掉你的鼻子，我的鼻子即使不被你咬掉，我也必定受到同等的惩罚。所以，我不能干咬掉你鼻子这种纯粹害人的蠢事。可是我整你不要紧啊！我说你坏话，不但不害己，而且能够利己：损人利己。人们常干的坏事就是这种。所以，你才会看到人们生活在社会中忧馋畏讥、战战兢兢、如临深渊、如履薄冰。周公，你想，他有那么高的地位，但是，官升一级，他就不敢走大路了，走小路；再升一级，他就绕着墙根走；平时他直着腰，后来他就弯着腰。周公真是太聪明了！你知道为什么吗？出头的椽子先烂！有你在那里挡着路，大家都要整你，损人利己的行为是很普遍的，所以损人利己可能是一种恒久的、基本的、最重要的恶。道德的基本的任务并不是反对嫉妒心所引发的那种常常害人的毁容行为；也不是反对那种出于内疚的纯粹害己的跳楼的行为；而主要是反对损人利己的，正像道德的最基本任务是倡导为己利他而不是倡导无私奉献一样。

这样，我们便通过道德目的、道德终极标准，从人类全部伦理行为事实如何的客观本性中，推导出六大准则。它们一正一负、一阴一阳：最高的善是无私奉献、最高的恶是纯粹害他、基本的善是为己利他、基本的恶是损人利己、最低的善是单纯利己、最低的恶是纯粹害己。这善恶六大原则及其相互关系可以用一个数轴来表示：

——无私利他（最高的善、至善）
——为己利他（最重要的善、基本善）
善　——单纯利己（最低的善）
· 0
——纯粹害己（最低的恶）
恶　——损人利己（最重要的恶、基本恶）
——纯粹害他（最高的恶、至恶）

不难看出，三大恶原则的适用范围都是绝对的：任何人在任何条件下都既不应该纯粹害己，也不应该损人利己，更不应该纯粹害他。然而，三大善原则的适用范围却都是相对的。单纯利己的适用范围显然主要是每个人与社会或他人没有直接利害关系，而只与自己有直接利害关系的伦理行为，如一个人跑步、游泳、游山玩水、观花赏月等等。这些与社会或他人没有直接利害关系的行为，都属于单纯利己范畴，因而都符合单纯利己道德原则。但是，一些关涉社会或他人利害的伦理行为，如不愿捐献自己的肾给那些需要肾的尿毒症病人，似乎也属于既不利人又不损人的单纯利己行为范畴，因而也可能符合单纯利己道德原则。其实不然。因为人是社会动物，每个人的一切都是社会和他人给予的。这样，一个人只要生活于社会中，那么，面对任何人的困难，他都应该给予帮助：你可以不捐献你的肾，但总应该量力而为，给予尿毒症病人一些帮助。否则，如果袖手旁观或不给予任何帮助，就是一种或多或少的忘恩负义的不公正的恶行，而绝不是什么既不损人又不利人的单纯利己。所以，单纯利己的适用领域极其有限，主要是与社会或他人没有直接利害关系、而只与自己有直接利害关系的伦理行为。

与“单纯利己”相反，“无私利他”和“为己利他”显然纯粹是指导每个人与社会或他人有直接利害关系行为的道德原则。不过，“无私利他”和“为己利他”的适用领域根本不同。不言而喻，为己利他仅仅适用于利益一致可以两全或两利的行为，不适用于利益不一致因而不可能两全或两利的行为。因为利益不一致而不能两利，显然意味着，不可能为己利他、己他两利：为己利他、己他两利只可能发生于利益一致而可以两全的情况下。举例说，做买卖，既有利于买者又有利于卖者，是一种利益一致可以两全两利的行为，因而适用于为己利他原则：为己利他的买卖是道德的；损人利己的买卖是不道德的。反之，路遇惊马，我若拦马救人，很可能受伤甚至死亡；若袖手旁观，则可能踩死踩伤众多路人。这样，自己的利益就与路人的利益发生了冲突而不能两全两利。在这种情况下，显然不可能为己利他、己他两利；为己利他不适用于利益不一致而不能两全的行为。那么，适用于利益不一致因而不能两全的行为之道德原则是什么？

不难看出，适用于利益冲突而不能两全行为的道德原则，只能是无私利他、自我牺牲。因为在利益冲突不能两全的情况下，一个人若不自我牺牲便必定损人利己，而不可能存在其他选择。所以，在利益冲突不能两全的情况下，只有自我牺牲、无私利他才是道德的：自我牺牲、无私利他是解决自我利益与社会或他人利益发生冲突的唯一道德原则。然而，问题在于：无私利他是否也适用于利益一致可以两全的行为？否！因为无私利他与自我牺牲实为同一概念：任何无私利他，至少都必须压抑、牺牲自己一定的利己的欲望和自由以及自己一定的时间和精力。这样，在利益一致可以两全的情况下，无私利他便因其压抑、牺牲了自我欲望、自我利益而违背了在利益一致情况下“不损害一人地增加利益总量”的道德终极分标准或帕累托标准，因而是不应该、不道德的、恶的。在利益一致可以两全的情况下，之所以应该为己利他而不应该无私利他，还因为在这种情况下，为己利他比无私利他更能增加社会和每个人的利益总量。这可以从两方面看：

一方面，无私利他似乎没有增加社会利益总量。因为无私利他是一种单赢原则，它虽然增加了他人利益总量，却没有增加自我利益总量，甚至减少了自我利益总量：至少压抑和牺牲了一定的利己的欲望和自由以及自己一定的时间和精力。反之，为己利他则显然增加了社会利益总量。因为为己利他是一种双赢原则，它不仅增加了他人利益总量，而且增加了自我利益总量。另一方面，即使无私利他增加了社会的利益总量，也必定远远少于为己利他所增加的社会利益总量。因为只有为己利他才具有——无私利他却不具有——增进社会利益的最强大的动力：个人利益追求。

可见，在利益一致可以两全的情况下，如果为己利他而不是无私利他，便极大地增进了社会和每个人利益总量，极其符合道德终极标准，因而是极其应该的、道德的；反之，如果无私利他而不是为己利他，便极大地减少了社会和每个人利益总量，极大地违背道德终极标准，因而是极其不应该、不道德的。那么，在利益一致可以两全的情况下，是否丝毫不应该无私利他而只有纯粹的为己利他才是应该的？不是。因为在这种情况下，"人己兼为"、"己他两利"无疑更加符合道德终极标准。所谓人己兼为、己他两利，也就是目的既为自己也为他人而手段则利他或既利他又利己的行为，因而也就属于为己利他与无私利他的混合类型。例如，一个家庭主妇操持家务，往往便既为自己又为该家庭的其他成员，因而属于为己利他与无私利他的混合行为。这种混合行为显然比"为己利他"更加符合利益一致情况下的"不损害一人地增加利益总量"的道德终极分标准和"增进全社会和每个人利益总量"的道德终极总标准，因而更加是道德的、应该的。

诚然，为己利他，这种行为确实像冯友兰、儒家、康德所讥讽的那样，是一种"巧于算账"的行为，是一种斤斤计较的行为。我造福社会和他人，比如说，我给你好处，是为了让你为我服务，这是一种"斤斤计较"，是一种巧于算账的行为。它虽然不那么高尚，但是只有它才能够并且也才应该引导人的恒久的多数的行为。因为人的恒久的行为是利益一致的行为；在利益一致的时候，只有一种道德原则是合乎道德的，不是恶的，那就是为己他、己他两利。那么，人们在利益一致的时候，在这个领域，只有一个原则是应该奉行的，就是为己利他。所以在利益一致的时候，你就不能叫人家，比如说，非得到那边疆去，到老少边穷的地方去。其实那是在害人家，那是不应该的。利益能够两全的时候，只应该倡导为己利他：你妈妈在做饭的时候你只能叫她为己利他，你不能说你应该无私奉献，你不能说妈妈不愿意吃什么才应该做什么，对不对？在利益一致的时候应该是既为己又利他，这样的行为才是合乎道义的。所以为己利他的适用范围是利益一致行为。

遗憾的是，多年来我们不懂得这个道理，却极力倡导不应该为自己而只应该为祖国成名成家。这种倡导显然是极不道德的。因为成名成家无疑既有利于自己又有利于社会，属于利益一致可以两全的行为。所以，要求一个人为祖国而不为自己成名成家，便因其压抑和牺牲了自我欲望、利益而违背了在利益一致情况下"不损害一人地增加利益总量"的道德终极分标准。优良的道德只应该要求人们为自己成名成家或既为自己又为祖国成名成家。因为不但只有如此才符合在利益一致可以两全情况下“不损害一人地增加利益总量”的道德终极分标准，而且为自己成名成家比为祖国成名成家更能增加社会和每个人的利益总量：只有前者才具有而后者却不具有增进社会利益的最强大的动力——个人利益追求。所以，如果为自己成名成家或既为自己又为祖国成名成家，不但符合“不损害一人地增加利益总量”的道德终极分标准，而且因其增进了社会和每个人利益总量而符合道德终极总标准，因而是极其应该的、道德的；反之，如果仅仅倡导为祖国成名成家而反对为自己成名成家，不但不符合“不损害一人地增加利益总量”的道德终极分标准，而且因其减少了社会和每个人利益总量而违背道德终极总标准，因而是极其不应该、不道德的。一句话，仅仅为自己而不为祖国成名成家是应该的、道德的；反之，仅仅为祖国而不为自己成名成家却是不应该的、不道德的。

总而言之，纯粹的无私利他原则只应该用于利益不一致而不能两全的行为领域：无私利他是利益不一致而不能两全行为的道德原则，是指导一切不可能为己利他、己他两利行为的道德原则。只有在个人利益和公共利益以及自我利益和他人利益发生冲突不能两全的时候，你才应该倡导自我牺牲、才应该倡导无私奉献。否则，若像孔子和儒家那样，用无私奉献来规范人的一切行为，不仅在利益冲突的时候要求人们无私奉献，而且在利益一致的时候也要求人们无私奉献，那你就是在干一种缺德的勾当，就是让人们不应该自我牺牲的时候自我牺牲，就是在吃人！所以鲁迅说，仔细翻看儒家的仁义道德，看来看去就只看见了两个字：“吃人”！反之，为己利他则是利益一致可以两全行为的道德原则，是指导一切能够己他两利、为己利他行为的道德原则；一切利益一致可以两全的行为所应遵循的道德原则只应该是“为己利他”或为己利他与无私利他的混合：“人己兼为”、“己他两利”。不过，在“人己兼为”这种混合原则中，由于每个人的行为必定恒久为自己而只能偶尔为他人，所以，无私利他的成分只可能是偶尔的，而为己利他的成分则必定是恒久的。这样，“人己兼为”如就其主导的成分或因素来说，仍是为己利他而非无私利他，因而可以归结为“为己利他”原则。

“为己利他”既然是利益一致可以两全情况下的道德原则，那么也就应该是恒久的道德原则，应该是指导人们恒久行为的道德原则；反之，“无私利他”则因其是利益不一致而不能两全情况下的道德原则，而只应该是偶尔的道德原则，只应该是指导人们偶尔行为的道德原则。因为社会不过是一种利益合作体系，因而在社会中，人们的利益一致可以两全两利是正常的、一般的情况，因而是恒久的、多数的；反之，人们的利益不一致而不可两全两利，则是例外的、非常的情况，因而是偶尔的、少数的。否则，如果利益冲突多于利益一致，社会就得崩溃。社会为什么能够存在和发展？就是因为人们利益基本上和大体上是一致的。你在社会中生活，总比在社会外面，在原始森林里生活要好得多。因此这个社会才能够成立、存在和发展。这样一来，无私奉献、自我牺牲仅仅适用于利益冲突不能两全的情况，就意味着：无私奉献只应该引导人们的极少数的、偶尔的行为，因而便是最高且偶尔道德原则，是最高且偶尔善原则。反之，只有为己利他才能够引导人们多数的恒久的行为，为己利他是基本且恒久道德原则，是基本且恒久善原则。

把无私奉献奉为唯一的道德原则来规范人的一切行为，使人的一切或恒久行为都达到无私利他境界，不但是不应该、不道德的，也是不可能的。因为我们对人性的研究已经证明了这一点，就是人总是爱有差等的：谁给我的利益越多，我对谁的爱就越多，我无私为谁谋利益的行为就越多；那么，我对自己的爱就最多，我为自己谋利益的行为就最多——为自己总是多于为别人，每个人必定恒久为自己而只能偶尔为他人。这是一个定律，铁的定律；这个定律就意味着，若像孔子那样把无私奉献奉为唯一的准则来规范人的一切行为，使你吃饭的时候要想着仁爱无私，穿衣服的时候你也要想着仁爱无私，走路的时候你也要想着仁爱无私，从而使人的一切或恒久行为都达到无私利他境界，是根本不可能的，而只能造就所谓“一切或恒久行为都达到了无私利他境界”的伪君子罢了！

试问，孔子他能做到这一点吗？孔子也做不到，是不是？颜回是他那么喜欢的一个弟子，可是颜回死了，颜回的父亲说，棺材应该厚一点；孔子有这个能力，但他也不干。为什么？因为他为自己也是多于为别人，他爱自己也是多于爱颜回；要不然你怎么解释？所以他说他“七十从心所欲而不逾矩”实在是自欺欺人！你知道为什么吗？因为孔子的所说那个“矩”乃是仁爱无私的道德原则啊！如果我王海明说“七十从心所欲而不逾矩”就不是自欺欺人，我可以“从心所欲而不逾矩”，为什么呢？因为我定的那个“矩”是“为己利他”！七十从心所欲而不违背“为己利他”是不难的；而七十从心所欲而不违背“仁爱无私”是不可能的，因为不管是谁，说他的恒久的行为能够达到无私奉献的境界是根本不可能的！

于是，综上所述，首先，无私利他便是最高且偶尔善原则，是最高且偶尔道德原则，它只应该且只可能指导每个人的偶尔行为；其作用是使每个人在自我利益与社会或他人利益不一致而不能两全时，能够无私利他、自我牺牲而不致损人利己。反之，纯粹害人则是最高且偶尔恶原则，是最高且偶尔不道德原则，它也只应该且只可能指导每个人的偶尔行为；其作用在于禁止每个人的对待他人的行为纯粹害人，而使之不断减少以至于零。其次，为己利他便是基本且恒久善原则，是基本且恒久道德原则，它应该且能够指导每个人的恒久行为；其作用是使每个人在自我利益与社会或他人利益一致可以两全的情况下，能够为己利他而不致损人利己。反之，损人利己则是基本且恒久的恶原则，是基本且恒久的不道德原则，它也应该且能够指导每个人的恒久行为，其作用在于反对每个人在一切与社会和他人有利害关系的行为中损人利己，而使之不断减少以至于零。最后，单纯利己便是最低且偶尔善原则，是最低且偶尔道德原则，它也应该且只能指导每个人的偶尔行为，其作用在于使每个人在与社会和他人无直接利害关系的行为领域，能够单纯利己而不致纯粹害己。反之，纯粹害己则是最低且偶尔恶原则，是最低且偶尔不道德原则，它也应该且只能指导每个人的偶尔行为，其作用在于阻止每个人的与社会和他人无直接利害关系的行为纯粹害己，而使之不断减少以至于零。

这善恶六原则——无私利他、为己利他、单纯利己以及纯粹害人、损人利己、纯粹害己——是规范人类全部伦理行为的道德原则，因而可以名之为道德总原则。而道德总原则之优劣关系到全部道德规范之优劣，是伦理学亦即关于优良道德的科学最为重要的问题。所以，在道德总原则的推导和制定之后，应该探究其如何检验的问题。不难看出，道德总原则的优劣及其理论的真假之检验，一方面，可以通过任何一种行为事实而得到部分证实：如果二者不发生矛盾，就得到了部分证实；另一方面则可能通过某一种行为事实而被证伪：如果二者发生矛盾，就被证伪了。举例说，如果人类行为事实上完全是利己为我，而根本就不存在无私利他，那么，无私利他道德原则及其理论便与人类行为事实发生了矛盾，这种道德原则的优良性及其理论的真理性便被证伪了。反之，如果人类行为事实上存在无私利他，那么，无私利他道德原则及其理论便未与人类行为事实发生矛盾，这种道德原则的优良性及其理论的真理性便得到了部分证实。因此，证实和证伪一种道德总原则及其理论，关键在于找到一种事实，这种事实能够证伪道德总原则及其理论：一种道德总原则及其理论如果与其发生矛盾，就被证伪；否则便得到部分证实。那么，这种事实究竟是什么？这种事实就是市场经济：多年来一直争论不休的市场经济善恶原则难题，同时也是道德总原则及其理论的证实与证伪问题。

三、“看不见的手”：道德总原则的证伪与证实

大家知道，斯密发现市场经济是一种受着“看不见的手”的指导的经济：“由于每个人都尽其所能地竭力将他的资本用来支持国内产业和管理这些产业，使其产值最大化；他就必然尽其所能地竭力使社会的年收入增大起来。确实，他通常既不打算促进公共利益，也不知道自己是多么大地促进着这种利益。宁愿支持国内的而不是国外的产业表明，他只是算计着他自己的安全；他管理产业的目的在于产值最大化表明，他所算计的也只是他自己的赢利。在这里像在其他许多场合一样，他受着一只看不见的手的指导，去尽力达到一个并非他想要达到的目的。目的不是为了社会，对于社会来说，也不会比为了社会更差。他为了自己的利益，往往使他能够比为了社会利益更有效地促进社会利益。”①市场经济的这只“看不见的手”，摧毁和证伪了两千年以来中国的道德理论，乃至我们半个世纪以来的道德理论。这一点恐怕是每一个有识之士都承认的。那么，这只“看不见的手”是否证实了我们所讲的新道德原则理论？我们这种理论能不能指导市场经济建设和中国现代化建设呢？下面我们就用这个理论来说明市场经济事实：如果它被市场经济否定了，那么它就是谬误；如果它被市场经济证实，那么就证实了它的一部分真理性。是不是？那么我们就看看它是被证伪了还是被证实了。

自从改革开放以来，市场经济的道德问题就是学术界争议极大的一个问题。《光明日报》很早就对市场经济的道德问题进行了三次比较大的讨论。但是非常奇怪，这三次讨论没有请一个伦理学家参加，请的都是经济学家，只有一个是搞价值论的。这或许是因为我们的伦理学威信扫地了。在某种意义上，市场经济表明我们的道德彻底地破产了。所以，现在的经济学家竟然都纷纷地搞起伦理学来了。厉以宁居然写了两本伦理学专著！一本叫做《经济学的伦理学问题》；另一本是《超越政府和国家——论道德在经济生活中的地位和作用》。厉以宁多忙啊！他写两本伦理学专著谈何容易啊！可见伦理学现在是多么的需要改革、多么的重要。经济学家茅于轼是天则研究所所长，他周围聚集着一群经济学的顶尖学者，居然也出版了两本伦理学专著：一本是《中

① Adam Smith, *An Inquiry into The Nature And Causes of The Wealth of Nations*, Volume 1, Fifth Edition, Methuen & Co. Ltd., London, 1930, p. 421.

国人的道德前景》;另一本是《道德　经济　制度》。他的这些伦理学专著竟然远远地盖过了他的经济学专著在社会上的影响。北大经济学院院长刘伟也和另一个人合写了一本伦理学专著。张维迎是北大工商管理学院副院长,我们有一次召开伦理学研讨会,他提交了两篇伦理学论文。这种现象说明了一个事实,就是中国急需一种新的道德,现有的道德阻碍了我国的市场经济和现代化建设。

现在来看,不论是经济学家还是伦理学家对市场经济道德问题的研究,在方法论上都有一个共同的盲点,那就是,他们不懂得,要想知道市场经济应该如何的道德原则,就必须弄清道德最终目的、道德终极标准和市场经济事实如何的客观本性。因为根据元伦理学道德价值推导方法,市场经济应当如何的道德原则是通过道德最终目的或道德终极标准从市场经济事实如何的客观本性推导出来的:

前提 1:行为事实如何(道德价值实体)
前提 2:道德目的如何(道德价值标准)
———————————————
结　论:行为应该如何(道德价值)

这就是道德价值推导公式。按照这个公式,要想确立市场经济应当如何的道德原则,你首先得要知道市场经济的行为事实如何。像我们现在占统治地位的伦理学家都在那里闭着眼睛说,市场经济的道德原则很简单,就是集体主义、无私奉献和雷锋精神!这岂不是闭着眼睛瞎说吗?市场经济有集体主义、无私奉献和雷锋精神的行为吗?市场经济行为是一种买卖行为啊!买者和卖者的买卖目的岂不都是为了自己赚钱吗?它怎么可能无私奉献、无偿给予呢?所以,要确立市场经济应该如何的道德原则,首先要探讨市场经济行为事实如何,然后你再弄清楚,衡量市场经济事实如何的道德终极标准,最后通过这个道德终极标准从市场经济事实如何中你才能推导出市场经济行为应该如何。

那么,市场经济的行为事实上究竟是一种什么样的行为?所谓市场经济行为,当然是人的市场经济行为,也就是市场经济人的行为。市场经济人简称"经济人",它是市场经济的行为主体,即市场经济的当事人、行为者。从市场经济的根本性质——交换——来看,经济人分为卖者与买者。相应的,市场经济行为便是卖者的行为与买者的行为的总和,即买卖行为的总和。这样一来,一切市场经济行为目的,便都是为了利己,为了实现利益最大化。如果一个人从事市场经济,目的是为了利他,他便应把商品无偿送给对方,那样,他所从事的便不是买卖行为，不是市场经济行为了。任何一个真正从事市场经济的人，任何一个真正的买方或卖方，他都不但不会把自己的商品无偿送给对方，而且还要与对方争夺利益。

这种利益争夺首先表现在买卖双方，买的想贱买，卖的想贵卖，形成了利益争夺。怎么才能够达成这笔买卖呢？没有别的办法，只有等价交换。所以“等价交换”是买卖双方利益争夺的结果，是保障买卖成交的一种行为的原则。想起来，多年来经济学界非常可笑，居然一再说“等价交换”是一种“价值规律”。规律是不可以改变的，是不以人的意志为转移的。如果等价交换是“规律”的话，那么你每一次交换，就都必定是等价的，那才叫规律。可是，实际上，我们每一次交换往往都是不等价的。这就意味着：等价交换是行为规则而不是行为规律。因为只有规则才是可以违背的。然而，把行为规则说成是“规律”，自康德以来就是这么说的，马克思他老人家在此也是这么说的。但是，等价交换绝不是必然如何的客观规律，而是买卖这个行为应该如何的公正的规则：等价交换就是依靠卖者和买者对自身利益的追求和争夺而成为市场经济根本规则的。

市场经济行为的利益争夺不仅表现在买卖双方之间，而且还表现在卖方之间。卖方相互间不但不是为了对方，而且和对方竞相压价。上海的鲜奶前几年都已经压到成本价以下了，那不是玩命吗？北京当代商城的老板有一次到我们这里来座谈说：“双安商场干不过我们”。我想他一定有什么高见，侧耳静听。他却说道：“我要是干败了我敢跳楼，他敢跳楼吗？”由此可见市场经济行为作为一种利益争夺行为之一斑。这种利益争夺还表现在买方之间。商品紧俏的时候，买方之间的利益争夺就会凸显出来。在那种时候，买方们挤倒柜台的事那是经常发生的。前几年，我王海明也与那些抢购者一样，是经常挤倒柜台的。我在人大读研究生的时候买电影票，谁让谁啊？我当时身体很强壮，所以同学们就把我举起来了，让我踩着别人的肩膀往前挤，挤到窗口买电影票。那就是买方之间的利益争夺。

可见，市场经济行为是一种目的完全利己的行为，它不但不为了对方，而且还和对方争夺利益：竞争是市场经济的固有规律。因此，市场经济行为的目的只有一种，亦即完全利己；而市场经济的行为手段则显然有两种，就是利他和损人。我们人类的行为手段是多种多样的，但市场经济非常简单，它就有两种手段：不是利人、造福社会和他人，就是损人、损害社会和他人。卖真药，就是要用利他的手段来实现利己的目的；卖假药、坑蒙拐骗，就是用损人的手段来实现利己的目的。这样，一方面，市场经济行为目的只能利己；另一方面，市场经济行为手段只能利他与损人。于是，市场经济行为具有并且仅仅具有为己利他与损人利己两大类型。

不难看出，就市场经济行为总和来说，或者就绝大多数人的市场经济行为来说，为己利他的行为必定多于损人利己的行为。否则，如果为己利他的行为必定少于损人利己的行为，那么，每个人从市场经济中所遭到的损害就必定多于所得到的利益，市场经济便注定崩溃而不可能存在了。所以，我们可以这样说，市场经济行为存在着这样的一个定律：就市场经济行为的总和来看，就多数的市场经济行为来说，每个人为己必利他。但是，就各个个人来说，他的市场经济行为究竟是为己利他多于损人利己，还是损人利己多于为己利他，显然是不一定的。因为市场经济能否存在，并不取决于各个个人的行为如何。因此，市场经济行为或经济人的行为类型，实际上遵循一种被斯密称之为"看不见的手"的规律：有一只看不见的手，使绝大多数经济人的多数行为，为己必利他。更确切些说，就市场经济行为总和来说，亦即就绝大多数经济人的行为来说，为己利他的行为必定是恒久的，而损人利己的行为只能是偶尔的。换言之，就多数市场经济行为来说，亦即就绝大多数经济人的多数行为来说，为己必利他。

这是一种统计性定律。因为就每一个人的行为来看，为己不一定利他；只有就多数市场经济行为来说，为己必利他。因为市场经济要存在和发展，必须有一个条件，就是为己利他的行为必然多于损人利己的行为。这就意味着，市场经济行为，就它的多数来说，为己必利他。这是一条定律。这就是斯密所说的看不见的手。斯密反复说，市场经济是一个非常奇怪的经济，每个人都是从为自己出发，但是，有一只看不见的手，使这种从利己出发的行为的整个的行为过程，却完全是造福社会和他人的，从而使社会蓬蓬勃勃发展起来了。其实"看不见的手"是一个统计性的行为，它不是一个非统计性的行为。所以，应该说，就市场经济行为的多数来看，为己必利他，而市场经济的行为不一定为己必利他。恰恰相反，市场经济的行为，就它的少数来说，为己可以损人。

这样，市场经济的行为事实如何，最终我们就可以概括为一种目的、两种手段、两大类型。目的只能是利己，手段是既可以利他又可以损人，这就形成了两大类型：为己利他和损人利己。两大类型遵循一种统计性定律：为己必利他。那么，究竟哪些市场经济行为是道德的、应该的、善的？哪些是不道德、不应该的、恶的？

道德之最终目的或道德终极标准，如前所述，乃是增进每个人利益总量。准此观之，一目了然，为己利他的市场经济行为便因其能够增进社会和每个人利益而符合道德最终目的、道德终极标准，所以是道德的、应该的、善的；反之，损人利己的市场经济行为则因其减少社会和每个人利益而不符合道德最终目的，所以是不道德的、不应该的、恶的。而为己利他与损人利己包括全部市场经济行为。所以，为己利他便不仅是应当的、道德的、善的市场经济行为，而且应当的、道德的、善的市场经济行为也只能是为己利他；反之，损人利己不仅是不道德、不应当、恶的市场经济行为，而且不道德、不应当、恶的市场经济行为也只能是损人利己。于是，为己利他与损人利己便是规范一切市场经济行为的全部善恶原则：为己利他是一切市场经济行为应该如何的唯一的善原则；损人利己是一切市场经济行为不应当如何的唯一的恶原则。这样，为己利他便是市场经济对人们行为应当如何的唯一正面的道德要求；损人利己便是市场经济行为不应当如何的唯一负面的道德要求。这一要求的最低限度、市场经济对人们的最低的道德要求，是为己利他多于损人利己，因为这是市场经济存在发展的最低条件。这一要求的最高限度、市场经济对人的最高道德要求，则是使损人利己不断减少以至于零，从而使一切市场经济行为都达到为己利他境界，因为这是市场经济存在发展的理想状态。

那么，无私奉献、雷锋精神是不是市场经济的道德原则呢？不是。因为，集体主义和雷锋精神，我再三强调，在某种意义上来说，它们是人类最崇高的美德，它们是最好的最优良的道德原则，这是没有问题的。但是，它们不能是市场经济的道德原则。因为，马克思讲了：商品是一个天生的平等派。所以，市场经济行为主体——不论是个人还是国家——都是完全平等的。这就是说，当我从事市场经济的时候，当我王海明与国家或集体做买卖的时候，我们是完全平等的。因此，你国家需要什么，如果对我王海明没利，我赚不着钱，我王海明就不干；你国家不需要什么，但是我王海明生产这个东西、我卖这个东西就能赚钱，我就干。这就叫市场经济。所以市场经济，像马克思说的，它充分体现了一种平等原则。因此，进行市场经济，你要是用集体主义原则来指导，就取消了市场经济。因为按照集体主义原则，个人应该服从集体，集体高于个人，国家高于个人，国家或集体与个人发生冲突，应该牺牲个人利益而保全国家利益和集体利益。这就叫集体主义：集体主义意味着个人与集体的不平等。这样一来，我王海明在进行市场经济活动的时候，如果听信了集体主义，奉行集体主义原则，那么国家需要什么我王海明就应该生产什么，而不管对我有没有利，不管能不能赚着钱；国家要是不需要什么，不管它对我有没有利，那我也就不生产什么。王海明这么做，固然是美德，但是，这还是市场经济吗？不是！这是指令经济、命令经济、统制经济。所以，集体主义是市场经济的死敌！集体主义取消了市场经济。你仔细想想，是不是这个道理？

雷锋精神也是如此，因为雷锋精神可以归结为无私奉献。举例说，我王海明理发，你贾旗给我四块钱我就给你理一个，你不给我钱我就不给你理，不管你头发长了多长，你像刺猬也好，像啥也好，我都不管。这就叫市场经济。相反，你贾旗来了，或者是谁来了，比你还要瘦，或者是穿得很破，我王海明一看，动了恻隐之心，我学习雷锋，无私奉献，给你理发我宁愿不要钱。这种精神固然可嘉，是一种无私奉献的雷锋精神，但是你想想，这还是市场经济行为吗？不是！它是一种慈善行为！所以，雷锋精神固然好，但我做买卖若学习雷锋精神，就取消了市场经济。所以，雷锋精神、集体主义是市场经济的死敌啊！卖面包，你给我钱我就给你，你不给我钱我就不给你，你是瘸子、瞎子，你拄着拐杖来，我也不给你。铁石心肠。这就是市场经济！商场无父子。管你是爹、管你是啥人呢！我在商言商，这就是市场经济啊！所以市场经济是无情的啊！有个经济学家说同情心是市场经济的指导原则，那不是胡扯吗？你老太太来买我面包，哎呀，我一下子心就软了，不要钱了，我这是发扬同情心，以己推人，设身处地，好啊！美啊！但是，请问，我还是在做买卖吗？我这还是市场经济行为吗？不是！这是慈善行为。所以同情心、雷锋精神都好，集体主义也好，虽然都是崇高的、美好的道德，却通通是市场经济的死敌，你一奉行这些东西就取消了市场经济。

当然，另一方面我们也要看到，雷锋精神和集体主义又是市场经济的朋友，不可分离的朋友。因为一个人不可能全部行为都是在做买卖的。当代商城那个老板是最忙的，一天就睡四个小时，但是他也不全都是在做买卖。我出书他还给我钱资助我，这就不是在做买卖，而是交朋友。他去看他老妈，他老妈病危的时候，他提着东西去看他妈去，那是做买卖吗？不是。他谈恋爱，他有一位年轻的夫人，和他谈恋爱那是做买卖吗？不是。所以，从事市场经济的人，还有大量的非市场经济的行为。他在非市场经济行为领域里，无疑应该发扬同情心，应该发扬雷锋精神，应该发扬集体主义，并且在市场经济之外的这些非市场经济领域里，他的雷锋精神越高，集体主义越强，道德品德越高，他在市场经济领域里为己利他的行为就越多，损人利己的行为就越少。你想一想，雷锋要是做买卖他能坑蒙拐骗吗？所以，人们虽然是在做买卖，但是，他首先得问，对方是什么人？人家告诉你，这笔买卖有利可图啊！暴利啊！能赚哪！但是你如果知道对方是个无赖，你说你还敢和他做买卖吗？

可是，你做买卖怎么还管他是不是无赖呢？因为市场经济之内的行为是被市场经济之外的人格所左右的！谁敢和无赖做买卖啊？谁敢和一个毛贼做买卖呢？为什么？因为在市场经济之外，你的雷锋精神越多，品德越高尚，在市场经济行为里你就越有德性，你就越少坑蒙拐骗、越多为己利他，你就越能遵守市场经济的道德规则。在市场经济之外要是一个人无恶不作，从不知道无私、怜悯为何物，和这样的人做买卖，你不是引狼入室吗？他先给你甜头，尔后会坑你、骗你，甚至整死你、勒死你！这样的事还少见吗？所以，我们说，雷锋精神、集体主义固然不是市场经济的道德原则，却是市场经济的人格保障。一句话，市场经济的道德原则是为己利他，市场经济的人格保障是无私奉献。

市场经济行为事实如何的客观本性及其应该如何的善恶原则之研究表明：一方面，市场经济行为事实不但未与我们所确立的道德总原则——善恶六原则——及其理论发生矛盾，而且恰恰可以归结为善恶六原则所规范的两种行为类型：为己利他与损人利己；而市场经济善恶原则不过是善恶六原则之中的两条原则：善原则"为己利他"与恶原则"损人利己"。因此，市场经济行为事实如何的客观本性及其应该如何的善恶原则，进一步证实了善恶六原则及其理论的优良性与真理性。

另一方面，与市场经济发生矛盾的，乃是两千年来一直占据统治地位的传统道德总原则及其理论，亦即儒家、墨家和康德以及基督教所代表的利他主义。因为在它看来，只有无私利他的行为才是道德的、善的；而只要目的是为了自己，则不论如何有利社会和他人，都是不道德的、恶的。然而，一切市场经济行为的目的却都是完全利己的，而根本不存在无私利他的行为。这样，利他主义道德总原则及其理论就与市场经济发生了矛盾：如果利他主义的道德总原则及其理论是优良的、正确的，那么，市场经济行为便统统都是不道德的、恶的；如果市场经济行为不都是恶的、不道德的，那么，利他主义道德总原则及其理论便是恶劣的、错误的。市场经济行为显然不可能都是不道德的、恶的。因此，这种矛盾只能意味着：利他主义道德总原则及其理论是恶劣的、错误的。不过，利他主义道德总原则及其理论是恶劣的、错误的，是否意味着它的对立面即利己主义——合理利己主义与个人主义——是优良的、正确的？对于这些问题的进一步研究，就将我们领进了伦理学史的最重大的流派：利他主义与利己主义。

四、最重要的伦理学流派

就争议之大和流派之多来说，毫无疑问，任何一门科学都远远比不上伦理学。那么，在伦理学的纷纭复杂的争论中，有没有一个最重要最复杂的争论和流派呢？有的，这就是利他主义与利己主义之争。因为道德总原则，亦即善与恶，无疑是伦理学的最重要最复杂的问题；关于道德总原则的理论，则无疑是伦理学最为重要也最为复杂艰深的理论。因为优良的道德原则，如前所述，并不是随意制定的，而只能通过道德目的、道德终极标准，从伦理行为事实如何的客观本性中推导出来。这样，道德总原则理论便包括三大方面内容：一是关于道德本性——道德目的、道德终极标准——的理论；二是关于人性——人的伦理行为事实如何之本性——的理论；三是关于人的行为应该如何的善恶原则的理论。自古以来，伦理学家们便围绕这些问题探求不已、论战不息。这些争论，摘其要者，可以归结为利己主义——合理利己主义与个人主义——和利他主义。

利他主义(altruism)这一名词，据包尔生说，是利他主义论者孔德创造的："孔德主张利他主义，这个词就是他创造的。"①孔德用这个词来表达他和赫起逊等思想家所倡导的伦理学说。这种学说的基本特征，被赫起逊概括为一句话："道德之追求并不出于追求者的利害计较或自爱，不出于他自己利益的任何动机。"②这就是说，利他主义乃是这样一种理论，在它看来，只有无私利他才是善的、道德的，而只要目的利己便是恶的、不道德的：利他主义是将无私利他奉为评价行为善恶的道德总原则的理论。所以，包尔生在界定利他主义时写道："纯粹利他主义所主张的原则是：行为只有当其动机纯粹是为了他人时，才具有道德价值。"③然而，如果利他主义只是孔德与赫起逊的理论，就没有多大意义了。孔德不过是利他主义名词之创造者；而利他主义理论之真正代表，乃是新老儒家的"仁学"和新老基督教伦理观。因此，利他主义在古代便已成熟，到中世纪则占据绝对统治地位，进入近代和现代仍有极大影响，其主要代表人物，当推孔子、墨子、耶稣、康德。

因为儒家评价人的行为是否道德的道德总原则就是"仁"。什么是"仁"呢？孔子说得很清楚：仁者爱人。仁就是爱人。什么叫做爱人呢？爱人就是一种能够不为自己而为他所爱的人谋利益的行为，通过这种行为表现出来的那种感情、心理就叫做爱人。如果我的老父亲、老母亲是真的爱我，那他们一

① Friedrich Paulsen, *System of Ethics*, Translated By Frank Thilly, Charles Scribner's Sons, New York, 1899, p. 379.

② 周辅成编：《西方伦理学名著选辑》上卷，商务印书馆 1954 年版，第 792 页。

③ Friedrich Paulsen, *System of Ethics*, Translated By Frank Thilly, Charles Scribner's Sons, New York, 1899, p. 379.

定会为了我的利益而不是为了他们自己的利益而奔走。如果我们的父母是为了自己的利益而不是为儿子奔走，那就不叫爱儿子，而是爱自己。所以，所谓爱人，说到底，就是无私利人。这一点，朱熹已经说得非常清楚了。他说：公而无私就叫做仁。郭沫若也进一步的来界定什么是"仁"。他说：仁就是大公无私的行为，就是不为自己而为别人的行为。

孟子在给"仁"下定义的时候也强调了这一点。他说："仁者人也"。什么叫"仁"？"仁"就是人，就是实现人之所以为人者，就是使人和动物区别开来的那样一个东西。什么样的东西才能够使人和动物区别开来，实现人之所以为人者呢？冯友兰说：一个人只有求别人的利、为了别人谋利益，才与实现人之所以为人者有干，才能够实现自己的人之所以为人者；如果你是求自己的利，你要是为自己，那就与实现人之所以为人者无干了，那就不能够实现自己的人之所以为人者。因此，从"仁者人也"的定义来看，仁就是无私利人；因为只有无私利人才能实现"人之所以为人者"。

墨家将评价人的行为是否道德的道德总原则叫做"兼"。什么叫做"兼"？墨子说："兼"可比之如日月，普照天下，无有私也：兼就是无私。墨子也主张仁，但他用"兼"来界定"仁"。什么是"仁"？"仁"就是"兼"。什么是"兼"？"兼"就是"无私"。基督教将评价人的行为是否道德的道德总原则叫做"爱"。基督教的"爱"是指"爱人"而不是"爱己"，说到底，也是无私利他。这一点，《圣经》讲得很清楚："爱的本质，是如保罗在哥林多前书十三章所说，不求自己的益处，反求别人的益处。"①康德将评价人的行为是否道德的道德总原则叫做责任。责任是什么？康德说：责任就是不为自己而为别人谋利益。他举例说，商人诚实，固然有利于社会和他人，但他的目的却是为自己，因而并不是出于责任的行为，不具有道德价值。所以，康德说他无非是一个努力使得基督教的利他主义精神理性化的笨伯而已。

儒家、墨家、康德和基督教一样，都将无私利人奉为评价行为是否道德的道德总原则。所以，孔子说："君子喻于义，小人喻于利"。孟子说："鸡鸣而起，孳孳为利者，跖之徒也。"墨家说：品德就是不图个人的名利，如果图个人的名利，"犹如为盗"。《圣经》说："凡事都可行，但不都造就人。无论何人，不要求自己的益处，乃要求别人的益处。"②康德也这样写道："这位全然不受限制的立法者……只从人们的大公无私，只从赋予人们以尊严的理念来评价那些有

① 《新约・歌罗西书・第三章》。
② 《新约・哥林多前书・第十章》。

理性的东西的行为。"①一言以蔽之：无私利他是评价行为是否道德的道德总原则。因此，儒、墨、康德、基督教的道德总原则理论与孔德、赫起逊所倡导的利他主义的基本观点完全一致，因而称之为利他主义，是再合适也没有了：利他主义是把无私利他奉为评价行为善恶唯一准则的道德总原则理论。儒、墨、康德、基督教的分歧，不过是利他主义内部的分歧。这种分歧，如所周知，可以归结为爱有差等与爱无差等之争。

儒家的"无私奉献"是一种"爱有差等"的无私奉献，是一种爱有差等的利他主义。这种利他主义固然主张应该无私地爱一切人，为一切人谋利益，但是，我对自己父母的爱应该多于对他人父母的爱，我为我父母谋利益的行为，应该多于为他人父母谋利益的行为。离我越远，我对他的爱便越少，我无私为他谋利益的行为便越少；离我越近，我对他的爱就越多，我为他谋利益的行为就越多。所以，儒家是主张一种爱有差等的利他主义。

墨家反对爱有差等。墨家是从儒家分化出来的一个流派，它原本是儒家的一个极端派别，是儒家的左派。墨家反对爱有差等，因为"爱有差等"说来说去，还是为了自己。你看，离你越远，爱的就越少；离你越近，爱的就越多。说到底，还不是爱你自己吗？所以墨家说，爱有差等的爱人并不是真正的爱人，而是真正的爱己为己；真正的爱人为人只能是同等地、无差等地爱一切人。所以他主张同等地、无差等地爱自己的父母和别人的父母，同等地、无差等地为自己的父母和别人的父母谋利益。这就是墨家的爱无差等的利他主义。基督教与墨家一样，也主张同等地爱一切人、同等地无私为一切人谋利益；因为在基督教看来，上帝是同等地爱一切人的："神的恩典是不加区别地赐给全人类的。"②

我国现行的伦理观则认为墨家的这种提法和境界还不够高，而主张一种新的爱有差等。这种新的爱有差等是对墨家的否定，从而也就是对儒家的否定之否定。儒家主张"亲亲而仁民"，"亲"就是父母，意思就是你要先爱自己的父母，由近及远，以己推人，由爱自己的父母，推而爱别人的父母。别人的父母属于"民"的范围，自己的父母叫做"亲"。这就是"亲亲而仁民"。墨家否定儒家，主张同等地爱亲与民，同等地爱自己的父母与别人的父母。我们则否定墨家，主张"先民后亲"、"全心全意为人民"，主张爱别人的父母应该多于爱自己的父母：离我越远爱得越多，离我越近，爱得越少，为别人的父母谋利益的行

① 〔德〕康德：《道德形而上学原理》，苗力田译，上海人民出版社 1986 年版，第 56 页。
② 〔英〕加尔文：《基督教要义》上册，徐庆誉译，基督教辅侨出版社 1957 年版，第 343 页。

为应该多于为自己的父母谋利益的行为。孔繁森精神的实质，就是这种新的爱有差等。因为他有80岁的老母，却把她放到家里，自己跑到西藏，去爱西藏人的老母：这不就是爱别人的父母多于爱自己的父母吗？一个复员兵回家了，带回几千块钱，他要给他的父母盖房子。但是回家一看，邻居父母的房子，比他家的房子更破。他就把钱给了邻居的父母盖了房子，没有给自己家盖。我们的媒体马上加以宣传：何等高尚的精神哪！爱别人的父母多于爱自己的父母！

因此，我们现行的伦理观是对儒家伦理观的一个发展，一种登峰造极的极端化！儒家其实已经是片面了，因为它否定为自己；而为自己是最大的善，是最大的善的源泉。它否定为自己，这就注定意味着它是不科学的、片面的、褊狭的伦理观。但它还是富有人情味的那种片面的伦理观，因为它主张爱有差等，主张“爱自己的父母多于爱别人的父母”。墨家就更少人情味或者是没有人情味，它要“同等的爱自己的父母和别人的父母”，它富有一种政治色彩，更加虚幻、更加不可能。你能同等地爱自己的儿子和别人的儿子吗？谁能做到啊？你能同等地爱自己的父母和别人的父母吗？就算你境界高，你学雷锋，你见到路上一个要饭的老头，你的情感，你的怜悯心、同情心，能和你见到你父亲在那里要饭时的那种同情心一样的强烈吗？我王海明要是在路上看见一个要饭的，最多给它一两块钱，再多一点五块钱，最多也就是这么多钱。但如果那个要饭的是我爹的话，你想想，我难道会给他一点钱就打发他走吗？那我得赶紧把他背起来，背到我家里养起来。我现在多想能够背着我爹到我家里去啊！但是，我背不成了，他早已不在人世了。

即使我能够做到爱无差等，难道我应该爱无差等吗？难道我应该同等地爱自己的父母与别人的父母吗？显然是不应该的，因为同等地爱自己的父母与别人的父母，对于自己的父母显然是不公平的、不道德的。孟子反驳爱无差等，也正是基于这两点：一方面，爱无差等违背人的心理本性，是不可能实行的；另一方面，爱无差等把对父母的爱等同于对路人的爱，对父母是不公平、不应该的，等于无父无母，因而是不道德的禽兽行为。

如果说墨家的爱无差等还有理可讲，我国现行的新的爱有差等则已经不可理喻而达于荒诞，是荒谬绝伦了！因为照此推下去，我爱别人的父母应该多于爱自己的父母，离我越远爱得越多，爱别人的父母应该多于爱自己的父母，爱同胞应该多于爱老乡，爱美国人应该多于爱中国人；最后，爱狗岂不应该多于爱人？因为离我越远爱得越多啊！爱人类也是自私的！因为你是人，你应该爱狗多于爱人，你不应该讲人道主义，而应该讲狗道主义、驴道主义、马道主义！不，驴、狗、马还是给了你利益，你应该讲虎道主义、狼道主义。但是，虎狼对你也还是有利益，你应该爱专门吃你的洪水猛兽，你爱它，这样你才是真正的无私的境界、崇高的境界：岂不荒谬绝伦！

所以，我们说，利他主义这样的一个流派，调子是越唱越高，也就越来越没有根据，最后在我们这里登峰造极，达于荒诞，也就只能走下坡路了。你还能往哪里走啊？你爱别人的父母多于爱自己的父母，我问你，你还能往哪里走？再走就走到驴道主义去了。你没法再走了，所以我们现在出现了一个进步，就是我们要"回归儒家和传统"。从我们这种荒诞的利他主义，退回到富有人情味的、有一定根据的儒家的利他主义，确实是一种进步。但是，儒家利他主义仍然是市场经济的死敌，因为市场经济行为都是为自己的，最好的行为就是为己利他；而儒家认为为自己就是小人，只主张"无私奉献"而否定"为己利他"。所以，用儒家精神来指导现代化，就取消了市场经济，就取消了现代化：儒家利他主义是市场经济的死敌。

这就说明了我国现代化进程为什么这么缓慢。因为儒家利他主义是现代化的死敌、是市场经济的死敌啊！整整两千年儒家都没有使我们走向现代化，现在将它招回来，使它复苏了，它就能够把你现代化了？它现在的复兴，不过是它垂死之前的最后一次的回光返照而已。因为我们现在所奉行的是比它还缺乏科学性的极端荒诞的利他主义，因而回归到儒家是一种进步。但是，这种回归应该是一个跳板。要想繁荣市场经济实现现代化，我们必须由儒家和传统跳跃到一种新的、科学的伦理观。这种伦理观的根本特点，无疑在于倡导为己利他和自由两大原则。因为市场经济是一种自由的经济，是一种平等的经济，是一种为己利他的经济啊！只有自由精神和为己利他原则才能指导现代化建设，才能使市场经济蓬蓬勃勃发展起来。

这就是围绕道德总原则的第一种理论，是给人类带来最大灾难的理论，也是最有力量的理论，叫做利他主义。利他主义并不是倡导"利他"，倡导"利他"构不成利他主义，它是倡导只讲、只能、只应无私利他，而决不能为己利他，所以它把无私利他绝对化了，倡导无私利他并不是利他主义，我王海明是最倡导无私利他的。你们看我的书，就能看到，我是把无私利他奉为最高的道德原则的，但是我不是利他主义；因为我还倡导为己利他。否定为己利他、否定为自己，仅仅倡导无私利他，我们就把它叫做利他主义。

相反，在人类思想史上，围绕着道德总原则，又形成了一大流派，就是认为每个人的一切行为都是为自己的，没有无私的行为，从而否定无私利他，而倡导"利己不损人"。这种观点就叫做利己主义。利己主义观点比较复杂，因而分为两派：认为集体和社会的价值至高无上，因而主张以依靠社会和他人为手段，最终倡导“为己利他”的利己主义，叫做合理利己主义；否认集体和社会的价值，因而反对以依靠社会和他人为手段，而主张以依靠个人为手段，最终倡导“单纯利己（亦即个人自由或自我实现）”的利己主义，叫做个人主义。

合理利己主义（rational egoism）是一种简单明白、近乎常识的伦理观。它成熟于18世纪；其公认的代表人物，当推爱尔维修、霍尔巴赫、费尔巴哈、车尔尼雪夫斯基。不过，霍布斯、洛克、曼德威尔以及我国的老子、韩非、李贽、龚自珍、梁启超、陈独秀等等，无疑也属于合理利己主义论者。他们得出无私根本不存在的结论，最主要的根据是把人的行为原动力和行为目的等同起来。

前面已反复讲过，构成伦理行为的三个因素是行为原动力、行为目的、行为手段。行为原动力都是利己的，这是必然的。行为目的可以是无私的，但是无私的行为的原动力仍然是利己的。爱尔维修、霍尔巴赫、费尔巴哈和车尔尼雪夫斯基等利己主义论者看到每个人的行为原动力都是利己的，因而得出结论说：每个人的行为目的都是为了自己。这就将行为目的与行为原动力等同起来，因而可以名之为“行为原动力与行为目的等同论”，叫做“原因目的等同论”。这种等同是错误的，因为行为的目的与行为的原因、原动力根本不同。我谈恋爱，原因、原动力是我有性欲。性欲是一种原因，而不是目的。我为了谈恋爱，要努力奋斗长能耐，成名成家，这就构成了目的。目的一定有“为了”的字样，原因、原动力则不是“为了”，而只是“因为”。你为什么要追求名利？“为了”求爱，你为什么求爱？“因为”你有性欲，而不是“为了”你有性欲，是“为了”满足你的性欲，“为了”满足性欲才是目的。为什么要满足性欲？“因为”你有性欲。所以推来推去，就最终推到原因、原动力了。目的的根本的“非目的原因”就叫做行为原动力。

爱尔维修等利己主义论者误将行为目的与行为原动力等同起来，因而便由行为原动力只能利己之真理进而错误地断言：每个人的行为目的只能是利己。但是，这些利己主义论者认为，人是社会动物，集体和社会的价值至高无上，每个人的利己目的只有依靠社会通过利他手段才能实现：“为了使自己幸福，就必须为自己的幸福所需要的别人的幸福而工作。”[①]一句话，每个人的行为目的只能利己，而行为手段却只应利他。所以这些利己主义论者便否定了无私利他，而仅仅主张为己利他。所以这种利己主义流派的观点就是把为己利他奉为评价行为是否道德的唯一准则的伦理观。这种伦理观，看起来合乎

---

① 周辅成编：《西方伦理学名著选辑》下卷，商务印书馆1987年版，第84页。

常识,合乎理性,因而被称之为合理的利己主义。

另一派利己主义的代表主要是杨朱、庄子和尼采、海德格尔、萨特五大家。他们的观点与合理利己主义不同,堪称反乎理智和常识,是一种不合理的利己主义。因为他们认为,一个人要想真正地实现利己的目的,既不可以利人,也不能损人,而只应该单纯利己。这一点,庄子有一个寓言,大家都知道。寓言说,有一棵大树,这棵树粗到一百个人才能把它抱过来,它可以遮蔽成百上千的牛和人,人们来看这棵树就像赶集一样。一天,木匠师傅领着他的徒弟经过这棵大树,但是这位木匠看也不看,扭头就走。他的徒弟就说,师傅啊,你看这木头多好啊!他的师傅就说,这是一棵“散木”,没用的东西,看它干什么?你用它做窗户,它淌油,用它造船,它就沉,用它做门,它就长虫子,用它干啥都不行,所以它能够得保千年。长成这个样子,没用。到了夜里,这棵树就给这位木匠师傅托梦说:你胡说我是“散木”,你才是“散人”,你知道我追求这个“无用”追求了多少年啊?

我们现在都讲要成为有用之才,这在庄子看来就大错特错了。要成为无用之才,才能得保千年!你看这树木要是有用,还能长久吗?早就把你砍伐了,树长得直就把它砍走当栋梁了。当栋梁好像是好,命没了!那有啥好的?长得鲜艳的花果李桃,很有用,可是怎么样呢?人家上去连树枝都给你折断了,最后是大枝断、小枝折,也就活不成了。所以,白居易说:“木尽夭年为不材”。只有无用的才能活得成。所以人不要做有用于人的人,那样就危险了!“出头的椽子先烂”,能耐越大你越不得好。“蛾眉曾有人妒”、“自古红颜多薄命”,都是这样,用处大你就不得好。所以,庄子说:“为善无近名,为恶无近刑,缘督以为经,可以保身,可以全生,可以养亲,可以尽年。”①这就是说,不要为善利他,不要做有用的人,不要造福社会和他人,更不要出名。成名你就完了,人怕出名猪怕壮,你出名就挡了别人的路,人家要整死你!但是你也不要作恶,你也不要做坏事,你要是做了坏事,偷东西,杀人放火,要被逮起来的!你应该走中间道路:既不为善利他,也不为恶损人,而要单纯利己,这样就可以全性保生了。

其实,庄子的前辈杨朱早就说了:“拔一毛而利天下,不为也”。我们现在都在批判这句话,殊不知这思想是多么深刻!拔我一毛有利于天下我不干!因为我不做有利于社会和他人的事,我要是做了,我自己没有好果子吃,不是把我自己累死,就是被别人整死。我们现在认为,“拔一毛而利天下,不为也”

---

① 《吕氏春秋·审为》。

这样的主张是不道德的。杨朱是一个道德哲学家,一个道德哲学家怎么可能主张不道德的行为呢?他还有一句话你不要忘了,叫做:“不以天下大利易其胫一毛”。这就是说,你给我天下那么大的利益,叫我当皇帝,叫我拔一根毫毛来换,我也不干!所以,杨朱是主张我不要你的东西,我也不给你东西,既不利人也不损人而是单纯利己。这有什么不道德?如果我索取于社会和他人,却“拔一毛而利天下,不为也”,当然是不道德的;但是,如果我远离社会和他人,不取社会和他人之一毛,那么,我“拔一毛而利天下,不为也”,就不是不道德的了。

不独杨朱和庄子,萨特也是这么样讲的,萨特的观点和庄子是根本一致的。所以,我看到人们写的几篇文章说萨特是中国古代的庄子,也有的说庄子是当代的萨特。确实,萨特也是这样主张的。他的小说《厌恶》的题词说主角洛丁根是一个孤零零的人,既不索取什么,也不给予什么。尼采的代表作《查拉图斯特拉如是说》也一再讲,查拉图斯特拉既不给予别人东西,也不索取别人的东西,而只是单纯利己:“自己吸收自己的火焰”。海德格尔也是这样看。但是,经过尼采、萨特和海德格尔的进一步发挥,这种“单纯利己”已具有一种时代的色彩。在尼采、萨特和海德格尔那里,单纯利己并不是杨朱和庄子所讲的那种泛泛的利己,而主要是倡导一种“自我实现”。你为什么要逃离社会呢?就是要自我实现,自我实现就是自我创造性潜能的实现。要达成这样的一种利己,就应该尽量地和群众、他人以及社会保持距离,要有孤独精神。否则,与众人打成一片,势必顺从众人意志,顺从社会意志,顺从长官意志,就要异化了。你所做的行为就不是按照自己的意志做,而是按照众人意志、长官意志、他人意志、社会意志做。那么,你的这种行为所造就出来的自我就是没有个性的自我,就是非本真的自我,就不是你的自我,你就不能实现你的创造潜能,就不能够自我实现。因为你只有按照你自己的意志做,比如说,我王海明只有按照我王海明自己的意志做,才能造就出来真正具有王海明个性的自我,那样我才能够实现无的创造性潜能,才能自我实现。个性是创造性潜能实现的必要条件;自由、按照自己的意志去做则是个性形成的必要条件。因此,说到底,自由乃是每个人的创造性潜能实现的最根本的必要条件。

那么,怎样才能获得自由从而自我实现?怎样才能最终实现这种既不利人又不损人而单纯利己的理想呢?尼采和杨朱、庄子一样,主张“出世而隐居”,亦即逃离社会,深就山泉,做一个隐士。尼采的“查拉斯图拉如是说”就是一种隐士的赞歌。尼采一再说,什么叫做超人?超人只能来自“隐者”,只能来自那些隐居的人。确实,逃离社会,隐居起来,就可以既不利人又不损人而单纯利己了。但是，人是社会动物，他怎么可能违背自己的社会本性而回到穴居野人的状态？萨特和海德格尔看到了这一点，因而反对出世隐居，主张“入世而孤独”。萨特一再说：我要做一个孤零零的人，但我是生活在一片人声当中。中国一些有道家思想的文人也倡导这种精神。陶渊明有一些饮酒的诗，其中有一句说：“结庐在人境，而无车马喧，问君何能尔，心远地自偏。”就是说，盖房子盖到热热闹闹的城市里面，和人住在一起，肯定要有车马的喧闹，但是我盖这个房子，却听不到车马的喧闹。如果问我这怎么可能呢？心远地自偏！你别像普希金的小说《欧根·奥涅金》里面的那个女主人公，整天想着情人来了，于是整天在听是否有马车响，那你就不得安静了。你别想这些东西，名利你也别想，你别想高官来拜访你，你不想这些东西你的心就静了，那么，车马的喧闹你也就听不到了。所以，陶渊明与萨特、海德格尔一样，主张一种“入世而孤独”。

个人主义与合理利己主义之异同表明，二者虽然互相反对，但从根本上说完全一致，都同样与利他主义对立而以利己为行为的唯一目的、出发点和最终归宿，因而便都属于利己主义：利己主义便是认为人的行为目的只能利己，从而否定无私利他而把利己不损人奉为评价行为善恶的道德总原则的理论。二者的分歧，不过是利己主义的内部分歧。这种分歧，说到底，不过在于主张究竟以什么为实现利己目的的手段。合理利己主义从集体主义出发，认为集体价值至高无上，主张依靠社会和他人利益而以利他为手段，倡导为己利他：这显然符合人的社会本性，是合乎情理、合乎理性、合乎理智的，因此才叫做合理利己主义。反之，个人主义从人道主义的自由和自我实现理论出发，否认集体与他人的价值，反对依靠社会和他人，而主张依靠自己，主张入世而孤独或出世而隐居，从而既不利人又不损人地单纯利己：这显然违背人的社会本性，是不合情理、不合理性、不合理智的，是非理性的，是不合理利己主义。

综观利他主义与利己主义可知，二者不过是分别夸大利他与利己两大行为目的以及无私利他、为己利他、单纯利己三大善原则的片面化真理而已。利他主义夸大了行为的偶尔目的（为他人）和善的偶尔且非基本原则（无私利他），抹杀了行为的恒久目的（为自己）和善的恒久且基本原则（为己利他）；因而在偶尔的、非基本的方面是真理，而在恒久的、基本的方面是谬论。反之，利己主义夸大了行为的恒久目的（为自己）和善的恒久且基本原则（为己利他），抹杀了行为的偶尔目的（为他人）和善的偶尔且非基本原则（无私利他）；因而在恒久的基本的方面是真理，而在偶尔的、非基本方面是谬论。所以，利己主义与利他主义虽同为谬论，但其轻重有所不同：前者轻，后者重。

利他主义错误最重，因而其实际危害也最重。因为它否定目的利己、反对一切个人利益的追求，这样，一方面，它对每个人的欲望和自由的损害便最为严重，另一方面，则堵塞了每个人增进社会和他人利益的最有力的源泉。于是，合而言之，利他主义道德便是给予每个人的害与利的比值最大的道德，因而也就是最为恶劣的道德。反之，利己主义错误较轻，因而其实际危害也较小。它的危害主要在于伤害人们无私利他、自我牺牲的热忱和冲动，必然减少无私利他、自我牺牲的人类最为崇高的行为。但是，一方面，利己主义道德对每个人的欲望和自由的侵犯最为轻微：它仅仅侵犯、否定每个人的损人的欲望和自由；另一方面，利己主义道德增进全社会和每个人的利益又相当迅速，因为它鼓励一切有利于社会和他人的个人利益的追求，也就开放了增进社会和每个人利益的最有力的源泉。于是，合而言之，利己主义道德便是给予每个人的利与害的比值较大的道德，因而也就是较为优良的道德。

确实，利他主义是最坏的道德观。它否定一切为自己的目的，对每个人的个人的利益和欲望侵犯最重。这样，它和利己主义便恰恰相反。因为利己主义是倡导为自己的，它仅仅否定损人的手段，这就是对人性的一个解放啊！可是，利他主义认为你只要为自己就是缺德的、就是不道德的。因此，利他主义对你侵犯重，是对你个性的严重压抑，积久会成疾的！弗洛伊德发现了这一点，他说，利他主义的这种道德，亦即基督教爱的说教，能够造成神经症。并且弗洛伊德发现，神经症绝大多数源于内疚感，而内疚感说来说去是由利他主义这种最高调的道德造成的。你想，每个人的个人利益的冲动多强烈啊！人的冲动的最强烈的动力就是为自己。你对父母的爱是挺强烈的，但能强烈到哪儿去呢？你对别人的爱就更是非常淡薄的了。我对你们在座的关爱显然远远不及我对自己亲戚的关爱，但是对亲戚的关爱哪能比得上对我王海明自己啊？是不是？那么，利他主义完全否定、压抑人的这种最强烈的冲动，使个人的强烈的个人利益的冲动得不到宣泄，那就有可能造成精神疾患，造成神经症，这是最痛苦的，是最严重的伤害。弗洛伊德论证了这一点。弗洛伊德为什么反对基督教利他主义？主要就是从疾病和健康的角度考虑的。

一切的道德都是因其限制、规范、压抑每个人的欲望和行为而是一种必要的恶。道德越恶劣，对人的摧残、对人的欲望的压抑就越重，对人的损害也就越大。优良的道德也不是不损害人的，只不过它对人的损害非常轻。利己主义在这一点上比利他主义要优良。当然我不是利己主义者，我是己他两利主义者。但是，利己主义对人的侵犯实属最轻，因为它仅仅不让你去损人，它倡导为自己，甚至认为为自己就是行善。利他主义呢？它否定一切为自己的行为，你为自己的行为再有利于社会和他人也是不道德的。唐宗宋祖、秦皇汉武，按照儒家利他主义的观点，都是不道德的。孟子为什么瞧不起管仲？对管仲，孔子还是看得起的，说他九和诸侯、不以兵车，40 年天下太平安定，给人们带来了巨大的利益。但是孟子说：从道义上看，管仲是不道德的，我不能做像管仲那样的人。他要做的是什么人？尧、舜、禹，他要做的是那种目的完全为了别人不为自己的人。所以利他主义否定为自己，对人的损害最重，因为每个人最多的行为就是为自己呀！这是一方面。

另一方面，利他主义给人的利益最少。因为利他主义否定为自己、否定个人利益追求，这就堵塞了、切断了人们为善的、增进社会和他人利益的最有力的源泉。所以，利他主义风行的社会，必定是一个缓慢停滞的社会。社会发展缓慢，社会利益增进缓慢，那么，大河没水小河干，每个人所获得的利益就必定少。所以，奉行利他主义的社会，每个人必定受到的压迫大而得到的利益少。相反，利己主义，给人的压抑、损害、侵犯小，它主张为己利他，倡导为自己，这就开掘了人们增进社会和他人利益的最有力的源泉：个人利益的追求。我最喜欢那句话，叫做："一个和尚挑水吃，两个和尚抬水吃，三个和尚没水吃"。这是人性啊！利己主义倡导为自己，就能够使得社会蓬蓬勃勃地发展起来，社会蓬蓬勃勃发展起来，每个人的利益就得到了满足。所以，奉行利己主义的社会，每个人必定受到的压迫较少而得到的利益却较多。

总而言之，利他主义的错误和危害固然极为严重，利己主义亦非真理；利他主义、利己主义——合理利己主义与个人主义——不过是分别夸大、绝对化"无私利他"、"为己利他"和"单纯利己"三大善原则的片面化谬误而已：儒家、墨家、康德和基督教利他主义夸大、绝对化了最高善原则"无私利他"；爱尔维修、霍尔巴赫、费尔巴哈、车尔尼雪夫斯基以及老子、韩非、李贽、龚自珍和梁启超的合理利己主义夸大和绝对化了基本善原则"为己利他"；中国古代哲学家杨朱和庄子等道家以及现代西方哲学家尼采、海德格尔、萨特所代表的个人主义夸大和绝对化了最低善原则"单纯利己"。真理显然应是三者之统一，是兼容并蓄从而将"无私利他"奉为最高道德原则、将"为己利他"奉为基本道德原则、将"单纯利己"奉为最低道德原则的道德观，这一道德观我们不妨称之为"己他两利主义"。

第七讲

公正与平等：社会治理的根本道德原则

■ 本讲提要

贡献是权利的源泉和依据，因而社会分配给每个人的权利应该与他的贡献成正比而与他的义务相等。这就是社会公正根本原则："贡献原则"。当我们依据这一原则具体对每个人的基本权利与非基本权利进行分配时，便会发现，平等是最重要的社会公正。因为，一方面，每个人因其最基本的贡献完全平等——每个人一生下来便都同样是缔结、创建社会的一个股东——而应该完全平等地享有基本权利、完全平等地享有人权。这就是基本权利完全平等原则。另一方面，每个人因其具体贡献的不平等而应享有相应不平等的非基本权利，也就是说，人们所享有的非基本权利的不平等与自己所做出的具体贡献的不平等比例应该完全平等。这就是非基本权利比例平等原则。

一、异议相与析：偶听于丹讲《论语》

不知何故兮，于丹一下子火起来了。随便打开电视，由不得你选择，于丹就给你讲《论语》，今日不妨将她的"妙论"拿出来，与在座诸位"奇文共欣赏，异议相与析"。单说她解释《论语》的那段对话："或曰：'以德报怨'，何如？子曰：'何以报德？以直报怨，以德报德。'"于丹望文生义，竟然说孔子反对以德报怨。她竟然不知道，以德报怨就是所谓"宽恕"、"恕"；而"忠恕之道"乃是孔子的"一以贯之"的根本思想。孔子怎么会反对以德报怨呢？孔子反对的只是片面化、绝对化的以德报怨；而主张以德报怨与以怨报怨的结合，亦即该以德报怨时就以德报怨、该以怨报怨时就以怨报怨：这就是孔子的"以直报怨"。所以，孔子的"以直报怨"包含两个意思：一是以德报怨，是美德的最高境界；一是以怨报怨，是美德的基本境界。以德报怨属于仁爱范畴，所以说是美德的最高境界；以怨报怨属于公正范畴，所以是美德的基本境界。

然而，人们往往以为以怨报怨是不道德的。确实，以怨报怨意味着：你若害我，我就害你；你如割我一只耳朵，我就割你一只耳朵；你若挖掉我一只眼睛，我就挖掉你一只眼睛。这怎么能够是一种美德呢？是的，这就是一种美德，这就是《圣经》所倡导的那种美德："若有伤害，就要以命偿命，以眼还眼，以牙还牙，以手还手，以脚还脚，以烙还烙，以伤还伤，以打还打。"[①]那么，《圣经》和《论语》所倡导的这种美德和道德叫做什么呢？叫做公正：以怨报怨属于公正原则；以德报怨属于仁爱原则。因为公正、正义、公平和公道都是同一概念。只不过，正义一般用在庄严、重大的场合。例如，就战争来讲，大都说正义战争，而不说公道战争、公平战争或公正战争。但是，说公道战争、公平战争或公正战争也不算错：它们与正义战争无疑是一回事。公平与公道，一般用于社会生活的各种日常领域。例如，我们常说公平与效率、公平分配、待人公道，而

---

① 《西方思想宝库》，吉林人民出版社 1988 年版，第 940 页。

不说正义与效率、正义分配、待人正义。但是，说正义与效率、正义分配、待人正义也不算错：这两种说辞显然也是一回事。公正则介于正义与公平或公道之间：它比公平和公道更郑重一些，比正义更平常一些，因而适用于任何场合。那么，究竟何谓公正？

关于什么是公正，给它下一个定义，是极其困难的。现在，特别是西方的一些法学家，认为公正是不能下定义的。那么，关于公正，我们现在有没有一个公认的定义？还是有的，这就是柏拉图的定义："正义就是给每个人以适如其分的报答。"①罗马法学家乌尔庇安亦如是说："正义乃是使每个人获得其应得的东西的永恒不变的意志。"②柏拉图和乌尔庇安的定义被后来历代思想家所承认而成为公正的经典界说。粗略地看，这个定义还是能够成立的。公正就是给人以应得，你应该得到什么，就给你什么，你不应该得到什么，你就不要得到什么，这确实就是公正。你应该得到好报，因为你行善，那么你得到好报，你不断升迁，或者说你长寿，我们就说，这是公正的；相反，好人没有好报，就是不公正的。看到这种情况我妈往往就会说："老天爷啊，你怎么这么不公正啊！""这个人那么好哇！怎么还叫车给轧死了？老天爷啊，你怎么这么不公正啊！"他不应该得到被轧死的这样一种遭遇，老天爷却给了他，这就是给人以"不应得"，就是不公正。"给人以应得"和"给人以不应得"，这也就是公正与不公正的定义。

但是这个定义，说起来它比公正本身还晦涩。因为什么叫"给人以应得"？仔细推敲起来，它是非常晦涩、含混的。给人以应得，粗略地看，正如柏拉图所言，就是对人做应做的事："公正就是做应该做的事。"③但是，真正讲来，我对人做我应该做的事情，这个就叫做公正吗？未必。比如说，有一个乞丐，我和他素不相识，我给他钱，或者给予他帮助，这是应该的，我对他做了我应该做的事情，但是你能说这是公正吗？显然不能。30 年后，如果那个乞丐成了富翁，而我却穷困潦倒了，他反过来帮助了我。这个时候，他做了他应该做的事，并且他这样做是公正的。相反，如果他虽然有钱却不帮助我，那么就是不公正的。

可见，应该的不都是公正的，公正是一种特殊的应该，是一种具有回报或交换性质的应该，是具有均等、相等、平等性质的那种回报或交换行为，说到

① 〔古希腊〕柏拉图：《理想国》，郭斌和、张竹明译，商务印书馆 1994 年版，第 7 页。
② 〔美〕博登海墨：《法理学—法哲学及其方法》，邓正来、姬敬武译，华夏出版社 1987 年版，第 253 页。
③ 〔德〕伯恩·魏德士：《法理学》，丁小春、吴越译，法律出版社 2003 年版，第 159 页。

底，就是同等的利害相交换的行为，就是等利交换与等害交换，就是恶有恶报、善有善报：恶有恶报就是等害交换；善有善报就是等善交换。我困难的时候你给我100块钱，你困难的时候我也给你100块钱。你困难的时候我帮助你，那么我困难了你也帮助我。这叫做等利交换，是公正的一个方面，是公正的正面、阳面。相反的，《圣经》说：以眼还眼，以牙还牙，以烙还烙。你挖我一个眼睛，我也挖你一个眼睛，你割我一个耳朵，我也割你一个耳朵。这叫做等害交换，是公正的另一个方面，是公正的阴面、反面。合而言之，同等的利害相交换，就叫公正。

那么，不同等的利害相交换是否就是不公正呢？不一定。因为不同等的利害相交换可以分为两类。一类是恶的，一类是善的。善的不同等的利害相交换，比如说，"滴水之恩，涌泉相报"，你不能因为它是不同等的利益相交换而说它是不公正。它无所谓公正不公正，它超越了公正不公正，它叫做"仁爱"。另一种善的不同等的利害相交换，不是不等利交换，而是不等害交换。你割了我耳朵，我不割你耳朵，或者我仅仅骂你两句。这就是你给我大害，我给你小害或者是我不给你损害，属于不等害交换。你不能说这种不等害交换是不公正，也不能说它是公正，它超越了公正不公正，它叫做"宽恕"。宽恕和仁爱是高于公正的一种道德境界，因而无所谓公正不公正。我们把这种不同等的利害相交换叫做善的不同等的利害相交换。

另一种不同等的利害相交换是恶的。举例说，我给你一万块钱，而你有钱的时候，你非常吝啬，你忘恩负义，或者说你给我很少，这种不等利交换，显然是不应该、不道德的，是恶的。这种不道德的恶的不等利交换，就叫做不公正。你仔细想一想，是不是这样？同样，你给我小的损害，你割我一个耳朵，我割你一个脑袋，这就是不等害交换，其净余额是一种纯粹的损害，属于纯粹害人，因而是不应该、不道德的，是恶的。那么这种恶的不等害交换行为，显然也是不公正。

因此，我们就得出一个结论：不公正就是恶的不同等利害相交换，就是恶的不等利交换与恶的不等害交换；公正就是同等的利害相交换，就是等利交换与等害交换。这就是公正与不公正的定义。这个定义可能令人困惑：你割别人的耳朵怎么可能是一种善呢？公正无疑是一种善哪！一切公正都是善！可是，按照这个公正的定义，等害交换就是行善。这就意味着：如果你割我的耳朵，那么我割你耳朵就是等害交换，就是行善。对不对？那么，人们就会怀疑，你割别人的耳朵是纯粹害人，怎么能是行善？其实就是在行善！为什么呢？因为，如果我不割那个割了我的耳朵的人的耳朵，或者不使他受到相当失去一个耳朵的惩罚，那么，他今天割我的耳朵，明天就会割你的耳朵，照此下去，全社会的人可能都会没有耳朵！你想，如果没有“等害交换”，损害别人的人不受到相应的损害，那么这个社会岂不到处都是杀人放火的恶贼？

因此，据马克思的女婿拉法格考证，公正的真正起源，并不是“等利交换”，而是等害交换。自古以来，公正便分为分配的公正和报复的公正两大类型。公正不是起源于分配的公正，而是起源于报复的公正。等利交换，从亚里士多德以来，叫做分配公正；等害交换，叫做报复公正。拉法格的考证在我看来是令人信服的；公正起源于报复，起源于等害交换。所以，你看新旧武侠小说，它的基本精神是什么呢？就是报复！就是要害那些损害别人的人！这样，每个人的安全才能够得到保障。我们现在为什么都规规矩矩地坐在这儿啊？谁没有恨哪！你们在座的诸位，谁敢说，对于某一个人没有久积的恨哪！爱之欲其生，恶之欲其死。你多么希望你深恨的人死啊！可是你为什么没有弄死他呢？因为你不敢哪！你为什么不敢？因为等害交换，杀人偿命，你弄死他，你的命也就没有了。

弗洛伊德反复讲，人类具有巨大的攻击性，比狼、比老虎，比一切凶恶的动物，都具有攻击性。你就想一想日寇南京大屠杀，一下子就屠杀30万！想一想希特勒毒杀犹太人，一下子就毒杀600万！中国战国的那个白起，也好不了多少，一下子就坑杀40万赵军啊！这是何等的凶残哪！你想，动物界哪有这么残忍、凶残的行为？那么，这种巨大的攻击性，这种能够使社会崩溃的攻击性，是靠什么东西来压抑住，来升华为一种建设性的力量呢？靠公正，靠等害交换。所以，我们现在得到一个结论：等害交换可能是一种巨大的善！公正，即使是损人的公正，它也因保障每个人的安全从而使社会能够存在发展而是一种巨大的善。等害交换与等利交换一样，是善的，是公正的正反面：公正就是同等的利害相交换。

但是，这个定义遭到有些人的反对。他们质问我：你把公正定义成是等利交换，这不是把公正降低为一种经济法则，降低为等价交换了吗？这种反对是不能成立的。殊不知，人类社会的一切活动，都是一种交换哪！每个人都是无法单独生存的。建立社会，建立这个“利维坦”，建立这个怪物，建立这个吞噬自己自由从而使自己异化的怪物，目的没有别的，就是为了生存和发展，为了得到一个人无法得到的利益，避免一个人无法避免的损害。所以社会原本就是一种利益交换体系，一切社会活动都是一种利害交换，都是一种利益交换和损害交换。只不过这种利益交换分为两类：一类是经济交换，一类是非经济交换。

经济交换的特点在于，这种交换的行为是一种目的和手段的关系；非经济交换则是一种因果关系。经济交换，比如我到早市上去买菜。卖菜妇说，“我的大白菜好哇，你快来买吧！来一棵吧！”她当然不是白给你，她给你这个大白菜是为了换取你的钱！她给你白菜是手段，换你的钱是目的。所以，一切经济交换都是目的和手段的关系。相反，非经济交换一般不是目的手段的关系，而是一种因果关系。比如说，某人在他发迹而我穷困的时候，给过我一些钱；现在轮到他穷困我发迹了，我也给了他一些钱。这是一种利益交换，但不是经济交换，而是非经济交换。因为我给这个人钱并不是为了从他那里再得到钱，而是因为他曾给过我钱：这种交换不是目的与手段的关系，而是一种因果关系。佛教讲因果，就是看重这种非经济交换。“种瓜得瓜、种豆得豆”，“善有善报、恶有恶报”都是因果关系，而不是目的与手段关系；因而都是非经济交换，而不是经济交换。

非经济交换只是一种因果关系而不是目的手段关系。你割我一个耳朵，这是原因，现在我割你一个耳朵，这就叫做结果。是不是啊？你不能说这是一种目的和手段的关系。因为你割我耳朵，目的肯定不是为了叫我来割你的耳朵。我割你的耳朵，这是你割我耳朵的结果，而不是你割我耳朵的目的。所以，我们相互割耳朵不是目的手段关系，而只是因果关系，因而属于非经济交换范畴。谈恋爱往往也都是一种因果关系。以爱易爱，爱也是一种交换哪！谈恋爱你以为它不是交换啊？那就大错特错了。你爱她，把你所有的都奉献给她了，你就可能得到她对你的爱。她爱你不是为了从你那里得到钱物，而只是因为她从你那里得到爱。有人谈恋爱的时候总埋怨，说对方不爱自己。马克思说，那是因为你对她的爱没力量！爱情也往往是“一报还一报”，也是一种利益交换，只不过这种交换是“非经济交换”罢了。

毫无疑义，任何利益交换，不论是因果关系的非经济交换还是目的手段关系的经济交换，都有一个共通的法则——必须遵守一定的规范、原则才能够进行。如果没有这种规范，交换就不可能做成。那么，规范我们一切交换行为——经济交换和非经济交换行为——的总的道德原则是什么呢？就是同等的利害相交换，就是等利交换与等害交换，就是公正。公正——特别是等利交换——这个原则在经济交换领域就表现为“等价交换”。所以，等价交换原本是一种经济交换的道德原则。可是，这个道德原则多年来居然被说成是经济规律，这是多大的一种误解和错误啊！当然从康德那里开始，就把道德原则、道德法则叫做“规律”；在马克思那里，又把“等价交换”叫做经济交换的规律。然而，规律是没有例外的！对不对？它在每一个场合都准确地表现出来，这叫做“规律”。规律是必然的，是不可违背的。可是，等价交换是不可违背的吗？难道每一次交换都必然等价交换吗？不！恰恰相反，差不多每一次交换都是不等价的。难道等价交换不是到处都在被违背吗？等价交换在交换中可以违背，意味着：等价交换绝不是规律，而只能是规则、规范。因为只有规则、道德原则、道德法则才是可以违背的。

总而言之，公正就是同等的利害相交换，就是等利交换与等害交换：它在一切利益交换——经济交换与非经济交换——领域表现为等利交换；在经济交换领域表现为等价交换：等价交换是经济交换的公正原则。这样一来，就道德境界高低来说，公正显然远远低于仁爱和宽恕，远远低于无私利他。但是，就公正的道德价值——公正对于道德目的的效用——的大小轻重来说，却远远大于、重要于仁爱和宽恕，远远大于、重要于无私利他，也大于、重要于其他一切道德：公正是最重要的道德。因为道德目的是为了保障社会存在发展和增进每个人利益。要达此目的，正如斯密所言，必须满足两个条件。一个条件是每个人必须积极地谋取社会和他人利益。因为社会是一个我为人人、人人为我的利益合作体，所以每个人必须积极为社会谋取利益，这个社会才能存在。第二个条件是每个人对社会他人的损害必须控制在一定的范围之内，不能随意地损害社会和他人。因为，如果不把人对他人的恨控制在一个限度之内，社会就会崩溃。怎样才能做到这两点，使社会得以存在和发展呢？

儒家的观点和基督教是一样的，他们认为只要一个字“爱”就可以了。粗略看来，很有道理。因为一个人如果爱别人，确实就不会损害别人。爱别人就不会害别人。谁都知道，父母不会害我们，因为父母爱我们。另一方面，爱别人就能为别人谋取利益。子产早就说过：“人之爱人，求利之也。”然而，按照休谟的观点，靠爱人来使人增进他人利益和避免相互损害，是不行的。因为人对他人的爱和慷慨是很有限的，是苍白无力的。苍白无力的东西怎么能够用来作为动力去增进对他人的利益和避免对别人的损害呢？

但是休谟没有论证人对别人的爱为什么一定是有限的。论证了这一点的人是谁呢？竟然是儒家。这就是儒家的“爱有差等”。“爱有差等”有两个含义。一个是从质上看：爱的本性；一个是从量上看：爱的多少。所谓爱的本性，亦即爱的定义：什么是爱？“爱”就是自我对快乐和利益的心理反应。谁给你快乐和利益，你就爱谁。爱，如同锈是铁对氧气的反应一样，是一种必然的反应：是对快乐和利益的必然的心理反应。谁给你快乐和利益，你对谁就必定会爱。我最爱书，只是因为书给我的快乐和利益太大了，没有书我简直活不下去，所以我非常爱书。同样的道理，如果老母猪能给我快乐和利益，那我就爱老母猪。我妈妈如果给我痛苦，那我就恨我妈。但是为什么每个人都爱他的父母呢？因为父母给了他利益和快乐。如果你的父母抛弃你，那么你就会恨他们。

既然爱是快乐和利益的心理反应，那么由此可以推理出：谁给你利益和快乐少，谁离你就比较远，你对谁的爱就比较少，你为他谋利益的行为就比较少；谁给你的快乐和利益比较多，谁就必然离你比较近，你对谁的爱就比较多。那么你对自己的爱必然最多，你为自己谋利益的机会必然最多。所以，自爱必然多于爱人，为己必然多于为人：每个人必然恒久为自己，而只能偶尔为他人。"恒久"就是多数的意思，就是超过行为总量的一半；相反，"偶尔"就是少数的意思，就是49%以下。所以，人的心理遵循一种同心圆定律，这个同心圆的圆心是自我，圆圈就是他人。其中离圆心越近的、越小的圆就是给自我利益最多的人，越大、越远的圆就是给我利益越少的人。谁给我的利益少，他就是距离圆心远的圆圈，不管他是爹还是妈。当然，父母往往是给自我利益最多的人，所以往往距离圆心最近的一个圆圈，一般说来就是父母。

靠这么一种对于他人的无力的爱，能够使人积极增进社会和他人的利益吗？不能。那怎么办呢？等利交换！靠提倡爱别人、利别人这种道德说教无法解决问题，最好的办法就是等利交换。因为按照等利交换原则，你给社会和他人谋取多少利益，那你就得到多少利益，那么你的干劲就一定来了。因为按照等利交换原则的话，为别人谋利益就等于为自己谋利益；你为他人和社会谋取多少利益，你自己就会得到多少利益。那么，你岂不就如同为自己谋利益一样地积极谋取社会和他人的利益吗？

那么，一个社会怎样去避免每个人对他人和社会的损害呢？靠爱是不行的。因为正如弗洛伊德所说，每个人都有巨大的破坏性冲动，对别人的恨这种破坏力是巨大的。说一个人狼心狗肺，好像是贬低了人。其实，狼难道比人更凶狠吗？狼什么时候像希特勒那样屠杀600万犹太人？狼比秦国的白起更凶狠吗？白起长平之战坑杀了赵国大军40万啊！南京大屠杀，日本军队一下子就屠杀了30万中国人哪！狼有这么凶狠吗？可见，人的内心包藏着多么强烈恐怖的破坏和损害的冲动啊！靠软弱无力的爱怎么能使人们避免相互间的损害呢？那么，靠什么呢？靠"等害交换"。因为等害交换意味着：你损害社会和他人，就等于损害自己；你损害社会和他人多少，就等于损害自己多少。这样，每个人要自己不受损害，就必须不损害社会和他人；每个人要自己不受丝毫损害，就必须丝毫不损害社会和他人。想想看，你为什么没有把情敌的鼻子咬下来？你多么想咬下来啊！咬鼻子的事在谈恋爱的时候是时有发生的！对不对？那么，你为什么没有把他的鼻子咬下来，因为你不敢哪！你为什么不敢？因为按照"等害交换"原则，你咬掉他的鼻子，那你就得遭受同等损害。

等害交换和等利交换是保障社会和利益共同体的存在发展、最终增进每个人利益的最重要、最有效的原则，显然意味着：公正是实现道德目的的最重要、最有效的原则，因而具有最重要的道德价值，是最重要的道德原则。因此，仁爱和宽恕是最崇高的善，却不是最大的善，不是最重要的善，不是最重要的善原则，不是最重要的道德原则。反之，公正虽然并不崇高而有斤斤计较之嫌，却是最大的善，是最重要的善，是最重要的善原则，是最重要的道德原则。特别是，公正与仁爱、宽恕和善等道德原则根本不同：仁爱、宽恕和善是约束一切人的道德，是每个人的行为所当遵循的道德原则；而公正则主要是约束统治者、领导者、管理者的道德，是社会治理的道德原则，是社会制度的道德原则，是社会治理的最根本、最重要的道德原则，是社会制度的最根本、最重要的道德原则。罗尔斯将这一见地概括为一段气势磅礴的宣言："公正是社会制度的首要善，正如真理是思想体系的首要善一样。一种理论，无论多么高尚和简洁，只要它不真实，就必须拒绝或修正；同样，某些法律和制度，无论怎样高效和得当，只要它们不公正，就必须改造或废除。"①

二、动物没有权利：且听康德说老狗

动物有没有权利？早在 1789 年，边沁就已经说过："或许有一天，动物可以取得原本属于它们但只因为人的残暴之力而遭到剥夺的权利。"②1790 年，劳伦斯(John Lawrence)则宣告："我建议国家正式承认兽类的权利，并根据这种原则制定一种法律，以谨防和保护它们免遭那些不可容忍的任意虐待。"③1867 年，缪尔(John Muir)更加愤愤不平地写道："我们这种自私和自负的动物：同情心是多么狭隘，对于其他动物的权利是何等愚昧无知！"④ 1873 年，赫

① John Rawls, *A Theory of Justice*, Revised Edition, The Belknap Press of Harvard University Press, Cambridge, Massachusetts, 2000, p. 3.

② 〔美〕彼得·辛格：《动物解放》，孟祥森、钱永祥译，光明日报出版社 1999 年版，第 9 页。

③ Roderrick Frazier Nash, *The Rights of Nature: A History of Environmental Ethics*, The University of Wisconsin Press, London, 1989, p. 24.

④ 同上书，p. 1。

尔普斯(Arthur Helps)也写道："每个生物都拥有权利，而且最高形式的公正也适用于它。"[①]1892年，塞尔特出版了他的学术专著《动物权利与社会进步》。到了20世纪，西方思想界则兴起了动物权利论和动物解放运动。那么，动物究竟有没有权利？最有代表性的否认非人类存在物拥有权利义务的理论，正如当代动物权利理论著名哲学家汤姆·雷根(Tom Regan)所言，乃是康德的"间接义务论"[②]。对于这一理论，康德这样阐述道：

> 对动物而言，我们没有直接的责任。动物没有自我意识……我们对动物的责任只是对人的间接责任。动物的天性类似于人类的天性，通过对动物尽义务这种符合人性表现的行为，我们间接地尽了对人类的责任。因此，如果一条狗长期忠诚地服务于它的主人，当它老得无法继续提供服务时，它的主人应当供养它直至死亡。这样的行为有助于支持我们对人的责任，这是应尽的义务。如果动物的行为类似于人类的行为，并有同样的起源，那么我们对动物负有责任，因为这样做培养了对人的相应责任。如果一个人因为他的狗不再能提供服务而杀死它，那么，他对狗没有尽到责任，尽管狗无法给出评价，但他的行为是残忍的，而且有损于他相应对人的仁慈。如果他不打算扼杀自己的人性，他就必须对动物表现出仁慈，因为一个对动物残忍的人在处理人际关系时也会变得残忍。[③]

这就是说，我们与动物之间并没有权利义务关系。我们对于动物的所谓义务，如法律所规定的保护熊猫的义务等等，实际上只是我们对人类利益的保护，因而只是我们对于人类的间接义务；正如我们不污染河流的义务，实际上并不是我们对于河流的义务，而只是我们对于人的间接义务一样。我们对于动物不负有义务，显然意味着，动物对于我们不享有权利：动物是没有权利的。那么，这种否定动物拥有权利的"间接义务论"是真理吗？动物究竟是否拥有权利？这无疑是当代最新颖和最富于挑战性的伦理学难题，它的解决实际上关涉到公正的根本问题：权利与义务。

原来，公正之为社会治理道德原则，并不是一个单一的原则，而是由若干

① Roderrick Frazier Nash, *The Rights of Nature: A History of Environmental Ethics*, The University of Wisconsin Press, London, 1989, p. 26.

② Stevn M. Cahnand Peter Markie, *Ethics: History, Theory ,and Contemporary Issues*, Oxford University Press, New York, Oxford, 1998, p. 822.

③ P. Aarne Vesilind, Alastaie S. Gunn:《工程、伦理和环境》，吴晓东、翁端译，清华大学出版社2003年版，第263—264页。

个原则构成的公正原则体系。“等利(害)交换”只不过是其中最一般的公正原则,因而也就是统摄、演绎其他原则的公正总原则罢了。那么,在其众多的分原则中,哪一种是公正的根本原则?公正具有正反两大分原则:等利交换与等害交换。等利交换显然比等害交换更为根本和重要。那么,是否可以说:等利交换都是最根本、最重要的公正?否。因为众多的等利交换,如“投之以李,报之以桃”或“你给我穿靴,我给你搔痒”等等,显然无关紧要。等利交换比等害交换更为根本和重要,不过意味着:最根本、最重要的公正只能存在于等利交换之中,而不能存在于等害交换之中;只能是一种等利交换,而不能是一种等害交换:等害交换都属于非根本、非重要的公正范畴。那么,最根本、最重要的公正究竟是哪一种等利交换?无疑是权利与义务的交换:权利与义务的交换或分配是公正的根本问题。举例说:

在路上我看见一个老头乞讨,我定睛一看,原来他以前救助过我。这样,现在我反过来救助他,这就是等利交换,是公正。但这个公正,这个行为,是权利和义务之外的,是非根本公正。相反呢,如果这个老头是我爹,他正在沿街乞讨,我看见了,心里无限悲伤,赶紧把他老人家背回家,好好的奉养起来。我这样做是因为他是我爹,以前他养育了我。这也是一种等利交换,是公正。但这是一种权利与义务的交换,是根本公正。

权利与义务相交换的公正是根本公正,而非权利与义务相交换的公正是非根本公正。因为前一种公正极端重要,后一种公正无关紧要。社会可以没有后一种公正,但是绝不能没有前一种公正。你给我钱了,反过来在你困难的时候我也给你钱,这种公正无关权利与义务,无关紧要,社会没有它还可以存在。因为当你在困难时我忘恩负义、坐视不管,即使人人如此不公正,社会也不至于崩溃。但是,如果是父母与子女的关系,如果父母养育了儿女,儿女后来赡养父母,那么这种公正便关乎权利与义务,因而极为重要,关乎社会的存在发展。因为如果每个人都只享有权利而不尽义务,每个人都不赡养父母,那么,还有谁会养育儿女?照此下去,社会岂不必定崩溃瓦解?所以,权利和义务的交换是最为根本的交换,权利与义务相交换所遵守的公正原则就是公正的根本原则。那么,权利和义务究竟应该怎么样来交换才是公正的呢?

显然,要解决这个问题,首先得弄清楚:什么叫做权利?什么叫做义务?这在法学界争议极大,竟然有五六种学说。其实权利,简单地说,就是权力所赋予的利益,就是权力所保障的索取,就是必当得到的利益。相反的,义务则是权力所保障的付出,是权力所保障的贡献,是必当付出的贡献。因为,人类的一切活动,其实说来说去就是索取和贡献的一种交换,但是,人们的索取和贡献并不都为权力所保障。因为所谓权力，是被社会的管理者、统治者、领导者所掌握的，迫使人们不得不服从的，同时又为社会所认可的一种强制力量。这就是说，权力具有几个特点，第一，它是一种强制力量，但是一切强制力量并不都是权力。比如，我把比我弱小的人痛打一顿，虽然我有这个强制力量，但这并不是我的权力。第二，权力是为统治者所特有的一种力量，而不是被统治者、被管理者所拥有的：被领导者没有权力。

因而，权力是一种被社会所认可而仅为领导者所握有的迫使人们不得不服从的强制力量。这种力量的基本作用，无疑就是保障人们的社会合作，保障人们的索取和奉献。但是，人们相互间的索取与贡献纷纭复杂，而权力显然不可能也不应该保障每个人的一切的索取和奉献。比如，我把我的表赠给你，因为你曾经给了我一辆自行车。这是一种贡献与索取。权力显然不能够也不应该保障这样一些鸡毛蒜皮的贡献与索取。它管不过来也不应该管。权力仅仅能够并且应该保障那种具有重大的社会效用的必须且应该的奉献和索取。权力所保障的那种具有重大社会效用的必须且应该的索取，就叫做权利。权力所保障的那种具有重大社会效用的必须且应该的奉献，就叫做义务。

更确切些说，权利是一种具有或被认为具有重大社会效用的必须且应该的索取或要求，是一种具有或被认为具有重大社会效用的必须且应该得到的利益，是一种具有或被认为具有重大的社会效用的必当得到的利益，因而也就是应该受到权力保障的利益，是应该受到权力保障的索取或要求，也就是应该受到社会管理者依靠权力加以保护的利益、索取或要求，说到底，也就是应该受到政治和法律保障的利益；义务则是具有重大或基本社会效用的必须且应该的服务，是具有重大或基本社会效用的必须且应该的贡献或付出，是具有重大或基本社会效用的必须且应该给予社会和他人的利益，是具有重大或基本社会效用的必当付出的利益，是一种具有重大或基本社会效用的必须且应该的服务、贡献或付出，因而也就是应该受到权力、法律和政治保障的服务、贡献或付出，是应该受到社会管理者依靠权力和法律加以保障的服务、贡献或付出，是不服从便会受到权力和法律惩罚的必须且应该服从的服务、付出或贡献。

权利与义务的概念分析表明，人类只与有利于自己的动物之间，才存在权利义务关系：动物的权利，就是它从人类那里应该且必须得到的利益，就是它从人类那里得到的应该受到法律保障的利益，说到底，也就是人类对于动物所负有的义务；动物的义务，就是它应该且必须给予人类的利益，就是它给予人类的应该受到法律保障的利益，说到底，也就是人类对于动物所享有的权利。

康德认为只有具有自我意识的人类，才可能对自己的行为负责，从而才可能负有义务；没有自我意识的非人类存在物，如那条老狗，不可能对自己的行为负责，因而不可能负有义务。这是错误的。因为，正如动物权利拥护者们所指出：婴儿、精神病患者和痴呆症患者等不能对自己行为负责的人，同样享有权利和负有义务；只不过他们的权利与义务是由其代理人帮助行使和履行罢了。举例说，精神病患者不能对自己的行为负责，却同样享有自由和生命等权利，也同样负有不剥夺他人的生命和自由的义务。因为，如果一个精神病患者动不动就打人甚至杀人而不履行自己的义务，他也会遭到惩罚：他的自由权会遭到剥夺而被看管起来。因此，根据动植物等非人类存在物没有自我意识、不能对自己的行为、反应或效用负责，便断言它们不可能负有义务，是不能成立的。它们同样享有权利和负有义务，只不过它们的权利与义务是由其代理者"人类"来帮助其来行使和履行罢了。

这样一来，否认动物拥有权利的"间接义务论"显然是不能成立的了。就拿先前已提到的康德所说的那条狗来讲。因为按照公正原则——等利交换——狗给予了主人巨大的利益，主人回报给狗以相应巨大的利益，乃是狗所应得的。主人只有给予它这样巨大的利益，才符合等利交换的公平原则，对于它才是公平的、善的，尽到了应尽的义务，因而当主人这样做时，他才会感到良心安宁。否则，如果主人杀死它，便违背了等利害交换的公平原则，对于它是不公平的、恶的、缺德的，没有尽到对于它应尽的义务，因而当主人这样做时，他才会感到内疚而良心不安。所以，范伯格写道："我们不仅应该仁慈地善待动物，而且应该将动物当作目的来仁慈地善待。因为这样的善待是动物所应得的，是我们对于它们所负有的义务。如果我们不这样做，对于动物就是不公平的、不正当的，而绝不仅仅是一种伤害。"①

主人对于狗负有供养它直至死亡的义务，实已经蕴含着：狗享有被主人供养直至死亡的权利。那么，主人给予狗的巨大利益，供养它直至死亡，究竟是不是狗的权利呢？主人给予狗的巨大利益，供养它直至死亡，是狗应该得到的利益，这是毫无疑义的，因为它曾救过主人性命，给予过主人巨大利益。可是，狗应该从主人那里得到的这种利益是不是狗的权利？如果狗的这种利益不仅是应该得到的，而且还是必须得到的，是应该受到法律保障的利益，那么狗的这种利益就是狗的权利了。因为如上所述，权利无非是一种具有重大社

---

① 转引自 James E. White, *Contemporary Moral Problems*, Fourth Edition, West Publishing Company, St. Paul, 1994, p. 428。

会效用的应该且必须得到的利益，因而也就是应该受到法律保障的利益。显然，狗应该得到的这种巨大利益，对于狗的生存和人的生态环境从而对于人类社会，是具有重大效用的，因而便是一种应该且必须得到的利益，便是应该受到法律保障的利益，便是一种权利了。

实际上，早在1641年英国殖民地的《自由法典》就有这种保障动物利益的法律条例："任何人都不可以虐待那些通常对人有用的动物。""必须使那些拉车或耕地的家畜定期得到休息、恢复体力。"[①]1822年，英国议院则通过了著名的"马丁法案"：《禁止虐待家畜法案》。特别是，美国1972年、1973年先后通过的《海洋哺乳动物保护法》和《濒危物种法》，正如皮图拉（Joseph Petulla）所言："体现的是这样一种法理：被列入条款的美国非人类栖息者，就某种特殊的意义来说，得到了生命和自由的保障。"[②]这样一来，狗和家畜等动物的利益便不但应该受到而且实际上已经受到法律的保障：狗和家畜等动物拥有应该受到法律保障的利益，因而也就拥有了权利。

三、奇文共欣赏：举贤勿拘品行令

曹操堪称奇人，因为他竟然敢冒天下之大不韪，取一个妓女为妻。但这与本讲无关，姑且不论。我这里要讨论的是他的《举贤勿拘品行令》，该令不但堪称奇文，而且关涉我们今日要讲的社会公正问题，所以抄录于此，与诸君共欣赏："昔伊挚、傅说出于贱人；管仲，桓公贼也，皆用之以兴。萧何、曹参，县吏也；韩信、陈平负污辱之名，有见笑之耻，卒能成就王业，声著于载。吴起贪将，杀妻自信，散金求官，母死不归，然在魏，秦人不敢东向，在楚则三晋不敢南谋。今天下得无有至德之人放在民间，及果勇不顾，临敌力战，若文俗之吏，高才异质，或堪为将守；负污辱之名，见笑之行，或不仁不孝而有治国用兵之术。其各举所知，勿有所遗。"我每读此文，都感慨欷歔不已：妙哉此文！善哉此令！然而，曹操这种唯才是举的用人之道符合公正原则吗？我的回答基本是肯定的：曹操的唯才是举大体符合社会公正原则，亦即大体符合权利与义务相交换的公正原则。

---

① Roderrick Frazier Nash, *The Rights of Nature: A History of Environmental Ethics*, The University of Wisconsin Press, London, 1989, p. 18.

② 同上书，p. 161。

因为我们刚刚讲过：权利是一种必须且应该的索取或要求，是一种应该受到权力、法律和政治保障的利益；义务则是必须且应该的贡献或付出，是应该受到权力、法律和政治保障的服务、贡献、付出。这样一来，你的一切权利都是索取，但你的一切索取却不都是权利：权利仅仅是应该受到权力保障的索取。反之，你的一切的义务都是贡献，但你的一切奉献不都是义务：义务仅仅是应该受到权力保障的贡献。所以，索取多于权利，贡献多于义务。于是，按照同等利害相交换的公正总原则，社会对于每个人的权利和义务的公正的分配，显然应该遵守这样一个原则，那就是：社会分配给每个人的权利应该与他的贡献成正比而与他的义务相等。这就叫贡献原则，这就是社会公正的根本原则。按照这个原则，你的权利不应该和你的贡献相等，而只应该和你的义务相等。那么什么和贡献相等呢，是索取，索取应该和贡献相等。

这样，你的贡献大，你权利便应该大，因为你的权利和你的贡献应该成比例。但是，你享有的权利再多，也不应该和贡献相等，更不应该多于贡献，而只应该和义务相等。一个人的权利如果和他的贡献相等，那就麻烦了，那在座的诸位，可能都得饿死。你想，有巨大贡献的人，像牛顿、达尔文、爱因斯坦，你看他们的贡献多大！如果他们应该享有与其贡献一样多的权利，那你看你还能享有什么了？牛顿们要是享有与其贡献相等的权利，那么，芸芸众生简直就没有什么权利可以享有了。所以说，我们得到一个结论：社会对于每个人的权利的分配，应该以贡献为依据，却不应该和贡献相等，而应该和贡献成正比，与义务相等。这就是社会公正的根本原则，这就是权利与义务分配的贡献原则。

但是，当我们按照社会公正的贡献原则分配权利与义务的时候，会发现这样一个问题，就是很多权利的分配，比如说职务、地位、权力等权利的分配，好像不得不背离这个贡献原则。因为你仔细想一想，像诸葛亮，他 24 岁，什么贡献也没有，可是刘备却三顾茅庐，委任以军师，他享有这么高的职务，除了刘备，他就是最大的，那么这不是背离了按贡献分配权利的原则吗？并没有。因为，你仔细想一想，贡献原本有潜在贡献和实在贡献的区别。所谓潜在贡献，也就是才能品德等自身的、内在的贡献因素和运气出身等非自身的、外在的贡献因素，也就是导致贡献的因素、原因，是尚未作出但行将作出的贡献，是可能状态的贡献。反之，实在贡献则是德才、运气、出身诸贡献因素相结合的产物，是已经做出来的贡献，是现实状态的贡献。每一个人作出贡献，其实都有四大要素。一个就是你的才能，一个就是品德，这是每个人自身所具有的，因此是一种内在的贡献要素；另两大要素就是，你的出身和你的运气。你做什么贡献，不仅仅是靠才能和品德，出身也很重要。你是出身名门，近水楼台先得月，向阳花木易为春，你就更容易做出大的贡献。运气也很重要，做贡献，特别是商人做买卖，“七分运气，三分努力”，对不对？你搞学问，是“七分努力三分运气”，运气也很重要。但是运气和出身都不是一个人自身所具有的，而是一种非自身的、外在的贡献要素。

那么，我们在进行权利分配的时候，应该依靠内在的和外在的这样一种综合的贡献要素进行考虑。但是，真正的依据乃是内在的，而不是外在的，是才能和品德，而不是出身和运气。为什么呢？因为才能和品德是一种必然性的贡献的要素，是没有作出但是必将作出贡献的要素。对不对？那么你按照才能和品德这种潜在的贡献来分配权利，也就无异于按照贡献分配权利。相反的呢，出身和运气则是一种偶然性的贡献要素，是可能做出也可能做不出贡献的要素。你出身好或者是运气大，你可能做出大贡献，也可能做不出贡献，不但做不出贡献，可能还做出负贡献。比如高干子弟，他比我们更可能做出大贡献，但也更可能做大坏事。所以你要按照出身和运气这些外在的贡献要素来分配权利，那么你就可能背离了权利应该按照贡献分配的原则。因为这些外在要素是一种偶然性的贡献要素，按它分配，意味着你可能就不是按照贡献分配了。是不是？所以，我们最终得出一个结论：应该按照品德和才能这些必然性的潜在贡献来分配职务等等权利。

然而，在这个问题上，又碰到一个矛盾。你看古往今来的思想家，像亚里士多德，他主张按照美德分配权利；像曹操等，则主张按照才能分配权利，唯才是举。仔细分析起来，二者其实都是片面的。为什么？因为才能和品德只有结合起来，才是一种必然性的潜在贡献；二者如果分离开来，有才无德，或者有德无才，便都是一种偶然性的潜在贡献了：二者都可能做出也可能做不出贡献。对不对？有才无德，不但有可能做不出大贡献，而且反倒可能作出负贡献。古往今来，这些“有才无德”的人导致的祸害还少吗？相反的，有德无才，也可能作出负贡献，亦即所谓“好心办坏事”。遍观历史，好心办坏事的人，给社会带来的危害，其实比那些“有才无德”的人还要厉害。因为有才无德的人会有种种东西制约他，使他不敢干坏事。但是，有德无才的人哪，他在那里干的是最大的坏事，还自以为是好事，别人也以为他在干好事，因而具有更大的危害性。

因此，我们应该任人唯贤，而不能“任人唯才”或者是“任人唯德”。何谓贤？才能加品德才叫贤。任人唯才是片面的，任人唯德也是片面的。曹操讲唯才是举，但你仔细分析起来，曹操实际上并不是唯才是举。任何大政治家都不可能唯才是举。如果唯才是举，那么，他就不能够取得成功。就拿曹操唯才是举的几个楷模来说。曹操发表了好几次唯才是举的《求贤令》。他主张重用的那些没德而有才的人是谁呢？是吴起、韩信和陈平。吴起杀妻自信、散金求官、母死不归。他为了取得国君的任用而杀死自己的老婆，为了当官而去行贿，母亲死了他也不回家奔丧，实实在在是个缺德的人，是不是啊？韩信呢，是一个胯下夫。韩信高高大大，仗剑出游，却从一个市井无赖的胯下钻过去。你那么大的个子有那么大的力量还仗剑出游，怎么能当胯下夫呢？实在懦弱之至，缺乏勇敢的美德。还有陈平，是盗嫂受金。他父亲死了，是哥哥把他培养大的，可是他反过来给自己的哥哥戴绿帽子。

但是，仔细分析起来，汉高祖刘邦或其他国君重用陈平、韩信和吴起，堪称唯才是举吗？由此能说刘邦和其他君主不重视美德吗？不能！因为人的美德是各种各样的，和才能一样，人无全才之人，也无全德之人。你仔细想一想，比如说节制，你如果节制、谨慎，就可能懦弱。你要是勇敢呢，就可能鲁莽。每个人都没有全部的美德，就像你没有全部的才能一样。那么，作为一个将军，一个军师，最重要的美德是什么呢？仔细想一想，其实是忠实于重用自己的主公。这是将帅的最重要的美德，对不对？所以，你看，像刘邦和曹操，他们所重用或所主张重用的这些人，其实都只是缺乏传统的美德，如仁爱啊、廉洁啊！但是这些传统的美德，作为一个大将军，一个统帅，原本是可有可无的。陈平、韩信和吴起不具有这些美德，却具有将帅所必备的美德，如忠实于自己的主公等等。这无疑是他们得到重用的一个最根本的必要条件。

吴起是具备将军的那些美德的，如忠诚、勇敢和爱护士兵等等。一个士兵的腿流脓了，吴起就用嘴把脓给吸出来。这是当一个将军所必备的美德。至于残忍啊，或者是仁爱啊、行不行贿啊，只是清官必备的美德，而对于当将军可有可无的。陈平也是如此。刘邦也是很重视美德的，所以有一次他就把陈平叫来怒骂说：你有这些丑事吗？陈平承认了，但是他对刘邦说：你叫我来，是叫我来出谋划策的，不是叫我当一个清廉的官，是不是？我没有那些清廉的美德，但是我能出谋划策。确实，汉高祖定天下的六大奇谋都是陈平出的。陈平忠于刘邦，并且刘邦死后，也是靠陈平才将政权从吕氏手中夺回来的。韩信也是非常忠于刘邦的。他是一个胯下夫，负了侮辱之名，但是他并不是完全缺德啊！当时在和项羽决战的时候，项羽派武涉游说韩信，三分天下，否则必将"狡兔死，走狗烹"。意思是说你要是把我打败了，刘邦统一天下，你也就完了！这个时候，就显示出韩信对刘邦的忠诚。他说，刘邦有衣衣我，有食食我，对我这么好，背之不祥！

可见，陈平、韩信和吴起都是具有将帅所必备的美德的。因此，刘邦等用人并不是“唯才是举”的。倡导唯才是举的曹操实际上也并非唯才是举，否则他就不会杀吕布了。吕布是天下第一条好汉哪！一吕二赵三典韦，四关五马六张飞。那第一条好汉就是吕布。曹操爱才如命，是吧？可是最后怎么还把他杀了呢？“白门楼吕布殒命”！杀他的原因是什么呢？吕布当时求饶，愿为曹操效力。曹操确实动了心，他转过身来问刘备。刘备却对他说：曹公你难道忘了丁奉和董卓的事情吗？二人都是吕布的义父，最后却都被吕布杀死。所以，吕布具有背叛恩公的恶德，而毫无忠于主公的美德。这就是曹操杀死吕布的唯一原因。所以，曹操实际上并非唯才是举。古往今来大政治家没有“唯才是举”的，而皆如唐太宗所言：“用人如器”。因为人的美德和才能一样，没有“全才”，也没有“全德”，所以应该“用人如器”。就是说，你使用人，应该像使用器皿一样。它是装水的，你就用它来装水，你别用它拉磨，也别用它来飞翔。所以古往今来的大政治家，没有唯才是举的，都是任人唯贤、德才并举。

总而言之，德与才是职务等权利的潜在的源泉和依据，换言之，社会应该任人唯贤，按照每个人的德与才分配职务等权利。说到底，社会应该用人如器，根据每个人所具有的品德与才能的性质而分配与其相应的职务等权利。这就是社会根本公正的德才原则。

那么，同为社会公正根本原则的“德才原则”与“贡献原则”是何关系？德才是潜在贡献，是权利分配的潜在依据；而贡献则是德才的实在结果，是权利分配的实在依据。因此，德才原则无非是潜在的贡献原则，是社会根本公正的潜在原则；而贡献原则则是社会根本公正的实在原则。于是，说到底，德才原则不过是贡献原则的推演、引申，因而完全从属于、依据于、决定于贡献原则；而贡献原则则高于德才原则：当二者发生冲突时，应该保全贡献原则而牺牲德才原则。

举例说，诸葛亮失街亭，在那个时候，他的德才并没有比以前差，甚至还要好一些。但是，失街亭意味着诸葛亮的实在贡献变了：他不但未能成功作出贡献，反倒失败带来祸害。所以，失街亭前诸葛亮是丞相，而失街亭后却降职三级而为右将军。为什么同样的德才却因贡献不同而不应享有同样的权利？岂不就是因为贡献原则高于德才原则而后者应该服从前者？所以当潜在贡献和实在贡献发生冲突的时候，当才能品德和实在贡献发生冲突的时候，最终我们还是要看实在贡献：实在贡献具有优先性。

贡献原则——实在贡献原则和潜在贡献原则——是社会对于每个人的权利与义务进行分配的原则，因而是社会公正根本原则：权利与义务的分配是社会公正的根本问题。但是，当我们依据这一原则具体对每个人的基本权利与非基本权利进行分配时，便会发现：最重要的社会公正根本原则乃是推演于贡献原则的平等原则——一方面，每个人所享有的基本权利应该完全平等；另一方面，每个人所享有的非基本权利应该比例平等——平等是最重要的社会公正。

四、只要有一个人穿不上裤子，任何人都不应该有好裤子

当我们运用社会公正的贡献原则来衡量现实社会的时候，恐怕非常令人失望：我们不得不承认，古今中外，绝没有哪一个社会堪称真正公正的社会。因为，按照社会公正的贡献原则，真正的公正的社会乃是这样的社会，在这种社会里，只要有一个人穿不上裤子，任何人都不应该有好裤子；某些人应该有好裤子，必须所有人都有裤子。这是因为，当我们运用贡献原则来分配每个人的权利的时候，我们发现，每个人的权利可以分为基本权利和非基本权利。笼统地看，一切权利分配都要按照贡献原则来进行。但是，具体地讲，我们发现，权利分为基本权利和非基本权利，对于二者按照贡献原则进行分配，其实是有所不同的：基本权利应该完全平等，而非基本权利应该比例平等。尽管有所不同，却同样都是平等。因此，贡献原则或社会公正根本原则真正实施起来的时候，就表现为平等：平等是最重要的社会公正。

然而，多年来，特别是现在，我们都觉得不平等倒是应该的、公正的，而平等却是不应该的，不公正的。真是天大的错误！其实对于权利的分配，只要出现一丁点儿不平等，就都是缺德的，都是不公正的！只有达到平等，它才是公正的。因此，法国《人权宣言》和美国《独立宣言》认为每个人都应该平等的享有权利，权利分配的原则是平等。诚然，这里面有一个问题，你说北大的校长，他享有的权利，难道和我王海明享有的权利应该平等吗？显然应该不平等，只有不平等才是公正的。那么，这岂不推翻了一切权利分配都应该平等的原则吗？并没有，两者都是对的。为什么呢？因为权利平等原则有两层含义。一方面，人人所享有的基本权利，亦即所谓人权，应该完全平等。另一方面，人人所享有的非基本权利，亦即非人权权利，应该不平等，但是这种不平等必须符合一种比例平等的原则才是公正的。所以非基本权利分配应该是比例平等。完全平等是人权、基本权利的分配原则；比例平等是非基本权利、非人权权利

的分配原则。

所谓基本权利，亦即人权，就是每个人经济、政治和思想等方面最低的、起码的、必要的权利；而非基本权利亦即非人权权利，是人们所享有的比较高级的权利。简单地说，吃饱了，这是基本权利，是人权；吃好，就是非基本权利，就是非人权权利。有地方住，哪怕是绳床瓦灶，蓬牖茅椽，就叫做基本权利，就是人权；而我若是住在高楼大厦，那就是非基本权利，就是非人权权利。人权、基本权利应该每个人完全平等地享有，不管你是傻子还是非常聪明的人，不管你是瘸子还是瞎子，不管你劳动不劳动，不管你是勤劳的还是懒惰的，你只要是社会的一员，你就应该和那些勤劳的人，和那些伟大的人，同等地享有基本权利。为什么呢？

西方的人权理论普遍认为人权的依据在于"人"：我们都是人，所以人权应该完全平等。但是这里有个破绽：杀人犯也是人，却不应该享有人权。面对这一破绽，中国的学者赵汀阳提出，人权的依据是道德的人，只有符合道德的人才享有人权。然而，他的这一观点遭到邱本的反驳。邱本说，如果按照赵汀阳的这个观点，卖淫嫖娼者不应该享有人权，因为他们不是道德的人。但是实际上他们显然还是应该享有人权的。于是，邱本提出，人权的依据不是道德人而是法律人：法律上宣布你不是人，你就不应该享受人权。这就更荒唐了。难道法律宣布你不是人你就果真不是人了？更何况，哪里有宣布一个人不是人的法律呢？那么，人权完全平等的依据究竟是什么？

我以为是社会人：既不是道德的人，也不是合法的人，而应该是社会的人。也就是说，每个人之所以应该完全平等地享有人权，这是因为每个人都完全一样地是缔结社会的一个人、一个成员、一个"股东"。缔结社会是每个人所能够做出的最大的贡献！每个人，不论他是谁，在他所做出的一切贡献中，最大的贡献就是缔结社会。牛顿最大的贡献是什么？不是万有引力定律，而是缔结社会。曹雪芹的最大贡献在哪里？不是写作《红楼梦》，而是与我们一样，是缔结社会的一员。因为任何人之所以能够做出某种成就——不论这种成就是何等伟大——只是因为社会的存在，只是因为他生活在社会中。

曹雪芹能够写出《红楼梦》，瓦特能够发明蒸汽机，贝多芬能够写《英雄交响曲》，在座的诸位能够做出或多或少的成绩，为什么呢？就是因为有社会的存在，就是因为你们生活在社会中。离开了这个社会，即使牛顿、曹雪芹的脑袋再大再聪明，也绝不可能发现什么万有引力定律，也绝不可能写出什么《红楼梦》。正像帕斯卡尔说，人只不过是一根脆弱的芦苇。但是，人也是一根能思想的芦苇，他们结成社会就拥有了无与伦比的力量。每个人的利益都是社会与他人给的，因而每个人缔结社会本身就为社会和他人做出了最大的贡献。

缔结社会，这不仅仅是一种积极的贡献，还是一种具有害己副作用的自我牺牲：牺牲了自己一定的自由和欲望。因为每个人缔结社会，就必须限制、压抑和牺牲有害社会的自由和欲望。因此，任何一个人，不论具体贡献如何，都应该享有最低的起码的基本的权利。是啊，你勤劳，你能干，你脑袋大，是不是啊？你做的贡献多，我王海明蠢，我王海明懒惰，我什么也没做。但是，你的一切原本都是社会给的；而社会是我与你共同缔结的。因此，你吃好的，我总得要吃饱啊！因为要是没有我的话，要是没有社会的话，你脑袋再大，你再聪明，你也得完蛋，你能做出什么贡献呢？你死路一条啊！是不是啊？那么，我们一块缔结了社会，你脑袋大，你聪明，你做的贡献多，你花天酒地，那还不让我吃饱饭哪！我参加了社会的缔结，我容易吗？我不容易！我缔结一个家庭，还得时时向老婆汇报！我缔结了社会，我遵纪守法，一天到晚我规规矩矩，不敢乱说乱动啊！人家说啥我得说啥，我的个性我都没了，我磨得这么圆溜，我一口饭你还不给我吃啊？我是懒惰啊，但是我也得要吃饭，因为我参加了社会的缔结，这是我因缔结社会而应得的权利！

因此，潘恩说：每个人都是社会的一个股东，他享有基本权利，并不是你的恩赐，这是他应得的权利！这就是为什么基本的权利叫做"人权"的缘故，因为它是根据每个人是社会的一个人、一个成员、一个股东而享有的权利。是的，人权享有的依据，乃是因为你是社会的一个人。你要是逃到深山老林，你就不享有人权了。你想一想，那些隐士，逃到深山老林的那些胡子拉碴的穴居野人，你还能拿个选票给他说："你享有选举权，请你选举吧！"野人与隐士"不知有汉，无论魏晋"，显然不应该有什么选举权，不应该有什么人权。他不应该享有人权！因为他没有做那个贡献，他没有缔结社会，他不是社会的一个人。所以，人权作为人权，人权之为人权，不在于他是人，而是在于他是社会的一个人，在于他是社会的一个股东，他是缔结社会的一个股东，他作出了贡献。

那么，为什么人权是天赋的？难道贡献还能是天赋的？当然，贡献几乎百分百都是人为的，而不是天赋的。但是，有一种贡献却是天赋的，这就是缔结人类社会。因为缔结人类社会与缔结一个家庭不同，它是每个人一生下来就自然而然地缔结的，而不是人为的。每个人缔结社会是天然的、自然的，因而它所创造的权利——人权——是天赋的：天赋人权。但是你不能说，这个是我自然而然做出来的，我也没费力气啊。我费力气了！我刚才一再讲了，缔结社会不容易，我作为社会的一员不容易啊！所以，无论从消极的方面还是从积极的方面看，缔结社会都是一种贡献，因而人权的真正的依据，仍然在于贡献：

贡献是一切权利的依据。

可是，为什么每个人不仅应该享有人权，而且应该完全平等地享有人权？因为虽然人的才能有大小、品德有高低、贡献有多少，但在缔结、创建社会这一最基本、最重要的贡献和因其所蒙受的牺牲上却完全相同——因为每个人并不是在成为总统或平民、文豪或文盲之后才来缔结、创建社会的，而是一生下来就自然地、不可选择地参加了社会的缔结、创建。而每个人一生下来显然完全同样地是结成社会的一分子、一股东，完全同样地参加了社会的缔结、创建。就像存在主义者所说的，我们一生下来都是个"零"，是什么尚处于未定状态，直到后来才有各种各样的区别。所以人在缔结社会的时候是完全一样、完全平等的。每个人之所以不论具体贡献如何都应该完全平等地享有基本权利，就是因为并且仅仅是因为每个人参与缔结社会这一最基本、最重要的贡献和因此所蒙受的损失是完全相同的。

总而言之，可以得出结论说，每个人因其最基本的贡献完全平等——每个人一生下来便都同样是缔结、创建社会的一个股东——而应完全平等地享有基本权利、完全平等地享有人权。这就是人权、基本权利完全平等原则，也就是所谓的"人权原则"。因此，"人权原则"不过是解决"人作为人类社会的一个人应该得到什么"这一问题的公正原则。进言之，人权原则是最重要的公正。因为公正是给每个人以其所应得。每个人所应得的一切东西，其实不外两个方面。一方面是他作为与其他人共同的人类社会一员所应得的东西；一方面是他作为与其他人所不同的自己所应得的东西。于是，公正便不外两大类型。一类叫做人权原则，是给予每个人作为人所应得的行为；另一类是给予每个人作为他自己所应得的行为：前一类型的公正显然重要于后一类型的公正。因此，人权原则、给予每个人作为人所应得的行为，便是最重要的公正。而公正是人类社会最重要的道德，是社会治理的最重要道德原则。所以，人权原则便因其是最重要的公正而是人类社会最重要的道德，是社会治理的最重要道德原则。

每个人应该完全平等享有人权、基本权利，似乎意味着：每个人应该不平等地享有非人权权利、非基本权利或比较高级的权利。确实，一眼看去，非基本权利的分配是应该不平等的：每个人应该根据其贡献的不平等而享有相应不平等的非基本权利。就是说，贡献大的人，享有的权利应该多，贡献少的人，享有的权利应该少。这没有问题。但是，平等之为权利分配原则意味着：任何权利分配的不平等都是不道德的。权利分配只要出现不平等，就是缺德的、不应该的、不道德的，就是恶。那么，当人们享有不平等的权利的时候，为什么我们说它是道德的、应该的呢？比如说，北大校长一个月的工资是 5 000 块钱，我王海明一个月的工资是 1 000 块钱。为什么我们说这是应该的、公正的、道德的呢？不是因为这种不平等，而是因为这种不平等体现了一种平等。体现了什么平等呢？体现了一种比例平等，体现了校长的贡献与他的工资的比例，与我的贡献与自己的工资的比例完全平等。校长的贡献是 5，与其工资的比例是 5/5 000；我的贡献是 1，与自己的工资的比例是 1/1 000。

校长月工资是 5 000，我的月工资是 1 000，这种不平等我们说它是应该的，不是因为它不平等而是因为这种不平等是一种皮相、现象，而其实质是平等的，是一种比例平等，是权利与贡献的比例的平等。只有我们的工资（权利）与贡献的比例是完全平等的前提下，我们所享有的工资等权利的不平等才是公正的、应该的、道德的。否则，如果权利分配的不平等违背了权利与贡献的比例平等，那么，这种权利分配的不平等便是不公正、不应该、不道德的。这样，每个人享有的权利的不平等只有在一种条件下才是公正的，这个条件就是：每个人所享有的权利的不平等与其贡献的不平等的比例，是完全平等的。所以，我们可以这样说，每个人所享有的非基本的权利，应该因其贡献的不平等而相应地不平等；但是，这种不平等必须仅仅是一种现象，它必须体现出一种平等，这种平等就是，每个人享有的权利与其贡献的比例完全平等。只有在这种条件下，权利分配的不平等才是公正的。否则，任何权利分配的不平等都是缺德的。我们把这个原则叫做比例平等。

然而，为了达到这种比例平等，在权利分配过程中，那些权利享有比较多的强者，要给权利享有比较少的弱者以相应的补偿。近年来，我们党和国家的领导人，也都一再地讲给弱势群体以补偿，叫做“关注弱势群体”。为什么呢？因为贡献大的人，能力强的人，他作出的贡献大，所以他享有的权利应该多；能力小、贡献少的人，弱者，享有的权利应该少。这没有问题。但是，仔细想一想，能力强的人为什么做出了大的贡献呢？其中一个重要的原因，就是因为你较多地利用了、使用了强者和弱者共同创造的社会资源。社会资源既然是弱者和强者共同创造的——创造这个资源不容易啊——那么强者较多地使用了社会资源，就侵占了弱者的权利，所以，在第一次分配之后，应该通过个人所得税和高额累进税等等，从强者的所得中再拿出一部分权利归还给弱者。这就是罗尔斯所讲的差别补偿。

比如说，歌星是强者，他作出的贡献大，这不容否认，而歌星一场演唱会的收入也动辄数万。但是歌星之所以做出了较大的贡献，是因为他较多地使用了社会资源。一场演唱会可是成千上万的观众哪！我王海明讲课，这才有多少人啊？而社会的舞台，是我和歌星共同缔结的，是农民、工人与我们共同缔结的。我王海明只有百十个人听课，对社会资源利用得比歌星少。农民与工人，芸芸众生们对社会资源的使用就更少啦！歌星较多地使用了这些社会资源，就侵占了那些较少利用社会资源的弱者们的权利。因此，歌星应该给弱势群体以权利补偿，亦即退还他所侵占的弱者的权利。

诺齐克等人反对这个权利补偿原则，他们说：这个原则岂不是奖懒罚勤吗？如果我懒惰因而不利用社会资源，我就不交纳对弱势群体的补偿，甚至我还会得到补偿。那么，我王海明就不写东西了，我就玩去了，我就什么也不交！可是，我一劳动，我一玩命地干，我还得交税，这不是不合理吗？合理得很！因为你要是玩去，你就没有利用社会资源，所以你就不应该交税了；但是，你要是写东西，你一玩命地做工作，你就利用了社会资源，你就应该交税啊！所以你越勤劳就越应该交税，越懒惰就越不用交税。为什么呢？因为你懒惰，你对社会资源利用得少，你勤劳你对社会资源就利用得多。利用得多，那么你就侵占了弱者的权利，你就侵占了懒惰者的权利，那么你就越应该给懒惰者以补偿。这不是鼓励懒惰吗？是又怎么样呢？我懒惰，我也参加了社会的缔结啊！你现在补偿我的权利，那是我的人权！你管得着我懒惰吗？我这人就是"癞蛤蟆打苍蝇——将供嘴"。我就是没你那么贪！我懒惰，我吃点儿就行了！我打一两个苍蝇，弄饱了就行了，我不像你整天想吃山珍海味！

然而，任何道德原则，不管多好，有时也发生冲突而不能两全。如诚实和救人就常常发生冲突。就像康德举的那个冲突的例子，要诚实就不能救人。那么，当人权完全平等原则和非人权比例平等原则发生冲突时，该怎么办呢？人权具有神圣不可侵犯性，具有优先性。举例说，在物质财富极其匮乏的社会，如原始社会，你如果遵循非人权权利比例平等原则而按劳分配，多劳多得，那么，就会有一部分人饿死，享受不到人权，因而违背人权完全平等原则。相反的，如果遵循人权完全平等原则，那么，社会财富的极端匮乏势必导致平均分配，从而多劳者便不能多得，就违背了比例平等原则，侵犯了有大贡献者所应该享有的非基本权利。在这种情况下，应该怎么办？

显然应该平均分配，从而违反比例平等原则而侵犯某些有大贡献者的非人权权利，以便遵循完全平等原则而保全每个人的人权：人权是神圣、优先、不可侵犯、不可剥夺的。所以原始社会做得对，它是完全平均分配。达尔文讲，他们到火地岛原始人群考察，送一条毛毯给他们。酋长就把它撕成了一条一条，每个人一个小布条。每个人这么一个小布条有啥用呢？没啥用。但是，按照人权完全平等原则只能这样分割毛毯：人权完全平等是神圣不可侵犯的。因此，任何一个社会，如果它是公平的、正义的，那么，在这个社会里，只要有一个人穷得穿不上裤子从而没有享受到人权，任何人便都不应该有好裤子从而享有非人权权利，哪怕你是总统，也不应该穿好裤子而享有非人权权利。当然，人权的神圣性、优先性、不可侵犯性也不是绝对的，它也是有条件的。如果一个人完全脱离了社会，那么他就无所谓人权；如果一个人侵犯了他人的人权成了杀人犯，那么他也就不应该享受相应的人权了。人权是神圣不可侵犯的，这是相对于其他人的非基本权利来说的。

可是，为什么一个人不论多么渺小，他的人权也优先于另一个人——不管他多么伟大——的非人权权利？这是因为，正如罗尔斯所说，社会不过是"一个目的在于增进每个成员利益的合作体系"①。每个人都是这个合作体系、合作集体的一个股东。在这个大集体中，毫无疑义，贡献多者所享有的权利应该多，贡献少者所享有的权利应该少。但是，一个人的贡献再少，也与贡献最多者同等的是缔结社会的一个股东，因而至少应该享有最低的、起码的、基本的权利，即人权。反之，那些有大贡献者的贡献再大，也完全是以社会的存在为前提的，因而也就完全是以每个人缔结社会这一最基本的贡献为前提的。所以，有大贡献者究竟应否享有非基本权利，也就完全应该以每个人是否已享有基本权利为前提。一句话，每个人的人权、基本权利之所以是优先的、神圣不可侵犯的，就是因为赋予这一权利的每个人参加缔结社会的这一基本贡献，优先于、重要于任何其他贡献。

人权完全平等与非人权权利比例平等，不过是权利平等原则的两个侧面。合而言之，可以得出结论说：一方面，每个人因其最基本的贡献完全平等——每个人一生下来便都同样是缔结、创建社会的一个股东——而应该完全平等地享有基本权利、完全平等地享有人权，这是完全平等原则，亦即所谓人权原则；另一方面，每个人因其具体贡献的不平等而应享有相应不平等的非基本权利，也就是说，每个人所享有的非基本权利的不平等，与自己所做出的具体贡献的不平等的比例应该完全平等，这就是比例平等原则，就是非人权权利分配原则。

这就是权利平等总原则的两个方面，这就是平等总原则。它之所以被称之为平等总原则，乃是因为从中可以推导出一系列更为具体的平等原则，如政治平等原则、经济平等原则和机会平等原则。这些平等原则在一切公正问题

---

① John Rawls, *A Theory of Justice*, Revised Edition, The Belknap Press of Harvard University Press, Cambridge, Massachusetts, 2000, p. 4.

中无疑具有最重要的意义：平等是最重要的公正。而公正是人类最重要的道德，是社会治理最重要的道德原则。因此，说到底，平等原则便是人类最重要的道德原则，是社会治理最重要的道德原则。然而，公正还不是完美的社会治理的道德原则。大家想想，公正要求以牙还牙、以眼还眼，这显然是不完美的。谁能说以牙还牙、以眼还眼的公正境界是一种完美的道德境界？因此，公正和平等只是社会治理的最根本、最重要的道德原则。那么最完美、最高的社会治理原则是什么？是人道和自由。

第八讲

人道和自由：社会治理的最高道德原则

■ 本讲提要

所谓人道，作为社会治理的最高道德原则，有广义与狭义之分。就其广义来说，人道是基于人是最高价值的博爱行为，是视人本身为最高价值而善待一切人、爱一切人、把任何人都当人看待的行为，也就是"把人当人看"的行为："把人当人看"是衡量一切行为是否人道的广义的、浅层的、初级的总原则。就其狭义来说，人道是视人本身的自我实现为最高价值而使人自我实现的行为，也就是视人的创造性潜能的实现为最高价值而使人实现自己的创造性潜能的行为，也就是"使人成为人"的行为："使人成为人"是衡量一切行为是否人道的狭义的、深层的、高级的总原则。自由是自我实现的根本条件，二者成正相关变化：一个人越自由，他的个性发挥得便越充分，他的创造潜能便越能得到实现，他的自我实现的程度便越高。因此，自由乃是人道的根本原则。人道和自由固然是一种应该如何善待他人的最高道德原则；但就其实质来说，乃是统治者应该如何善待被统治者的最高道德原则，是统治者应该如何治理社会的最高道德原则，是社会治理的最高道德原则。

一、他真是一位好父亲吗?

2000年的一个冬日,我晚饭后习惯地打开电视,看到的是这样的一位父亲。他的女儿学习特别好,极其优秀,以至有位记者采访她,问她为什么学习这么好?她父亲春风满面地回答道:“我的乖女儿做什么事都是我给设计的,她是最听话最好的孩子呀!”她妈妈也不无骄傲地补充说:“孩子她爸恐怕是这个世界上最好的父亲!他对女儿的关怀无微不至,真是含在嘴里怕化了,拿在手里怕吓着啊!这就是她为什么学习这么好的根本原因。”女孩儿也洋洋自得地说:“我一切都听我爸爸的,我是最乖的女孩儿。”我想问问大家,这位父亲果然是这个世界上最好的父亲吗?不!他不但不是最好的父亲,而且根本就不是什么好父亲:他是一个极不人道的父亲!这个道理说来话长,且让我们从人道概念讲起吧。

所谓人道,顾名思义,就是“人之道”,就是人的行为所应当遵循的“道”,就是人的行为所应当遵循的规范。所以,人道,从它的词源意义来看,包括了一切行为规范:既包括道德也包括法律。这样,从词义来看,人道构不成科学研究的对象。因为它既包括道德又包括法律,这就违背了科学的分门别类研究的本性。因此,随着人道作为科学研究的对象,人道的概念含义逐渐与其词源含义有所不同,外延开始狭窄化,亦即不再指法律,而仅仅指道德。这个时候,人道就仅仅指人道主义原则,人道和人道主义原则就是一个概念。人道主义原则显然不是法律,而属于道德范畴。那么,人道或人道主义道德原则,它的含义究竟是什么呢?

这就要探讨什么是人道主义。文艺复兴以来,历代都有大师对人道主义进行研究。但是究竟什么是人道主义?直到现在也是说不清的。前几年我曾经问一个中国的人道主义专家,他想一想,说不知道。他说,人道主义是一个极其复杂非常难下定义的概念。但是,就像你说什么是猪,你不知道,这并不妨碍你对猪进行研究。你不知道什么是人道主义,也并不妨碍你对人道主义进行研究。确实，对于什么是猪，我也说不清，动物学家也说不清。你说怎么给猪下定义啊？你说猪是四条腿的，两个耳朵，一个大肚子，还有一个尾巴。这样的动物多了，不仅仅是猪。不知道猪的定义，并不怎么妨碍对猪的研究。然而，不知道人道主义的定义，恐怕很难科学地精确地研究人道主义。

仔细考究古往今来的人道主义研究，或许可以看到，人道主义有两个含义。一个是广义的人道主义，亦即博爱的人道主义。这种人道主义存在于中国传统文化和西方基督教以及各种宗教之中。这种人道主义是极其广泛也极其肤浅的，在某种意义上说没有什么真正的科学研究价值。另一种人道主义就是文艺复兴时期以来兴起的人道主义，亦即自我实现的人道主义，这种人道主义是中国传统文化所没有的，我们把它叫做狭义的人道主义。这种人道主义是极其深刻、高级的、极其重要的，是急需科学研究的人道主义。

我们首先来研究我们传统和宗教的那种博爱的人道主义。这种人道主义的根本特点就是把人当作最高价值，它认为人是最高价值，人具有最高的价值，从而主张应该把人作为最高价值来善待。那么，为什么说人是最高价值？博爱的人道主义主要从两个方面来进行了论证：

一方面，人是最高的价值，因为人是最有用的，人最需要的就是人。每个人最需要的就是人，霍尔巴赫和斯宾诺莎早就说过的。确实，人最需要的、对他最有用的东西，就是人。在座诸位，大家想一想，你最需要的东西是什么？你最需要的是钱？最需要的是其他的什么衣服或者是住房？都不是。人最需要的就是人。因为每个人的一切说到底都是他人给予的。“人是一根脆弱的芦苇”，他自己是不能生存的，他要生存，就必须缔结社会。他的一切都是社会给予的，社会对每个人具有最大效用，具有最大价值。社会是两个以上的人因一定联系所结成的共同体，是每个个人的总和。所以，社会是最高价值，就意味着每个人是最高价值，每个人或人，是每个人的最高价值：人是最高价值。比如说，我王海明今天穿的红毛衣，手里拿的笔，所用的杯子，这些都不是自己弄来的，都是社会和他人给予的，就是我的身体发肤，我的生命也不是我自己的，也是我最亲近的他人——父母——给予的。父母和我自己还是两回事，他们也属于他人的范畴，只不过是离我最近的他人罢了。所以，每个人的一切都是社会和他人给予的，说到底，都是他人给的。因此，对于每个人来说，最有用最有价值的东西，就是人。这就是人之为最高价值的第一方面的根据。

另一方面，人之所以是最高价值是因为人是目的，社会是手段，社会的一切都是手段，都是为每个人的利益和幸福服务的手段。所以个人是本位的。近来，有些肤浅的集体主义者，他们强调社会是本位，每个人是为社会服务的，而且还说得振振有词。“社会”是个什么东西？它能吃能喝吗？饭店，它是一个社会，它不是为每个人的口腹之需服务的吗？你能说每个人是为“饭店”服务的吗？饭店能吃吗？鞋厂，它是一个社会，它是为每个人的双足之需服务的；相反的，你能说每个人是为鞋厂服务的吗？所以，个人是真正的本位，他是真正的目的，社会是为每个人服务的一种手段。人是目的，社会是手段，就意味着人是评价社会等等一切事物的价值的标准。因为目的、需要是万物的尺度，是事物应该不应该、好不好、坏不坏、有没有价值的标准。你仔细想一想，为什么说蚊子是害虫、不是好东西、应该消灭，相反青蛙是一个好东西？岂不就是因为青蛙符合人的需要而蚊子不符合人的需要？所以，人的需要、欲望、目的是一切东西应该不应该、好不好的价值标准。这样，人是目的，是社会等等一切事物的价值标准，就意味着：人不仅仅是最高价值，而且超越了一切价值，在一切价值之上。这就是为什么康德说人是目的因而超越一切价值而具有尊严的缘故。

这就是人具有最高价值的两个方面的依据。这是人之事实如何，人的本性就是如此。从人的本性、从这个事实出发，能推演出什么道德结论呢？人既然是最高价值，那么，我们对待每个人就应该把他当作人、当作最高价值来善待。这就是人道主义的原则。“人是最高价值”是人道主义的事实方面，是它的“事实如何”；“应当把每一个人都当作人来善待”这是人道主义的“应该如何”，是人道主义的原则。从这种人道主义的原则来看，一个人，不管他是杀人犯也好，吃喝嫖赌也罢，或者是干尽了坏事的毛贼，对待这样的人，你也首先应该把它当成最高价值来善待。举例说，按照人道主义，应该如何对待杀人犯呢？借债还钱、杀人者偿命。按照公正的原则，应该处死他。但是，另一方面他又是最高价值。所以，你又应该把他当人、当作最高价值来善待。要使他能够最大限度地舒服地死，而不能像中国古代那样实施残刑酷法，如点天灯、车裂、腰斩。

可见，一方面，人道主义是视人本身为最高价值的思想体系，这是人道主义“事实如何”方面的根本特征；另一方面，人道主义是把“将人当作人看”奉为善待他人最高原则的思想体系，这是人道主义“应该如何”方面的根本特征。合而言之，人道主义便是视人本身为最高价值从而将“善待一切人、爱一切人、把一切人都当作人来看待”奉为善待他人最高原则的思想体系；简言之，便是视人本身为最高价值从而将“把人当人看”奉为善待他人最高原则的思想体系。

然而，这只是人道主义之一种，亦即博爱的人道主义。这种人道主义到文艺复兴时期遭到了另类人道主义,亦即文艺复兴人道主义思想家们的质疑。文艺复兴时期的思想家发现博爱的人道主义浅陋,不精确,至多是一种皮相的真理。为什么?文艺复兴时期的思想家经过仔细推究,认为断言人是最高价值极不准确。所谓"人是最高价值",无疑是指一切人共通的东西——也就是人性——是最高价值。因为它指的是一切人,不是指王海明,它是指那种一切人共同的固有的东西。像我王海明长的很多东西,它不具有最高价值。比如眼睛长得挺圆,脑袋长得挺大,个子小、脖子细,这些东西不是最高价值,这些东西不是博爱的人道主义所主张的最高价值。博爱的人道主义主张的是一切人所固有的那些东西,是最高价值。这种观点对不对呢?不完全对。因为,嫉妒心和疾病也是一切人所共同的、固有的。你要说人是最高价值,那就意味着嫉妒心和疾病等等这些人性的弱点、缺点和坏的东西也是最高价值。但是,这些东西显然绝不是最高价值,而是一种具有负价值的东西。所以断言人是最高价值,是很不精确的。这是一种肤浅的皮相的初级的真理。那么,深刻地、高级的、准确的真理是什么呢?

文艺复兴时期思想家们一个最伟大的贡献就是回答了这个问题:人本身不都是最高价值,而只有人本身的自我实现——亦即实现自己的创造性潜能从而成为一个可能成为的最有价值的人——才是最高价值。这是最有价值的一个见解,是文艺复兴时期思想家们最闪光、最重要的思想,是文艺复兴时期思想的核心。可是,为什么说自我实现具有最高价值?《论美国的民主》的作者托克维尔曾探讨过这个问题。他说,为什么自我实现具有最高价值呢?因为,自我实现是人之所以为人的根本特征,它把人和动物区别开来了。狗再聪明,也不可能有自我实现的需要,它行动的目的不可能是为了实现自己的创造潜能,成为可能成为的最有价值的狗。它甚至也不会想到要成为一个好狗,没有狗立志要成为好狗,或者是成为大狗、狗王、狗司令。通通不可能有。猫也不会,熊瞎子更不会。它们可以争斗成王,但是它不可能把"争斗成王"作为自我实现的一种途径。

不过,每个人的一切行为并不都是自我实现。一个人,他当官、发财,当大商人,不一定是自我实现。只有他的行为目的是实现自己的创造性潜能,这个时候他当官、发财,才是自我实现。拜伦说:"一觉醒来,名声传遍天下"。他这种思想,仔细分析起来,不是追求自我实现的幸福,而是追求成名成家之社会幸福,是争名夺利,是一种社会需要的满足。但是,同样的成名成家,如果你不是为了成名成家,而是为了实现你自己的创造性潜能;同样是发财,你不是为了发财,而是为了实现自己的创造性潜能,成为一个大企业家,成为你可能成为的最有价值的人。这就是自我实现了。这一点，确实是一切动物所没有的。但是，仔细分析起来，托克维尔这种观点还不够精确。

那么，究竟为什么自我实现是最高价值？一方面，乃是因为，自我实现是人的最高需要，是每个人的最高需要。因此，这种需要的满足就意味着获得了最高幸福。马斯洛讲，人有五大需要，最低的是生理需要，然后依次是安全需要、爱的需要、自尊的需要和自我实现的需要：自我实现是最高的需要。只要你重大的需要得到了满足，你就是一个幸福的人。比如我的重大的生理需要得到了满足，我发财了，我想吃什么就吃什么，想喝什么就是什么，想吃山珍就吃山珍，想吃海味就吃海味，我的重大的物质需要得到了满足，我就享有物质幸福。但这是低级的幸福。人最令人羡慕的幸福不是这些，而是实现自己的创造性潜能，成为可能成为的最有价值的人。这才是最高的、最令人羡慕的幸福。

人生在世最高的幸福就是自我实现，就是实现他的创造性潜能，成为可能成为最有价值的人。大款，有人说，穷得除了钱什么都没有了。你要那么多钱有啥意思？你能吃多少东西？你敢吃那些穷人买不起的山珍海味吗？岂不闻肥厚美味，烂肠之食，明眸皓齿，伐性之斧？我的一位大款朋友最常吃的仍然是小葱拌豆腐。确实，发财致富，味同嚼蜡，弄的这些钱，生不带来，死不带走，何用之有？那么，人生真谛究竟何在？自我实现！一个人自我实现，那才是大家所羡慕的！你有钱，谁羡慕你啊？除非是我需要钱，给你溜溜须，说你“伟大”，其实我看中的是你的钱包！钱包得到了，就没别的了，没价值。真正令人羡慕的乃是自我实现。所以，自我实现是每个人的最高的需要。一个人如果能够自我实现，他的最高需要得到了满足，就是他的最高幸福，他是一个最高幸福的人。所以，为什么说，自我实现是最高价值，因为它满足的是人的最高需要，因此，它就具有最高价值。这是自我实现是人的最高价值之一方面根据。

另一方面，自我实现具有最高价值，是因为自我实现能够最大限度地满足全社会和每个人的一切需要。任何社会的财富，不论是物质财富还是精神财富，统统不过是人的活动的产物，不过是人的能力之发挥、潜能之实现的结果。所以，人本身的自我实现越充分、人的创造性潜能实现得越多，社会的物质财富和精神财富便越丰富，社会便越繁荣进步，而每个人的需要也就会越加充分地得到满足。反之，人本身的自我实现越不充分、人的创造性潜能实现得越少，社会的物质财富和精神财富便越贫乏，社会便越萧条退步，而每个人的需要的满足也就越不充分。所以，人本身的自我实现乃是一切财富的源泉，是最根本、最重要、最伟大的财富，因而也就能够最大限度地满足全社会和每个人的需要，从而具有最高价值。

文艺复兴时期的思想家高瞻远瞩，最早看到这一点，从而为西方世界的迅猛发展奠定了基础，提供了思想的指导。为什么西方自文艺复兴时期以来，突飞猛进地发展起来了？就是因为他们击败了中世纪的专制主义传统，倡导自由，倡导自我实现；中国近代以来为什么落后了，就是因为它仍然束缚于专制主义传统，仍然压抑自我实现和自由。两千年来中国的发展为什么一直十分缓慢，就是因为——正如北大第一任校长严复所说的——“夫自由一言真中古圣贤所深畏而未尝立以为教者也”，自由这个东西真是中国历代圣贤所深深害怕而没有一个敢于把它确立为道德原则来规范、指导人的行为的：这就是中国近代以来落后于西方的最根本的原因。你要想自我实现，你必须拥有自由，因为自我实现是实现自我的创造潜能，而每个人的创造潜能的实现是以每个人能够按照自己的意志、每个人能够赢得自由为前提的。所以，一个社会要想真正的迅猛的发展，每个人就得拥有自由，从而使每个人能够自我实现：他的创造性潜能实现得越多，这个社会就越繁荣兴旺。

其实，在西方社会，每个人的努力并没有我们多，中国的学子到了国外，往往都是尖子。那里的中学生，高中生，顶尖的都是中国人。哪里有中国人，哪里就有尖子。中国人最刻苦。我的同学何包刚，从澳大利亚给我来信，叫我别累着。他说，这里的人都显得很年轻，他们都懂得爱惜自己，别像咱们北大历史系先后有四个 49 岁的学者累死了。我王海明虽然也很重视养生，但是就是继承了中国人的那份勤奋，写一本书要用 16 年。我没有累死，就因为我天天下午去冬泳，冬泳 16 年了。中国人就是这么努力！中华民族就是这样一个勤劳的民族！但是，它为什么就发展得缓慢呢？根本讲来，就是因为从大禹开创家天下的专制主义制度直至清朝，四千年来，每个人的创造性的潜能实现得最不充分：四千年来它是人类最不自由、最压抑个性的国度之一。

因为自我潜能的实现是一切财富的源泉。一切财富无非是人的活动的结果，是劳动的结果，无非是人的创造潜能、人的潜能的实现的结果，因此，在某种意义上说，它是以自由为必要条件的。所以，哪里有自由，哪里有自我实现，哪里的社会就蓬蓬勃勃的发展。离开自我实现，社会就无论如何也发展不起来，昌盛不起来。改革开放以来，中国为什么比以往有大幅度的突飞猛进？就是因为我们现在更自由了，社会更宽容了，每个人实现自己的创造潜能更加充分了。说来说去，原因就在于此。所以自我实现是社会和每个人的财富的最根本的源泉，是最伟大的、最大的财富，因此它就具有最大的价值，具有最高的价值。所以，我们说，人的自我实现具有最高价值，这是精确的、深刻的、高级的真理。

可见，说包含着诸多负价值(缺点、残忍、病痛、嫉妒、不幸等等)的人本身是最高价值，实乃浅层的外在的皮相的初级的真理；而内在的深层的本质的高级的真理则是：人本身的自我实现是最高价值。根据这个事实，应该怎么办？显然应该使人自我实现，使人发展、实现自己的创造性潜能而成为可能成为的最有价值的、最完善的人。这就是所谓"使人成其为人"，这就是善待他人的最高原则。有人嘲笑这个命题说：人已经就是人了，怎么还要使人成为人？这是肤浅的质疑。因为"使人成为人"，第一个"人"是仅仅具有创造性潜能的人，是创造性潜能尚未得到实现的人，用存在主义的话来说，是一个虚无，是一个零。第二个"人"是实现了创造性潜能的人。人道主义的原则就是"使人成为人"，就是使第一个"人"成为第二个"人"，使每个人实现自己的创造性潜能从而成为一个可能成为的最有价值的人。因此，人道主义论者大都把"使人成其为人"与"人本身的自我实现是最高价值"并列，一起作为人道主义的根本特征来界定人道主义：人道主义便是认为人本身的自我实现是最高价值从而把"使人自我实现而成为可能成为的最有价值的人"奉为善待他人最高道德原则的思想体系，简言之，便是将"使人成为人"奉为善待他人最高道德原则的思想体系。

这样，我们终于弄清了人道和人道主义之双重含义。广义的、浅层的、初级的人道主义是视人本身为最高价值从而将"善待一切人、爱一切人、把一切人都当作人来看待"当作善待他人最高原则的思想体系；广义的、浅层的、初级的人道则是视人本身为最高价值而善待一切人、爱一切人、把任何人都当人看待的行为，是把人当人看的行为。反之，狭义的、深层的、高级的人道主义则是认为人本身的自我实现是最高价值从而把"使人自我实现而成为可能成为的最有价值的人"奉为善待他人最高道德原则的思想体系；狭义的、深层的、高级的人道则是视人的自我实现为最高价值而使人自我实现的行为，是使人实现自己创造性潜能的行为，是使人成其为人的行为。

从这个观点来看，比如说，如果一位父亲爱他的子女，就像我父亲爱我们那样，尊重我们自己的选择，那么，他才是一个真正的人道主义者。我父亲爱我们，是真正地爱我们，他给我们这些儿女们自由，非常尊重我们自己的选择，我们干什么他都不强迫我们，这就是好父亲，真正的好父亲！他之所为就是狭义的、深层的、高级的人道行为。如果父母处处都给你设计好，怕你凉，怕你热，含在嘴里怕化了，捧在手里怕摔着，在某种意义上这样的父母是最"残忍"

的。他的孩子虽然处处顺利，但是他没有自己脑子，缺乏创造性。这种父母之所为，便属于狭义的、深层的、高级的非人道行为。那位我在电视里面看到的便是这样的一位父亲。这位父亲是位博爱的人道主义者，他的行为符合博爱的、广义的人道主义。但是，根本讲来，这位父亲是一个不人道的人！因为他剥夺了女儿的自由，使她失去自我选择的自由。这样一来，她女儿再好也决不会成为一个有创造性的人！她处处都是在实现她父亲的意志，她最多是一个学习好的人，但却毫无创造力，无法实现自己的潜能。

人道与非人道之广狭定义表明，一方面，“把人当人看(即视人本身为最高价值而把任何人都首先当作人来善待)”是衡量一切行为是否人道的广义的、浅层的、初级的总原则：另一方面，“使人成为人(即视人本身的自我实现为最高价值从而使人自我实现而成为可能成为的最有价值的人)”则是衡量一切行为是否人道的狭义的、深层的、高级的总原则。把人当人看与使人成为人仅仅是广义与狭义的人道总原则，而并不是人道根本原则。诚然，狭义人道总原则——使人成为人——就是人道的最为根本的总原则。但是，狭义人道总原则只是教导我们应该使人自我实现、应该使人成为人。可是，它未能指明：究竟怎样才能使人成为人、使人自我实现？

人道主义对于这个问题的深入回答，可以归结为两大方面。一方面，即从正面来说，应该使人自由，因为自由乃是每个人实现自己的创造潜能、从而成为一个可能成为的最有价值的人的根本条件，是每个人自我实现的根本条件：自由是人道正面根本原则，是最根本的人道；另一方面，即从反面来讲，则应消除异化，因为异化乃是每个人实现自己的创造潜能、从而成为一个可能成为的最有价值的人的根本障碍，是每个人自我实现的根本障碍：异化是人道负面根本原则，是最根本的不人道。下面我们就来探讨“自由：最根本的人道”，尔后再探讨“异化：最根本的不人道”。

二、令我不由得挺起腰杆的一首诗

古往今来，恐怕所有思想家没有不讴歌自由的，没有思想家真正反对自由的，就连主张君主可以不择手段地维护统治的马基雅维利，在他的名著《李维论》里也曾盛赞自由。我酷爱诗歌，直到今日还能够一句不错地背诵张若虚的“春江花月夜”和陶渊明的“归去来兮辞”。但我一直念念不忘、每次想起都不由得挺起腰杆的，是匈牙利诗人裴多菲的那首诗，我在十五六岁的时候就读到了他的这首诗："生命诚可贵，爱情价更高，若为自由故，二者皆可抛。"这首诗脍炙人口，在中国也是广为流传的诗。然而，我是讲究逻辑思维的，不免怀疑：生命诚可贵，爱情价更高？我看未必！在某种意义上那是傻子。命都没有了，你还谈什么恋爱啊？当然，人们往往为恋爱不要命。普希金就为了爱情不要命，他和情敌丹特士决斗，结果饮弹而亡。我们当中有些人也是，因为恋爱而走向深渊，甚至牺牲了自己的生命。这个我不太赞成，但事实还是有的，至于应不应该那是另一回事。"若为自由故，二者皆可抛"，这两句我很欣赏。很多的志士仁人是为了自由而牺牲爱情和生命的。你看，车尔尼雪夫斯基有一个非常美丽、善良、贤惠的恋人，但是他为了自由事业，就给她写信，要求解除婚约。因为他觉得自己随时都有可能被流放到西伯利亚。果然，后来他被流放到西伯利亚 30 年。古往今来为了自由而牺牲爱情和生命的自由的斗士，不胜枚举。但最感动我的还是美国独立战争前夜的那句名言："不自由，毋宁死！"所以，裴多菲的这首诗，还是描述了事实的，就这一点来说，它堪称真理。

诚然，自由这个东西，从表面上看来，不是一个好东西。比如说，我现在就想杀伊雷，你给我自由，我就把他杀了，不给我自由就杀不了。因此，自由好像不是一个好东西。但是，真正的讲来，自由具有莫大的正价值，而杀伊雷只是它的一种负价值。任何东西都不会是十全十美的，有一利就有一弊。自由固然有其弊与负价值，但就其利与正价值来看，是莫大的、至高无上的。为什么？主要有两点。

第一点，自由具有内在价值，自由本身就是目的，这是古往今来自由主义思想家所看到的一个伟大的真理。巴甫洛夫讲，一切事物要想保持存在，都必须保持自身要素的平衡及其与外在环境的平衡。没有这种内外平衡，它就会崩溃瓦解、不复存在。石头是这样，人也是这样，什么东西都是这样的。石头风化了，就是因为它的内外平衡保持不住了，它就不再成为石头了。巴甫洛夫发现，物质形态越高级，就越娇嫩，保持平衡也就越艰难，它保持平衡的条件就越高级、越复杂、越细腻多样。例如，你看那个猪崽子，生下来毛就是非常齐全的，一下地就可以到处跑，就可以吃苞米。人比猪高级多了，结果生下来就软弱无能像一条虫子，趴在那里，很难存活。你看那石头是最低级的，非生物里面最低级的，它的存在基本上不需要什么条件，石头的存在需要什么条件？放在哪里都能存在。但是生物，它的存在就艰难了，因为它高级了。生物的存在至少需要雨露阳光。向日葵，或者是椰子树，不是放在哪里都能活的，把它连根掘起放在那里，你看它还能不能活了？它需要水分、需要阳光。到了动物这个层次就更高级了。人们都说猪蠢，可是猪再蠢、再低级，它也比美丽的花和椰子树高级，所以要是把它像花和树一样固定在一个地方，不让它走，不让它跑，它就会伤风感冒、发烧，必死无疑！它能够活就是因为它拥有自由，它能够在风雨来了的时候跑到一个遮风避雨的地方躲起来。

因此，自由是物质形态进化到动物这个高级阶段，维持内外平衡保持存在的根本的条件和手段。动物是什么呢？我特意找到了各种《动物学》书刊，但都没有动物的定义。其实，可以顾名思义，动物就是能够自由运动的一种生物。动物的本性就是自由，没有自由，动物就不能活。所以一切动物都热爱自由，越是高级的动物，就越爱自由！你不热爱自由，你拿面包换自由，那表明你沦落为低级的生物了。一切动物都热爱自由。关于这一点，巴甫洛夫做了一个实验。他有一只狗，没有拴起来，这只狗整天就在桌子旁边，趴在那里，蹲在那里，非常高兴。后来，巴甫洛夫用一根长长的绳子把它拴起来，它的活动范围与原来相比，一点也没受影响，但这条狗整天就想要挣脱这条绳子。给它吃它也不愿意吃，给它喝它也不愿意喝，就像辛弃疾说过的："衣带渐宽终不悔，为伊消得人憔悴"。为了自由，它憔悴了，毛也不光亮了，这个时候吃什么东西都无味。就像我们人失恋了那样。

遗憾的是，我们还没有为失去自由这样痛苦过，为爱情我们是这样痛苦过的。这条狗对自由的热爱比人还强烈啊！几天后，巴甫洛夫把这条狗放开了。结果发现，这条狗再也不像被拴住时那样躁动不安了，它又不动弹了，还像它原来那样，静静地趴在那儿，也愿意吃了，也愿意喝了，也摇尾巴了，毛也渐渐的光亮起来了，又开始胖起来了，身材健壮起来了。巴甫洛夫由此得出了一个结论：自由是动物的最内在、最深刻的需要。动物追求自由可以是为自由而追求自由。自由就是动物活动的一种目的。为什么呢？因为自由就是动物的一种需要。而为了实现的需要就是目的。所以，你有什么需要，你就会以什么为目的。自由是一切动物的内在需要，因而对于一切动物来说，自由就是一种目的。对于动物来说，自由可以是一种目的，因而具有内在价值。

人类是最高级的动物，因此，人对于自由的需要就最强烈。因为自由是物质发展到一定的高级阶段，亦即发展到动物阶段，才有的一种特性。因此，我们就可以说，自由是一种高级的属性。那么，越是高级的人，越是高级的动物就越需要和渴望自由。人是最需要和渴望自由的。那么在人当中，越是高级的人，他就越需要和渴望自由；越是低级的人，对于自由的需要和渴望就越不强烈。我不是贬低农民和工人，因为我们家世代都是穷人，我们家没有一个上中农，没有一个下中农，我们家都是贫雇农，都是穷光蛋。但是说老实话，农民，不怎么热爱自由，有面包，吃喝玩乐，那就行了。相反的，对于高级知识分子，对于裴多菲，你光给他面包，你光给他吃好了，甚至你使他有最美丽的爱人，你给他选来仙女，但要是丧失自由，他也痛苦不堪。所以，知识分子是最需要和渴望自由的，他们代表了人性的一种高级阶段，他们是一种比较高级的人。

所以，我们最终得出一个结论：自由是人性的最深刻的需要，可以自成目的，因而具有内在价值。人可以是为自由而求自由的，人求自由往往就是为了自由，目的就是自由。这也是存在主义的命题。萨特说，什么叫做“老实人”？“老实人”就是符合道德的人，就是为自由而求自由。为自由而求自由才是道德的，为他物而求自由是不道德的。他甚至认为人的一切行为目的都是自由，从这一点看来，未免褊狭。自由是人类的最基本的需要，因此它是一个基本的目的，它具有最基本的内在价值。这一点，是不成问题的。但是，自由不是人的唯一的需要和目的。生理需要、面包的需要，比自由更重要、更根本。在人的需要的层次上，正如马斯洛所言，最根本的还是生理需要，是面包。所以，人，当他进行两难选择——是要自由还是要面包——的时候，要面包的人是明智的，是聪明的，是道德的，因为面包的价值确实大于自由。反之，要自由而舍弃面包，其净余额是负价值，因而是不应该、不符合道德的。所以，我们为了面包抛弃了自由那是不得已的，是我们悲惨的命运；应该谴责的并不是我们，而是使我们沦于这种悲惨境遇的那个专制者。

所以，伯林说的对：面包比自由更重要，医药比自由更重要；对穷困的埃及农民，他宁要医药，宁要面包，他不要自由。自由，它在人的需要的层次上，是一种次要于生理需要的基本需要。但是马斯洛的需要层次里面没有自由。那么，自由相当于哪一种基本需要？我们说，它比生理需要更不基本，但比自尊的需要要基本：它相当于爱和安全的需要。因为，人，如果不自尊，丧失自尊，“没脸没皮”，还能够照样活着。你是一个癞皮狗，你不要脸了，你到处要饭，当奴才，你夹着尾巴，摇尾乞怜，但你还能活啊；然而，你要是自由丧尽，毫无自由，那你就不能活了！人要是真正没有自由，像汤恩比说的，那么，他就不能活。所以，自由比自尊更加根本，它是人类的一种介乎生理需要和自尊需要之间的基本需要、基本目的和内在价值。

三、原创性青睐难以相处的怪人

我大约17岁左右，开始迷上古今中外那些伟大人物传记。我喜欢读哲学家、文学家、政治家、艺术家、发明家和学者们的奋斗史。然而，我不喜欢商人，即使他是最伟大的商人的传记，我也读不下去。读这些伟大人物的传记，就好像与他们生活在一起，十分亲切快乐。我更是将他们作为榜样，渴望成为像他们那样的人。即使达不到，也心向往之。但是，有一个问题当年困扰着我，那就是，为什么古今中外那些大学者、大发明家、大艺术家、大文豪们，大都是些特立独行难以相处的怪物？待到我研究自由的价值的时候，我才明白个中因由。

原来，自由不仅具有内在的、目的的价值，而且具有外在的、手段的价值；并且自由最重要的价值，真正讲来，不是它的内在的目的的价值，而是它的外在的手段的价值。因为自由不仅是人的行为目的，而且还是达成人的众多的行为目的的手段。自由作为手段所能够达成的目的不胜枚举，最根本、最重要的有两个。一个就是，它是每个人的自我实现——亦即实现每个人的创造性潜能——的最根本的必要条件和手段；另一方面，自由又是社会繁荣兴旺的最根本的必要条件和手段。

我们首先来看，为什么说自由是自我实现的必要条件？自我实现，按照现在一般的理解，是指人的潜能的实现。这不准确。因为人的潜能的实现并不都配享有自我实现的美名。比如说，我王海明就有抱着笤帚扫大街的潜能。那么，一会儿，下课了，我就拿把笤帚去扫大街，一边扫，一边想：我王海明自我实现了！这岂不荒唐？我有偷盗的潜能，谁不想偷东西？得不到的东西，谁不想偷？我小时候，非常穷，就想偷书，做梦都梦见床底下都是书，都是偷来的。那么，这种潜能要是实现了，王海明要是真的偷书，你能说这就是我的自我实现吗？不能。自我实现显然并不是任何潜能的实现，而是指创造潜能之实现：一个人只有当其创造潜能得到实现时，才能说他是自我实现。

然而，毫无意义，每个人都有自我实现的需要，都有个自我实现的问题。因此，如果说自我实现是创造性潜能的实现，那么，这就意味着：每个人都具有创造性潜能。实际上，每个人确实都与生俱来而具有创造潜能。这一点，冯友兰讲过，很多思想家也都讲过。每个人都有创造性潜能，只不过有两点不同：质的不同和量的不同。从质上看，每个人固然都具有创造性，但各个人的创造性是不一样的。人的创造性潜能表现在各个方面，比如有的人就表现在他的那张嘴特别好使，能有各种口技，那嘴简直是神了，他的创造性天才就表现在那两片嘴唇上。想想我自己呢，我的小脑可能不发达，因为我做什么动作都是特别笨的。我当兵的时候，练习卧式装子弹，怎么也不行。其实那很简单，拿了枪，在那里一下子趴下，然后将枪伸出去就完了。可是我怎么学也学不会。不过，我也有创造性，只不过不在动作方面，而在思想方面。我善于思想，善于刨根问底，从小就非常独特，富有创造性。我妻子的创造性潜能恰恰在动作方面。她从来没有学过裁缝，但有一次，她心血来潮，照着一张图纸剪裁出来一条裙子，非常合身漂亮，结果晾在外面就叫小偷给偷走了。她有做裁缝的天赋，有这样的创造性潜能。每个人，你没有这样的创造性潜能，总有那样的创造性潜能。这个道理，冯友兰反复讲过。所以，每个人都有创造性潜能，只不过类型不同、性质各异罢了。

另一个不同，就是量上面的多少的不同。所谓"天才"，和庸才其实并没有是否有无创造性的不同，通通都有创造性。但是呢，天才稍微高一点，稍微高于常人。马克思无疑是人类顶级大天才，但是他写《资本论》，写了40年还没有写完。这说明了什么呢？说明他的天才并不像我们想象的那么高，而是仅仅比我们高一点；否则，他就不会写写改改40年还没有写完，而只要一挥几下子就可以写完了。当然，天才高出常人的这"一点点儿"创造性潜能，实在极为重要。天才就是凭着"高那么一点点"，就能鹤立鸡群，从而与常人区别开来。冯友兰说得好，天才与常人的区别，就像高个子与矮个子的区别。你说，那个高个子比我矮个子究竟高多少？也就高那么一点点，高人半头那就是大高个子了，矮半头就是个矮子。我就矮那么一点点。但就是这么一点点，就使高个子与矮个子区别开来。人都有创造性，就是量的多少有所不同。高那么一点点，你就是天才；矮那么一点点我就是常人。

可是，实际上，我们很少有人有创造性，而大都没有什么创造性。为什么没有创造性呢？因为你没有个性！因为创造性潜能的实现与个性的实现程度成正比。为什么呢？因为创造性是一种独创性，创造性都是独特的，都是独一无二、绝无仅有的，这就叫创造性。你要是和别人共同的，那就不叫创造，那叫模仿，那叫学习，是不是啊？所以一切创造性都是独特的，因而必然与你个性的实现程度成正比。你的个性的实现，就是你的创造性潜能实现的最根本的必要的条件。你要是没有个性，就没有创造性；你的个性实现得多，那么你的创造性潜能实现得就多。

这就是为什么古今中外那些富有原创性的伟大人物，大都是些特立独行难以相处的怪物的缘故。想一想，我们这么多年来为什么没有了创造性？以至于江泽民任总书记时一再号召我们要创新，胡锦涛现在任总书记也号召我们构建创新型社会。因为什么呢？因为我们没有创造性精神，我们缺乏创造性潜能的实现，我们缺乏创造性。为什么我们缺乏创造性？因为我们丧失了个性。你说我们现在最缺乏的是啥？我们最缺乏的是个性。你看，我们想的、说的都一样，千篇一律。你看我们现在的伦理学原理书籍，二十多个版本，实际上一模一样。可以肯定，哪里有创造性，哪里就有个性，哪里就有怪人。真正的创造性天才往往都怪到什么程度？怪到像是一个神经病人！哈佛大学有一个搞生物学的博士后说，上帝给你开一个门，就会给你关上一扇窗。天才的基因既富有创造性同时又多病态。一个人的基因越有创造性就越类似精神病患者的基因，精神病的基因与天才的基因是不可分的，如果去掉其精神病成分，它就失去了创造性。所以，古往今来那些大思想家、大科学家、大文学家、大艺术家，几乎个个都是怪物！

他们都怪到什么程度啊？怪到终身不娶，光棍一生。他不是不娶，谁不想娶啊？谁不想谈恋爱啊？没人敢和他谈啊！谁敢和贝多芬谈恋爱啊？贝多芬一辈子找不到老婆啊！从很小的时候，就万人仰慕，但是没有一个女人敢嫁给他。爱他的人最后也没有敢嫁给他的，他光棍一辈子，谁敢嫁给他？他太怪了。你看莱布尼茨、牛顿、康德、尼采、伽利略，都是光棍。尼采、牛顿、莫泊桑、马雅可夫斯基还是疯子。是的，牛顿有很长时间患精神分裂症，是个真正的精神病人。所以穆勒说，一个社会越是具有宽容精神，越能容忍个性和怪癖，这个社会就越是生机勃勃，越有创造性。一个社会的创造性是和这个社会的个性和怪人成正比的！北大为什么还是有点创造性？因为北大的怪物挺多。我一开始来到北大的时候，因为我有点和别人处不来，领导找我谈话说，你不算怪，北大的怪物那才多呢！这就是北大还有一点创造性的真正的原因之所在。所以，个性的实现程度是一个人的创造性潜能的实现的最根本的必要条件，二者成正比。

那么，一个人怎么样才能有个性呢？我们的个性为什么就没了呢？你必须拥有自由：自由是形成个性的最根本的必要条件。存在主义反复讲了这一点。你干什么你就是什么：这是存在主义大师海德格尔、萨特的名言。存在主义最根本的命题就是："存在先于本质"。人生来是虚无，是一个零，啥也不是。你究竟是一个哲学家，还是一个小偷，是一个恶棍，还是一个坏蛋，那就是要看你生下来之后你干什么，你干什么，然后你才是什么，你先有存在，然后才有本质。"大丈夫棺盖事论定"，人总是处于一种"悬欠"的状态。就是说，你是什么，总是没有确定的。因为活着你就得干事，你干什么你就是什么。你的个性就是你的行为的结果，就是你"做"的结果。你说这个人为什么成为小偷了？谁想成小偷啊？还不就是因为好吃懒做、贪图便宜，偷了一次东西，再偷一次，再偷一次，偷来偷去，他就把自己造就成小偷了。亚里士多德早就说，你怎么样才能够成为一个好人？只有干好事。就是你干一次好事，再干一次好事，干来干去，好事干多了你就成了好人了。所以，亚里士多德比喻说，美德是一种技艺。你怎么成为竖琴手的？就是因为你弹琴，你今天弹一次、明天弹一次、后天弹一次，不断地弹，弹来弹去，你就成为竖琴手了。好事干来干去，你就成为好人了。所以，你干什么你就是什么。

这样一来，非常明显，一个人只有拥有自由，能够按照自己的意志去行动，他所造成的自我，才能是具有自己独特个性的自我；反之，他若丧失自由、听任别人摆布，按照别人的意志去行动，那么，他所造就的便是别人替自己选择的，因而也就不可能是具有自己独特个性的自我。胡适说的对：自由就是顺从自己，就是按照自己的意志去做。没有外在的强制，按照自己的意志去做，这就叫做自由。因此，你要是没有了自由，你被剥夺了自由，你把自由换了面包，换了官，换教授去了，那么，你做事情的时候就不再是按照自己的意志去做了，你得按照长官的意志去做，按照社会和他人的意志去做。那么你的行为，你这个"干"，所造就出来的那个"是"，那个"是什么"，那个"自我"，就不是你的本真的自我，就不是你的自我，就不是一个有自己个性的自我；而是一个没有自己个性的社会的自我、他人的自我、长官的自我。我们现在为什么缺乏个性？就是因为我们都是按照社会的要求、按照他人的意志、按照长官和众人意志去做的结果。你没有了自由，你按照别人的意志去做，那么，你的个性和自我就沦丧了，就迷失了、沉沦了。我们现在不是总是讲自我沉沦吗？怎么沉沦的？为什么会自我沉沦、自我遗忘？为什么本真的有个性的自我没了？我们现在怎么都没有脑子了呢？确实，我们没有脑子，别看我们每个人都长得这样有个性，但是我们却没有自己的脑子，我们的脑子都不是自己的。为什么？因为我们没有了自由，我们处于一种屈从他人意志的异化状态，因而不能按照自己的意志去干，而只能按照他人的意志去干。

所以，总的来说，自我实现的根本条件是个性的发挥，个性发挥的根本条件是自由。于是，说到底，自由便是自我实现的根本条件，二者成正相关变化：一个人越自由，他的个性发挥得便越充分，他的创造潜能便越能得到实现，他的自我实现的程度便越高；一个人越不自由，他的个性发挥便越不充分，他的创造潜能便越得不到实现，他的自我实现程度便越低。这样一来，自由便因其是自我实现——自我实现是最高价值——的最根本的必要条件而具有最高价值。因此，文艺复兴时期的思想家皮科一再说：上帝没有给人坚牙利齿，没有给人力量。是啊，我王海明能斗过一头野猪吗？肯定斗不过。但是，皮科说，亚当给了人自由，因而人可以通过自我选择、自我实现而成为他想成为的东西。这样,你不是老虎,但是你可以把你"实现"成老虎;你不是龙,但是你可以把你"实现"成龙;你想成为什么你就能成为什么。上帝给了人自由,这胜于使你成为老虎、胜于使你成为龙,因为你想成为什么就成为什么,上帝给了你最尊贵、最宝贵的具有最高价值的东西,这就是两个字:自由!

几年前,我看了一场电影,感触很深,至今难忘,就是《霸王别姬》这部电影。电影中的主角段小楼与程蝶衣生活在晚清,那个时代够专制的了,但是,专制的程度还没有后来厉害,还没有国民党专制,他俩还有个性、人格和创造性。到了国民党时期,那挺黑暗、挺专制的了,你要是不老实,特务就枪杀你,闻一多、李公朴不是都被枪杀了吗?但是他俩还能够有个性、人格和创造性。但是,到了林彪、"四人帮"时期,他们的个性、人格和创造性就都没有了,彻底的没有了,是和社会上所有的人一样的人了。为什么?因为我们的自由在林彪、"四人帮"时期丧失得最彻底!古往今来没有哪个时代比林彪、"四人帮"时期的自由更少的。所以我们那个时代是最没有个性和创造性的时代。

想想吧,在那个可怕的年代,每个人说的话都一样,都是"要三忠于四无限","要忘我",甚至打电话你都得先说一句"为人民服务",第一句话是"为人民服务",买菜也是如此,第一句话不能说别的。甚至连当兵的都必须跳"忠字舞"。我那个时候正在当兵,每天晚上睡觉前,排长就在那里喊"办事了!办事了!"我们大家就都急忙将脚从洗脚盆中拔出来,跳到床上,就在床上跳起"忠字舞"。边跳边唱:"敬爱的毛主席,我们心中的红太阳……"就是"地富反坏右",即所谓的"黑五类",你也得拿着一本《毛主席语录》,"早请示、晚汇报"。在封建帝王的时代,还可以山高皇帝远,还可以日出而作,日落而息,帝之力与我何有哉!而在林彪、"四人帮"那个时候,每个人从家庭到社会,一天 24 小时,除了在梦中,真是一点自由的空间都没有啊!这就是我们的个性、人格和创造性丧失殆尽的根本原因。

因此,穆勒说得对,自由是个性和自我实现的最根本的必要条件;没有自由,你就不可能拥有个性和自我实现,你就不可能实现你的创造潜能。但是,同样的自由主义论者伯林却对穆勒提出一个质疑,认为自由未必是自我实现、创造性潜能的实现的必要条件。因为古往今来,有文字记载的人类社会多数时间都是处于专制社会而没有自由,但是我们却看到历代专制社会都不乏大思想家、科学的泰斗、才华横溢者。所以自由不是人自我实现的必要条件!其实错的不是穆勒,而是伯林。因为人在任何社会,不管这个社会多么专制,总有一些人能够挣得自由从而实现他的创造潜能,成为大思想家、大科学家。但是有一点区别非常重要，就是在民主社会，你要得到自由不需要反抗统治者。因为在民主社会，每个人都同等地是最高权力的掌握者，都同等地是统治者。民主社会，说到底，就是一个政治自由的社会，就是一个自由的社会。所以，在民主的社会，你要得到自由不需要反抗统治者，因此不需要什么牺牲，不需要牺牲爱情，不需要牺牲生命，不需要牺牲幸福。所以，在民主的社会，每个人都可以得到自由。

反之，在专制的社会，你也能挣得自由，不过你要想挣得自由，就必须反抗专制统治，那么你就得牺牲幸福，牺牲爱情，牺牲生命：你不得好死啊！因为你反抗专制统治，是与专制君主和专制国家的机器——利维坦——搏斗，你个人的力量，何等的渺小，它能不弄死你吗？自由的斗士哪一个在专制社会能得好啊？自由的斗士注定贫穷，“自古圣贤尽贫贱”，你穷得叮当响，谁爱你啊？你穷，你就没有健康了。曹雪芹“举家喝粥酒常赊”，能有健康吗？47岁不就死了吗？斯宾诺莎，你要自由，你能活得长吗？你被开除了教籍，不得不整天磨光学眼镜片以维持生计，最后得了矽肺病，42岁就一命呜呼了。所以，在专制的社会，一切自由的斗士都不得好死。因此，在专制国家，只有极少的人勇于争得自由。这种人，就是海德格尔、萨特所盛赞的那些入世孤独者，就是尼采、道家所盛赞的那种“出世隐居”者，就是马克思所盛赞的那种“走自己的路让别人去说”的特立独行者。但是这种人能有几个啊？可见，不自由的社会虽然也不乏才华横溢之士，但这些人之所以能够发挥自己的才能，绝不是因为他们听任他人摆布而失去自由；恰恰相反，乃是因为他们勇于反抗而争得自由。因此，伯林以不自由社会常有才华充分发挥者为根据，否定每个人才能的充分发挥以自由为 必要条件，是不能成立的。任何社会，都存在才华横溢者，只是因为任何社会人们都有可能得到自由。只不过，在自由社会，人们得到自由无须反抗和牺牲，因而人人都有自由，于是也就人人都有可能发挥自己的创造潜能而自我实现。反之，在不自由的社会，人们要得到自由，便必须反抗和牺牲，如牺牲健康、幸福、人格、爱情乃至生命。因而在这种社会，也就只有极少数人才可能争得自由而自我实现——这极少数人便是那可歌可泣的裴多菲式的自由斗士，他们能以自己的行动证明：生命诚可贵，爱情价更高，若为自由故，二者皆可抛。

自由是每个人自我实现、发挥创造潜能的根本条件，同时也就是社会繁荣进步的根本条件。因为社会真正的繁荣兴盛，说来说去，就在于自我实现，就在于每个人创造性潜能的实现。每个人的创造潜能实现得越多，社会岂不就越富有创造性？每个人的能力发挥得越充分，社会岂不就越繁荣昌盛？每个人的自我实现越完善，社会岂不就越进步？所以，杜威说："自由之所以重要，是因为它是发挥个人潜力和促进社会发展的条件。"[1]美国两百年就由当时世界最落后的国家一跃而成为世界第一强国。原因何在？最根本的原因，岂不就在于它是最倡导自我实现的？倡导自我实现、实现自己的创造性潜能，是两百年来美国的主流意识形态。美国主流意识形态主张自我实现，提倡对每个人而言，最主要的就是要实现自己的创造潜能。每个人的创造潜能实现了，那么，这个社会就一定会快速的发展起来。对不对？

相反的，我们只是强调，要为社会多做贡献，"小车不倒只管推"，但是我们怎么干就是干不上去，这个国家就是繁荣富强不起来，在林彪、"四人帮"那个时候，甚至越干就越穷！那个时候不是不干，那时不仅抓革命，而且促生产，都得拼命地生产。那时候就连生产经验都整天在总结。我还记得，就连那个打庄稼用的"场院"都得要总结出如何经营的经验。那时候的人都必须鼓足干劲，半夜都在深翻地。但是，不管你怎么干，就是干不上去。就像恶魔缠身，就像梦魔缠身一样，就是跑不动。我们不但就是干不上去，而且反倒干得经济濒临崩溃。为什么呢？没有自由、没有个性，就没有自我实现，就没有创造性潜能的实现；没有自我实现，社会就注定要停滞萧条。中世纪时，为什么整个人类都是停滞萧条的？因为人类在那时都丧失了自由，无论是东方还是西方。没有了个性、没有了自由，就没有了自我实现，就丧失了社会发展、飞跃的最根本的源泉，无论怎么干都注定是发展缓慢的。

因此，社会并不是你想让它发展就能发展的，它的发展是有客观规律的。这个规律就是：自我实现是社会繁荣兴盛的最根本的必要条件。因为社会的一切财富说来说去都是人的活动的结果，说到底，都是人的创造性潜能实现的结果，因而无不以自由为必要条件。我是信仰马克思的，我是马克思主义者。我相信，生产力是社会发展的根本动力，没有问题。是不是？我相信马克思的话，石器创造了原始社会；笨重的金属工具创造了奴隶社会；手推磨创建了封建社会；蒸汽磨创建了资本主义社会。这是没有问题的。生产力的发展、生产工具的改进是社会前进的根本动力。但是，生产工具是怎么改进发展的？怎么创造的？是人的创造性潜能实现的结果，因此无不以自由为必要条件。所以穆勒说得很对：自由是社会前进的精神，是社会前进的最根本的源泉。你要想使社会繁荣富强，你就要让人们拥有自由。一个不自由的专制社会之所以还能前进，就是因为有那些自由的斗士。这些人，不要幸福，不要爱情，这些

---

① 张品兴主编：《人生哲学宝库》，中国广播电视出版社 1992 年版，第 237 页。

人就是马克思盛赞的那种“走自己的路，让人们去说吧”的战士，就是存在主义所颂扬的、所盛赞的那种特立独行的人，就是尼采所说的查拉图斯特拉。根本讲来，就是因为有这些人，专制社会才能够前进，才能发展。所以我们说，自由、自我实现，其实是社会繁荣发展的最根本的必要条件。

因此，一个社会若是奉行了自由原则，就注定会迅猛的发展起来；相反，若是否定自由原则而奉行专制原则，那么这个社会注定是死水一潭。近代以来，为什么西方腾飞而中国停滞和落后？说来说去，就在“自由”二字。

综观自由价值可知，一方面，自由是可欲的，因为它本身就是可欲的，它是人类的一种基本需要、基本欲望、基本目的，这是自由的内在价值；另一方面，自由是可欲的，因为它是达成自我实现和社会进步的根本条件，这是自由的外在价值。从自由的价值，特别是其外在价值，我们就可以得到一个结论：自由是人道的根本原则。因为所谓人道，我们说过了，它的深层总原则最终可以归结为“使人成为人”，亦即使人自我实现，实现自己的创造潜能，从而成为可能成为的最有价值的人。而这一点是靠自由来实现的，自由是自我实现的最根本的必要条件。那么，我们由此就可以说：自由是人道的根本条件；使人自由则是人道的根本原则，简言之：自由是人道根本原则。人道，如前所述，乃是社会治理的最高原则。所以，自由是人道根本原则便意味着，归根结底，自由是社会治理的最高原则。人道主义大师但丁已经发现了这一至关重要的伦理学原理，他一再说：“好的国家是以自由为宗旨的”①。

这样，自由的价值便使自由成为一种规范人的行为应该如何的道德原则，亦即所谓“自由原则”：自由原则是一种极其重要的道德原则，是人道根本原则和社会治理最高原则。可是，究竟怎样才能使人自由从而使自由原则得到实现呢？人是个社会动物，他所过的生活，乃是一种社会生活。因此，每个人能否得到自由，便完全取决于他们所生活于其中的社会，究竟是个什么样的社会：只有当每个人所生活于其中的社会是个自由的社会，每个人才能真正获得自由，从而使自由原则得到实现。于是，所谓自由原则实乃自由社会的原则，亦即自由—人道社会的原则。自由社会原则当然并不是那种简单的、单一的道德原则，而是由多种道德原则组合而成的相当复杂的道德原则体系。这种道德原则体系，细究起来，原本由两大类型、六大原则构成，亦即自由的法治原则、自由的平等原则和自由的限度原则三大自由社会的普遍原则以及政治

---

① 周辅成编：《从文艺复兴到十九世纪资产阶级哲学家政治思想家有关人道主义人性论言论选辑》，商务印书馆 1973 年版，第 21 页。

自由原则、经济自由原则和思想自由原则三大自由社会的具体原则。

四、扑克牌游戏规则的伦理底蕴

我年轻的时候，到处都是阶级斗争，一提到"自由社会"这个词，就觉得是个贬义词。我还依稀记得，那时有一个电影，一帮坏蛋、反动分子，在和伟大的人民解放军搏斗的时候，就高喊："为了自由社会，我们冲啊！"从那时候起，我就觉得自由社会不是什么好社会。我想你们在座的诸位也是这么想的，"自由的社会"是具有讽刺意味的。特别是一些学者，认为自由社会根本就不可能存在，因为任何社会都有强制，而强制就意味着不自由。确实，列宁说过，任何社会都有强制，就连家庭也有强制。家长是一个强制者，我们都没有少挨父亲打，特别是我，儿时被父亲打，那也是家常便饭。那么，任何社会都有强制，是不是意味着就没有自由的社会呢？

对于这个问题，我从扑克牌的游戏规则悟到了答案：有强制未必不自由。

你想想看，打扑克有没有强制？它是充满着强制的：大王管小王，小王管2，2管A，A管K等等。这些都是强制性的游戏规则啊！你不服从是不行的。虽然有强制，我想，诸位打过扑克的人，都不会觉得不自由；恰恰相反，都乐在其中，非常自由。为什么呢？就是因为打扑克的强制规则是我们都同意的，因而是每个人共同意志的体现。扑克的强制规则既然是我们每个人的"公共意志"的体现，那么，我服从这个强制，既是服从别人的意志，同时也是服从我自己的意志。我对这个强制的服从，既然是服从我自己的意志，那么，我就是自由的。因为自由就是按照自己的意志去做。所以，打扑克等游戏，虽有众多的强制规则，但是，这些强制只要是每个人一致同意的，那么每个人就是自由的。

一个社会也是这样。虽然任何社会都有强制，但是这个社会的强制如果能够取得每个人的同意，是公共意志的体现，那么你对这个强制的服从就既是服从别人的意志也是服从你自己的意志，因此你就是自由的。因为这个强制是你的意志的体现，你服从的是自己的意志。按照自己的意志而行不就是自由的吗？比如说，借债还钱，这是一种强制，对于我来说，我借你的钱，我得还，不还那是不行的，这是一种强制。但是，这种强制是我们每个人都同意的，是我们每个人意志的体现，我的意志也是这样的。那么服从这种借债还钱的强制，就是服从我自己的意志。因此，这种强制对于我自己来说，就是一种自由的体现，我就是自由的。

问题是，一个社会，特别是像中国，有13亿人之多。那么，这个国家的强制怎么能够取得如此多的人完全一致的同意呢？有办法，那就是实行民主！如果实行民主，通过代议制和多数裁定两条原则，那么，不论人口如何众多，也能够取得完全一致的同意。通过代议制和多数裁定两条原则，就能够使强制成为公共意志的体现，成为哪怕是13亿人每个人的意志的体现。

当然，一个国家的强制规则，不可能直接取得13亿人每个人的一致同意。但是，却有一个办法取得间接的一致同意，这个办法就叫做“代议制”，那就是选代表。13亿人选出1 000人代表，这些代表制定出的强制规则，直接说来，可能是我们很多人不同意的，不是每个人意志的体现。但是，代表是我们13亿人选出来的，是我们13亿人选出来叫他们制定强制规则的。那么他们所制定的强制规则，虽然是我们很多人不同意的，但是，是我们委托他们，叫他们代表我们的意志来制定强制规则。那么，他们所制定的这些强制规则，只是直接说来，是我们不同意的；而间接和最终说来，却体现了我们的意志，是我们同意的。

另一方面，代表们不论如何少，他们的意志也很难一致。即使只有两个人、两口子，一事当前，不是也很难意见一致吗？两千个代表，意见能统一吗？能一致吗？不可能，代表们的意见注定是分歧的。怎么办？只有一个办法，那就是：多数裁定！少数服从多数！这样，多数人制定的强制规则，直接说来，可能是一些少数人所不同意和反对的。但是，这些反对者既然也同意多数裁定——除了多数裁定没有别的办法——既然少数人同意多数裁定，那么，多数人制定的强制规则，只是直接说来，才是那些少数人不同意的；但是，间接和最终说来，却同样仍然是这些少数人意志的体现，是他们同意的。

这样我们通过实行民主，通过代议制和多数裁定原则，就能够使这个国家的任何强制都取得每个人的一致同意，都能够使得这种强制成为每个人意志的体现，成为公共意志的体现；从而每个人对它的服从，也就是在服从既属于别人也属于自己的意志，因而也就是自由的。因此，所谓自由社会，须具备两个条件。第一个条件就是，这个社会的一切强制，都必须符合这个社会的法律和道德，必须符合这个社会的规范。这是第一条，就是要法治不要人治。第二条，这个社会的法律和道德，必须是每个人意志的体现，必须是公共意志的体现。我们现在把法治理解得非常的可笑，以为只要按照法律办，按照道德办，就是法治社会。这是错误的。因为专制社会也有法律和道德，秦有秦律，唐有唐律，中国专制社会哪一个朝代没有法律和道德啊？没有法律和道德的社会是不存在的,这些专制社会基本上也都是按照法律和道德办的。但是它不能叫做一个法治的、自由的社会。法治社会作为法治社会最主要的一点,就是这个社会的法律和道德必须是每个人意志的体现,是公共意志的体现;而不是"四人帮"意志的体现,也不是秦始皇意志的体现,不是一个人或者几个人意志的体现,而必须是每个人意志的体现。这就必须经过实行民主,通过代议制和多数裁定原则,使这个社会的法律和道德成为每个人意志的体现。

可见,一个自由社会的任何强制,都必须符合该社会的法律和道德;该社会的所有法律和道德,都必须直接或间接得到全体成员的同意。这就是自由的法治原则,这就是衡量一个社会是否自由、是否人道的法治标准。那么,一个社会如果实现了法治,从而这个社会的一切强制都符合道德法律,法律和道德都是公共意志的体现,是不是这个社会就是一个自由的社会了呢?还不行,这并不是自由社会的充分条件,而只是自由社会的一个必要条件。

我们仔细想想,如果一个社会的法律和道德是每个人意志的体现,这个社会的强制都是符合法律和道德的,但是有一点没有做到,在法律面前不是人人平等,人们不是平等地享有自由,那么,这个社会虽然是一个法治的社会,但仍然不是一个自由的社会。比如说,"杀人偿命"这条法律,死刑等强制行为都是以这一条法律为根据的,同时它也是每个人意志的体现,这是法治社会,但它不一定是一个自由的社会。自由的社会还要求每个人都同等地服从这些法律,在法律面前人人平等。西方的口号是在法律面前人人平等,中国古代则是"王子犯法与庶民同罪"。这就体现了自由社会的平等精神。相反的,如果高官或者有地位的人,杀了人不偿命;而非常贫穷的、弱势的人,杀人就得偿命,这就违背了自由社会的平等原则。另一方面也是一样。自由是应该人人平等地享有的,如果自由只是为那些大官所享有,谁嘴大谁就可以享有思想自由,而社会地位低下的人就不能拥有思想自由,在自由面前不是人人平等,那么,这个社会是一个自由的社会吗?显然不是。所以,哈耶克说的那句话非常对:一切实现自由社会的伟大的斗争的第一步就是争取平等。

可见,人人应该平等地享有自由:在自由面前人人平等;人人应该平等地服从强制:在法律面前人人平等。这就是自由的平等原则,这就是衡量一个社会是否自由、是否人道的平等标准。那么,一个社会,如果实现了自由的法治标准和平等标准,就是个自由的、人道的社会吗?答案是否定的。试想,一个社会如果既实现了法治原则又实现了平等原则,但是如果该社会推行严刑酷法,比如说,谁随地吐一口痰,就把谁的舌头割掉,并且,这种严刑酷法是公共意志的体现,符合自由的法治原则;同时不管你有多么高的地位,你随地吐痰，一样割你的舌头，这也符合自由社会的平等原则。那么这个社会是不是一个自由的社会？显然还不是一个自由的社会。因为自由社会还有一个原则，叫做"限度原则"。

最能显示这个原则对于自由社会的必要性的，恐怕是普希金时代的一个故事。沙皇亚历山大有一天忽然觉得，要是把全国都变成一个兵营，每个公民都是一个士兵，每一天都要像士兵一样生活，整齐划一，步调一致，一切都必须听从严格的号令，那个社会该有多好啊！结果他干了两年，最后他干不下去了。这就违背了自由的限度原则。按照自由社会的"自由的限度原则"，一个社会的强制，应该保持到使这个社会的存在所必需的最低限度；而它的自由，则应该达到这个社会的存在所能允许的最大限度。为什么呢？

因为没有一定的强制，任何社会都不可能维持其存在。不过，强制有两种。一种是坏的、恶的，如杀人越货；另一种则是好的、善的、必要的，如惩罚罪犯。然而，若从自由的价值来看，所谓好的、善的、必要的强制，仅仅是就其结果来说的；若就强制自身性质来说，则同样因其使人失去自由而不能不是恶，只不过是必要的恶罢了。所谓必要恶，有两方面。一方面，我们说一种东西是一种必要的恶，是因为它能求得更大的善；另一方面，必要的恶之为必要的恶，是因为它能够避免更大的恶。

那么，人类社会的存在所必需的强制属于哪一种必要恶呢？属于后一种。社会强制是一种恶，但若是没有社会强制这个东西，社会就崩溃了，我们就会成为穴居野人，就得与狼、虎、熊瞎子搏斗。所以，社会强制能够保障社会的存在，最终满足我们每个人的利益，使我们生活得像现在这样美好。但是，社会强制这种东西，它不能求得更大的善，而只能避免更大的恶，只能避免社会的崩溃，只能保障社会存在。为什么呢？因为自由价值的研究表明：自由是每个人创造性潜能的实现和全社会发展进步的最为根本的必要条件。这岂不意味着：强制、不自由是每个人创造性潜能的实现和全社会发展进步的根本障碍？因此，长久地看，只有自由才能促进社会发展，才能带来更大的善；而强制只能保障社会的存在，只能避免社会崩溃，只能避免更大的恶。

这样一来，一个社会的强制越多，长久地看，这个社会的发展就越慢，每个人的创造性潜能或自我实现就越不充分，这个社会就越萧条、荒芜和停滞不前；一个社会的自由限度越大，长久地看，每个人的自我实现就越充分，每个人的创造潜能就发挥得越充分，这个社会就越繁荣昌盛。我这里强调"长久地看"，是因为若是短暂地看，强制无疑也是可以促进社会前进发展的。将大家集聚起来，强迫他们兴修水利灌溉工程，可能比他们自由地修筑这些工程迅速得多。但是，长久地看，这个社会就注定停滞不前了。于是，我们可以得出结论说：一个社会的强制，应该保持在这个社会的存在所必需的最低限度；一个社会的自由，应该广泛到这个社会的存在所能容许的最大限度。这就是自由的限度原则，这就是衡量一个社会是否自由、是否人道的自由限度之标准。

一个社会的自由，应该广泛到这个社会的存在所能允许的最大限度，这意味着什么呢？自由主义论者将这一见地归结为一句名言："管得越少的政府，就是最好的政府。"因此，诺齐克说，国家的真正的作用，它的强制作用，应该是一个"守夜人"的作用，国家最高的首脑就是一个更夫。当然，诺齐克这样说未免太偏激，但是这种偏激表达了这样一种思想，就是社会的自由越多、强制越少，就越好——当然这种自由得是在这个社会的存在所能容许的限度内。这一原则在罗尔斯那里得到了极为系统的论述并被叫做"正义的第一原则"："每个人对最大限度的平等的基本自由之完整体系——或与其一致的类似的自由体系——都应该享有一种平等的权利。"①

综上可知，自由的法治、平等与限度三大原则，乃是自由—人道社会的普遍原则，是衡量任何社会是不是自由社会、是不是人道社会的普遍标准：符合三者的社会便是自由的、人道的社会；只要违背其一，便不配享有自由、人道社会的美名。从这些普遍原则出发，便可望解决人类社会极其复杂的具体自由难题——政治自由、经济自由与思想自由——从而确立更为重要的三大具体的自由原则：政治自由原则、经济自由原则与思想自由原则。

五、柏拉图的"政治自由悖论"

波普认为，柏拉图说得很对，政治自由是一种悖论。这种悖论，被波普表述得淋漓尽致、趣味横生："柏拉图在批评民主以及他对僭主的出现的叙述中，暗含地提出了如下问题：如果人民的意志是他们不应该执行统治，而应该由一个僭主来统治，这又如何呢？柏拉图提示，自由的人可以行使他的绝对自由，起先是蔑视法律，最后是蔑视自由本身，并吵吵嚷嚷地要求一个僭主。这并非完全不可能，而且已经发生过多次了；而每次出现都使那些把多数或类似

---

① John Rawls: *A Theory of Justice*, Revised Edition, The Belknap Press of Harvard University Press, Cambridge, Massachusetts, 2000, p. 266.

的统治原则为政治信条的基础的民主派处在理亏的境地。”①柏拉图的这种自由悖论，果然如波普所言，成功地否定了政治自由原则吗？否！

诚然，正如萨托利和曾任美国总统的威尔逊所言，政治自由是提供给弱者和被统治者的自由。确实，说被统治者享有政治自由，似有悖论之嫌。因为不言而喻，政治自由就是使政治按照自己的意志进行的活动。那么，如何才能使政治按照自己的意志进行从而享有政治自由呢？必须拥有政治权力。因为所谓政治，无疑是权力统治、权力管理。这样，任何人要想使政治按照自己的意志进行，便必须拥有权力：没有权力，怎么能够进行权力管理或权力统治呢？所以，一个人只有拥有政治权力，才能使政治按照自己的意志进行，才能有政治自由；如果他没有政治权力，便不可能使政治按照自己的意志进行，不可能有政治自由。试想，为什么君主专制国家只有君主一人拥有政治自由而其他人都没有政治自由？岂不就是因为君主专制之为君主专制，就在于国家最高权力只掌握在君主一人手中？为什么民主社会每个人都拥有政治自由？岂不就是因为民主之为民主，就在于国家的最高权力掌握在每个公民手中？

谁拥有政治权力，谁就拥有政治自由。因此，谁拥有最高的政治权力，谁就拥有最高的政治自由；谁拥有较低级的政治权力，谁就拥有较低级的政治自由；谁没有政治权力，谁就没有政治自由。这样，精确讲来，君主专制国家并不是只有君主一个人拥有政治自由，而是只有君主一人拥有最高的政治自由。君主之外的各级官吏所没有的只是最高的政治权力，却拥有其他各级政治权力，因而也就拥有最高政治自由之外的各级政治自由。省长拥有使一个省的政治在某种程度上按照自己的意志进行的政治自由，市长拥有使一个市的政治在某种程度上按照自己的意志进行的政治自由，县长拥有使一个县的政治在某种程度上按照自己的意志进行的政治自由，乡长拥有使一个乡的政治在某种程度上按照自己的意志进行的政治自由。

然而，不论任何社会，权力都仅为统治者、管理者所拥有，而被统治者、被管理者是不可能拥有权力的：被统治者、被管理者只拥有权利而不可能拥有权力。因为所谓权力，如所周知，就是仅为社会的统治者或管理者拥有且被社会承认的迫使被统治者或被管理者服从的强制力量。这是不难理解的。试想，为什么人们那么想当官呢？岂不就是因为只有当官才有权力，而不当官就

---

① 〔英〕波普：《开放社会及其敌人》，杜汝辑、戴雅民译，山西高校联合出版社 1992 年版，第 130—131 页。

没有权力吗？官越大，权力就越大；官越小，权力就越小；没有官职的平民百姓也就没有权力而只可能拥有权利。所以，只有社会的统治者、管理者才拥有政治权力；而被统治者、被管理者是不可能拥有政治权力的。这样一来，也就只有社会的统治者、管理者才拥有政治自由，而被统治者、被管理者是不可能拥有政治自由的。这是不足为怪的。因为政治就是权力统治、权力管理；政治自由就是权力统治之自由或权力管理之自由：政治自由不过是一种统治的自由、管理的自由。统治的自由、管理的自由当然只能为统治者、管理者拥有，而不可能为被统治者、被管理者拥有。

政治自由必定只能为拥有政治权力的人所享有，因而必定只能为社会的统治者所享有。这显然仅仅是政治自由之事实如何的客观本性，而不是政治自由之应该如何的道德原则。那么，政治自由是否只应该为统治者享有而不应该为被统治者享有？否！如所周知，每个公民——不论统治者还是被统治者——都应该享有政治自由：这就是关于政治自由的道德原则。这样，一方面，政治自由事实如何的客观本性是：政治自由只能为统治者所享有；另一方面，政治自由应该如何的道德原则却是：政治自由应该为每个公民所享有，应该为被统治者所享有。这岂不是悖论？岂不是圆的方、木的铁？

非也！诚然，政治自由只能为统治者所拥有，被统治者不可能拥有政治自由，这是政治自由的不依人的意志而转移的客观本性。但是，如果有这样一种社会，这种社会的被统治者能够反过来对统治者进行管理，从而变成统治者的管理者和统治者，那么，这种社会的被统治者岂不就与统治者一样拥有了政治自由？是的。被统治者就其是被统治者来说，是不可能拥有政治自由的；被统治者拥有政治自由，绝不是因为他们是被统治者，而是因为他们在某种意义上变成了统治者。那么，一个社会，究竟怎样才能使被统治者同时也是统治者呢？只有一条途径，那就是：全体公民都直接或间接地掌握国家最高权力。这样，被统治者就能够与统治者同样直接或间接掌握国家最高权力，同样是最高权力的掌握者，同样是国家的最高统治者，同样使国家的政治按照自己的意志进行，因而同样拥有最高的政治自由。可是，一个社会，究竟怎样才能使全体公民都直接或间接地掌握国家最高权力呢？

答案无疑也只有一个：民主。民主政体通过使被统治者反过来成为统治者，便解决了“每个公民——不论统治者还是被统治者——都应该拥有政治自由的道德原则”与“政治自由事实上只能为统治者所拥有的客观本性”之矛盾，从而使这一道德原则得以确立。

这一政治自由道德原则是区分政治自由社会与政治奴役社会的标准：一

个社会如果符合该原则，从而每个公民——不论统治者还是被统治者——都拥有政治自由，便是所谓政治自由社会：政治自由社会就是每个公民都拥有政治自由的社会。反之，如果违背这一原则，从而只是部分公民拥有政治自由——亦即只是统治者拥有政治自由而被统治者没有政治自由——便是所谓的政治不自由或政治奴役的社会：政治奴役或政治不自由社会就是只有统治者拥有政治自由而被统治者没有政治自由的社会。

不过，任何社会的各级统治者，必定都拥有——或高或低或多或少——政治自由。所以，一个政治自由社会区别于政治奴役社会的特征，说到底，乃在于被统治者是否拥有政治自由：被统治者拥有政治自由的社会，就是政治自由社会；被统治者没有政治自由的社会，就是政治奴役社会。因此，作为应该如何的道德原则的政治自由或政治社会的政治自由，实乃被统治者的自由，是被统治者使统治者按照自己的意志进行统治的自由，是每个公民使国家政治按照自己的意志进行的自由。

可见，所谓政治自由社会亦即民主社会，二者实为同一概念。因为凡是民主——不论是自由民主还是集权民主——的社会，必定都是全体公民掌握最高权力，因而被统治者必定与统治者同样拥有最高权力、同样是最高统治者。这样，不论该社会如何不自由，该社会的政治却必定是按照每个公民自己的意志进行的，因而每个公必定拥有政治自由，该社会必定是一个政治自由社会。反之，如果没有实现民主，最高权力必定没有掌握在每个公民或被统治者手中，被统治者必定只是被统治者而不是最高统治者。那么，不论该社会如何自由，该社会的政治却必定不是按照被统治者的意志进行的，因而被统治者必定没有政治自由，该社会必定是一个政治奴役而非政治自由的社会。一句话，民主与政治自由互为充分且必要条件，因而实为同一事物。然而，究竟为什么应该建设政治自由社会？或者说，为什么每个人都应该拥有政治自由？说到底，政治自由的道德原则的依据究竟是什么？

不难看出，每个公民都应该拥有政治自由之道德原则，具有“人道”与“人权”双重根据。从人道方面来看，政治自由无疑是最重要的社会自由，从而是自由—人道社会的根本特征。这不仅因为政治是最重要的社会强制，因而政治自由所给予每个公民的也就是最重要的社会自由，而且更主要的是因为，政治自由社会或每个公民都拥有政治自由意味着：统治者必须按照全体公民自己的意志进行统治。这样，每个公民的其他社会自由，如言论自由、出版自由、经济自由等等，能否实现，便完全取决于自己的意志，因而是有保障的。反之，如果政治不自由，那么，统治者便不是按照全体公民的意志而是按照自己的意志进行统治。这样，每个公民的其他社会自由能否实现，便完全取决于统治者的意志而不是取决于自己的意志，因而是无保障的。所以，政治自由决定其他社会自由，是实现其他社会自由的根本保障，因而也就是自由—人道社会的根本保障。于是，一个社会若要成为自由、人道的社会，根本说来，必须使每个公民拥有政治自由，实现政治自由社会。

从人权方面来看，每个人之所以应该拥有政治自由，是因为政治自由乃是每个人的人权。政治自由是人权，因而根据人权应该完全平等原则，每个人都应该完全平等地享有政治自由。换言之，每个人都应该完全平等地共同执掌国家最高权力，完全平等地使国家政治按照自己的意志进行。这是政治自由原则，也是政治自由的权利平等原则，亦即政治人权原则，说到底，亦即所谓的人民主权原则，因而也就是民主政治的基本依据之一。根据这个原则，纵使真像专制论者所说的那样：民主与政治自由有多少多少缺憾而专制有多少多少优点，我们也应该实现民主与政治自由，而不应该专制。因为民主与政治自由乃是每个人的人权，是每个人因完全平等地作为缔结社会的一个股东而应完全平等地拥有的神圣不可侵犯的政治人权。

总而言之，每个公民——不论是统治者还是被统治者——都应该同样直接或间接掌握国家最高权力，应该同样是国家的最高统治者，应该同样使国家的政治按照自己意志进行，说到底，应该同样拥有最高的政治自由。换言之，一个社会的政治，应该直接或间接地得到每个公民的同意，应该直接或间接地按照每个公民自己的意志进行，说到底，应该按照被统治者自己的意志进行。这就是政治自由原则，这就是政治自由社会的标准，这就是衡量一个社会是否自由、是否人道的政治标准。

六、政府应该是仲裁者而不应该是当事人

萨缪尔森认为斯密的最伟大的贡献，就在于发现市场经济乃是不必政府指挥而能够自发地存在、发展的经济：“亚当·斯密的最伟大贡献在于他在经济学的社会世界中抓住了牛顿在天空的物质世界中所观察到的东西，即：自行调节的自然秩序。斯密所传达的福音是：‘你认为，通过动机良好的法令和干预手段，你可以帮助经济制度运转。事实并非如此。利己的润滑油会使齿轮奇迹般地正常运转。不需要计划。不需要国家元首的统治。市场会解决一

切问题。"[①]弗里德曼将这种思想归结为一句名言："政府应该是仲裁者而不应该是当事人。"[②]对于这句名言，弗里德曼曾这样解释道："自由市场的存在当然并不排除对政府的需要。相反的，政府的必要性在于，它是'竞赛规则'的制定者，又是解释和强制执行这些已被决定的规则的裁判者。"[③]换言之，政府应该是经济活动规范的制定者与仲裁者，而不应该是经济活动的指挥者：这就是经济自由原则之真谛。那么，这种观点能成立吗？

答案是肯定的。因为经济自由，顾名思义，就是每个人从事经济活动——生产、分配、交换和消费——的自由，就是每个人没有外在强制从而能够按照自己的意志进行的经济活动。因此，如果人不是社会动物，而是像鲁滨逊那样，生活在一个荒岛上，那么，他的经济活动必定完全是按照自己的意志进行的，因而必定完全享有经济自由。但是，人是一个社会动物，他能否拥有经济自由，便完全取决于他所生活于其中的社会的经济体制、经济制度；正像人们能否享有政治自由，取决于社会的政治体制、政治制度，取决于这个社会是民主政治还是专制政治。

经济体制具体说来有两类，一类就是自然经济体制，一类就是交换经济体制。所谓自然经济体制，那就是自给自足经济，其基本的特征在于：生产是为了直接满足生产者个人或经济单位的需要而不是为了交换。那么，在这种经济体制下，每个人是否享有经济自由呢？从人类社会发展史来看，答案基本是否定的。因为典型的自然经济乃是奴隶社会和封建社会的经济体制。奴隶社会自然经济的根本特征，是劳动者的人身占有；封建社会自然经济的根本特征，是劳动者的人身依附：二者显然意味着经济奴役、经济不自由。即使自然经济是自由的，如原始社会的自然经济，也绝不是经济自由原则所确立的经济自由。因为自给自足的经济无论如何自由，都是人类社会效率最低、最低级、最落后的经济体制：它是人类在生产力低下和社会分工不发达的历史阶段所不得不生活于其中的经济体制。

因此，经济自由只可能存在于交换经济体制。交换经济体制分为计划经济和市场经济。二者的根本区别只在于资源的配置者：计划经济亦即统制经济、命令经济，是由政府依靠权力强制而计划地、人为地配置资源的经济；市场经济亦即商品经济，是非统制经济、非指令经济，它不是由政府的权力控制而是由市场自然地、自发地配置资源的经济。计划经济是统制经济、命令经济、

---

① 〔美〕萨缪尔森：《经济学》下册，高鸿业译，商务印书馆 1982 年版，第 290 页。
② 〔美〕弗里德曼：《自由选择》，胡骑译，商务印书馆 1982 年版，第 10 页。
③ 〔美〕弗里德曼：《资本主义与自由》，高鸿业译，商务印书馆 1986 年版，第 16 页。

强制经济，显然意味着：在这种经济体制下，每个人不可能享有经济自由。反之，市场经济是一种没有外在强制的自发的、自愿的经济，意味着：在这种经济体制下，每个人都享有经济自由。

但是，问题的关键在于，市场经济若是没有政府的指挥能不能够存在、发展下去？如果能够存在、发展下去，那么，在没有政府的指挥或干预的市场经济体制下，每个人的经济活动便完全是按照自己的意志进行的，每个人便享有完全的经济自由：经济自由是没有政府指挥的市场经济的结果；如果不能够存在、发展下去，市场经济就必须在政府的指挥或干预下才能存在、发展，那么，即使在市场经济体制下，每个人也不可能享有经济自由：经济自由注定是不可能的。那么，没有政府的指挥，市场经济仅仅依靠自身是否能够存在发展？

答案是肯定的。因为市场经济就其本性来说，就是不必政府指挥而能够自发地存在、发展的经济。斯密说得好，市场经济不需要政府的命令和指挥，它自然的就能够配给资源，能够存在、发展，因为市场经济有一只"看不见的手"在引导着自己的存在、发展。这只"看不见的手"，我们现在知道，就是价值规律：商品的价值量由生产商品的社会必要劳动时间决定；商品以其价值量为基础进行等价交换。为什么这个规律本身就能够使市场经济不需要政府的指挥而自发地存在、发展下去呢？因为，按照这个价值规律，当你所生产的商品的价格高于价值的时候，其他生产者就会纷纷地生产这种商品，这个时候资源就流到这种商品的生产上来了。随着生产这种商品的人增多，供过于求了，这个时候，价格逐渐下跌，到低于商品的价值的时候，生产者就会纷纷从这种商品的生产中撤出来，资源又流入到其他商品上面去了。价值规律通过价格围绕价值的上下波动调节着资源在不同生产部门的分配，从而使各部门保持基本平衡的关系。

可见，市场经济——由于价值规律这只看不见的手的作用——乃是没有政府的指挥而能够自发地存在、发展的经济。那么，政府是否应该完全不干预市场经济活动？当然不是。但是，政府仅仅应该是经济活动规范的制定者与仲裁者，而不应该是经济活动的指挥者。这就是经济自由主义名言"政府应该是仲裁者而不应该是当事人"之真谛。这就是说，政府的作用仅仅在于制订市场经济的运行规范，保证这些规范得到实现。当然，政府也可以参与市场经济活动，比如说，那些没有政府参与、没有政府主导就不会进行的生产活动，或者是只有政府愿意承担或能够承担的一些项目，比如，环境治理，还有一些大的工程，如铁路、矿山、河流等等的生产经营，这些才由政府来经营。但是政府经营这些生产的时候，它是作为一个市场经济的生产者经营，而不是作为一个指挥者出现的。它和别的生产者的地位是平等的。

总之，经济活动应由市场机制自行调节，而不应由政府强制指挥，政府的干预应仅限于确立和保障经济规则；而在这些经济规则的范围内，每个人都应该享有完全按照自己的意志进行经济活动的自由，都享有完全按照自己的意志进行生产、分配、交换和消费等经济活动的自由。这就是所谓经济自由原则。可是，为什么市场经济应该自发地存在与发展，而政府的干预应该只限于确立和保障市场经济规则？为什么每个人应该享有完全按照自己的意志进行经济活动的自由？说到底，经济自由原则的依据究竟是什么？经济自由原则原本有三方面的根据，对此，亚当·斯密说得很清楚，而且直到现在还是能够成立的：

第一个根据是人权方面的："每一个人都应该享有经济自由"，这是每个人最低的经济权利，因此，它就是人权。因为人权就是最低的、起码的、必要的权利，在经济上，它首先就表现为经济自由。经济自由就其本身而言并不能创造财富，而仅仅是你获得财富的机会、条件，因此，它就属于每一个人经济方面的最低的权利，属于人权范畴。所以，一个人拥有经济自由，涉及他的人权。斯密说得好："不论如何，禁止大众制造他们自己能够制造的东西，不准他们把资财与劳动投放到他们认为对自己最有利的地方，这是对神圣人权的公然侵犯。"①

第二是人道根据。经济自由是人道社会的基本特征。因为所谓人道社会应该是那样的一个社会，就是这种社会的自由应该多到这个社会的存在所能容许的最大的限度；这个社会的强制，应该少到这个社会的存在所必需的最少的限度。就是说，社会的强制应该最少，应该是"小政府，大社会"，管得最少的政府，就是最好的政府。这样，政府对于经济活动进行强制干预的道德依据便全在于：没有政府的干预，经济活动便不能存在。因此，如果没有政府的干预，经济活动也能够存在，那么，政府的干预就违背了自由—人道社会的自由限度原则，因而就是不正当的。市场经济就它本身来说，不需要政府的干预、指挥和命令，不需要政府对它进行强制干预，它自己就能存在和发展，因而政府不应该有任何的强制干预。那么，政府的职能仅仅在于制订和监督执行市场经济领域的法规。否则，这个社会就不是一个自由的、人道的社会，而是一

---

① Adam Smith, *An Inquiry into the Nature And Causes of the Wealth of Nations*, Volume 2, Clarendon Press, Oxford, 1979, p. 582.

个非人道的社会。

最后一个根据，就是效率的根据。从效率的角度来讲，经济自由有效率，而经济不自由则无效率。因为一个社会的活动，它的强制越少，自由越多，那么长远的来看，它就越有效率，它的经济、科教，它的一切活动，它的效率就越高；强制越多，自由越少，那么它的效率就越低。因为，强制只能保障社会存在，自由才能促进社会发展。一个社会，只有拥有自由，每个人的创造潜能才能得到实现，那么这个社会才能够蓬蓬勃勃地发展起来；如果没有自由，那么它的创造潜能就不可能得到实现，这个社会就注定是一个停滞的、无效率的社会。所以，从效率来讲，市场经济应该是完全自由的经济，这样的话，它才能够有效率，否则它就是无效率的。这就是为什么我们到处看到，哪个国家实行市场经济而经济自由，哪个国家的经济便繁荣昌盛，老百姓的生活水平便得到极大提高；哪个国家实行统制经济而经济不自由，哪个国家的经济便停滞不前，老百姓的生活水平便极其低下的缘故。

七、克林顿总统在北京大学的一次演讲

美国总统克林顿来到北大讲演，他说思想自由也有一些弊端。就拿此刻在北大的这个大讲堂来说吧，虽然并没有着火，但是按照思想自由原则，每个人可以高喊："着火啦！着火啦！大家快逃呀！"听众一听这喊声，自然都奋力往外逃，结果一些人被活活踩死了。那么，在这种情况下是否应该禁止那个造谣者高喊着火呢？换言之，这个时候是否就应该取缔思想完全自由呢？是否就应该否定言论完全自由呢？这个问题看起来十分简单，甚至不言而喻：难道还不应该禁止那个造谣者高喊着火吗？其实，这是一个极为复杂棘手的难题，绝非三言两语就可以说明白的。因为按照思想自由原则，我们确实不应该禁止那个造谣者高喊着火！

首先，要弄清楚什么叫做思想自由？有的人把它理解得很可笑，认为思想自由，就是你可以随便想，每个人都应该不受限制地思想。这是非常可笑的，难道这个还用你确立为原则吗？我王海明可不是愿意想什么就想什么吗？在"四人帮"那个时代我也是愿意想什么就想什么。我想把江青杀了，我想把姚文元杀了，你能把我怎么样呢？我怎么想你也不能把我怎么样。作为一种道德原则，它不是约束你的思想的，要明白这一点，它是规范你的行为的。思想

自由原则绝不是一个思想的原则，乃是关于创造、获得思想的行为的原则。所以思想自由原则原本是一个略语，它讲的是关于创造和传达思想自由的原则。这就是思想自由原则。那么，传达和创造思想，是一种什么行为呢？就是言论自由、出版自由。所以，思想自由原则，说来说去，就是一个言论自由与出版自由原则。

马克思在他的第一篇成名作讲的就是这个原则。马克思很早就很有威望，大家都预期他是一个大思想家。但是他发表的第一篇文章，并且反响很大的，就是关于思想自由的文章。所以，马克思他的第一篇文章不是讲经济的，也不是讲生产力的，而是讲思想自由的，名字就叫做《评普鲁士书报检查令》。在那篇文章里面他就讲了这样一个思想，就是一个社会，它的思想、它的文化、它的科学是否繁荣昌盛取决于这个国家给人们的思想自由的限度。每个人的思想越自由，他所能寻找到的真理就越多，那么，这个社会的思想和科学就越繁荣昌盛。反过来也是一样，如果思想能够完全自由，那么这个国家就将完全的和无与伦比的鼎盛、兴盛。春秋战国就是明证。春秋战国的思想是完全自由的，所以它的文化就是中国最灿烂、最辉煌的文化，达到后来人们始终无法企及的那样一个高度。那么，由此是否可以说思想越自由越好？也就是思想的创造和传达、言论和出版是否越自由越好呢？是否应该完全自由呢？

回答是肯定的。言论和出版应该完全自由，不仅因为思想的发展与自由的程度成正比，而且还因为对于言论和出版自由的任何限制都违背自由、人道社会的普遍标准。首先，按照自由人道社会的普遍原则的第一条"自由的法治原则"，一个社会的强制、法律和道德应该是每个人意志的体现。那么，你怎么样才能够使之成为每个人意志的体现呢？必须思想完全自由！这就是说，不管一个人的思想有多么荒谬、多么危险，你也得让它自由出版和发行！否则，你就违背了自由的法治原则，你就不能使社会的强制、法律和道德成为每个人意志的体现。因为你不让他讲话，你说他思想荒谬、危险，因而不让他讲话，那么社会的强制、法律和道德就不可能是每个人意志的体现了。因此，当你禁止思想荒谬、危险的人传达出版他的思想的时候，你就违背了自由人道社会的法治原则。

其次，你要是不允许每个人的思想完全自由，因为他的思想危险、他的思想荒谬，你就不让他发言，不准他有言论自由和出版自由，你还违背了自由的平等原则。因为按照自由的平等原则，任何人，不管他的思想是正确的还是思想危险的，都应该同样享有思想自由，在自由面前人人平等。这样，你认为是弱势的，或者是思想危险的人就不让他说话，你就违背了自由的平等原则。

最后,思想要是不完全的自由,就违背了自由的"限度原则",就根本不是一个自由、人道的社会了。因为按照自由的限度原则,一个社会的强制应该减少到这个社会的存在所能容许的最大限度。言论自由和出版自由或思想自由,无论是怎么样自由显然都不会危及社会的存在,而只有人的行动才能够危及社会的存在。无论你怎么说,诽谤、造谣,甚至到处说要杀人放火,这个社会还能够存在;但是你要是拿起刀来见一个人就砍一个人,那就麻烦了。所以《民主论》的作者柯恩反复讲,在自由的、民主的社会,每个人可以任意地、完全自由地想、完全自由地说,但是不能完全自由地做。

因此,自由、人道的著名斗士和经典文献大都主张言论和出版完全自由。罗伯斯庇尔说:"通过语言、文字或出版来表达思想的权利无论如何也不应受到妨碍或限制……新闻自由应该是完整的无限的,否则就是没有新闻自由。"①潘恩说:"出版自由以及使用其他表达思想手段的自由,是不能取消、停止和限制的。"②罗斯福则进而以美国为例说:"这种自由除了受到美国人民的良知的限制以外,确实是丝毫没有限制的。"③美国《弗吉尼亚权利法案》规定:"出版自由是自由的重要保障之一,任何政府,除非是暴虐政府,决不应加以限制。"美国《人权法案》第一条便这样写道:"国会不得制定关于下列事项的法律:确立宗教或禁止信仰自由;剥夺人民言论或出版自由。"我国孙中山先生召集的国民党第一次全国代表大会宣言亦如是说:"确定人民有集会、结社、言论、出版、居住、信仰之完全自由。"

总之,每个社会成员都应该享有获得与传达任何思想的自由。或者说,每个社会成员获得与传达任何思想都不应该被禁止。说到底,言论与出版应该完全自由而不应该受到任何限制;否则便不是真正的思想自由,便不是个真正自由、真正人道的社会。这就是思想自由原则,这就是衡量一个社会是否自由、是否人道的思想标准。

中国曾经有过实现思想自由原则的时代,亦即春秋战国时代,这是中国人应当引以为骄傲的那样一个时代。当然,思想、言论和出版完全自由会产生一些极其有害的后果。这些有害的后果说来说去都是什么呢?就是谬种流传,错误的思想毒害人们,这也就是思想自由的反对者们的全部的也是唯一的论据。那么这个论据能不能站住脚呢?不能。如果说因为思想自由会使一些错误的思想毒害人们,就取缔思想完全自由,只允许正确的思想发表,错误的思

① 《资产阶级政治家关于人权、自由、平等、博爱言论选录》,世界知识出版社 1963 年版,第 105 页。
② 同上书,第 53 页。
③ 同上书,第 283 页。

想就禁止发表，那么，首先面临的难题就是：谁是正确思想和错误思想的裁判者？禁者未必正确，被禁者未必错误，我们今天禁止的所谓错误，往往便是明天的真理。

所以，当你说思想完全自由会使错误思想流传，毒害人们，因而只应该发表正确的思想，那么，事情往往恰好相反，你主张的正确思想正是错误思想，真正的正确思想却得不到传播。实践是这么告诉我们的。没有人能够充当真理的裁判者。毛泽东说得好：真理往往掌握在少数人手里。所以若反对思想自由，认为只有正确的思想才能够让它传播和发表，那么，结果可能恰恰相反，被禁的正是真理，而大行其道的正是谬误。

退一步说，就算能够通过反对思想完全自由，使真理发表，谬误销声匿迹，那么这样做也是极大错误的。毛泽东和马克思曾反复讲过，真理只有在同错误的比较和斗争中才能够发展起来，错误是达到真理的一个必经的阶段和过程；没有错误，真理就等于没有形成过程，你就达不到真理。心理学有一个实验非常能够说明这个问题。有一个猴子，给它五根棍子，然后把水果挂在非常高的天棚上。一开始，猴子用一根棍去挑水果，没有挑下来，犯了一次错误。第二次，猴子把两根棍用绳子缠好接上，再去挑水果，也没有挑下来，又犯了一次错误。接着猴子将三根棍绑在一起去挑水果，还是没有弄下来，犯了三次错误。猴子又将四根棍绑在一起去弄水果，还没有挑下来，这是第四次错误。最后，他绑了五根棍子才将水果挑下来了，猴子终于获得了真理。你看，真理是怎么达到的？经过四次错误的尝试，最后才达到的。所以，错误是达到真理的一个必经的阶段和过程，没有错误，也就没有真理。

人类的真理就是这样的，没有绝对的、纯粹的真理，也没有绝对的、纯粹的谬误。遍观人类思想史，我们发现，那些发表谬论的人，其实占有非常重要的思想史地位。马尔萨斯的人口论我们说它是谬误，而达尔文说，他的自然选择思想，也就是进化论的核心思想，正是来源于马尔萨斯的人口论。达尔文有一天躺在床上，眼望着天棚，突然他想起马尔萨斯的人口论，一下子领悟到，生物是以几何级数增长的，而生物生存的资源是以算术级数增长的。这样，便总是狼多肉少，生物总是过多、过剩的。怎么办？竞争！自然竞争，物竞天择，优胜劣汰，自然选择，适者生存。这些进化论的核心思想正是源于马尔萨斯的人口论：人口几何级数增长而资源算数级数增长。没有马尔萨斯的人口论就没有达尔文的进化论！没有那些错误，也就没有真理，这是非常对的。

可见，反对思想完全自由的理由是根本不能成立的。但是，人们还是认为思想不应该完全自由，如淫秽书刊总应该禁止吧？你看美国和西方，也并不是思想完全自由的。确实，他们并没有做到思想完全自由。这并没有什么奇怪的。因为思想完全自由是一个道德原则，西方和美国也没有完全达到，就像他们没有完全达到“不损人利己”一样。“不应该损人利己”这是一个道德原则，你说哪一个国家哪一个社会把它完全达到了？没有。美国人就不损人利己吗？它也难免损人利己。“思想完全自由”同样是一个道德原则，美国、西方也没有完全达到，比如说，他们也主张禁止黄色书刊。这就违背了思想完全自由的道德原则，是不道德、不应该的。

禁止黄色书刊也是不应该的。首先，你禁止任何思想、禁止任何言论和书刊，都违背了思想完全自由原则，进而都违背了自由的三大原则，那就不是一个真正的自由、人道的社会；其次，你一旦禁止这个，你就有口实禁止某个思想家的理论，因为你会说这种理论比黄色书刊更可怕，它更加毒害人的灵魂，更得要禁止，是不是？最后，你只要禁止一点，你就能禁止无限。诚然，黄色书刊流毒甚广、甚深、甚烈，思想完全自由有巨大的毒害。这个我承认，但是，你要是禁止它，你所带来的害处，要远远大于思想完全自由所带来的害处。人类就是不那么完美，做什么事，只想它有利而没有弊，天下没有这样的好事！你要想得到文凭，就得戴眼镜，弄成近视眼，戴眼镜那多难受啊！你看我，颈椎疼脖子歪，这就是长年累月打电脑打的。要想写出一部传世之作，就难免颈椎疼脖子歪，就不能怕颈椎疼脖子歪。马克思不就是因为撰写《资本论》而活活累死的吗？你干什么事都不可能十全十美，有一利必有一弊。问题是它的净余额如何？

思想自由对于人类和社会的发展具有无与伦比的价值。因为思想自由乃是一个社会的科学、艺术和文化的繁荣兴盛的根本条件，是一个社会的精神财富得以发展的根本条件，因而也就是一个社会的物质财富得以增进的根本条件，说到底，也就是社会的一切进步的最根本的条件。因此，思想自由所带来的那些害处和它的利益相比，实在微乎其微、微不足道啊！更何况，思想完全自由的危害可以通过两种不违背思想完全自由的方法加以避免。

第一个方法就是提高人们的鉴别能力。人们的鉴别能力提高了，自然就不会被谬误淫秽邪说所蛊惑毒害。你现在用这些东西来毒害我王海明，说老实话，你毒害不了的。鉴别能力提高了，谬误淫秽邪说的诱惑力就没有了。你越禁止它，它就越有诱惑力；你越遮盖它，它就越神秘，就越为人们所渴望，人们的鉴别能力就越低，就越受其害。那么，鉴赏力怎么提高呢？只有通过思想完全自由才能提高。因为有比较才能有鉴别。“四人帮”那个时候，我们是最没有鉴别力的，因为没有比较。这一点，毛泽东也说了，有比较才能有鉴别，有斗争才能有发展。没有比较，没有思想自由，你是无法鉴别的，因为你缺乏鉴别能力。所以，只有通过思想完全自由，才能真正提高人们的鉴别能力；防止思想完全自由的弊端的手段，正是思想完全自由本身。因此，思想完全自由的有害后果，通过思想自由本身便可逐渐防止。

第二种方法是追究言论者和出版者的责任：每个人都必须对自己的言论和出版的有害后果承担责任。就是说，你可以随便说，你可以随便写，你可以造谣诽谤、胡说八道，但是，一旦触犯法律，造成有害后果，就要追究你的法律责任。就说克林顿讲的那种情况，在座无虚席的大讲堂，虽然没有着火，但有人高喊"着火啦"，应不应该禁止他喊呢？因为禁止他高喊就违背了言论自由原则。你让他喊，随他的便，他愿意怎么喊就怎么喊。但是，你高喊着火，把人踩死，触犯了法律，就把你送上法庭，判你死刑！你还敢不敢乱喊了？黄色录像，你可以放，放了之后，你造成了恶果，制裁你！把你绳之以法！你还敢不敢放了？

所以，防止思想完全自由的弊端的一个有效的方法就是：追究法律责任。对自己言论和出版的危害性后果承担责任的恐惧，无疑既能有效防止自己言论和出版的危害性，同时又没有限制言论和出版的完全自由。所以，法国《人权宣言》规定："自由传达思想和意见是人类最宝贵的权利之一。因此，各个公民都有言论、著述和出版的自由。但在法律所规定的情况下，应对滥用此项自由负担责任。"这是对思想自由原则的绝妙表述。

第九讲

异化：社会治理的不道德原则

■ 本讲提要

异化是在不自由、受奴役、被强制的情况下，自己做出而又异于自己的行为，是自己做出的异己的、非己的行为，是自己做出的不是自己的行为。因此，异化是自我实现的根本障碍，二者成负相关变化：一个人越是异化，他受他人意志支配的异己的、非己的行为便越多，那么，他便越缺乏个性，他的独创潜能便越得不到发挥，他的自我实现程度便越低。异化是自我实现的根本障碍，使异化具有最高和最大负价值。因此，消除异化便是一种极其重要的道德原则：使人自由是人道正面根本原则，是社会治理的正面最高原则；消除异化则是人道负面根本原则，是社会治理的负面最高原则。经济异化是直接或间接造成其他异化——政治异化、社会异化和宗教异化——的最根本的异化。经济异化起因于人身占有、人身依附等非经济强制和私有财产、资本等经济强制，因而其消除可以归结为三个原则：一是消除人身占有，二是消除人身依附，三是废除私有制，亦即实现共产主义。

一、如果我自卖为奴，我是不是就不算是个奴隶？

我曾长久为异化的定义难题所苦恼，不想有一天读伯林的《自由四论》，顿时豁然开朗。他在反驳"自己同意的被奴役便不再是被奴役"的观点时，这样写道："众人一致同意牺牲自由，这个事实，也不会因为它是众人所一致同意的，便奇迹似地把自由保存了下来。如果我同意被压迫，或以超然及嘲讽的态度，来默许我的处境，我是不是因此就算是被压迫得少一点？如果我自卖为奴，我是不是就不算是个奴隶？如果我自杀了，我是不是不算真正的死了，因为我是自动结束我的生命？"①我记得，当我读到这段话时，一下子茅塞顿开：找到了！我终于找到了异化之谜的谜底！它的秘密就在这句话："如果我自卖为奴，我是不是就不算是个奴隶？"是的，自愿的奴隶仍然是奴隶，自愿的不自由仍然是不自由，自愿的被奴役仍然是被奴役；并且，这是最典型的异化状态！

然而，说来话长，虽然异化问题争议极大，但在世界上也只有两家对它进行过研究。一家就是存在主义，主要研究社会异化；另一家就是马克思主义、西方马克思主义和新马克思主义，它研究的是经济异化。我们就来研究一下这个极少有人深入研究的直到现在可以说还是一个崭新的课题。当然，马克思的《1844 年经济学哲学手稿》在 20 世纪 30 年代被发现并发表之后，西方有持续半个世纪的异化研究热；在前几年，中国也曾经展开对异化问题的研究。但是，整个的来看，对异化还谈不上真正的研究，并没有超越马克思和存在主义，异化问题可以说仍是一片非常混沌、非常模糊、众说纷纭、很难看清的一个难题。

那么，我们首先就来探讨一下什么叫做异化。异化其实就是一个事物向异于自己的他物、向异己物的一种变化。这就是作为一般的科学术语的异化的基本含义。所以异化就是一种变化，就是自己向着他物——他物就是不同

---

① Isaiah Berlin, *Four Essay on Liberty*, Oxford University Press, 1969, pp. 164, xxxix.

的、异于自己的东西——的变化。所以，异化这个概念是隶属于变化的范畴的，一般的科学并不专门研究它，只有辩证法研究变化时，才对它进行一些研究。黑格尔和马克思都经常使用异化概念，他们讲异化就是一物向他物的变化。这个含义最科学的表达，是在生物学领域。生物学，大家知道，讲同化与异化。生物机体不断地进行新陈代谢，变成非生物机体，也就是我们人，或者是其他东西，排泄出一些东西，使得自己的生物体向着非生物体的一个变化，使自己向他物的一个变化，这个就叫做异化。相反，比如说，我要是吃了一顿猪肉炖粉条，那么，把这些东西，变成我王海明的身体，把他物变成自己，就叫做同化。所以异化作为科学术语，就是一事物向他事物的变化。

作为人道主义基本概念的异化，有一点和它不同。就是人道主义是一种道德规范，它讲的是人的行为，道德都是约束行为的。所以这种异化一定是行为的一个变化。那么，它是指什么样的行为和这种行为的什么变化呢？是指一个人自己做出而又不属于自己的行为。作为人道主义基本概念的异化，是指一个人在不自由、受奴役、被压迫的情况下所做出的一种行为。而你在自由的情况下自己做出的行为是体现自己的意志的行为，这种行为就没有发生异化。所以，自己做出了不属于自己而是属于他人意志的行为，就叫做异化。

因此，作为人道主义基本概念的异化，也是指一种事物（某行为主体的行为）向异于自身的他物（非某行为主体的行为）的变化，因而也就隶属于作为一般科学术语的异化概念（事物向异于自身的他物的变化）：前者是种概念，后者是类概念。不过，作为一般科学术语的异化，其异化者是任何事物，是任何事物的变化：异化是一物向异于自身的他物的变化；而作为人道主义基本概念的异化，其异化者则只能是人，是人的行为：异化是行为者自己做出而又异于自己的行为。所以，确切些说，作为人道主义基本概念的异化，乃是作为一般科学术语的异化在人的行为上的具体推演，因而说到底也就与后者一样，都是异化词义（疏远、脱离、转让、他者化）的具体引申。对此，美国《哲学百科全书》说得很清楚："异化这个术语在日常生活、科学和哲学中具有多种不同涵义。其中大部分涵义都可以看成是由词义学和语源学所提出来的一种广泛涵义的修正；就此种涵义来说，异化就是一种活动或活动结果，某物或某人由于这种活动结果变得同某物或某人疏远了。"

国内外学者们对于异化所下的定义，虽然形形色色、五花八门，但根本说来却完全一致，都认为：异化是自己的活动及其产物成为统治、支配、奴役自己的异己力量的变化过程。这个定义很成问题。因为它把异化定义成受奴役、被支配、不自由的状态，这是不正确的。异化不是不自由，而是不自由的一种结果；它不是受奴役，而是受奴役的一种结果。如果异化就是不自由的话，那么异化就简单了，你研究自由不就可以了吗？知道什么是自由也就知道什么是异化了。但是异化的概念是极其复杂的，为什么呢？它不是自由的一个直接的对立面，它不是不自由的含义，不自由是不难理解的，不自由就是不按照自己的意志去做，自由就是按照自己的意志做，你能把异化定义成不按照自己的意志去做吗？不能，流行的定义断言异化就是一个人被自己的活动的结果所奴役、所压迫、所支配的不自由的状态，显然把结果和原因等同起来了，这是不对的。

另外，这个定义是片面的。因为按照这种定义，一个人只有被他的活动的结果所奴役而做出不属于自己的行为才叫做异化，如果被他人所奴役，而不是被自己的活动结果所奴役，那就不叫异化。比如高尔泰和弗罗姆就这么看。按照他们的观点，父亲被儿子支配、被儿子奴役这就叫做异化。为什么呢？因为儿子是他生的，他被自己的活动结果所支配。这是很荒唐的，因为按照这样的定义，我只有被我儿子支配、奴役才叫做异化，而被他人所支配、奴役就不叫异化。照此说来，一个工人被资本家奴役的行为是不是异化，就要看奴役他的资本是怎么来的：如果是这个工人自己创造的，就是异化；如果不是这个工人自己创造的，比方说，是资本家自己积攒的或是外资或是别的什么人创造的，那就不是异化了。这说得通吗？

其实，异化分为两类：一类是被自己活动及其结果所奴役的异化，如工人的异化劳动；另一类则是被自己的活动及其结果之外的力量所奴役的异化，如老人被日本兵逼迫奸污儿媳。流行的异化定义只承认前者而不承认后者为异化，犯了以偏概全的错误。“被自己活动的产物所奴役的异化”与“被自己活动的产物之外的力量所奴役的异化”，虽然是异化的一种分类，但其意义并不在于划分异化，而在于定义异化。那么，对于划分异化具有重要意义的异化分类是怎样的？异化依其原因“不自由”的性质可以分为三类：被迫异化、自愿异化、不觉异化。

被迫异化源于“被迫的、纯粹的不自由”，这种不自由是无奈的、不自愿的、无可逃避的。像劳改犯，他是被迫的从事着劳动，被迫作出一种不属于自己意志的而是管教意志的行为。这种异化是被迫的、无奈的，你干也得干，不干也得干，这种异化叫做被迫异化。像我女儿，她不愿意学习，因为他看我这么刻苦，一辈子都是受穷，她不好好学习。怎么办呢？我就把她领到教研室去。我看书，她也看书。但是，我的女儿不愿意看书，她乖乖坐在教研室看书，实出于我的强迫。因此，她读书是做出了不属于自己意志的而是属于我王海明意志的行为，是一种异化。这种异化就是一种被迫异化。因为她不去是不行的，她是无奈的，她不得不服从我，我是家长，我有权力，亦即拥有迫使她不得不服从的强制力量。那么，这就是被迫异化。

自愿异化则是自愿放弃自己意志而屈从他人意志的异化。这种异化是你自愿的。你可以逃避，你不是无奈的，但是你自愿被奴役，自愿做出了不属于自己意志的行为。这种异化源于"自愿不自由"。所谓自愿不自由，也就是可以逃避却不逃避的不自由，是自愿承受乃至主动争取的不自由。像妓女的行为大都是自愿异化。因为她原本也不愿意做那种"生意"，但是你不做这个，你就得当洗衣妇，你就得到工厂去一天干 12 个小时。现在从农村来的小孩，我原来认识一些，天天加班，得不到多少钱，加一个班一个小时才几块多钱，够苦的了。怎么样办呢？有些人就沦为妓女了。她们当妓女既是迫不得已，也是自愿的。因为她可以不当妓女，却自愿当了妓女。这就叫做自愿异化。所以，自愿异化，说到底，乃是一种把不自由、受奴役、被强制当作手段而发生的异化。

自愿异化源于一种自愿的不自由。然而，人们往往以为，自愿的、自己同意的不自由便不再是不自由；自愿的、自己同意的被奴役便不再是被奴役。对于这种观点，伯林曾有极为俏皮机智而又十分令人信服的反驳道："如果我自卖为奴，我是不是就不算是个奴隶？如果我自杀了，我是不是不算真正的死了，因为我是自动结束我的生命？"显然，自愿的奴隶仍然是奴隶，自愿的不自由仍然是不自由，自愿的被奴役仍然是被奴役。但是，说不自由是自愿的，这确实有点像悖论。因为自愿就是自由，自由就是按照他自己的意志做：怎么还会有自愿的不自由呢？

原来，行为有多重层次。就一个人自愿当妓女赚钱的这个层次来讲，她不是不自由的，她的行为没有发生异化；但是就她与嫖客的性行为的层次来说，体现的却不是她的意志，而是嫖客的意志。那么，就这一层次来讲，她是不自由的，她的行为发生了异化。所以自愿的不自由仍然是不自由，并且是更深层次的不自由，比不自愿的不自由离自由更远。因为人们的不自由、受奴役若是不自愿的，便会竭力争得自由，因而总会得到自由；若是自愿的，岂不就放弃了自由而永无自由之日？所以，麦克法伦说："知道枷锁何在，乃是迈向自由的第一步，一个人如果忽视这个枷锁，或喜欢这个枷锁，那他就永远不会有自由的一天了。"①因此，就异化的感受来说，自愿不自由、自愿异化的痛苦固然轻于

---

① Isaiah Berlin, *Four Essay on Liberty*, Oxford University Press, 1969, pp. 164, xxxix.

被迫不自由、被迫异化；但若就异化的程度来说，前者却深于后者：自愿不自由和自愿异化实乃最典型的异化状态。

不过，自愿异化还不是最深层次的异化，最深层次的异化是“不觉异化”。这个名词是我们创造的，因为这种思想还没有恰当的词来称谓。“不觉异化”也就是所谓的自我遗忘、自我丧失、自我沉沦，是丧失了自己意志而把他人意志当作自己意志的异化。这种异化的程度比“自愿异化”更深重，因为自愿异化还有个人意志，只不过是自愿放弃自我意志屈从于别人的意志。不觉异化则已经完全没有自我意志，别人的意志、众人的意志、他人的意志、领导的意志和长官的意志就是自己的意志。所以，不觉异化是一种完全异化，是最深重的异化状态。不妨拿我国的那句老话“外圆内方”来说。一个人如果外圆内方，行为不得不遵照他人意志而心里自有主张，那么，他就仍有自我意志，他便是自愿不自由，他的行为便是自愿异化。反之，他若丧失了自我意志而内外皆圆、个性泯灭、随波逐流、乐在其中，那么，他便达到了不觉不自由的境界，他的行为便是不觉异化、完全异化了。

“外圆内方”属于自愿异化，还有可能摆脱异化；“内外皆圆”属于不觉异化，就不太可能摆脱异化了。我们一开始往往都是“外圆内方”的，我王海明大概属于那种“外圆内方”的，但是我发现我越来越“圆”了，我的思想越来越和别人一样了。人最后都是由“外圆内方”而变成“内外皆圆”。你变成了内外皆圆的时候你就没有了自己的意志，社会的意志、别人的意志就是你的意志。托尔斯泰《安娜·卡列尼娜》主人公安娜的哥哥，就是“内外皆圆”，就属于完全的异化。因为，你看托尔斯泰描写的，他夸夸其谈，谈的思想都很时髦，也都很深刻，像我们现在的教授，唾沫横飞，谈的东西确实是很有思想。但是，他们都是在谈别人的思想，我们现在大学教授所写的书，其实都是一种不觉异化，它没有自己的思想，都是别人的思想。但是，这些思想又都是他的思想，他和别人的思想是完全统一的，这就是一种最深的、最可怕的、没救的、已经到了癌症阶段的异化：不觉异化或完全异化。

异化是越浅、越轻就越痛苦；越深、越重痛苦就越少。完全异化，毫无痛苦，只有快乐。被迫异化是最痛苦的。你想，犯人劳动，小孩被关在屋里被迫学习，这不是最痛苦的吗？反之，自愿异化痛苦就少一点，因为异化是你自愿的，要是把王海明关起来强迫他写什么溜须拍马的书，那多痛苦啊。但如果王海明是自愿写溜须拍马的书，痛苦就少多了。但是，异化的程度越深，他就越不容易摆脱。要是把我关起来写书，我总有一天要跑出来；如果是自愿写书，那你往哪里逃跑去啊？所以，异化的程度与其感受成反比：异化程度越轻，便越痛苦；异化程度越重，便越不痛苦；完全异化，则毫无痛苦——被迫异化痛苦最甚，是初级的、初始的异化；自愿异化痛苦较轻，是中级的、局部的异化；不觉异化则毫无痛苦，是高级的、完全的异化。这好有一比：被迫异化是急性疾患，自愿异化是慢性疾患，不觉异化则是不治之疾患也。

二、穆勒的理想实验：应该使人异化的故事

异化究竟是好的、应该的、道德的，还是坏的、不应该的、不道德的？这显然取决于被异化者的行为的道德价值。如果被异化者的意志是杀人放火，是犯罪，是做坏事，他的行为具有负道德价值，那么，使他发生异化，就具有正道德价值，就是应该的。比如说，强迫罪犯规规矩矩地劳动，对他进行劳动改造，使罪犯屈从于管教意志而发生异化，这是应该的，具有正道德价值。那么，对于好人，你使它发生异化，有没有正道德价值？

对于这问题，穆勒诉诸一个理想实验。穆勒是自由主义者，但他所讲的这个故事或理想实验，却是用来说明在某种情况下应该剥夺某人的自由而使其发生异化。这个故事的情节十分简单，就是有一个好人，他要过一座危桥。如果他走到这座桥的中间，这座桥必定要断掉，他就一定会掉下去淹死。但是，这个人却不听别人劝告，非要走过此桥不可。那么，应该怎么办？是应该让他自由过桥摔死，而不致发生异化，还是应该剥夺他过桥的自由，使他异化而保全其性命？

显然，穆勒回答说，当此际，应该剥夺这个人过桥的自由，使这个人发生异化：把他抱住，不让他过桥，叫他走另一条路。另一条路不是他的意志，而是抱住他的人的意志。把他抱住强迫他走另一条路，这就使他发生了异化。这个异化显然具有正道德价值。我们父母教育小孩，难免要使小孩发生异化。教育家陈鹤琴似乎说过：我找到根据了，小孩要是实在不听话的时候，严重的时候，你是要打他的，不打是不行的，'棒头出孝子'不是完全错的，该打就得打。通过这种强迫致使小孩发生的异化，无疑具有正价值，是应该的、道德的。

然而，无论异化具有多大的正价值，根本、全局地讲，却是具有负价值的行为，它的净余额都是负价值，都是应该消除的。为什么？因为异化是自我实现的根本障碍，是实现自己创造性潜能的根本障碍。你怎么才能够自我实现，实现自己的创造潜能，使自己成为一个可能成为的最有价值的人呢？你必须拥

有自由从而能够按照自己的意志去做。因为人干什么就是什么，你只有按照自己的意志去做，你造就出来的那个自我才是有个性的自我，那么，你才能够实现你的创造潜能，从而成为一个可能成为的最有价值的人。相反的，你如果处于异化状态，按照别人的意志去做，仔细想想，你虽然得到很多很多好处，如教授、博导、校长、美女等等，但是，有一样东西你注定得不到，这个东西就是自我实现。因为你的行为按照别人的意志去做，那么，这种行为所造就出来的必定是一种没有个性的自我，因而不可能实现自己的创造性潜能。

因此，异化最大的弊端，就是使人不能按照自己的意志去做，因而使人不能实现自己的创造潜能，不能够自我实现。所以，一个人异化的程度越深，他按照别人意志的行为就越多，那么他就越没有创造性，那样他自我实现的程度就越低。我们这么多年怎么这么缺乏创造性？就是因为我们的行动总是要按照他人意志去做的结果。存在主义最反对这一点。存在主义说，人的本性是处于一种"是什么同时又不是什么"的"悬欠"状态。你要是使人是什么就是什么，而不再是是什么又不是什么，那就使人失去了"人之为人"的人性，使人沦为一种物化的、一种非人的状态，那就是变成猪、变成驴了。只有驴才是什么就是什么，它干什么就永远干什么，它拉磨就拉磨。驴，你说它能够干出什么名堂来？它怎么折腾还不是一头驴？猪，它再晒太阳，它再享福，你说它能实现什么创造性潜能。它干一行是爱一行的，它不会自由选择。当然，我这里不主张人都"跳槽"好。但是，你要是干一行就固定地爱一行，那么，在某种意义上你就发生异化了，你就失去了选择的自由。我们干什么工作是要做好什么工作，这一点是职责所在，这是你的饭碗的要求。但是同时，我们干一行应该看着别的一行，应该不断地"跳槽"，不断地选择，这样才能体现出个人自由选择的自主性。

异化最根本的特点就是使人不能自我实现，不能实现它的创造潜能。这个特点就注定了异化具有两个方面的负价值。一个方面，异化具有最高的负价值，它使人沦为最高的不幸。因为马斯洛说得很对，人的需要是有五大层次，其中自我实现的需要是人的最高的需要，它的满足就是人的最高的幸福。什么是幸福？幸福就是你的重大需要得到满足所产生的心理体验。你说你考上研究生、考上博士生了，你感到幸福了。为什么呢？因为研究生和博士生是一种重大的需要。你要是吃了一顿山珍海味，你不能说你幸福。当然，你要是顿顿吃山珍海味，你是幸福的。因为那是一种持续的重大需要的满足。自我实现的需要，是一种重大的需要，是最高的需要。它的实现，它的满足，意味着你获得了最高的幸福；它的受阻碍，自我实现得不到实现，虽然吃香的喝辣的，但你还是陷入了一种最高的不幸。你得到的那些幸福其实都是一种低级的幸福,你没有最高的幸福。一个人最令人羡慕的幸福,就是实现自己的创造潜能,成为拜伦,成为托尔斯泰,成为曹雪芹,成为贝多芬,成为拿破仑。你成为这些大思想家、大政治家和大音乐家的自我实现之幸福,才是最令人羡慕的。你说你有钱,光有钱谁会瞧得起你?只有那些为了从你兜里掏钱的人才会尊敬你,而且还只是表面上尊敬你。我的钱要是够了,我理都不理你。所以,异化使你不能够实现你的创造潜能,你的这种需要得不到满足,那么,你纵使能当官、能发财,从最高的意义来说,你也是不幸的,你是一个可怜虫,你处于一种最高的不幸。因此,异化导致的乃是一种最高的不幸,它给人带来的是一种最高的痛苦,所以它具有最高的负价值,这是一点。

另外一点,社会一切财富最根本的、最深刻的源泉就是每个人的自我实现。自我实现是一切财富的源泉,是最根本、最重要、最伟大的财富,因而也就能够最大限度地满足全社会和每个人的需要,从而具有最大价值。这样,作为自我实现根本障碍的异化,岂不就是对全社会和每个人利益的最大损害?岂不就是全社会和每个人的最大不幸?岂不就具有最大负价值?

异化对于人类具有最高和最大的双重负道德价值意味着:异化的正价值只可能是暂时的、局部的、非根本的,而负价值则必定是长远的、全局的、根本的。于是,消除异化便是人类极其重要的道德原则。那么,这一道德原则在人类道德原则体系中究竟占何位置?我们知道,"使人自我实现"是人道总原则,"使人自由"是人道根本原则:二者是社会治理的最高道德原则。准此观之,一方面,异化便因其为自我实现的根本障碍而是最为根本的不人道;另一方面,"消除异化"则与"使人自由"相当,因而也是人道根本原则:使人自由是人道正根本原则,是社会治理的正面最高原则;消除异化则是人道负根本原则,是社会治理的负面最高原则。于是,消除异化也就与使人自由一样,是相对的、有条件的道德原则,二者均以自我意志无害他人为前提:有害他人的行为应该异化,无害他人的行为方应自由。所以,所谓使人自由,只是给人以无害他人行为之自由;所谓消除异化,也只是消除无害他人行为之异化。

可是,究竟怎样才能消除无害他人的行为之异化?我们刚刚说过,不自由、受奴役、被强制是异化发生的原因:异化无非是在不自由、受奴役、被强制的情况下,自己做出而又异于自己的行为。因此,废除奴役、强制、不自由,便是消除异化的基本原则。然而,究竟应该怎样废除无害他人的行为之不自由、受奴役、被强制从而消除其异化呢?这是个极其复杂的问题。要解决这个问题,首先要具体地看该异化究竟是何种异化:是经济异化、政治异化、社会异化还是宗教异化？

三、50 年难忘的童年歌谣

我从来也没有背诵过它，但是，我从来就没有忘记过它，并且，50 年来，它的每一个字我都忘不了！这就是 1958 年我的小学课本上的一首歌谣："卖盐的喝淡汤，编凉席的睡光床，当奶妈的卖儿郎，淘金老汉一辈子穷得慌。"这首歌谣所表达的经济不公深深地打动了我，在我幼小的心灵里种下了信仰共产主义的种子。因为这种经济不公不是别的，正是所谓经济异化，而经济异化问题乃是最根本的异化，是共产主义的基石。

令人难过的是，我们现在差不多都觉得共产主义不灵了，谩骂共产主义竟然成了一种时尚。但是有一个现象你应该深思，那就是，人类是一种非常高级因而也非常娇嫩而难以存活的动物，她是靠真理才活着的。当然，在某种意义上，猪也追求真理，也靠真理为生。一切有大脑的动物，它的生存，都全靠真理。试想，猪要是错误地认为狼是最好的伙伴，见到狼就迎上前去，那么猪还能活命吗？人要是见了深渊就往里面跳，误以为跳进深渊就是最舒服的，那人还能活吗？所以，人类是靠真理来活着的。两千年来，历代都不乏最为深刻最伟大的思想家，坚持和倡导共产主义，并且为之奔走呼号、舍生忘死。空想社会主义者康帕内拉，就是《太阳城》的作者，为了共产主义坐了 30 年的牢，受尽了酷刑。还有布朗基，也是坐了三十几年监狱，仍矢志不渝地追求共产主义。这里有一点我们要明白，人类两千多年来那些大思想家不断追求的东西，不能是谬误，或者根本来说，它不会是谬误。那么，共产主义的真理性究竟在哪里呢？

共产主义的真理性，她的全部的理由和根据，可以归结为一点，就是私有制必定产生经济异化，导致经济不公；而只有公有制才可能消除经济异化，导致经济公正。然而，有的人说经济异化只是马克思早期著作所使用的概念。确实，在马克思的早期著作《1844 年经济学哲学手稿》中，经济异化是它的核心概念。《资本论》确实就不用"经济异化"或者很少用了，据说一共就用了六次。当然，中国人民大学的一位学者说，不能看用的次数多少，你不能因为只用了六次就认为它不是一个科学概念，或者说是无足轻重的。"全世界无产者联合起来"，就一句，那也是非常重要的，那是马克思主义的根本精神。是不是？不过，如此计较多少次未必妥当。经济异化这个概念，为什么马克思后来在《资本论》里面不用了，或者用得很少了？绝不是因为经济异化概念不成熟或不科学，而是因为“经济异化”不是经济学的研究对象。经济异化，它是一种“应该”“不应该”的问题，它是伦理学研究的对象。马克思的《1844 年经济学哲学手稿》等早期著作，在很大程度上，也是一种经济哲学和道德哲学著作，而《资本论》等成熟著作则是纯粹经济学著作。这就是经济异化为什么只是马克思早期著作的基本概念的缘故。

那么究竟什么是经济异化呢？为什么它是共产主义真正的支点和基础？我想马克思还是讲得很清楚的。从《1844 年经济学哲学手稿》中可以看出，所谓经济异化或异化经济，也就是自己做出不属于自己的关于物质财富的行为，主要讲来，也就是自己创造不属于自己的物质财富的劳动，也就是创造不属于自己而属于异于自己的他人的物质财富的劳动，也就是创造异己物质财富的劳动：经济异化、异化经济、劳动异化、异化劳动四者是同一概念。所以，经济异化就是指财富是你创造的，但是这个财富却不归你有，经济学将这叫做“剥削”，而伦理学则称之为“经济异化”。说起来，我小的时候读的那个歌谣就是对“经济异化”最形象地表达：“卖盐的喝淡汤，编凉席的睡光床，当奶妈的卖儿郎，淘金老汉一辈子穷得慌。”这个凉席，是编凉席的老汉编的，但是老汉编的却是不属于自己的凉席；淘金老汉，淘金子的，其实你是在淘不属于自己金子；说到底都是一种自己创造不属于自己财富的行为。这就叫做经济异化。

但是，人怎么会那么傻？这个淘金老汉怎么淘完金子都叫别人给拿走了？因为有一种强制的存在。一切异化都源于强制，这是概莫能外的。经济异化则源于一种双重强制：经济强制与非经济强制或超经济强制。大家知道，这个非经济强制或超经济强制就是奴隶社会的人身占有和封建社会的人身依附。奴隶创造的财富当然不属于你，因为奴隶与家畜一样，不过是主人的一种财物，是主人会说话的动物。你说狗要是创造的什么东西——比如抓兔子——能属于狗吗？那不是完全属于狗的主人吗？对不对？所以，人身占有，就是一种非经济或超经济强制，使你发生了自己创造不属于自己财富的行为。到了封建社会，经济异化则主要源于农民对地主的人身依附之非经济强制。农民要是离开土地就玩完了，不能不依附于土地和地主，因而就得给地主交地租，这样也就发生了自己创造不属于自己财富的行为。这是经济异化的一个起源、起因。

只是到了资本主义，经济异化才主要起因于经济强制。因为在资本主义制度下，工人的人身是完全自由的，但是你没有生产资料，你不给资本家打工，你就活不了命。所以，资本是一种强制的力量，属于经济强制范畴。诚然，这种强制是被自愿服从的。但是，它仍然是一种强制，就像神灵是一种被自愿服从的握有每个人的祸福命运的强制一样。要不然，你想谁会去给老板打工去？我干嘛要给他干呢？只是因为他有资本的强制力量。像现在有一些博士，给高中生去打工，因为高中生是老板，他有钱，他有资本，有一种博士们不得不服从的强迫力量。钱就是一种强制力量，钱就是迫使人们不得不服从的强制力量，它强制你自愿给他打工，受他剥削，发生经济异化。所以，资本、私有制也是一种强制，是一种经济强制，使你创造不属于自己的财富从而发生经济异化。因为资本家、私有者是生产的领导者，他们说了算，让你创造剩余价值，占有你创造的财富，这样你创造的财富虽然是你自己创造的，但是却不属于你自己，而是属于资本家，属于私有者。这就是所谓的剥削或经济异化。

可见，经济异化具有双重起因：人身占有、人身依附等非经济强制和私有财产、资本等经济强制。那么，经济异化是不是应该废除呢？应该。因为经济异化亦即剥削，是自己创造不属于自己的财富的行为，是一种经济不公、经济不公正，属于不公正范畴。公正就是同等利害相交换，就是等利交换和等害交换。因此，经济公正就是等价交换。你自己创造的财富应该属于你自己，你给社会贡献多少你就应该领回多少。这就是等价交换，这就是经济公正。但是，你创造的是十，你只得到五，另一个五被资本家、被地主、被私有者拿走了。这就是所谓的剥削，就是一种自己创造不属于自己的财富的行为，就是经济异化，就是经济不公。而不公正就是缺德的，就是不道德的，就是一种恶。所以应该消除经济异化。这就要废除和堵塞经济异化的三大根源：人身占有、人身依附等非经济强制和资本等经济强制。

因此，要消除经济异化，不但必须消除人身占有、人身依附等非经济强制，而且更重要的、越来越重要的，是必须消灭私有制而代之以公有制，最终实现共产主义。因此，马克思一再把劳动异化或经济异化的消除归结为废除私有制和实现共产主义：共产主义是社会治理的最高理想，是消除异化的真正人道社会的最高理想。因为私有制必然要导致剥削、导致经济异化、导致损人利己、导致经济不公。因此，私有制是一种恶，它不是好东西。也仅仅是因为这一点，所以历代的共产主义思想家才要废除私有制。废除私有制而代之以公有制、共产主义，没有别的原因，只有这一个原因，就是私有制必然造成经济不公因而是一种恶。这就是共产主义的全部的、唯一的根据。然而，现在非常奇怪，有一些共产党员，他们居然否认私有制是一种恶。那我要问问你，私有制如果不是恶，你干吗要废除私有制？你干嘛要追求和实现共产主义？

诚然，问题还在于，废除私有制、剥夺私有者的财产，是不是对私有者的一种掠夺，对权利的一种侵犯？这一点，我想，马克思说的还是对的。这不构成权利侵犯。因为资本、私有财产等经济强制在成为经济异化原因之前，先是其结果。因为正如马克思所言，一切资本、私有财产归根结底，都是劳动者自己创造的，都是劳动者的劳动之物化，都是劳动者的异化劳动之结果。因此废除私有制，剥夺私有者的私有财产，就是对劳动者异化劳动的一种补偿和偿还，是剥夺者被剥夺。你的资本、私有财产其实是你剥夺来的，你是从哪里剥夺来的呢？你是从劳动者的剩余劳动、剩余价值里面剥夺来的。现在把你剥夺了，是物归原主，因而是公正的，属于“偿还公正”。所以，废除私有制是应该的，剥夺私有者的资本并没有侵犯他的权利，是符合正义原则的。

但是，这里有一个极为重大而棘手的问题，就是在什么时候才可以废除私有制？人身占有与人身依附应该立即废除，没有问题。但是私有制这个东西却不应该立即废除。恩格斯的年轻时写的《共产主义原理》和后来的《反杜林论》，说了这样一个思想，我觉得这个思想现在看来还是颠扑不灭的真理。他说，不应该一下子就废除私有制，这样做是不对的。应该在生产力已经高度发达，每个人的物质需要已经得到相对充分满足的时候，才应该废除私有制。因为在生产力还没有高度发达，每个人的物质需要还没有得到相对充分满足的时候就废除私有制，并不能消灭剥削和经济异化。恩格斯说，在这种情况下，社会的领导者，就会把对社会的领导变成对群众的剥削。这样你虽然废除了私有制，但是你没有废除私有制的恶果，没有消灭经济异化和剥削。只不过剥削者变了：在资本主义等私有制社会，剥削者是资本家和地主；而在你废除了私有制的公有制社会，它的剥削者不再是地主和资本家，而是官员，是大大小小的各级官吏！因此，只有在生产力已经高度发达，每个人的物质需要已经得到相对充分满足的时候，废除私有制才能够废除它的恶果——经济异化和剥削，而消灭剥削和经济异化乃是废除私有制的唯一理由。

另一方面，在生产力还没有高度发达、每个人的物质需要还没有得到相对充分满足的时候，废除了私有制必然要导致效率低下，出现“公共餐桌”的悲剧。因为在生产力还没有达到相当发达，人的物质需要还没有得到相对充分的满足，这个时候人们的思想觉悟注定是不能得到普遍提高的。因为“仓廪实则知礼节，衣食足则知荣辱”，人的高级需要是低级需要相对满足的结果。人的道德觉悟是人的一种高级需要，因而在生理需要、物质需要这些低级需要得不到相对充分的满足的时候，人的高级的需要就不会产生，或者会很少，或者是不充分的产生，在这个时候，国民的品德绝不可能普遍的提高。所以，无论按照马克思的唯物史观还是马斯洛的需要层次说，人的道德觉悟的普遍提高都只有以生产力充分的发展、每个人的物质需要得到相对充分满足为前提。

只有人的思想觉悟普遍提高的时候，公有制才可能有效率；否则，在生产力不够发达、人的思想觉悟不够提高的情况下，只有私有制才有效率，而公有制注定是低效率，甚至是无效率的。因为，在私有制社会，私有者如果盈利就占有全部利润，如果亏损就要负担全部亏损。这样，私有制就会极大地、充分地调动私有者的生产积极性，他就会玩命干，因而是一种高效率经济。相反，在公有制社会，企业领导者要是把生产搞上去了，盈利了，并不能占有全部盈利、利润，而只能占有利润的极小部分，亦即奖金；你亏损了也不负担全部的亏损，你只是负担一小部分亏损，也就是奖金没有了。你想，有无奖金这么一点利益能充分调动人的积极性吗？所以，公有制注定是一个低效率的经济，因而被西方学者称之为"公共餐桌"的悲剧。效率低下，说来说去，谁受苦？还是劳动者受苦。相反的，效率提高，谁受益？资本家当然是受益者，但劳动者无疑也是受益者之一。

因此，在生产力还没有高度发达，人的物质需要还没有得到相对充分满足的时候，私有制虽然是一种恶，但是它能够防止更大的恶，能够避免更严重的经济异化和效率低下，因而是一种净余额为善的恶，是一种必要恶，说到底，就是一种善了。所以，在生产力还不够发达、人的物质需要还没有得到相对充分满足的时候，这个时候，私有化是一种进步的浪潮。据此，你就可以领会刘少奇所说的那句话——资本家剥削我剥削得越多越好——的真理性了。那么，究竟在什么时候才应该废除私有制呢？有人说私有制既然符合人性就不应该废除它，这是错误的。符合人性的东西未必就是善的、应该的。因为人性本身就有善恶之分：符合善的人性的东西，如某某有同情心，是善的，因而应该扩充、发扬；符合恶的人性，如某某有妒忌心，是恶的，因而应该压抑、消除。

私有制只是在一定的历史条件下——亦即在生产力还不够发达因而每个人的物质需要还没有得到相对充分满足的时候——才是必要的恶，才是善的。当私有制使经济高效率地发展，终于使生产力高度发达，从而每个人的物质需要得到相对充分的满足的时候，私有制的末日就到来了。在这个时候，人们的物质需要都得到了相对充分的满足，比较高级的需要——如自我实现成名成家和做一个好人的道德需要等等——便取而代之，开始主宰人们的行为，从而使人们的道德觉悟得到普遍提高。只有在这个时候，私有制、剥削、经济异化才完全是有害无益、不公平、不道德、具有负价值的东西。只有在这时，才应该废除私有制实行社会主义或共产主义；只有在这时，废除私有制实行社会主义或共产主义，才能既消除剥削和经济异化，又能保障公有制经济高效率发展。

所以，共产主义一定要实现，它不仅仅是一种理想，它的实现是一种必然的、铁的定律。因为私有制社会无论多么美好，注定是一个存在着剥削和经济异化、经济不公正的社会。只有公有制或共产主义才可能是公正的社会，才可能是一个经济公正的社会。更确切些说，共产主义社会首先是一个经济公正的社会，是一个公正的、没有剥削和经济异化的社会，即每个人都等利交换、按劳分配，你劳动多少就得到多少。这是私有制注定做不到的，而只有公有制才能做到的。所以只有公有制，只有共产主义社会才可能是一个经济公正的社会，而共产主义社会也一定是要到来的。共产主义社会就是生产资料公有制的社会，这是共产主义最根本的甚至是唯一的特征，至于怎么分配、那个社会人的觉悟到底是怎么样的等等，都不是共产主义的本质特征。

但是，共产主义不应该按需分配。按需分配固然美好，但是按需分配不可能是公正的：它或者是不公正的，或者是仁爱的。因为按需分配，就是谁需要的多就得到的多，多劳的人可能需要的少，那他得到的就少了，那多劳的人应该多得的权利就被少劳的人侵犯了。按需分配是美好的却不是公正的。当然，在以爱为联系的社会——如家庭——里实行按需分配，并不是不公正的，但你也不能说它就是公正的。按需分配根本就不是一个公正的原则。在以利益为联系的社会里，按需分配就是一个不公正的原则；在以爱为联系的社会如家庭里，按需分配就是一个超越了公正不公正的仁爱原则。

按需分配若不侵犯任何人的权利，必须是：或者社会全体成员像一个家庭成员那样，其基本联系是爱而不是利益；或者财富极大丰富，以至谁需要什么，便可以分配给他什么，每个人的需要都可以得到充分的、完全的满足。如此，也只有如此，按需而不按劳分配才可能不侵犯多劳者应该多得的权利。但二者在共产主义社会都是不可能的。因为，一方面，共产主义社会数以亿计的全体成员大都终生不会相见，又怎么能够像父母与子女、丈夫与妻子那样，其基本联系是爱而不是利益？另一方面，人的需要永无充分、完全满足之日，否则，社会便不可能发展了。在共产主义社会，既然每个人的需要并不可能得到完全满足，而全体社会成员的基本联系仍是利益而不是爱，那么实行按需分配，结果岂不就会多劳少得、少劳多得？岂不就剥夺了多劳者应该多得的权利从而是不公平的吗？

四、一个自由斗士与妻子的异化问题

在我的伦理学研究的生涯中，异化问题最令我头疼。很长时间我的头脑真是一片空白，怎么也看不出异化有什么好研究的。后来，逐渐弄清了经济异化问题，却又被卢卡奇的一段话所苦。他说："一个优秀的、明智的、富有牺牲精神的斗士，他虽然能看清劳动中的异化，并理所当然地反抗它，但在与妻子的关系中，他却连想也不会想到要去摆脱异化的锁链。因此，只有在个人日常生活的活动中，才能最终克服社会异化。"①我弄不明白，一个反抗经济异化的明智的斗士，怎么不会摆脱与妻子关系中的异化的锁链？他与妻子究竟能够发生什么异化问题呢？原来，夫妻关系中存在着大量的异化问题。不过，这种异化不是经济异化，而是社会异化。那么，什么叫做社会异化？这首先要弄清楚什么叫做社会？

所谓社会，亦即团体、集体，是有组织的人群，更确切些说，是因一定人际关系而结合起来的人群，是两个以上的人因一定人际关系而结合起来的共同体。从这一点来讲，你仔细地想一想，其实，从家庭到国家，都是社会。家庭是最小的社会，国家是最大的社会。关于国家，我们多年来把它说得和社会根本不同了，这是错误的。我们说"国家是阶级镇压的机器"，这是不准确的。因为只有国家政权才是阶级镇压的机器，国家怎么能是机器呢？还是两千年来流行的那个国家的定义是科学的：国家就是拥有主权的地域性社会。所以，国家是一种社会。这种社会的特点，和家庭不一样，和省、学校也都不一样。这种不一样首先体现在它拥有主权。所谓主权，就是最高权力。国家是拥有最高权力的，这是它的一个根本特点。

另一个根本特点在于，国家是一种地域性社会。如果拥有主权的不是地域性社会，而是血缘性社会，那还不是国家。原始社会的那些部落，往往拥有主权，拥有最高权力，谁也管不着它。但它是血缘性社会，而不是地域性社会，因而不是国家，而仅仅叫做社会。原始社会没有国家，就是因为它不是一个地域性的社会。拥有主权的部落、氏族等等，它不是地域性的。反之，仅仅是地域性社会，而并不拥有主权，它也不是国家。如省、市、县，都是一种地域性的

① 〔匈〕卢卡奇：《关于社会存在的本体论》上卷，白锡堃、张西平、李秋零等译，重庆出版社 1993 年版，第 232 页。

社会，但是它不拥有主权，它不拥有最高的权力，因而不是国家。只有既拥有主权又是一个地域性社会，才是国家：国家是拥有主权的地域性社会。所以，国家是一种最大的社会，家庭是最小的社会。于是，总的来说，我们可以得出一个结论：社会就是一种集体，它的本质，就是群体，准确一点说，就是两个以上的人因一定的关系而结成的共同体。

所谓社会异化，顾名思义，也就是违己而屈从社会意志的行为。社会的本质就是集体、群体，就是两个以上人的共同体。所以，所谓的社会意志其实就表现为集体意志、众人意志、他人意志、长官意志以及通过各种规范所表现出来的那种公共意志。那么，你对这些意志的屈从就叫做社会异化。当我弄清了这个社会异化概念的时候，我才明白卢卡奇所说的那个反抗经济异化的斗士，怎么摆脱不了与妻子关系中的异化的锁链。因为社会异化和经济异化不一样，和政治异化也不一样，它的外延是极其广泛的。从家庭生活到单位工作，我们到处都能够看到社会异化。我们每个人其实难免要发生社会异化。谈恋爱最容易发生社会异化。我王海明也算得上是一个反抗经济异化的斗士，但是，我要谈恋爱，这就很难不被我所爱的人异化，否则就谈不成了。所以，在我与孙英谈恋爱的时候，我就得去逛商店。逛商店，其实是屈从了我妻子孙英的意志，因为她喜欢逛商店。反过来，她也要发生异化，因为她跟着我去逛书店，这是经常的事。逛书店是她屈从了我王海明的意志。所以，社会异化是极其广泛的，凡是违己而屈从他人意志的行为，都叫做社会异化。这就是为什么反抗经济异化的斗士却摆脱不了与妻子关系中的异化的锁链的缘故。

我想，在座诸位所遭受的最严重的异化，就是社会异化：屈从长官意志和众人意志。社会异化这么样的广泛，怎么来研究它呢？我们不妨把它归结为三大异化：基本社会异化、典型社会异化与标准社会异化。首先，社会既然是人群、集体，那么社会意志的基本表现无疑便是所谓的众人意志、公众意见、常人要求。因此，社会异化的基本表现便是屈己从众、屈从众人意志。这么多年来，我们都把没有个性而与群众打成一片当成是一种好的品德，这就是我们深陷社会异化而极端缺乏创见的重要原因。我们的口头禅就是：那别人会怎么看？别人会怎么说？别人怎么做？这就是屈从众人意志、屈从他人意志。因为别人那么说，所以我不能不那么做。你想不那么做怎么得了啊？你有个性那还有你的好吗？"众口铄金"哪！

我记得小时候我爹告诉我，你得和别人搞好关系，你可要处理好关系啊！关系！你怎么处理好关系啊？就得屈己从众啊！别人怎么干，你就怎么干。别人怎么说，你就怎么说。我在发电厂当工人的时候，就是喜欢读书，没干什么坏事啊！我是非常循规蹈矩的，一直到现在始终没干过什么坏事，但总是那么坎坷。我当工人的时候，总挨整，原因是什么呢？就是因为自己和别人不一样，没有屈己从众。当时别人上夜班都拿着被子在那里睡觉，没有一个人看书，我却躲在那里看书，特立独行。我没有屈己从众，这就是我坎坷多难的原因。不异化是要付出代价的！

社会既然是人群、集体，那么社会意志的代表显然是所谓的领导意志、长官意志：领导是集体的代言人。上或长官是社会的代表，下或群众是代表不了社会的。所以，社会异化的典型表现便是屈己从上、屈从长官意志。举例说，我不愿参加那些无聊会议，也不愿写那种时髦文章，更不愿粉饰现实、歌功颂德，但领导要我如此，我怕得罪领导，只好一一照办。我的这些行为，便是典型的社会异化：屈从长官意志。可是，我为什么一定屈己从上？不屈己从上、服从长官意志，你的前途就完蛋了，你的爱情也就没有了，甚至面包也没有了。不服从者不得食啊！

不难看出，领导意志和众人意志之为社会意志的表现，均有一个弱点：它们大都不具有恒久性和普遍性，而是一种易变的特殊的东西。因为当官的往往没有自己的脑子，有脑子是很难当官的。上面有什么风，他的脑子一下子就变了。同样，众人往往也没有自己的脑子。狄德罗说得好：一个民族都错了，那是常见的事。为什么呢？因为它没有脑子。尼采说群众是群盲，那不是乱说的。众人就像草似的，它随着风，上边一吹什么，它就信什么。所以众人意志也不是社会意志的标准表现。

那么，什么是社会意志的标准表现？显然是社会所制定的行为标准、准则、规范，是法律和道德：法律和道德具有恒久性和普遍性，因而是社会意志的标准表现。这样，当法律和道德等社会规范并非每个公民的意志——因而也并非我的意志——的体现的时候，我服从这些规范，便是标准的社会异化：社会异化的标准表现，便是屈己而循规蹈矩、屈从社会规范。所以，遵纪守法，看在什么社会：如果在民主社会，那不是社会异化，因为法和道德都是每个人意志的体现，你遵从它，便既是遵从社会和他人的意志，同时也是遵从自己的意志，所以你是自由的，你没有异化；但是在专制的社会，那就是异化。因为在专制社会，法律和道德乃是君主的意志的体现，而不是公共意志的体现，更不是每个人意志的体现。因此，每个人遵循它们，便不是服从自己的意志，而是服从君主的意志，因而便是异化了。

从众、从上、遵守社会规范、服从社会意志，如所周知，均属于所谓"社会化"。所以，说到底，社会异化属于社会化范畴：社会异化是违背自己意志的社会化，是被迫的违心的社会化。因此，社会学无条件把社会化当成一个好的东西，是值得商榷的。社会化是一个好东西是有条件的。只有在民主社会，社会化才不是社会异化，才是一个好东西。就是在民主社会，社会化也是在一定程度上才是好的。因为即使是民主社会，如果法律和道德过于严酷高调，也不是一个自由的社会。那么，这种社会的社会化，虽然不是社会异化，却也因违背自由原则——亦即自由的限度原则——而是不道德的、恶的。所以，社会学讲的社会化，亦即一个人由所谓自然人变成社会人，未必就是一件好事！人不是越社会化就越好！好的、优良的、正确的社会化，一方面，必须得是每个人意志的体现；另一方面，这个社会化对每个人的强制必须保持在社会的存在所必需的最低限度内，不能侵犯每个人的社会的存在所容许的最大限度的自由领域。

那么，社会异化是不是不可避免的？社会异化可以避免和消除，但不能完全避免和消除。它和经济异化不一样。经济异化可以完全铲除，彻底根除：废除私有制、人身依附和人身占有，它就被彻底地消除了。社会异化和政治异化也不一样。你只要实现民主，消灭阶级，政治异化就彻底根除了。但是，社会异化不可能完全消除。谈恋爱，你怎么能够完全避免和消除发生异化？难道你丝毫也不顺从你的爱人的意志吗？不过，社会异化，就它的主流——而不是那些生活琐事——来说，是可以完全消除和避免的。换言之，社会异化的基本的主要的根源是可以根除和避免的。

对于社会异化的根源的探讨，其实是存在主义最主要的思想。然而，按照存在主义的观点，社会异化是社会生活的本性，你只要生活在社会中，那么，你就必定要发生社会异化。对于这一点，尼采提出"末人"论。所谓的末人，就是肢体不全的人。我们现在的末人，最典型的就是没有自己的脑子。我们有躯体，但是没有脑子。尼采说，我在众人中行走，发现了一幕幕可怕的景象：有的人只是一个大肚子，有的人只是两条腿，残肢断片，但是更多的人，是没有脑袋。这就是"末人"，这就是社会生活的必然结果。尼采一再说：你生活在社会中，必然要变得平庸，必然要丧失自我，必然要屈己从众，屈己从上，屈己而循规蹈矩。他最后得出了一个结论：要想避免社会异化，就应该逃离社会，隐居起来。所以，尼采说超人必出于隐者，查拉图斯特拉就是一个隐士。这一点，尼采和道家是一样的。道家也主张出世而隐居，主张逃离社会、深就山泉。

海德格尔的异化理论叫做"常人"论。他也认为社会异化是社会生活的必然结果，社会生活必然使人沦为平庸而成为"常人"。人怎么会这么没有个性呢？在海德格尔看来，就是因为你是社会动物，是社会生活的一种必然结果。

人们整天忙的是什么呢，就是互相使每个人的个性泯灭，使人都沦为没有个性的“常人”。人与人之间的本质关系，乃是消除相互差别和突出之处从而使人人沦为彼此相同、平均的常人之关系。你只要有一点和别人不同，那么大家就群起而攻之。这样，一个人只要生活于社会、人群之中，便不能不失去自由、听任常人摆布，从而所造就的便是常人为自己选择的自我，便是没有独特个性的、非本己的、非本真的自我；而不是自己为自己选择的自我，不是具有独特个性的、本己的、本真的自我：常人、他人、社会是我发生社会异化之根源。

萨特提出的异化论是“注视”论。注视，顾名思义，就是“看”。他说人都生活在社会中，人生活在他人中，必然要发生社会异化。为什么呢？他说，不用别的，只要别人一看你，你就会违背自己的意志，屈从他人的意志，你就发生异化了。你说我王海明为什么穿得这么规规整整，你们也都穿得很得体，要是谁也看不见你，说不上你是什么模样呢！那么，人们为什么会穿戴得这么得体呢？就是因为大家在看着你、注视着你。所以，萨特在自传《词语》里讲，小的时候，家里面一来客人，他就疯起来了，就像我们中国人常说的“人来疯”。我小的时候，记得我妈说，等客人走后再打你！因为我就是“人来疯”。别人一来，我就疯起来，就像萨特说的。家里一来客人，我就一跳，跳挺高！跳那么高干嘛？就是为了叫人看！你看我跳得多高！你看我多矫健哪！像唐明皇在杨贵妃面前，虽已经是六十几岁的人了，却飞马弯身捡东西。那是为了给杨贵妃看，看他多矫健！所以，人生就是一台戏，都在演戏呢！都在给别人看呢！所以，只要是别人在看你、注视你，就足以使你屈从别人的意志而异化了！

不仅他人的客观的存在就是你异化的根源，而且主观上他人也无不想使你按着他的意志来做，从而使你发生异化。这是真的。就拿我二哥来说，在某种意义上，他并没有比我有成就，却总想让我按照他的意志来做。三番五次地给我写信，叫我这么做那么做。我的被大舅母赶回姥姥家的驼背的大舅，可以说是人类最可怜的人了。但是，他也总要教导我这个、那个的，如果我不屈从他的教导，他就会不理我了。因此，无论是客观的存在还是主观的愿望，他人都是自己异化的源泉。所以，萨特说，地狱是什么？地狱不是硫磺大火，不是油锅酷刑，不是妖魔鬼怪！地狱就是他人。你的地狱就是王海明，我王海明的地狱就是你。他人和社会就是自我的地狱！

总之，在存在主义看来，社会和他人乃是自我发生社会异化的根源。那么，我要消除社会异化，也就只有逃离社会和他人了。不过，尼采比较激进，认为要消除社会异化须作一个出世的隐居者:“隐居起来罢！那样你才能够过真正属于自己的生活。”[1]这样一来,尼采就与主张“出世而隐居”的庄子和杨朱等道家走到一起了。反之,海德格尔与萨特则比较温和,主张做一个入世的孤独者。萨特用来显示自己生活结构的《厌恶》主角洛根丁,就不是个远离世俗的隐士,而是生活在世俗之中的孤独者:“我孤零零地在这一片快乐和正常的人声中。”[2]这种“入世而孤独”的精神,早在1500年前,就已体现于陶渊明的《饮酒》诗中:“结庐在人境,而无车马喧,问君何能尔,心远地自偏。”

这就是存在主义的异化论:既非经济异化论,亦非政治异化论,而是社会异化论。存在主义首次描述社会异化现象、揭示社会异化根源、确立社会异化消除原则,在异化思想史上无疑具有划时代的、原创性的重大意义。但是,原创性的东西往往都流于极端,过于片面。一切伟大的思想家差不多都是这样的,他们过于强调自己的伟大发现,被这些发现所陶醉所迷惑,因而总是夸大。存在主义思想家们也不例外。他们断定社会异化是社会生活的本性,社会是社会异化的根源,确系以偏概全。社会异化的真正原因并不是社会,而是某种社会,是非法治、不民主、无人权的社会。

因为,一个社会,如果是法制的、民主的,那么,这就意味着,它的一切强制,无论是长官的强制还是众人的强制抑或是规范的强制,都必须符合法律和道德;而法律和道德都必然是每个人意志的体现,也就是公共意志的体现。因此,你生活在法治的、民主的社会,你对这些强制的服从,同时都是在服从自己的意志,因为它也是你自己意志的体现。你既然是服从自己的意志,你就是按照自己的意志去做,那么你就是自由的,你就没有发生异化。因为自由就是按照自己的意志去做。你只有在非法治、不民主的社会——特别是在专制的社会——这个社会的强制才不是你的意志的体现,而是专制者意志的体现。这样,你对这些强制的服从,就仅仅服从了专制者的意志,而不是服从自己的意志,因此你就是不自由的,那么,你就是违己而屈从了专制者的意志,你就发生异化了。所以,人们之所以发生社会异化,并非如存在主义所说,是因为他们创造了社会、生活于社会中,而是因为他们创造了非法治不民主社会、生活于非法治不民主社会:非法治、不民主的社会管理是社会异化的起因、根源。于是,消除社会异化的方法,也就并非如存在主义所主张,必须逃离社会——既不须做一个出世隐居者,亦不须做一个入世孤独者——而是实现法治和民主

---

① 〔德〕尼采:《快乐的科学》,余鸿荣译,中国和平出版社1987年版,第338节。
② 〔法〕萨特:《厌恶及其他》,郑永慧译,上海译文出版社1987年版,第6页。

的社会。

那么，我们能不能这样说，如果我们生活在一个法治的民主的社会，我们就不会发生社会异化了呢？还不能。要想不发生社会异化，还得拥有人权。为什么呢？因为只有拥有人权的社会，才能够是“不服从者亦得食”的社会。一个社会，如果拥有人权，就意味着“不服从者亦得食”，那么，人们就敢于不服从而争得自由，就能够不发生社会异化。为什么？因为人权就是一个人作为缔结社会的一员、一个股东、一分子所应当享有的最低的、基本的、必要的权利。所以人权之为人权，不是靠你做过什么具体的贡献，或者从事什么具体的劳动而得到的；而是你只要是生活在这个社会中，你只要是这个社会的一员，你只要是缔结社会的一个人、一个股东，你就能够享有人权，就能够享有生存和发展的必要的基本的权利，就能够有饭吃、吃饱饭。因此，在人权社会中，一个人可以不劳动，可以什么都不干，也能够吃饱饭。这样一来，他不服从当然更可以吃饱饭：不服从者亦得食。这就是拥有人权的社会。

有人一定会说，这叫什么社会？怎么不劳动还能够吃饭？是的。因为权利享有的根据是贡献而未必是劳动。人权享有的根据是缔结社会。每个人之所以应该平等享有人权，只是因为每个人都是缔结社会的一个人、一个股东。所以，一个人只要生活于社会中，参加了社会的缔结，那么，他不必进行任何劳动，就应该享有人权，就应该有饭吃。如果他不仅参加了社会的缔结，而且还能够从事某种劳动，那么他就不仅享有人权，还享有非人权的、比较高级的权利。他就不但能够吃饱，而且能够吃好。所以，在一个拥有人权的社会，劳动者吃得好，不劳动者亦得食。一个人生活于人权社会，不劳动者亦得食，不服从者更得食，那么，他就敢于不服从了，他就敢于实现自己的意志而违背众人的意志、抗拒长官的意志。这样，他就不会发生社会异化了。

相反，如果你在一个不拥有人权的社会，不服从你就不得食，那么你就极难不服从而势必出卖自由从而发生社会异化。为什么呢？因为，马斯洛说得非常对，人的最根本的需要是最优先的需要。人的最根本的需要并不是自由和自我实现，而是生理需要，是面包的需要；自由的需要没有面包的需要更重要、更根本。这样一来，当一个人你要自由就没有面包和生理需要的满足的时候，他势必会放弃自由而选择面包，从而发生社会异化。你想想，你要是饿着肚子，整天在生存线上挣扎，你要自由有什么用啊？拉斯基说得好：人要是没有面包，要是吃不饱肚子，自由就是一种奢侈品。因此，如果你生活在这样的一个社会，在这种社会中“不服从者不得食”，不服从就没有工作，就没有饭吃，那么，无论你多热爱自由，你也得把自由让出去，用自由来换面包。你仔细想一想，是不是这样？我们这么多年来，怎么这么轻易地就把自由给让出去了呢？我们难道都没有狗那么热爱自由了？并不是。而是因为要自由就没有面包，二者不能两全。我们现在为什么热爱自由了呢？因为我们现在不服从也可以有饭吃，这个时候我们才敢于不服从。

因此，社会异化的真正原因并不是社会，而是某种社会，是非法治、不民主、无人权的社会。那么，是否可以说，一个人只要生活于法治、民主、人权的社会，他就不会发生社会异化？否。实现法治、民主、人权，只是消除社会异化的客观条件；一个人要避免社会异化，还须有主观条件：他必须追求自我实现因而热爱自由。因为在法治、民主、人权的社会，不服从固然亦可得食，但比起服从来说，无疑仍会损失许多利益。这样，一个人如果没有自我实现的热烈追求，他为什么不顺从领导、群众从而得到更大的好处呢？显然，他只有追求自我实现因而十分热爱自由，才可能忍受因走自己的路而不从上从众所带来的损失和苦难，才可能不发生社会异化。所以，一个人自我实现的热烈追求乃是他避免社会异化的必要条件。

这个条件在消除社会异化中的重要作用从一事实可以看出，这个事实就是，一个人如果具有对自由和自我实现的强烈的渴求，那么，他在任何社会，都不会发生社会异化，无论这个社会多么专制，无论它的专制是多么的严酷，兴起多少文字狱！即使在这种极其专制的社会，也必定总有一些人能够抗拒专制者和他人的意志，走自己的路，而不发生社会异化。只不过，在这种不民主、无人权、非法治的社会，你要追求自我实现和自由，不发生社会异化，所付出的代价太沉重了。

因此，在不民主、无人权、非法治的社会，那种走自己的路不发生社会异化的人，必定是极少数人。这种极少数人，就是怀有对自由和自我实现强烈追求的人，就是尼采的《查拉图斯特拉如是说》所讴歌的那种“超人”，就是海德格尔和萨特所称颂的入世的孤独者，就是马克思所彰显的“走自己的路，让人们去说去吧”的特立独行者。反之，在民主的、法治的、人权的社会，绝大多数的人才能够不发生社会异化。因为在民主的、在法治的、人权的社会，他们追求自由和自我实现不必作出什么牺牲。

可见，社会异化的起因则既是社会的、客观的，又是个人的、主观的。社会异化，客观地说，源于社会的非法治、不民主、无人权；主观地看，则源于个人缺乏自我实现的热烈追求。因此，社会异化的消除原则也是双重的：创造法治、民主、人权的社会，是消除社会异化的客观条件、客观原则；培养热烈追求自我实现的个人，则是消除社会异化的主观条件、主观原则。

五、谁能说明白：仁慈的上帝为何会有如此恶毒的咒诅？

在50年的读书生涯中，最令我震惊的是《圣经・申命记》中的一段话："你若不听从耶和华你神的话，不谨守遵行他的一切诫命律例，就是我今日所吩咐你的，这以下的咒诅都必追随你，临到你身上：你在城里必受咒诅，在田间也必受咒诅；你的筐子和你的抟面盆都必受咒诅；你身所生的、地所产的，以及牛犊、羊羔都必受咒诅。你出也受咒诅，入也受咒诅。耶和华因你行恶离弃他，必在你手里所办的一切事上，使咒诅、扰乱、责罚临到你，直到你被毁灭，迅速地灭亡。耶和华必使瘟疫贴在你身上，直到他将你从所进去得为业的地上灭绝。耶和华要用痨病、热病、火症、疟疾、刀剑、旱风、霉烂攻击你，这都要追赶你，直到你灭亡。"

我到现在还记得，初读此段话，我惊讶得说不出话来。天啊，仁慈的上帝对不服从他的意志的芸芸众生，怎么竟然有如此恶毒的咒诅和惩罚！我请教过好多基督徒，也请教过神父、牧师和宗教学者，各个都滔滔不绝地说了一大通，但我想他们自己也没有弄明白。谁能说明白啊？后来研究宗教异化，我才逐渐明白，上帝如此恶毒的咒诅和惩罚，实在是上帝和宗教最内在最深刻的本性的真流露，它清楚显示了宗教和宗教异化的本质，显示了信徒遵从神灵意志的被强迫和不自由之异化本质。那么，究竟何谓宗教和宗教异化？

宗教，从词源上来看，"宗"就是祖宗，"教"就是教化：宗教就是用祖宗来进行教化。祖宗已经死了。所以，用祖宗进行教化，就是用祖宗的灵魂或神灵来进行教化，这种教化就叫作宗教。从西文来看也是如此，宗教"religion"一词，源自拉丁文"religare"或"religio"：前者意为"联系"，指人与神的联系；后者意为"敬重"，指人对神的敬重①。宗教就是指神和人的一种联系，是对神的一种尊重和一种关系。所以宗教，从它的词源来看，就可以得到这样的一个关于宗教的界定，这个界定，我想也是宗教概念的定义，它的词源和它的定义是一样的：宗教是信仰神灵的活动。

那么，什么叫做神灵？神灵就是神、鬼、魔、精灵和灵魂的总称，这些东西的根本特点是一样的，都是一种精神性实体。实体是什么？大家都知道，从亚

① 参见何光沪：《多元化的上帝观》，贵州人民出版社1991年版，第1页。

里士多德以来，我们把一切事物分成两大类。一类叫实体，一类叫属性。实体就是能够独立存在的事物，属性就是不能够独立存在的事物，就是依附于实体的那种事物。比如说，我王海明就是实体，因为王海明是能够独立存在的。但是王海明是长得白还是黑、美还是丑，这些东西是不能独立存在的，是依附于王海明而存在的，所以是王海明的属性。精神这种东西，显然是不能独立存在的。谁能够看到一个没有形体的精神在那里独立存在呢？不依附于形体，不依附于大脑的精神，那是不可能的。所以，精神是一种属性，不可能存在什么精神性实体。

然而，神灵是能够支配、进入和离开一切形体而独立生存的具有知、情、意的精神性实体。从神灵具有知、情、意这一点来看，它是人格化的。因为它与人一样，能够认知，有认识功能；它有感情，有喜怒哀乐；它有意志，它能够干什么东西，是整你一家伙还是给你好处，是给你祸还是给你福。所以神灵是人的本质的一种异化。费尔巴哈说，"上帝是人的本质的异化"。上帝是一种神灵，它为什么是人的本质的异化？因为它与人一样，有知、情、意。但是，从神灵能够独立存在——能够自由地进入和离开形体——来看，它是超自然的，它是一种虚幻的、不真实的东西，不可能的东西，所以它又是一种超自然的存在。因此，说到底，神灵就是一种人格化的超自然的存在。这就是神灵的两大定义：神灵就是一种精神性的实体；神灵是人格化的超自然的存在。这意味着，神灵是不可能存在的。不可能有什么神灵，但众多的人却信仰神灵存在。这种信仰神灵的活动就叫做宗教：宗教是信仰神灵的活动，这是宗教的表层定义；宗教是信仰精神性实体的活动，是信仰人格化的超自然存在的活动，则是宗教的深层定义。

那么，人们究竟为什么信仰神灵这种根本不存在的、幻想的、超自然的东西呢？为什么科学这么昌盛的今天，信教的人还会越来越多呢？真正讲来，原因无非有二：一是理智迷信；一是情感渴求。所谓"理智的迷信"，就是从理智上相信它的存在，从理智上信这种超自然的存在。那么它的原因是什么呢？原因在于对灵魂存在的相信。这一点，泰勒讲得很清楚。他说，一切神灵，无论是魔鬼还是精灵，都是源于对人的灵魂存在的相信。这些超自然的精神性实体都叫神灵，只不过这种实体存在于人和动物当中，就叫做灵魂；要是存在于物体或者植物当中，就叫做精灵，像《天仙配》里面的那个开口讲话的槐荫树，就是树精；如果存在于广漠的空间而统治众精灵，那就是神，或者是魔：好的就叫做"神"，坏的就叫做"魔"。泰勒指出，对于这些东西的信仰，归根结底，都是源于对人的灵魂的相信，相信它能够独立存在。

对于人的灵魂存在的相信源于什么呢？源于死亡和梦。我这几天经常梦见我爹，在梦中出现，我爹已经死了，但是他在我梦中出现了，和真人一模一样。这就给人一种感觉，觉得出现在梦幻中的人的影像，就是人的灵魂；这种灵魂乃是人活着便与身体结合、死亡就离开身体而独立生存的精神性实体。这就是对梦和死亡的一种误解和迷信，这是一个永恒的迷信哪！不但远古的时代，在草昧未开的蒙昧时代，野蛮人就相信，而且我们现在仍然相信：这实在是一个永恒的迷信。可是，在科学越来越昌明、越来越行兴盛、越来越深奥的今天，早就能够科学地解释死亡和梦的现象，为什么——特别是那些科学家——还真诚地相信神灵的存在，并且还进行这些信仰神灵的宗教活动呢？

原来，宗教的最根本的源头，并不是"理智的迷信"，而是"情感的渴求"。荷马说得好：每个人的心中都有对神的渴望。你渴望和需要神灵的存在，就会导致相信它存在，导致你理智的迷信！在战壕里是没有无神论者的！为什么？他需要和渴望神的存在呀！因为随时他都可能死亡，他需要、渴望神灵和彼岸世界的存在，他的理智就会相信、信仰神灵和彼岸世界的存在。如果我死了无非就是到另一个世界，而且可能是一个更好的世界，那么，我就不怕死了。因此，得重病的人，像我那个患胃癌的岳父，原来从不相信神的，病后就成为基督徒了，一个非常虔诚的基督徒。每个人其实都需要和渴望神灵的存在。为什么？因为人生的意义就在于快乐和幸福。但是人要想求得幸福和快乐，是很难的。人总是坎坷多难，追求幸福快乐的人这么多，资源又是这么的少。更何况，每个人对苦乐的感觉，敏感程度不一样。那么，特别敏感的人，就可能觉得人生痛苦极其巨大。另一方面，命运不济，经历坎坷的人，也会觉得痛苦和不幸极其巨大。这样，对于这两种人，在某时某地，或者在相当长的人生旅途中，就会感到他的人生的苦乐以及幸福与不幸的净余额，是不幸大于幸福，是苦痛大于快乐。这个时候，他的人生就没有意义了，他就没法活下去了。

对于这一点，弗洛伊德的阐述是非常精辟的。他说，人生有三大苦难，使得人生的净余额往往是一种苦难，而不是幸福和快乐。这三大苦难，第一个就是死亡的痛苦。死亡的恐惧是一种巨大的恐惧，是一种巨大的痛苦，面对死亡，你会觉得人生没有意义。就连马克·吐温那么快乐的人，最后也得出结论说，人生是毫无意义的。第二大苦难是自然的灾害。唐山大地震，一次就死了24万人。你的爹妈，你的亲人一下子都死了，你活着还有什么劲哪！第三大苦难，也是最大的苦难，就是社会苦难，亦即人际关系的痛苦。弗洛伊德说，整天使你忧馋畏讥，不得快乐的，就是人际关系的苦难。人对人所带来的那种痛苦是最为巨大的。神经症，按照弗洛伊德的理解，最基本的就是来自人际关系的痛苦。萨特将这种苦难归结为一句话：他人就是地狱。

人生苦难太多！面对着这些苦难，很多人就会感到人生失去了意义。一个人只要他觉得痛苦大于快乐、不幸大于幸福，他的人生就没有意义，他就无法再活下去了。在这个时候，他就会极为渴望神灵而信教，这样他就得救了。因为在现实社会中他看不到幸福，避免不了苦难；而在来世，他可以得到幸福和避免苦难。这样，他的生活就有了意义了。这个意义就在于彼岸世界，就在于来世。不管它是多么遥远，它总是有意义的，这样他就能活下去了。所以，西方学者说：宗教是一种救命的工作，宗教是在有人大喊救命的时候产生的！确实，人们之所以信仰神灵而追求彼岸世界，说到底，就是因为在现实世界感到没有幸福和快乐，感到没有意义，因而要听从神灵的召唤，要违己而屈从神灵的意志，受种种痛苦，受种种折磨，以便在来世得到幸福。这就是所谓的宗教异化：宗教异化就是人们按照神灵意志而非按照自己意志进行的行为，是自己所进行的不是服从自己意志的、属于自己的行为，而是服从神灵意志的、属于神灵的行为。

"宗教异化"就其内在本性来说，显然属于"自愿异化"：它是信教者自愿放弃自己意志而屈从神灵意志的异化。然而，信教者为什么自愿放弃自己意志而屈从神灵意志？就是因为信徒们以为自己的祸福凶吉均为神灵所掌握。信徒们为了摆脱苦难获得幸福而自愿放弃自己意志、遵从神灵意志是异化，正如工人为了工资而自愿放弃自己意志、遵从资本家意志是异化一样。而二者之所以均为异化，则因为二者均起因于强制，均是一种被强制的行为。经济异化起因于资本家握有资本：资本是一种强制力量；宗教异化则起因于神灵握有祸福：握有祸福岂不更是一种强制力量？遵从神灵意志行为的被强制、受奴役、不自由之性质，如前所述，充分体现在《圣经·申命记》上帝对不服从他的意志的人的极端恶毒的咒诅和惩罚。这种极端恶毒的咒诅和惩罚充分说明，信教者放弃自己意志而听从神灵意志的宗教异化行为，实质上是一种被神灵握有祸福的力量所强制的行为；是一种被强制、受奴役、不自由的行为。只不过，这种被强制是一种自愿的被强制，是信教者自愿地把放弃自己意志、听从神灵意志当作得福避祸手段的行为，自愿地把受神灵支配、奴役、强制当作得福避祸的手段的行为，因而属于自愿异化：就它是被强制来说，它是异化；就它是自愿被强制来说，它是自愿异化。

综观宗教和宗教异化的起因，可知其具有双重性：它们一方面源于尘世的苦难(死亡恐惧、自然灾祸和社会压迫)所引发的对宗教和宗教异化的情感渴求——宗教和宗教异化是人们摆脱在现实社会无法摆脱的苦难的手段，这是宗教起源的目的因；另一方面则源于人们的理智迷信——神灵的存在是人们对梦幻、死亡、命运的错误认识的结果，这是宗教起源的非目的因。于是，更具体些说，宗教和宗教异化便有四大起因：一是理智迷信；二是死亡恐惧；三是自然压迫；四是社会或人际关系苦难。宗教和宗教异化之起因表明，它们能够有效地给绝望而无法生活下去的人以生活下去的希望，因而对于人生具有非常重要的意义和价值。那么，由此是否得出结论说：宗教和宗教异化不应该废除？否。诚然，宗教对人的意义，它所具有的意义，是极其巨大的。它救了命！因为没有宗教你就不能活了！你丧失了人生意义，你就无法活了，它给了你意义，就是做了一种救命的工作。所以，宗教的意义非常大。但是，宗教给予人的毕竟是一种虚幻的幸福，而不是一种真实的幸福。它给人的不是一种真实的满足，而是一种替代的满足，是一种精神补偿，是一种替代，是一种画饼充饥，不是真正的满足。

当然，画饼充饥总比完全没有饼吃要好。虚幻的幸福毕竟也是幸福，它总比没有幸福好，这一点是不成问题的。虚幻的幸福也是幸福啊！一个人要是有了虚幻的幸福，我们也得说，他是幸福的。人们不可能得到真实幸福的时候，不妨沉溺于虚幻的幸福。虚幻的满足和幸福也能给你带来精神的安慰，使你精神快乐，那也是非常重要的！所以，宗教并不是毫无价值的。

宗教和宗教异化所给予人的来世的幸福，是一种纯粹虚幻的幸福。那么，这种虚幻幸福是否应该追求呢？答案是：因人而异。因为摆脱苦难求得幸福存在着两种根本不同的方法。一种是正视现实、变革苦难的现实世界，从而实现自己的意志、获得真实的幸福。这是非宗教的方法，是求得真实幸福的方法。反之，另一种方法则是逃避现实，信仰神灵的存在和拯救，放弃自我意志而遵从神灵的意志，从而获得虚幻幸福。这是宗教异化的方法，是求得虚幻幸福的方法。宗教异化无疑是这样一些人所应该遵循的追求幸福的方法，这些人在真实的、人间的世界不可能摆脱不幸、求得幸福，因而感到人生没有意义，无法再生活下去。因为宗教异化并且只有宗教异化才能使他们通过信仰神灵世界而得到虚幻的幸福，从而使他们看到了人生意义，因而能够忍受现实的人间的不幸而继续生活下去。所以，宗教和宗教异化是人们摆脱在现实世界不可能摆脱的不幸的手段，是人们求得在现实世界无法求得的幸福的象征性补偿和替代性满足。一言以蔽之：宗教和宗教异化是求得虚幻幸福的有效活动。反之，那些在真实的、人间的世界有可能摆脱不幸、求得幸福的人们，显然不应该信仰宗教追求虚幻幸福，而应该放弃宗教、相信科学、正视现实，从而追求真实幸福：科学是求得真实幸福的唯一手段。

可见，主张一切人都应该信仰宗教和一切人都应该废除宗教的观点都是片面的。真理是：不可能得到真实幸福的人，是极少数，他们应该信仰宗教而得到虚幻幸福；可能得到真实幸福的人，是绝大多数，他们应该废除宗教而追求真实幸福。对于这些可能得到而实际上并没有得到真实幸福的人来说，宗教和宗教异化确实能够使他们的人生有意义、给他们以安慰。但是，这种意义和慰藉却不是通过使他们得到真实的、能够实现的希望和幸福来实现的；而是通过信仰神灵世界的幻觉来实现的：它使人们陷入欺骗的、幻想的、根本不可能实现的来世的希望与幸福，从而安于苦难的现实生活、放弃变革苦难世界的要求。所以，正如马克思和弗洛伊德等先哲所说，宗教实际上是一种麻醉精神的毒药；而宗教异化则是一种吸毒行为：它们的正价值显然是非根本、局部的、暂时的，而负价值则是根本的、全局的、长远的。因此，应该废除宗教、消除宗教异化。

那么怎么消除宗教和宗教异化呢？要消除宗教和宗教异化，据其四大起因，显然应循由四大原则：一是发展科学，破除引发神灵信仰的理智迷信；二是正确对待死亡，避免引发神灵信仰的死亡恐惧；三是提高生产力，消除导致神灵信仰的自然压迫；四是改造社会和人际关系，摆脱造成神灵信仰的社会或人际关系的苦难。前三个原则一目了然毋庸赘述；后一个原则却比较复杂。这个原则确立的依据是宗教和宗教异化的社会根源：宗教和宗教异化是人们摆脱在真实的世界里无法摆脱的社会压迫、社会苦难的手段。那么，人们所遭受的这种社会压迫、社会苦难究竟是什么？主要是经济剥削、经济异化和政治压迫、政治异化以及社会压迫、社会异化。所以，宗教异化的社会根源主要在于经济异化和政治异化以及社会异化：宗教异化是人们摆脱在真实的世界里无法摆脱的经济异化和政治异化以及社会异化的手段。这显然意味着：要消除宗教异化，便必须消除经济异化、政治异化、社会异化。于是，消除宗教异化的第四原则，更确切些说，便应该具体地修改为："消除经济异化和政治异化以及社会异化，摆脱造成神灵信仰的社会苦难。"这样一来，消除宗教和宗教异化的四大原则，说到底，便可以归结为马克思那段名言："废除作为人民幻想的幸福的宗教，也就是要求实现人民的现实的幸福。要求抛弃关于自己处境的幻想，也就是要求抛弃那需要幻想的处境。因此，对宗教的批判就是对苦难世界——宗教是它的灵光圈——的批判的胚胎。"①

然而，不论我们如何贯彻宗教消除四原则而努力消除宗教，宗教只可能日

① 《马克思恩格斯选集》第一卷，人民出版社 1972 年版，第 2 页。

趋衰弱，却永远不会完全消亡。宗教可能趋于衰弱，是因为宗教的源头可能趋于衰弱：一方面，随着科学发展，宗教起因的埋智迷误可能趋于消亡；另一方面，随着社会发展，宗教的情感起因之自然苦难和社会苦难（经济异化、政治异化、社会异化）可能趋于消亡。宗教永远不会完全消亡，是因为成为宗教情感起因的“死亡”恐惧必将永存。死亡是人永远消除不了的。人不能不死，你只要是有死，你就要信神，你就要有宗教。人必有一死，不但是宗教一大源头，而且是最重要、最根本的源头。因为人生的最重大、最根本的苦痛和不幸，真正讲来，无过于意识到自己总有一天要死亡。于是，总会有一些人，在这些人看来，如果没有来世，那譬如朝露转瞬即逝的人生又有什么意义呢？人必一死无疑是人们渴望灵魂不死和神灵存在的终极原因、永恒源头。这样，宗教的存在就有了它的必要性和它的不可消除性。这一点，费尔巴哈说得非常对。费尔巴哈是反对宗教的，但他在《基督教的本质》一书中就一再讲，宗教的最深厚的根源就是对死亡的恐惧，对永生的渴望，而这一点是人无能为力的。因此宗教最深厚的根源是永远消除不了的，因此宗教将永存。但是宗教必将逐渐地削弱、逐渐地趋于消亡，这是应该的，这是道德的。你仔细地想一想，是不是可以得到这样一个结论。

第十讲

幸福：善待自己的普遍原则

■ 本讲提要

幸福，直接说来，是人生重大的快乐；根本讲来，是人生重大需要、欲望和目的得到实现的心理体验，说到底，是达到生存和发展的某种完满的心理体验。欲望、天资、努力、机遇和美德是幸福实现的充足且必要的五大要素。欲望是幸福实现的动力要素和负相关要素：欲望越大，幸福便越难实现；天资、努力、机遇、美德是幸福实现的非动力要素和正相关要素：天资越高、努力越大、机遇越好、品德越优，幸福便越易实现。欲望要素与天资、努力、机遇、美德四要素一致，幸福便会完美实现。

一、幸福是什么：快乐还是自我实现？

古往今来，好像没有一个思想家不谈幸福，但是，说来奇怪，关于幸福的每个问题一直到现在竟然都没有弄清楚：幸福问题是个万古常新的伦理学难题。洛克和斯宾塞甚至认为伦理学就是关于幸福的科学，但是，古今中外还没有一个思想家系统地论述过“幸福”问题，没有一本研究“幸福”的专著。当然，小册子还是有的，如格雷和费尔巴哈都有名为《幸福论》的小册子。但读过这两本书的人都知道，二者显然算不上对幸福有什么研究。费尔巴哈说，虫子在树叶上爬，找到了吃的东西，那就是幸福，如此等等。黑格尔也谈了好几次幸福，他说，幸福是这样的一个字眼，任何一个人听了，就会挺起胸膛，昂起头，大步向前。如此而已，这算啥研究呢？康德对幸福恐怕是谈得最多的了。但是，他的结论恰似“无可奈何花落去”之感叹：“不幸的是幸福的概念是如此模糊，以至虽然人人都在想得到它，但是，却谁也不能对自己所决定追求或选择的东西，说得清楚明白，条理一贯。”①那么，幸福究竟是什么？

其实，古今中外关于幸福概念的林林总总、五花八门的争论，总而言之，可以归结为两大流派：以穆勒、休谟、霍布斯为主要代表的“快乐论”与以亚里士多德、柏拉图、阿奎那为主要代表的“完全论”。快乐论认为幸福亦即快乐、不幸亦即痛苦：“幸福是指快乐与痛苦的免除；不幸福则是指痛苦和快乐的丧失”②完全论认为幸福就是生存和发展之完满：“幸福是指我们存在的完善和生命的完美运动。”③“完全论”又可以称之为“自我实现论”，因为它最终将生存和发展之完满与自我实现等同起来，认为幸福就是自我实现，就是自我潜能

---

* 本讲主要由中央民族大学马克思主义学院哲学博士孙英教授撰写，最后由王海明增删、定稿。

① 周辅成编：《西方伦理学名著选辑》下卷，商务印书馆 1987 年版，第 366 页。

② John Stuart Mill, *Utilitarianism*, Robert Maynard Hutchins, Great Books of The Western World, Volume 43, Encyclopaedia Britannica Inc., Chicago, 1980, p. 448.

③ 〔德〕包尔生：《伦理学体系》，何怀宏等译，中国社会科学出版社 1988 年版，第 191 页。

之实现,特别是自我的创造性潜能之实现:"幸福或福祉在于所有德性和能力的训练和实行,特别是那种最高的德性和能力的训练和实行。"①那么,这两种理论谁是谁非?都是片面偏颇之论!

诚然,正如穆勒所说,幸福就是快乐。但是,快乐并不都是幸福。幸福和快乐的区别,一方面就像莱布尼兹说的那样,在于持续的时间之长短。快乐未必是持续的、恒久的;如果它是持续的、恒久的,那就是幸福:幸福是持续的、恒久的快乐。比如说,我是东北人,想当年,要是天天能吃"猪肉炖粉条",那就是幸福了:那就是我爹所想往的幸福啊!可是,当时只有过年过节或亲朋相聚才能吃到"猪肉炖粉条"。所以,我们只能享有吃喝的快乐,而没有吃喝的幸福。我现在还记得。一到过年吃上猪肉炖粉条的时候,全家都是兴高采烈的。但这仅仅是快乐而不是幸福。马克思非常穷困的时候,恩格斯给了他一箱红葡萄酒,这个时候,马克思就说大燕妮、小燕妮全都高兴得跳起来了,又跳舞又唱歌。马克思也是只能享有偶尔的物质快乐,而没有物质幸福。你想,当时马克思穷困得像个乞丐,尽跟恩格斯要钱啊!穷得实在没有办法,到银行应聘去,银行不要他,说他字写得谁都不认识。所以,他要是天天能喝上红葡萄酒,那就幸福了。但他喝不到。有一两顿饭局,那只是快乐,不是幸福。所以,幸福是一种持续的、恒久的快乐。

另一方面,幸福和快乐的区别在于,幸福是一种巨大的、重大的快乐。幸福就是快乐,但小快乐仅仅是快乐,而只有大快乐才是幸福。人们为什么往往重色轻友呢?因为得到一个称心如意的异性伴侣,得到了一个如意的郎君或者是得到了一个美丽的妻子,是一种巨大的、重大的快乐,那就是一种幸福。但不能说,我交了一个朋友,有多么多么的幸福,因为一两个朋友,无关紧要。所以说,一般的谈恋爱,如果他得遂心愿,那么我们就说,他找到了幸福,他是幸福的。因为婚姻、家庭是大事,是一种大的快乐。你得天天和老婆或丈夫生活,不像朋友说不见就不见了。老婆或丈夫你得天天见啊!你说你要不能称心如意,看一眼就后悔半天,恨不得把对方踹到床底下,那岂不就是一种不幸吗!

所以,幸福与快乐、不幸与痛苦之区别,在于它们是否具有对当事者一生的重要性。这种重要性,具体讲来,一方面表现为长短:幸福是持续的、恒久的快乐;另一方面则表现为大小:幸福是巨大的快乐。合而言之,幸福是人生重大的快乐,是长久或巨大的快乐;不幸是人生重大的痛苦,是长久或巨大的痛苦。而一个人如果要想得到持续的快乐,得到重大的、巨大的快乐,那他是

① 〔德〕包尔生:《伦理学体系》,何怀宏等译,中国社会科学出版社 1988 年版,第 235 页。

不能轻易得到的，得要经历一番设计，得有一个目标，它得成为一个理想，为它奋斗，甚至经过若干年，才能得到。谈何容易！所以，一般来讲，若要得到幸福，首先需要确立理想，然后，为理想奋斗；理想实现了，这时的心理体验，就叫做幸福。因此，一般说来，幸福也就是理想实现的心理体验，是理想实现的快乐；不幸则是理想得不到实现的心理体验，是理想得不到实现的痛苦。

幸福与快乐的区别还在于，快乐未必有利生存和发展。例如，酗酒、吸毒的快乐都是有害自己的生存和发展的快乐。反之，幸福必定有利生存与发展，意味着生存与发展之某种完满。因为幸福是理想得到实现时的心理体验，是重大的需要、欲望、目的得到实现的心理体验。那么，当你重大的需要、欲望、目的得到实现，你的理想得到实现时，意味着什么呢？说到底，意味着你的生存和发展达到了某种完满的状态。你考上北大，或者是出国留学，得到了洋博士学位，你得到了幸福。您拿到北大的录取通知书的时候，肯定地说，那种感觉，是非常幸福的。我没有拿到北大的录取通知书，我拿到的是人大的录取通知书，还是高兴了好多天，想起来就高兴，那是一种巨大的、持久的快乐，是一种幸福。为什么呢？因为考上北大、人大和出国留学，给你人生的舞台提供了一个施展抱负的平台，它们意味着你的人生的存在和发展，达到了某种完善的状态。相反，你要是名落孙山，那么，这就是一种不幸。为什么呢？因为你的愿望没有得到实现，你的努力没有取得结果，你失去了人生中的一个最重要的平台和舞台，你的生存和发展出现某种严重的不完满。所以，我们说，幸福，说到底，它是对于人生的存在和发展达到某种完满状态的心理体验。

然而，人们往往把"幸福是对于一生具有重大意义的快乐"等同于"幸福是一生享有重大快乐"，或者把"幸福是生存和发展达到某种完满的心理体验"等同于"幸福是生存和发展达到完满的心理体验"，因而以为只有一生在重大事情上都快乐或生存和发展达到完满才是幸福。这就把"幸福"与"幸福的人"或"幸福生活"等同起来了。殊不知，人人都有幸福的时刻。一个瘸子、一个瞎子，也有狂喜的状态。那些人最可怜的人，他的儿子考上大学，他也是非常高兴的。你说他那时候是不是幸福？是幸福！但他不是一个幸福的人，他是一个可怜的人。所以说，幸福，你仔细琢磨琢磨，只要是巨大的快乐，哪怕只有一次，就足够了，那就足够达到幸福的状态了。所以说，幸福和幸福的人是两回事。所谓幸福的人，就是他一生的幸福的次数远远多于不幸和痛苦的次数，数量上多，我们就把他叫做幸福的人。幸福的人，他也会有极端不幸的状态。我们看到那些非常幸福的人其实有的时候也是非常不幸的。比如说，他的爱子死了，爱妻亡故等等。像马克思，他享有精神幸福，这是没有问题的，但是，他有三个女儿，唯一的一个儿子8岁的时候死了。当时，马克思说他不想活了！这样意志坚强的人都说不想活了，你想想看他有多么的不幸！所以，要把幸福和幸福的人、不幸和不幸的人区别开来。

幸福与幸福的人和幸福生活不同。幸福是一种幸福的事，它是一件一件、一项一项的。一个人不论如何不幸，只要他有一项重大的需要得到了满足，他就得到了幸福——当然仅仅是一项幸福。一个人的一生所得到的幸福、幸福的事多到一定程度，他的生活就是幸福的，他就是个幸福的人；如果少到一定程度，他的生活就是不幸的，他就是个不幸的人。因此，所谓幸福生活或幸福的人，正如阿奎那所说，并不是一生都快乐或一生所有重大需要和欲望都得到满足的人，那样的人是不可能有的："人不可能全然地幸福"①。一个人，如果他的主要的、多数的重大需要和欲望得到了满足，他的生活就是幸福的，他就是一个幸福的人；如果他的主要的、多数的重大需要和欲望得不到满足，他的生活就是不幸的，他就是个不幸的人。

可见，幸福是个深刻而复杂的多元概念：幸福，直接说来，是人生重大的快乐；根本讲来，则是人生重大需要和欲望得到满足的心理体验，是人生重大目的得到实现的心理体验，说到底，是达到生存和发展的某种完满的心理体验。反之，不幸，直接说来，是人生重大的痛苦；根本讲来，则是人生重大需要和欲望得不到满足的心理体验，是人生重大目的得不到实现的心理体验，说到底，是生存和发展受到严重损害的心理体验。

然而，幸福是一种心理体验，显然意味着，幸福是主观的。因为心理体验因素是一种感情，属于主观意识范畴。幸福是主观的，因而依自己的主观感觉而转移：一个人只要觉得快乐和幸福，他确实就是快乐和幸福的；只要觉得痛苦和不幸，他确实就是痛苦和不幸的。就拿我爹来说，他经常感到自己是幸福的，那就是幸福的。虽然他斗大的字不识半升，但是他觉得幸福。因为他的追求就是我们东北农民的那种追求："三亩地，两头牛，孩子、老婆、热炕头"。他得到了这些，他就觉得幸福。那么，他是否真正幸福呢？是的，他是幸福的。我们还可以拿吝啬鬼来说。对于一个吝啬鬼，他能得到钱就感到幸福，什么爱情啊、学问啊，通通都是没用的。他有了钱就感到幸福。若问他是不是真的幸福，他是幸福！一个书呆子，虽然啥也没有，但是他也觉得幸福。因为只要能够做学问，他就觉得幸福。所以，幸福是一种主观的东西。

---

① Ignacio L. Gotz, *Conceptions of Happiness*, University Press of America, Inc. Lanham', New York, 1995, p. 254.

但是，幸福，说到底，还是客观的。因为，你仔细琢磨琢磨，像我爹，东北的农民，他自己感觉到幸福。为什么感觉到幸福呢？因为他的重大的需要得到实现了。他的重大的需要就是“三亩地，两头牛，孩子、老婆、热炕头”。对不对？如果他这些需要、欲望、目的没有得到实现，他怎么也不会有幸福的感觉的。这就是说，你觉得幸福，你就是幸福的，这没有问题。但是，你能不能觉得到幸福，却是不依你的意志为转移的，而是完全取决于你重大的需要、欲望、目的有没有得到实现。如果得到实现了，你必然觉得幸福；如果没有得到实现，你怎么想感觉到幸福，也不会有幸福的感觉，而总是觉得凄苦不堪的。一个吝啬鬼，他觉得幸福了。为什么呢？因为他得到钱了。他要是没有得到钱，只是得到了爱情或者别的什么，他都不会感觉到幸福，他不会有幸福的感觉，怎么也不会有。因为他的重大的需要、欲望、目的就是钱；得到钱，他才会有幸福的感觉。

当然，一个人某种重大的需要、欲望、目的不能得到实现的时候，他也可能感到幸福。但是，那一定是因为他的这种重大的需要、欲望和目的逐渐淡化，发生了转移，被其他需要取而代之，其他的需要则转化为重大的需要，并且得到实现。就说我王海明，我重大的需要、欲望、目的就是当教授。但我都申请四次了，怎么也当不上，我觉得很痛苦。我想使自己高兴，因为只有精神欢愉，才能享有更重要的幸福：健康长寿。于是，我对自己说：王海明啊，你已经很幸福了！你应该觉得幸福啊！可是，我怎么不觉得幸福呢？我知道，幸福就在于感觉，我就尽力使自己觉得幸福。可是，这个感觉怎么也找不到。但是，我现在终于把它找到了！你知道为什么吗？因为我的重大的需要、欲望、目的现在转移了！当教授，已经不重要了！我已经想开了，我觉得著书立说最重要，我现在重大的需要、欲望、目的，就是尽快完成已经撰写了16年的《新伦理学》，并且在商务印书馆出版。这还得感谢我妻孙英，是在她的劝导下，我的重大的需要、欲望、目的才得以转移。她说：“教授、博导到处都是，但王海明只有一个。上帝给你开了一扇窗，就会关上一扇门。你如果写出了人类迄今最伟大的伦理学体系，树立了一座比青铜更长久的纪念碑，还在乎什么教授、博导吗？”诚哉斯言！于是，我的重大的需要、欲望和目的完全转移到著书立说上来，因而自己觉得很幸福了。

因此，你想要有快乐和幸福的感觉，你的重大的需要、欲望、目的就必须要得到实现。这是不以你的意志为转移的，对不对？如果你的重大的需要、欲望、目的不能得到实现，你怎么也不会有幸福的感觉。这个时候你要想有幸福的感觉，只有一个办法，就是想开点，把它看淡一点，从而使你的重大需要发生转移。东方不亮西方亮，黑了南方有北方。名利毕竟都是身外之物。你看开了，它不再是你的重大需要了，你也就不会为它不能实现而苦恼、痛苦了。因此，我们说，幸福固然是主观的，你感觉幸福你就是幸福，你感觉不幸福就是不幸福；但是，你感觉幸福与否，你有没有这个幸福的感觉，却并不以你自己的意志为转移！它必然地为你的重要、重大的需要、欲望、目的是否得到实现所决定：实现了，你必然感觉幸福；没有实现，你无论如何也不会有幸福的感觉。

可见，幸福虽然是一种主观的心理体验，却是一种对于人生重大需要、欲望、目的是否得到满足和实现的客观的、必然的、不依人的意志而转移的心理体验，是一种对于是否达到生存发展的某种完满的客观的、必然的、不依人的意志而转移的心理体验。因此，虽然一个人只要自己觉得快乐和幸福，他就是快乐和幸福的，因而幸福是主观的；但是，他究竟觉得快乐和幸福与否，并不依他自己的意志而转移，而必然取决于他的人生重大需要、欲望、目的是否得到实现，因而幸福又是客观的。幸福是主客观统一物，由主客观两方面因素构成：快乐的心理体验因素是幸福的主观形式；而人生重大需要、欲望、目的得到实现和生存发展的某种完满因素，乃是幸福的客观内容。

但是，细究幸福的客观内容，可以看出，“人生重大需要、欲望、目的得到满足或实现”与“生存和发展之完满”有所不同：前者是幸福的客观标准；后者是幸福的客观实质。不难理解，生存和发展之完满是幸福的客观实质。因为需要和欲望的满足是人的生存发展的根本手段；行为的全部意义就在于满足欲望和需要，从而使人的生存和发展达到某种完满：生存发展之完满是人生重大需要、欲望、目的之实现的根本原因、原动力。所以，生存发展之完满是幸福的最为深刻的客观内容，便是幸福客观内容的最为深刻的东西，便是幸福的客观实质。

那么，为什么说人生重大需要、欲望、目的得到满足或实现是幸福的客观标准？因为生存和发展之完满完全是个相对的、不固定的概念。一个亿万富翁与一个穷光蛋的物质生活和发展之完满是根本不同的。穷光蛋只要有了几万元就达到了物质生活和发展之完满；而亿万富翁如果只有百万元，那么，他的物质生活和发展对于他来说，就可能是极不完满了。所以，生存和发展之完满是相对的、不固定的概念。那么，生存和发展之完满究竟是相对什么来说的？显然是相对每个人的重大需要、欲望、目的来说的：一个人的人生重大需要、欲望、目的得到满足或实现，他的生存和发展便达到了某种完满，否则便是不完满。各个人的人生重大需要、欲望、目的各不相同，所以他们的生存和发展的完满标准各不相同：人生重大需要、欲望、目的得到满足或实现，乃是生存和发展之完满的客观标准。

可见，一方面，快乐的心理体验是幸福的主观形式；另一方面，生存和发展之完满是幸福的客观实质；介于二者之间的人生重大需要、欲望、目的得到满足或实现，则是幸福的客观标准。这就是幸福结构。然而，幸福结构只是每种幸福自身的内部划分，我们还需要进一步研究各种幸福相互间的外部划分，亦即幸福类型。

幸福主要分为物质幸福、社会幸福和精神幸福三大类型。物质性幸福，亦即物质生活幸福，是物质需要、欲望、目的得到了实现的幸福，其最高表现，显然是生活富裕和躯体健康。社会性幸福即社会生活的幸福，是人的社会性需要、欲望、目的得到实现的幸福，也就是人的人际关系方面的需要、欲望、目的得到实现的幸福，主要包括自由需要得到满足的幸福、归属和爱的需要得到满足的幸福、权力和自尊的需要得到满足的幸福。社会幸福的最高表现，恐怕是达官显贵和爱情美满。我想，爱情也是一种社会幸福。性欲的满足属于生理的物质的幸福；而爱情的实现、爱情美满，则属于社会幸福。因为，爱情，说来说去，原本属于一种人际关系，它属于社会性需要范畴。精神幸福即精神生活的幸福，是人的精神方面的需要、欲望、目的得到实现的幸福，主要包括认知需要得到满足的幸福和审美需要得到满足的幸福。精神幸福的最高表现无疑是自我实现、自我创造潜能之实现，特别是精神领域的创造潜能之实现，亦即所谓"立言"：成一家之言。立言是精神幸福的最高境界，属于精神幸福范畴。立德，是美德的幸福，是一种社会幸福而不是精神幸福；因为美德的实质和源头是一种人际关系。立功则既可能是社会幸福，也可能是精神幸福，还可能是物质幸福，含义比较广。因为，所谓的立功，就是事业的成功的幸福：既可能是精神性的事业，也可能是物质性的事业，还可能是社会性的事业。你想，大军事家、大政治家、大商人乃至能工巧匠，成就了一番事业或一件作品，岂不都是在享受一种立功的幸福？

不难看出，物质幸福是低级幸福，社会幸福是中级幸福，精神幸福是高级幸福。人类社会，从进化来看，精神阶段是最高的阶梯，精神的花朵是进化的最高结果。这就是精神幸福为什么是最高幸福的根本原因。那么，立言，在精神幸福里是最高的，是精神幸福的极点。一个人如果能够在精神方面达到自我实现，实现自己的创造性潜能，成为可能成为的一个最有价值的人，那么你就享有人类所可能享有的最高的幸福。这一点，黑格尔说过——后来多次被马克思一再地引用——"思维的享受是最高的享受"。这是马克思最喜欢说的一句话。马克思还喜欢黑格尔的一句话：即使是人间罪犯的思想，也比天上的奇迹更加灿烂辉煌。思维的享受是一种最高的享受，是一种最高的幸福。

确实，人生在世，有什么幸福能比实现自己创造潜能的精神幸福更高级呢？最令人神往、最高级的幸福，岂不就是成为一个牛顿、一个爱因斯坦、一个托尔斯泰、一个曹雪芹？诚然，成为一个拿破仑、一个彼得大帝、一个唐太宗也可与之媲美而同为最高幸福。但是，成为一个拿破仑之为人生最高幸福并不是因为他当上了君主，从而获得了最高的社会性幸福；而是因为他当上了划时代的伟大君主，从而获得了实现自己成为伟大君主的创造性潜能的精神幸福。否则，成为一个刘阿斗也可以称之为享有最高人生幸福，因为他与拿破仑同样是君主而享有最高社会性幸福。当官、拥有权力和美誉等等社会性幸福虽然不如精神幸福高级，却无疑高于吃吃喝喝等满足自己口腹之需的物质幸福。因为吃吃喝喝等物质幸福乃为人与一切具有心理活动的动物所共有，无疑是幸福的最低境界。

然而，很多的学者，如亚里士多德和包尔生等等，都认为吃喝玩乐的物质幸福和当官致贵的社会幸福，真正讲来，并不是幸福。那么，真正的幸福是什么呢？或者说，幸福只能是什么呢？他们以为只能是你的自我实现，实现你的创造性的潜能，成为可能成为的一个最有价值的人。这种观点是片面的。今日西方的许多学者都反对这种观点。因为按照这种观点，芸芸众生、平民百姓就不能有幸福啦！只有诸如亚里士多德和包尔生才能拥有幸福。因为自我实现是人生最高级的需要，它是物质需要等低级需要相对满足的产物。能够自我实现的人实际上是很少的。像我爹那样的芸芸众生整天为生存而忙碌，哪里会有自我实现的需要啊？像现在的上班族，从早到晚忙忙碌碌，吃了睡，睡完了就上班，哪有自我实现的需要啊？

全面地看，幸福与否确实并不在于有无创造性，并不在于是否自我实现。无论是精神幸福还是社会性幸福抑或物质幸福，都既可能有创造性，也可能没有创造性，既可能自我实现，也可能没有自我实现。于是，依据创造性或自我实现之有无，幸福可以分为创造性幸福与非创造性幸福或自我实现幸福与非自我实现幸福两类。所谓创造性或自我实现幸福，也就是具有创造性的生活的幸福，是有所创造的生活的幸福，是做出了创造性成就的幸福，说到底，也就是实现了自己创造性潜能的幸福。反之，非创造性幸福则是不具有创造性的生活的幸福，是无所创造的生活的幸福，是未能做出创造性成就的生活之幸福，是未能实现自己创造性潜能的非创造性生活之幸福，也就是消费性幸福（consumer happiness）：或者是消费、使用别人的创造性成就，或者是消费物质财富和精神财富。

一个人潜心著书十年，终得一原创性著作问世。他得到的这种幸福便是创造性幸福，便是自我实现的幸福。反之，他若没有著书欲，不事著述，却有幸一生优游暇豫读书以自娱，则他的这种幸福，便是非创造或消费性幸福，便是非创造性幸福。毕加索绘画成名之幸福、托尔斯泰的《战争与和平》问世之幸福、牛顿发现万有引力定律之幸福等等都是创造性幸福，都是自我实现之幸福。反之，那些平庸的追赶时髦而大获成功轰动一时的学者、画家、小说家、科学家之幸福，则是非创造性幸福，是非自我实现之幸福，是消费性幸福。

不言而喻，创造性或自我实现幸福远远高于消费性或非自我实现幸福。后者随着消费而逝，不可留存；前者则是不朽的。这种不朽主要表现为三大方面，那就是我国古人所说的三不朽：立德、立言、立功。立德是品德方面的创造性幸福，如品德完善、成圣成贤的幸福。这种幸福，属于创造性社会幸福。立言是学问方面的创造性幸福，如成为艺术家、科学家、哲学家、思想家等等的幸福。这种幸福属于创造性精神幸福。立功是事业方面的创造性幸福，如成为政治家、军事家、企业家、能工巧匠等等的幸福。这种幸福或属创造性社会幸福、或属创造性物质幸福、或兼而有之。这三种幸福无疑是人生最大的幸福，一个人一生只要获得其一，便算得上是成功的人生了。

现在，我们弄清了幸福概念，知道了幸福究竟是什么，从而确证了快乐论与自我实现论皆为片面偏颇之论：前者只看到幸福的心理体验的主观形式、幸福的最邻近的类概念以及幸福的表层特征，所以界定幸福为快乐；后者只看到幸福概念的根本的特征和幸福的自我实现类型，所以界定幸福为生存与发展之完满或自我实现。那么，人们为什么无不追求幸福？它值得人们如此追求吗？这就是我们将要探讨的幸福的价值问题：它究竟有什么用？

二、快乐中枢的发现

幸福，它究竟有些什么价值？幸福究竟有什么用？它在人生的进程中究竟占有什么地位？这一点，从亚里士多德提出来，一直到现在，公认幸福是“至善”。然而，为什么围绕幸福的至善价值问题，两千年来，思想家们却一直争论不休？原来，如果说幸福是至善，那就意味着：快乐是善；而快乐是善、幸福是至善又意味着：痛苦是恶；不幸则是至恶。这恐怕就是为什么人们一直争论幸福的至善价值问题的原因：快乐是善和痛苦是恶的论断显然是个最有争议的论断。这一论断也困扰我多年。因为,每一种快乐都是善?吸毒很快乐,难道吸毒的快乐也是善?就算每一种快乐都是善,却又说并不是每一种快乐都值得选取,岂非自相矛盾?使我茅塞顿开的是"快乐中枢"的发现:

20世纪50年代,奥尔兹发现动物的丘脑下部和某些中脑核区是"快乐中枢"。他在老鼠的脑的这些部位埋入电极,电极与老鼠笼中的一个杠杆接通。每当老鼠用爪子按下杠杆,鼠脑的那个部位便会受到电刺激,便会产生快乐的心理体验。结果饥饿的老鼠常常置适口的食物于不顾,而跑向杠杆、按压杠杆以换取自我电刺激的快乐。它会不停地按压杠杆,一小时竟达2 000次,连续达24小时!

这一发现清楚表明,追求快乐本身不仅是具有苦乐心理活动的动物的一种需要、欲望和目的,而且是其极为强烈和优先的需要、欲望和目的;因为它有时甚至比食欲——食欲无疑是人和动物最强烈最优先的欲望——还强烈、优先!人当然也是一种具有苦乐心理的动物,每个人都具有强烈的求乐避苦的需要、欲望和目的。试想,为什么我们从小到大、自幼及老都喜欢游戏玩耍?岂不就是因为我们都追求快乐?那些吸毒者、酗酒者为什么难以戒除这些可怕的嗜好?岂不就是因为这些嗜好能够带来莫大的快乐?追求快乐既然是人和动物的极为强烈优先的需要、欲望和目的,那么显然,一方面,一切快乐也就因其能够满足人的这种追求快乐的需要、欲望和目的而都是善;另一方面,一切痛苦也就皆因其能够阻碍人的这种追求快乐的需要、欲望和目的而都是恶。然而,人们往往认为,快乐并不都是善、痛苦也并不都是恶。因为一方面,有些快乐,如吸毒的快乐、赌博的快乐、烟酒的快乐等等,并不是善,而是恶;另一方面,有些痛苦,如卧薪尝胆、刻苦读书等等,并不是恶,而是善。

确实,吸毒的快乐、赌博的快乐、烟酒的快乐都是恶。但是,我们根据什么说这些快乐是恶?显然是因为这些快乐并不是纯粹的快乐,而是快乐与痛苦的混合物:就其自身来说,是飘飘然的、万虑顿除的、销魂荡魄的快乐;就其结果来说,则是倾家荡产、损害健康、奔向死亡等等的痛苦;并且痛苦远远大于快乐,其净余额是痛苦。所以,吸毒、赌博、烟酒等快乐是恶,并非因其快乐,而是因其痛苦的结果,因其净余额是痛苦。如果这些快乐没有这些痛苦的结果,那么,这些快乐便绝不是恶的,而是善的:如果没有倾家荡产、损害健康、奔向死亡等痛苦的后果,谁会说吸毒、赌博、烟酒的飘飘然的、万虑顿除的、销魂荡魄的快乐是恶呢?所以,有些快乐是恶,并没有否定一切快乐皆是善。

确实,卧薪尝胆、刻苦读书等等确实都是善。但是,我们根据什么说这些痛苦是恶?显然是因为这些痛苦并不是纯粹的痛苦,而是痛苦与快乐的混合物：就其自身来说，是卧薪尝胆之痛苦，是寒窗苦读之苦；就其结果来说，则是光复祖国和君位之快乐，是功成名就之快乐；并且快乐远远大于痛苦，其净余额是快乐。所以，卧薪尝胆、刻苦读书等等是善，并非因其痛苦，而是因其快乐的结果，因其净余额是快乐。如果这些痛苦没有这些快乐的结果，那么，这些痛苦便绝不是善的，而是恶的：如果没有光复祖国和君位以及功成名就之快乐的后果，谁会说卧薪尝胆、寒窗苦读是善呢？所以，有些痛苦是善，并没有否定一切痛苦皆是恶。

快乐是善，意味着：幸福是至善。因为正如伊壁鸠鲁所说，所谓至善，也就是最终的、终极的善，也就是绝对的目的善，亦即绝对不可能是手段而只能是目的的善。不言而喻，幸福，它是一种绝对好的东西，它对任何东西来说都是目的，它是一个绝对的目的。善，有手段善，有目的善。像读书，有的时候就把它作为手段，读书好就可以当官、发财：读书是当官的手段。当官、发财也可以是一个手段善，它可以使你——比如说——赢得爱情，是赢得爱情的手段。你想，你要是当官发财，比你现在追求爱情，那要容易多了。是不是？除了幸福，其他的东西都可以是手段，唯有幸福不能是手段，它总是目的，它在任何场合下都只能是目的。你不能说，我追求幸福，是为了别的什么东西。你一切的活动，无论是怎么刻苦啊，怎么读书啊，还是跑步锻炼身体啊，冬泳啊，出国留学啊，说到底，都只是为了幸福。但是，你不能问，幸福是为了什么？幸福只能是目的而不能是手段，它是自成目的性。所以幸福是至善，是绝对的目的善。

快乐是善和幸福是至善，意味着：应该追求一切快乐和幸福。是的，人应该追求一切快乐，只要是快乐就应该追求！可是，你为什么不应该吸毒呢？人不应该吸毒，不是因为它不快乐，而是因为它能够带来更大的痛苦，因而它的净余额是痛苦而不是快乐。

人生是不是应该避免一切痛苦？是的。一切的痛苦，只要它是痛苦，就应该避免。但是，我们在现实生活中，却往往鼓励吃苦。要一不怕苦，二不怕死！这不是因为它是“苦”，而是因为这个“苦”的结果是巨大的快乐，是因为它的结果会导致健康的快乐、前途和事业的快乐，是因为其净余额是快乐。凡是不应该避免的痛苦，并不是因为这种痛苦本身不应该避免；而只是因为这种痛苦能够避免更为巨大的痛苦和带来更为巨大的快乐，因而其净余额是快乐。例如，阑尾炎手术之苦不应该避免，并不是因为阑尾炎手术之苦本身有什么好而不应该避免，而只是因为它能够避免死亡之大不幸。如果一种痛苦，例如牙疼，并不能避免更大的痛苦或带来更大的快乐，那么，不论如何都是应该避免的。

所以，凡是痛苦都应该避免；所谓不应该避免的痛苦，都是净余额为快乐的痛苦；因而不应该避免的并非痛苦，而是快乐。

这样，一方面，当各种快乐不发生冲突时，我们便应该追求一切快乐。因为在这种情况下，对于任何快乐的追求，也就都是对于快乐的增进和积累，也就都是在使快乐由少变多、由小变大、由短暂变恒久，因而也就都是对于幸福的接近和追求。反之，当痛苦并不能避免更大的痛苦或带来更大的快乐时，我们便应该避免一切痛苦。因为在这种情况下，对于任何痛苦的避免，也就都是对于痛苦的减少，也就都是在使痛苦由多变少、由大变小，因而也就都是对于不幸的避免。另一方面，当各种快乐发生冲突时，我们便应该追求较大、较长久的快乐，便应该追求幸福。反之，当各种痛苦发生冲突而可以相互克服时，我们便应该忍受较小的痛苦而避免较大的痛苦，便应该忍受痛苦而避免不幸。于是，我们在任何情况下便都应该追求幸福而避免不幸：抽象地说，我们应该追求一切快乐而避免一切痛苦；具体地看，我们则只应该追求一种特殊的快乐："幸福"，而避免一种特殊的痛苦："不幸"。

幸福价值的研究表明，人生的价值和意义全在于追求快乐和幸福而避免痛苦和不幸。那么，一个人究竟应该怎样才能够求得幸福和避免不幸？这就得要遵循幸福的客观规律，一定要按照幸福的客观规律去追求幸福，才能达到目的，才能获得成功。那么，幸福有哪些规律呢？

三、婚姻是爱情的坟墓吗？

我 18 岁第一次陷入情网，如醉如痴，只觉得爱情是那样美好、神圣和纯洁，以致 16 次与她相会于大柳树下，竟连手都没有碰一下。一直到第 17 次约会，也就是我当兵临行的那天晚上，我心想反正要远走高飞了，才一不做二不休，鼓足勇气，拥抱了她。我是那样爱她，非她不娶；更以为她也只可能爱我一个，非我不嫁。我们彼此心心相印，都深信我们的爱情是永恒的，都信誓旦旦："冬雷阵阵夏雨雪，乃敢与君绝。"我们焦急地等待和盼望着结婚，都以为婚后如影随形、朝朝暮暮该有多么幸福！然而，万万没有料到，婚后第六年，当初她那么勾我的魂儿的眼神，已经消失得无影无踪；而我在握她的手的时候，也好像自己的左手握右手，再也找不到从前的感觉了。难道结婚真是爱情的坟墓？

我对幸福规律的研究，使我得出了否定的答案：结婚并非爱情的坟墓。

但是，结婚是性爱的坟墓。因为快乐和幸福越低级，其体验便越强烈而短暂；越高级其体验便越淡泊而持久。最强烈最有刺激性的幸福，就是最低级的幸福。你想，性爱的幸福，是最低级的，因为它属于人的生理需要的满足，生理需要是最低级的需要。因此，这种幸福是极其强烈的。但是也正因为它强烈，它也就不能够长久。永恒的性爱是一种不可达到的幻想。因为它太强烈了，它就不能够长久。人还好一点，有些动物，一次的性爱，那就是死亡啊！它就能够得到一个瞬间的销魂的快乐，然后就完了。公螳螂得到性爱的快乐之后，那就完全奉献了。母螳螂一口咬死她，把它吃了，作为营养，养育后代。所以，幸福越是低级，就越强烈而短暂。因此，性爱总是短暂的，结婚是性爱的坟墓。但结婚不是爱情的坟墓。因为爱情与性爱根本不同，性爱属于生理欲望范畴；反之，爱情只是以性爱为基础，是性爱基础的上层建筑，属于"爱"的范畴。"爱"，正如马斯洛所言，乃是人的比较高级的需要和欲望；因而爱情的快乐和幸福是一种比较高级的快乐和幸福。

快乐和幸福越高级，其体验便越淡泊而持久。读书和思维的快乐幸福是一种高级的快乐和幸福，所以你对这种快乐和幸福的体验便很淡泊。"学而时习之，不亦悦乎？"是快乐，但很淡泊。读书、著述之乐，它很淡泊，却长久啊！我写的《新伦理学》已经问世7年了，但我现在看见它，还是非常快乐和高兴。可是，我吃的一顿饭，哪怕是山珍海味，就是在香格里拉十多个人吃了一万块钱的饭，当天回去就觉得荡然无存了。但是，读陶渊明的"结庐在人境，而无车马喧；问君何能尔，心远地自偏；采菊东篱下，悠然见南山。"其乐固然淡泊，没有吃"猪肉炖粉条"那么刺激，然而却余味无穷，回忆起来都是一种享受。所以，快乐和幸福越高级，其体验便越持久。爱情的快乐和幸福是比较高级的幸福，因而真正的爱情必定长久。那些短暂的所谓爱情，其实并不是爱情，而只不过是性爱罢了。

可是，为什么快乐和幸福越高级便越淡泊，越低级便越强烈？因为，低级需要的本质是生存，是生存需要；高级需要的本质则是发展，是发展需要。生存需要无疑比发展需要强烈，而发展需要则比生存需要淡泊。任何人，不论他是如何淡漠生存而注重发展，他也必须首先生存，然后才能发展；如果他不能生存，又谈何发展？

那么，为什么快乐和幸福越高级便越持久而越低级便越短暂？这个问题的答案恐怕也在于：低级快乐和幸福的本质是生存需要之满足；高级快乐和幸福的本质是发展需要之满足。因为生存需要之满足的实现过程是短暂的。就拿食欲之满足的实现过程来讲，一般说来，只要半个小时。半个小时便可以吃饱饭,便不必再吃了,生存需要便得到满足了。一直等到饥饿时,才会再吃半个小时,再享受半个小时食欲满足之乐。不论是谁,不论他是一个怎样的酒肉之徒,都不可能整日一直吃下去。如果像读书那样,整日一直吃下去,岂不早就撑死了?性欲之满足的实现过程更是短暂,自不待言了。反之,发展需要之满足的实现过程则是持久的。且看求知欲这种最重要的发展需要。这种需要满足的实现过程,显然是不断的、渐进的、时时刻刻都在进行的。一个好学不倦的人,可以岁岁年年终日手不释卷。如果一个人像吃饭那样,一日三次,每次半个钟头,那么,他一定是个缺乏求知欲的人。生存需要之满足的实现过程是短暂的,因而这种需要得到满足的心理体验——亦即低级快乐和幸福——便是短暂的;发展需要之满足的实现过程则是持久的,因而这种需要得到满足的心理体验——亦即高级快乐和幸福——便是持久的。

可见,快乐和幸福的等级高低与其强弱成反比,而与其久暂成正比:快乐和幸福越低级,其体验便越强烈而短暂;越高级其体验便越淡泊而持久。这就是快乐和幸福的体验律。面对这个规律,人们或许困惑:若就心理体验的强弱来说,低级的快乐和幸福似乎优先于高级的快乐和幸福;若就心理体验的久暂来说,高级的快乐和幸福的又似乎优先于低级的快乐和幸福。到底何者优先?

马斯洛心理学的最大成就恐怕就是揭示不同等级需要的强弱先后之规律:需要越低级便越强烈因而也就越优先;越高级便越淡泊,因而也就越后置:高级需要是低级需要相对满足的结果。确实,需要越低级便越优先:最低级的需要便是最优先的需要。比如,马克思非常看重精神幸福,他一再说:"思维的享受是最高的享受"。但是,你要让他喝不上酒,吃不上饭,他还能不能写《资本论》?我想,他写不了。高尔基说,他在梯弗里斯流浪的时候,唯一使他不能写东西的就是饥饿。那时候他22岁,到处流浪,住在澡堂里面,都是跳蚤、虱子什么的。但那时,他写不了东西,只是因为他处于饥饿状态。人能够写东西,有自我实现这样的一种需要,都是因为他的生理需要、低级需要都已经得到相对满足了。这一点我是有体验的。我11岁的时候,赶上中国挨饿的年代。那时我就立志要好好学习,成名成家。但是,我想的却总是小葱拌豆腐、小米干饭。整天想的都是白面饼,看什么东西都看不进去啊!所以,需要越低级就越优先,人的高级需要是低级需要相对满足的产物。

那么,由此是否可以说幸福越低级便越优先、越高级便越后置、高级幸福是低级幸福得到实现的结果?结论似乎如此。然而,这岂不意味着:只有得到低级幸福的人才可能得到高级幸福;得不到低级幸福的人必定得不到高级幸福？果真如此，鲍照就不会有“自古圣贤尽贫贱”之叹了。事实上，鲍照所言虽然失之绝对，但是，古今中外确实有众多享有高级幸福的思想家、艺术家、理论家、文学家、哲学家，如苏格拉底、斯宾诺莎、曹雪芹、鲁迅、车尔尼雪夫斯基、莱蒙托夫等等，都没有得到物质幸福：他们或者是穷困潦倒，或者是英年早逝，或者是坎坷多难。那么，问题究竟出在那里？

原来，幸福是人生某种理想得到实现的心理体验。因此，低级幸福便是人生某种低级需要的理想满足；高级幸福则是人生某种高级需要的理想满足。所以，一个人能否享有高级幸福的必要条件是：他必须具有高级需要。然而，高级需要仅仅是低级需要的相对的、最低的满足的结果；而不是低级需要的理想的满足的结果，不是低级幸福得到实现的结果。所以，低级需要的相对的、最低的满足，必优先于高级幸福：没有低级需要的相对的、最低的满足，人们决不会有高级需要，从而也就不会追求、更不会享有高级幸福。确实，没有物质的、生理的低级需要的相对的、最低的满足，那么，曹雪芹也就写不成《红楼梦》了。曹雪芹虽然穷困，但是还能吃上饭。“举家食粥酒常赊”，他还能够喝上粥，要是粥都喝不上了，整天饥肠辘辘，他肯定写不了《红楼梦》。马克思、曹雪芹、苏格拉底、斯宾诺莎、鲁迅、车尔尼雪夫斯基、莱蒙托夫等等，如果衣不遮体、食不果腹，物质需要得不到最低的满足而必须终日为生存而奋斗，那么，他们就绝不会有著书立说、自我实现的高级需要，从而也就不会享有成一家之言和自我实现的高级幸福了。

但是，没有低级幸福的人，也可以有低级需要的相对的、最低的满足，因而也可以有高级需要，从而也就可以追求和享有高级幸福。所以，低级幸福虽然比高级幸福强烈，却并不优先于高级幸福；高级幸福以低级需要的最低满足为必要条件，却不以低级幸福为必要条件：高级幸福与低级幸福是相对独立的。所以，马斯洛一再说：“高级需要的发展只能建立在低级需要的基础之上，但牢固建立之后，就能够相对独立于低级需要了。”①这就是为什么古来圣贤能够安于贫贱的客观原因：高级幸福不必以低级幸福为必要条件而可以独立存在。

可见，需要的先后与其等级的高低成反比：需要越低级便越优先，越高级便越后置：高级需要是低级需要得到最低满足的结果。但是，低级幸福并不优先于高级幸福，高级幸福是低级需要相对的、最低的满足的结果，而不是低

① Abraham H. Maslow, *Motivation And Personality*, Second Edition, Harper & Row Publishers, New York, 1970, p. 104.

级需要理想满足的结果，不是低级幸福实现的结果；高级幸福后置于低级需要的最低满足，而并不后置于低级幸福：高级幸福与低级幸福是相对独立的。这就是幸福之先后律或优先律。

幸福的先后律与体验律，合而言之，都是关于幸福的"是"、"事实"、"事实如何"的规律，因而可以名为"事实律"，是幸福的"事实两定律"。但是，事实蕴含价值。深思幸福的这些先后、强弱、久暂之事实律，确实令人有"价值"、"应该"、"应该如何"之困惑：若就心理体验的强弱来说，低级幸福的价值似乎大于高级幸福；若就心理体验的久暂来说，低级幸福的价值又似乎小于高级幸福的价值；若就心理体验的先后次序和优先性来说，高级幸福和低级幸福是相对独立、可以自由选择的。那么，当高级幸福与低级幸福发生冲突而不能两全时，究竟应该选择何种幸福？何种幸福的价值更大？这是幸福的价值规律所要解决的问题。

四、做一个活老鼠，还是做一个死皇帝？

1984年，我正在中国人民大学哲学系读研究生。有一天，我读穆勒的《功用主义》，不禁拍案叫绝。因为穆勒将不同等级幸福的价值大小概括为一个绝妙的选择："做一个得不到满足的人比做一个得到满足的猪好；做一个得不到满足的苏格拉底比做一个得到满足的傻瓜好。"①我立刻问我的同学：你愿意做一个快乐的傻瓜还是痛苦的苏格拉底？郭大笑不已，答道："我要做快乐的猪！"何沉思了好一会儿，一本正经地说："我愿意做痛苦的苏格拉底。"李见状微微一笑，不无得意地说："我要做快乐的苏格拉底。"我当即宣告：郭错误，何正确，李答非所问。然而，后来的研究告诉我：郭的回答虽然与穆勒相反，却并不全错；何的回答虽然与穆勒一致，也并不全对。因为穆勒的问题——做一个快乐的傻瓜还是痛苦的苏格拉底——本身就是片面的，它仅仅是一个基于发展的选择，因而应该补之以一个基于生存的选择：做一个活着的猪，还是做一个死了的苏格拉底？做一个活老鼠，还是做一个死皇帝？说来话长，且听我慢慢道来。

① John Stuart Mill, *Utilitarianism*, Robert Maynard Hutchins, Great Books of The Western World, Volume 43, Encyclopaedia Britannica Inc., Chicago, 1980, p. 4449.

首先，低级幸福的价值似乎大于高级幸福，因为低级需要比高级需要强烈，强烈需要的那种满足，那种幸福，价值一定大于淡泊的那种幸福。幸福越强烈，它的价值就越大。因为强烈的幸福可以量化为更多的淡泊的幸福，就像一杯烈酒，经过稀释浓度变低，会变成更多的低度酒。幸福也是这样，强烈的幸福的价值肯定大于淡泊的幸福，边沁这一点说对了。那么，从这一点来看，好像低级幸福的价值大于高级幸福的价值。但是，另一方面，高级幸福的价值又似乎大于低级幸福的价值。因为快乐和幸福越高级，其体验便越持久；越低级，其体验便越短暂。持久的幸福可以量化为更多的短暂的幸福。所以，幸福越高级，价值就越大。那么，究竟何种幸福的价值更大？

穆勒曾将这一问题概括为一个绝妙的选择：你是愿意做一个快乐的猪，还是做一个痛苦的苏格拉底？这里要你选择，因为人生不如意十有八九，很多事情都不能两全。你仔细想一想，你要想在某方面有所成就，在另一方面就要有所失啊！人生就是这样的，各种幸福总是冲突。那么，当物质幸福和精神幸福冲突的时候，你应该选择哪一种呢？穆勒所说的快乐的猪，它有快乐，但是，它是一头猪，就是说，它的幸福是一种物质幸福，因为它只有生理需要的满足而没有精神幸福。所谓痛苦的苏格拉底，是说苏格拉底生活穷困潦倒，长得又奇丑无比，而且非常怕老婆，总之，他有很多的痛苦。但这些痛苦，都是比较低级的，而他所享有的，则是比较高级的精神幸福。所以，做一个痛苦的苏格拉底还是快乐的猪的选择，就是指你是选择精神幸福，还是选择物质幸福？穆勒选择痛苦的苏格拉底，因为精神幸福高于物质幸福，价值大于物质幸福。马斯洛也是这个观点，我写《新伦理学》的时候也是这个观点。

但是，我现在发现这里有问题。因为人的需要分为两种，一个是生存，一个是发展。对于一个生存需要得不到满足的人而言，他时时刻刻都在死亡线上挣扎，因而，他的一切努力都是在求温饱。对于这样一个人，是“学而时习之，不亦悦乎”的精神幸福的价值大呢，还是面包的物质幸福的价值大呢？非常明显，对于那些生存需要还没有得到满足的人来说，物质需要满足的价值远远大于精神需要满足的价值，物质幸福的价值，远远大于精神幸福的价值。那么，对于这样一个人来说，他岂不应该做一个快乐的猪而不应该做一个痛苦的苏格拉底？相反的，对于生存需要已经得到满足的人们而言，他们的需要就是发展。那么，在这个时候，精神需要的满足、自我实现需要的满足，精神幸福的价值，就要大于物质幸福的价值。在这个时候，你就应该选择做一个痛苦的苏格拉底，而不是做一个快乐的猪。

因此，幸福价值的大小是相对的，要看是对谁而言。对于那些食不果腹、衣不遮体、整天为面包而奋斗的人来说，精神需要的满足是一种奢侈，“自由”对他们来说，一文不值，“自我实现”对于他们来说，什么意义都没有。只有当他的生存需要得到满足，从而转为发展的需要的时候，这个时候，精神幸福、自我实现的幸福，对他来说才是价值最大的，这个时候，他便应该选择精神幸福而宁可做一个痛苦的苏格拉底。相反，如果在这个时候你做相反的选择，宁可做一只快乐的猪，那就是错误的。所以，我们要修正穆勒的“是做一个快乐的猪还是快乐的苏格拉底?”的选择，而补充以“做一个活着的猪还是做一个死了的苏格拉底?”换言之，“做一个活着的老鼠，还是做一个死了的皇帝?”

穆勒只见发展而不见生存，所以，他提出的选择仅仅是：做一个痛苦的苏格拉底，还是做一个快乐的猪？这仅仅是一种基于发展的选择，而不是基于生存的选择。因为痛苦的苏格拉底和快乐的猪都已经解决了生存的问题，他们所面临的只是发展的问题。因此，从这个选择来看，确实是高级的快乐和幸福的价值大：痛苦的苏格拉底的价值大于快乐的猪的价值，应该做痛苦的苏格拉底而不应该做快乐的猪。但是，这仅仅是一个基于发展的选择，因而应该补之以一个基于生存的选择：做一个活着的猪，还是做一个死了的苏格拉底?做一个活老鼠，还是做一个死皇帝？这是一个基于生存的选择而不是基于发展的选择。对于这种选择来说，无疑是低级的快乐和幸福的价值大：活老鼠的价值大于死皇帝的价值。因此，面对这种选择，应该做一个活老鼠，而不做死皇帝。因为生命的价值是最大的价值：死王乐为生鼠，死皇帝不如活老鼠也！

总之，一个人的需要之满足，对于他生存的价值大小与其等级高低成反比；对于他发展的价值大小则与其等级高低成正比：需要越高级，它的满足对于生存的价值便越小而对于发展的价值便越大；需要越低级，它的满足对于生存的价值便越大而对于发展的价值便越小。需要的满足，如前所述，亦即快乐和幸福的客观内容。因此，我们可以得出结论说：快乐和幸福，对于生存来说，其价值大小与其等级高低成反比；对于发展来说，其价值大小与其等级高低成正比：快乐和幸福越高级，对于生存的价值便越小而对于发展的价值便越大；快乐和幸福越低级，对于生存的价值便越大而对于发展的价值便越小。这就是幸福价值的“等级律”，这就是各种幸福因性质不同而处于不同的等级所导致的价值大小之规律。根据这一规律，我们能够在各种快乐和幸福发生冲突不能两全时进行正确的选择。但是，对于某种幸福的正确选择，并不能保证这种幸福就能实现：选择幸福和实现幸福是两回事。那么，我们究竟怎样才能实现我们所选择的幸福？这是幸福的“实现律”所要研究的。

五、实现幸福的五大要素

最早系统研究幸福的实现规律和人生成功条件的似乎是冯友兰。他说，一个人的人生要想获得成功，须有三要素：才、力、命。所谓人生成功，也就是人生目的之达到，其心理体验也就是幸福。因此，成功的要素也就是幸福的要素。但是，我不理解，冯友兰是搞中国哲学的，中国哲学主要是道德哲学，可是他却遗漏了成功人生的最重要的因素：德。现在，我在人生成功和幸福的要素中把它添上，才、力、命、德，这是获得和实现幸福的四大要素。

你要想求得幸福，首先得有才。这个“才”，冯友兰说，就是“天资”，就是天赋，更正确些说，就是创造性潜能。每个人的天赋都是不一样的，这一点是肯定的。但是每个人都有天赋，都有才，都有某种创造性潜能。冯友兰把这种创造性潜能叫做“聪明”。每个人都有某种“聪明”，都有某种创造能力，都有某种“才”；而任何人都不可能有全才，不可能有全部创造性，这一点是没有问题的。区别在于什么呢？一方面，每个人的“才”的类型不一样。你看，马克思的抽象思维能力极强，无与伦比。但是，他的形象思维能力恐怕不行，因为他写的诗歌并不怎么样，他写的剧本自己也不满意，以致付之一炬。恩格斯亦然，他写的诗歌有哪一首流传下来了？

所以，没有全才之人，但也没有无才之人。任何人，总是在某方面有创造性潜能。有的人善于交际，在交际这方面有着潜在的创造性。有的人，像别林斯基，则不善交际，一到交际场合就手足无措。但是，他善于著书立说，他写的美学、文艺批评，比如《果戈理时期的文学概观》，现在读起来还是觉得大气磅礴，很有气势。读他评论莱蒙托夫的《当代英雄》，觉得比《当代英雄》写得还好。所以，“才”或创造性潜能，是人人都有的，只是类型不同，这是第一点区别。

第二点区别就是数量不同。第一个是“质”的不同，第二个是“量”的不同。有的人“才高”，我们就把他叫做“天才”；有的人“才低”，我们就说他是庸才。但是“天才”与“庸才”，都有创造性潜能。冯友兰说得好，天才比庸才也高不了多少，并不像人们所想象的有那么大的差距，就像高个子比矮个子高不了多少一样。天才的大脑与我们芸芸众生的大脑一样，都是物质进化的产物，都是一种布满沟和回的胶状物，究竟能有多大区别呢？列宁的大脑恐怕是最天才最聪明的了，但他读黑格尔的书时，常常会在笔记上写道：没有读懂，回过头来再读。我想,他回过头来恐怕也读不懂。为什么?因为大天才黑格尔自己就不懂,就没有写明白。他的大脑也与我们一样,不过是一团胶状物而已。

所以,人人都有才,都有创造性潜能,只不过类型和程度有所不同罢了。当然,这种不同很重要,它与幸福有必然的联系。天资、聪明、智慧与一个人的幸福似乎成反比关系:越聪明便越痛苦,因而有所谓"智慧的痛苦"。这就是说,智慧和幸福有一种负相关的联系:你越有才、越聪明、越有创造性,那么,你这个人可能就越痛苦和不幸。很多学者对这一点有论述,奥斯洛夫,俄国沙俄时代的剧作家,他写的一个剧本的名字就叫做《智慧的痛苦》。为什么越是有智慧的人就越容易痛苦而得不到幸福呢?这是因为,有智慧的人的追求太高,他的理想、目标太远大,难以实现,而难以实现就意味着痛苦和不幸。因为痛苦和不幸不就是你的重大的需要、欲望得不到满足的心理体验吗?庸才为什么看起来好像是没有这种痛苦?不就是因为他没有这样高远难达的理想吗?

所以,才智和知识往往招致痛苦和不幸,只是因为,才智越高、知识越多,欲望往往便越高越多,因而痛苦和不幸往往便越高越多。但是,另一方面,才智越高、知识越多,欲望往往便越高越多,因而快乐和幸福往往也越高越多。因为能者固然有较多的痛苦和不幸,但能者所能够得到的幸福,却是那些无能者所得不到的。普希金"树起了比青铜更长久的纪念碑"的那份幸福,我老爹肯定是体验不到的。就是我现在著书立说的幸福,我老爹也体验不到。所以,不能只看到智慧的痛苦的一面,还要看到智慧的幸福的一面。智慧的人才可能得到那种光彩四射的、远远高于动物的那种真正的令人向往的幸福。相反,目不识丁的人再高兴,他的幸福其实是何等的低级可怜!他们的幸福,真正想来,和猪吃饱了后晒太阳的那种幸福差不多。

因此,说才智越多便越痛苦是片面的;全面地看,才智是苦乐祸福的共同源泉。不过,才智之为苦乐祸福的共同源泉,仅仅是才智与苦乐祸福的多种联系之一。才智与苦乐祸福还具有其他联系,特别是才智与幸福实现的联系:才智是幸福实现的必要条件,但不是充分条件。虽然人人都有才,但你追求什么样的幸福,这个幸福的类型一定要和你所具有的"才"或天资的类型相符,你才能够实现你所追求的幸福。天资之为幸福实现的必要条件,不仅在于天资之类型,而且在于同一种类型的天资之高低。因为一个人的天资的程度有多高,便可能取得多高程度的成就,便可能实现多高程度的幸福:他所能实现的幸福的高低程度是被他的天资的高低程度决定的。一个人有诗才,便可以成为诗人而实现诗人之幸福。但是,他能否成为大诗人而实现成为大诗人之幸福，则取决于他的诗才的高低。如果他的诗才极高，是天才，那么，他便可能成为大诗人。如果他的诗才平平，那么，无论如何，他都成不了大诗人而只能成为末流诗人。

然而，你知道自己有什么“才”，其实是很难的。“自有天才自不知”啊！所以，王国维认为，一个人要想成就一番事业，大概须经过三个阶段。第一阶段就是人生道路和幸福的选择，他借用“昨夜西风凋碧树，独上高楼，望尽天涯路”的词句来表达；第二阶段是奋斗，他借用“衣带渐宽终不悔，为伊消得人憔悴”的词句来表达；第三阶段是成功，他借用“蓦然回首，那人却在，灯火阑珊处”的词句来表达。知道自己的才或天资，从而量体裁衣，确定自己的人生目标和幸福，乃是人生三阶段之一，足见其重要和艰难。这就是为什么，古希腊神庙横匾上写的就是：“认识你自己”！

总而言之，我们可以得出结论说：只有具有某种才或天资，才能实现某种幸福，天资乃是幸福实现的必要条件、必要因素，二者成正相关变化：就所实现的幸福的大小来说，所具有的天资越低下，所能实现的幸福的便越渺小，所具有的天资越高厚，所能实现的幸福便越伟大；就幸福实现的难易来说，所具有的天资越低下，所追求的幸福便越难于实现；所具有的天资越高厚，所追求的幸福便越容易实现。这就是才、天资与幸福实现的内在联系，这就是幸福实现的天资律。

那么，一个人如果有了“才”，具备了幸福的天资要素，是否就能实现幸福呢？那还不行，还必须有“力”。所谓“力”，就是努力。王安石有一篇短文，叫做《伤仲永》。仲永三岁就会做诗，和成年人做得一样好，可谓有巨大的诗才。但是，仲永到了十六七岁的时候，王安石又路过他们家，发现仲永已经“泯然众人矣”，和平常人没有什么区别了。为什么呢？一问才知道，他没有努力。他父亲没有尽量地培养他，而是把他当成了摇钱树，到处去招摇，给人家做诗，混两个钱花。他没有这个“力”，所以最终没有成功，没有成为诗人，得到诗人的幸福。

确实，只有有了“力”这个东西才能得到幸福。因为“才”是一种潜在的东西，是一种潜在的创造性，它只有经过“力”，也就是经过努力，方能由潜在的创造性变成实在的创造性，方能够变成才能。否则，即便有巨大的“才”，有无与伦比的天才，如果没有“力”，那么你这巨大的天才就仅仅是“潜在”的，那么你的才能就是零，你就只能空有一个天才的脑袋。

“力”是“才”由潜在的创造性变成实在的创造性的决定性的因素。因此，我们说“勤能补拙”。比如说，贾旗的“才”是 100，王海明的“才”是 50。但是，我们俩的努力、力不一样。贾旗的“力”是50，而我王海明的“力”是100。那么，结果我们俩的才能是一样的。但是，才或天资是不一样的，他的天资高于我一倍，而我的努力高于他一倍，结果我们俩最后有同样的才能。这就叫“勤能补拙”，我的“勤”补了我的“拙”，不过，“勤能补拙”这个道理往往被人夸大，以为“天才在于勤奋”。其实，天才属于天资或才的范畴，因而“天才的实现”才在于勤奋，而“天才”并不在于勤奋，一个人有没有天才，和勤奋毫无关系。

你仔细地想一想，“勤奋”不但不可能创造才或天资、天才，甚至也不能够创造“才能”。因为“才能”是“才”或天资的实现，因而你有什么样的天资，就决定了你的“才能”的限度。你要是具有一流诗人的天资，那么，经过努力你可以成为一流的诗人。你要是只有二流诗人的天资，无论你如何努力，最多也只能够成为一个二流的诗人。所以，像贾岛那样的“推敲”、努力的人多啦，但是为什么只有一个李白、一个杜甫、一个白居易呢？为什么谁也比不上曹雪芹呢？这里面的道理就在于，天才不是通过勤奋能够增加一分一毫的。勤奋能够增加的只是你的才能，但是这种增加是有一定限度的，这个限度是被天资决定了的。所以，要成为一个大文学家、大思想家等等，不是刻苦奋斗就能够成就的。天才并不在于勤奋，有没有天才和勤奋毫无关系。天才不是勤奋给的，勤奋只能够实现天才，从而使天才、天资成为杰出的才能。

但是，一个人的天分再高，要想使它充分的实现，都得需要巨大的勤奋、努力。李白不是有个“铁杵磨成针”的故事吗？当然，这个故事不一定是真的，看李白的样子，也不太像是那种“铁棒磨成针”的傻瓜。但是，这个故事所蕴含的道理却无疑是真的。无论历史还是现实，那些学问大家、艺术泰斗和科学巨擘都是非常刻苦的。歌德写《浮士德》写了60年，马克思写《资本论》写了40年还没有写完。《蒙娜丽莎》一幅小画，达·芬奇竟然画了5年。达尔文的《物种起源》也写了20年。康德的《纯粹理性批判》也构思了20年，写了9个月！王海明不才，《新伦理学》还写了16年，但还没有写完，还在重写。所以，才再高，要想真正地把它变成才能，从而获得成功，还需要艰辛的努力。所以，“力”是“才”得以实现为“才能”从而获得幸福的又一个必要条件。

一个人如果既有“力”，又有“才”，是否就能获得幸福呢？还不行，还得要有“命”！“命”就是机遇。你获得成功和幸福，必须有机遇、机会，必须有这个“命”。最能说明这个道理的，莫过于中国历史上的“冯唐易老”之说。冯唐要才有才，要力有力。但是，他“命”不好。他年轻的时候，皇帝喜欢重用老臣。等到他年老了，皇帝换了，新皇帝喜欢年轻有为的，不喜欢哪些老家伙。所以，他虽有才有力，却一辈子也没有机会建功立业，因为他的“命”不好。

一般来说，我们把利于幸福和成功的机遇或命，叫做“顺境”；反之，不利于幸福和成功的机遇或命，叫做“逆境”。逆境原本意味着不可能得到幸福。但是，如果通过转移目标和付出更大的努力，便能够获得另类幸福。这就是所谓“逆境成才”之真谛。逆境成才，意味着逆境也可以获得成功和幸福。但是，逆境成才蕴含着转移目标和付出更大的努力。就拿冯唐来说，他的命不好，身处逆境，不受重用。但是，他可以转移目标，放弃立功，而优哉游哉，著书立说，立言行世，岂不就可以获得另一种成功和幸福！

所以，逆境不要紧，你得不到那种幸福，还可以获得别的幸福。文王拘而演《周易》，孔子被困做《春秋》，孙膑刖膝，兵法修列，丘明失明，厥为《国语》，司马迁受宫刑而著述《史记》。你想，汉武帝要是重用司马迁，让他当宰相，他还写什么《史记》吗？所以，“逆境”不一定就意味着你不能成功和获得幸福。身处逆境，并不意味着“命”完全不好；逆境只意味着某种“命”不好。你若是善于转换目标和更加努力，那么，你的“命”就转逆为顺，你就能够逆境成才，获得幸福。

如果一个人有了“才”、“力”和“命”，是否就能够获得幸福和成功呢？冯友兰认为这样一个人就能够得到幸福和成功了。其实不然，一个人即使“才”、“力”、“命”都有了，但他如果“缺德”，那么，他还是不可能获得成功和幸福的。因为人是社会动物，每个人的一切，说到底，都是社会和他人给予的。一个人的幸福和成功，都依靠社会和他人。你要是缺了德的话，还能得到幸福吗？社会和他人就会拒绝给你幸福。比如，上世纪80年代的冯大兴是北京某著名高校的高材生，据说会四门外语，但是他“缺德”，为满足自己的私欲而偷窃，最后在偷储蓄所时把两个保安给打死了。这就完了！你会四十门外语也不行了，被判了死刑。所以说，美德是获得幸福和成功的必要条件。

因此，抛开其他条件，单就“德”与“福”的关系来说，二者是完全一致的。有“德”必有“福”，但是有“德”者未必有“福”；缺“德”定有“祸”，但是缺“德”者未必有“祸”。有“德”者未必有“福”，因为有德者的“才”、“力”、“命”的条件可能是不好的；缺德者未必有祸，因为他的“才”、“力”、“命”的条件可能很好。换言之，缺德者的一生幸福并非是他的缺德的结果，而是他非品德条件的结果；反之，有德者的一生不幸也不是他的德行的结果，而是他的非品德条件的结果。如果他们只有品德不同而其余条件完全一样，那么，谁缺德便一定一生不幸，谁有德便一定一生幸福。一言以蔽之曰：美德是获得幸福的最根本的必要条件。这个道理，儒家已经说得淋漓尽致。孟子说：“夫仁，天之尊爵也，人之安宅也。”人都想当官，最高贵的“官”，其实就是“仁”，就是美德。人都想得到好房子,最好的住房就是“仁”,就是美德。有德就能有幸福。

总而言之,才、力、命、德是幸福得以实现的四大要素,无论何种幸福,其实现皆须才、力、命、德四要素的配合。但幸福的类型不同,四要素的配合比例也不同。幸福的最重要的类型,恐怕就是所谓“三不朽”:立德、立言、立功。立言对于“才”的要求是最大的,而对于“命”的要求是最低的。人有七分“才”,三分“命”,才有可能得到“立言”这种精神性的幸福。立功,如当官、经商等等,就相反了。当官,命的因素是非常大的。商人为什么喜欢烧香、拜佛、算命?为什么特别在乎“命”?因为他们的成功,七分在于“命”,三分在于“才”。当官亦然,机遇很重要,“近水楼台先得月”,“向阳花木早逢春”嘛!一位大英雄如果生在刘邦、项羽的那样的英雄群起的时代,他就很难成为第一号的人物。要是生活在一个侏儒的时代,那么我王海明就是巨人了,对不对?“世无英雄,遂使竖子成名”啊!当官和经商,说句老实话,不太被人从心里尊敬,因为它们主要是靠命或机遇:“命”好有啥了不起?相反的,对于著书立说的人们,对于大思想家、大科学家、大学问家,我们不免肃然起敬,油然而生“高山仰止,景行行止,虽不能至,然心向往之”。你想,为什么人们对刘备和阿斗的敬意不一样?他们的官都是一样的啊!甚至阿斗的官比刘备的官还大。你对曹丕和曹操的敬意能一样吗?曹丕是皇帝,曹操最后才是魏王,但是我们更加景仰曹操。为什么呢?因为我们衷心景仰的,乃是才或天资,而不是命或境遇。推而广之,似乎可以说,幸福越高级,天资的成分便越大、境遇的成分便越小;幸福越低级,境遇的成分便越大、天资的成分便越小;努力和品德所占的比例则与幸福的等级和类型没有必然联系。

无论何种幸福,其实现皆须才、力、命、德四要素的配合。那么,这四要素配合起来,幸福便必定能实现吗?未必。幸福的实现不但需要才、力、命、德的配合,且还需要这四要素与欲望的配合。“欲”、“欲望”,也就是“志”、“志向”。诸葛亮说,“志当存高远”。然而,“志”到底应该“高”到什么程度?要知道,志向或欲求并不是越“高”越好。很多人为什么一生不幸?就是因为“志大才疏”:“志”太高,注定实现不了,因而只有痛苦和烦恼。科学地看,一个人“志”或“欲”的高低,应该与其“才”、“力”、“命”、“德”四个要素相一致。因为,你的欲望和志向如果跟你的“才”、“力”、“命”、“德”相一致,你的幸福就能够非常完美地实现;你的欲望、志向如果高于你的“才”、“力”、“命”、“德”,你就注定是要痛苦一辈子,不管你“才”有多高,“命”有多好。

所以,人的欲望一定要和“才”、“力”、“命”、“德”相适应、相一致。但这绝不是说欲望和志向越低越好,“禁欲”是非常错误的。为什么呢?因为你的欲望低，低于“才”、“力”、“命”、“德”，那么，你虽然不会有不幸，也肯定会获得幸福，但是你的幸福太低级了，如同猪狗一样，没什么色彩，没啥意思，白活了一场。所以，有可能得到什么幸福，就应该争取什么幸福，应该使你的欲望达到与自己的才、力、命、德相一致的最高状态！这个状态是以与“才”、“力”、“命”、“德”相一致为标准的：欲望与才力命德相称一致，乃是幸福实现的充分且必要条件。

无欲说与禁欲说不懂得“欲望低于才力命德，幸福虽会实现，但失之低少小”的道理，而主张人的欲望应降至最低限度。这固然把人的不幸与痛苦降到了最低限度，但正如弗洛伊德所言，也把幸福和快乐降到了最低限度：“当一个人把欲望降至最低限度后，生活的多彩多姿也将随之变得索然无味，而生命本身也将失去其原有的光辉。”①反之，纵欲论则不懂得“欲望超过才力命德只能陷于大不幸”的道理，而主张任欲而行、不必节制。这样做，不过是以一时之快乐而易永久之不幸、以微小之快乐而易巨大之痛苦罢了。唯有介于两者之间的节欲说与导欲说是正确的，因为欲望确实必须节制、指导而防止其过高或过低。遗憾的是，该说未能找到节欲和导欲的标准：欲望与才力命德一致。

总而言之，欲、才、力、命、德是幸福实现的充足且必要的五大要素。欲是幸福实现的动力要素、负相关要素：欲望越大，幸福便越难实现；才力命德是幸福实现的非动力要素、正相关要素：才越高、力越大、命越好、德越优，幸福便越易实现；欲与才力命德一致，幸福便会完美实现。这就是幸福的实现律。它可以归结为一个下面这个等式：

$$\text{幸福的实现}=\frac{\text{才力命德}}{\text{欲}}$$

六、王国维人生三境界之我见

我年轻的时候，野心勃勃，一门儿心思要出人头地。可是，我却以为人生的成功可以一蹴而就，幻想一觉醒来，名声已传遍天下。读了王国维人生三境界之说，方悟人生的成功，绝非一蹴而就，而必须经过若干阶段或境界。那么，一般说来，必须经过哪些阶段或境界呢？王国维在《人间词话》说：“古今之成

① 〔奥〕弗洛伊德：《图腾与禁忌》，杨庸一译，中国民间文艺出版社 1986 年版，第 10 页。

大事业、大学问者，必经过三种之境界：'昨夜西风凋碧树。独上高楼，望尽天涯路'。此第一境也。'衣带渐宽终不悔，为伊消得人憔悴。'此第二境也。'众里寻他千百度，蓦然回首，那人却在，灯火阑珊处'。此第三境也。"初读此三境界，如获至宝，兴奋多日，那是 20 世纪 80 年代的事了。30 年来，我课堂上时常将它引用，却未尝写进书中。今天我将它写进书中，但要做一个修正，就是将第二境界和第三境界掉换一下。这样一来，人生成功过程的第一阶段便仍然是："昨夜西风凋碧树。独上高楼，望尽天涯路。"这是一个人成就事业的认识阶段。第二阶段是"众里寻他千百度，蓦然回首，那人却在，灯火阑珊处。"这是一个人成就事业的选择阶段。第三阶段是"衣带渐宽终不悔，为伊消得人憔悴。"这是一个人成就事业的行动阶段。

任何人，不论他取得何种成功、追求何种幸福，显然都必须经过这样三个阶段：认识、选择、行动。这三个阶段所应该遵循的原则，依据幸福的客观本性，可以归结为四项：(1) 认识正确，即对幸福的主观认识与幸福的客观本性必须相符，这是追求幸福的"认识原则"；(2) 选择适当，即对幸福的欲望、选择与自己的才、力、命、德必须一致，这是追求幸福的"选择原则"；(3) 努力奋斗；(4) 修养品德。努力奋斗与修养品德都是追求幸福的"行动原则"。

不言而喻，一个人对于幸福的主观认识与幸福的客观本性既可能相符，又可能不符：如果不符，那么，在其指导下，他对幸福的选择和追求便会发生错误，他便不可能求得幸福或不可能求得他可能得到的最有价值的幸福；只有相符，在其指导下，他对幸福的选择和追求才可能是正确的，他才可能求得幸福或求得他可能得到的最有价值的幸福。

客观地看，即就幸福的客观本性来讲：需要越高级，它的满足对于生存的价值便越小而对于发展的价值便越大；需要越低级，它的满足对于生存的价值便越大而对于发展的价值便越小。一个人的主观认识只有与此相符，他才可能在高级幸福与低级幸福不能两全时进行正确选择：当他的生存问题还没有解决时，他选择低级幸福；当他的生存问题已经得到解决时，他选择高级幸福。这就是说，按照幸福的价值规律，对于一个生存需要还没有得到相对满足，他还在生存线上挣扎的人来说，他应该做一头快乐的猪，而不应该做一个痛苦的苏格拉底。他应该追求物质幸福、低级幸福，而不应该追求高级幸福。因为在这种情况下，低级幸福、物质幸福对他具有更大的价值。

相反的，如果你的生存需要、物质需要已经得到相对的满足，这时候，你的发展需要就应该处于主导地位。因为发展的需要只有当生存需要得到相对满足的时候才会出现，发展的需要是生存需要得到相对满足的结果。那么在这个时候，如果你的物质幸福和精神幸福发生冲突，你就应该放弃物质幸福，而追求精神幸福，追求自我实现的幸福，追求实现自己的创造潜能，使自己成为可能成为的最有价值的人。这样的话，你对于幸福的主观认识与幸福的客观本性就是相符的，你对幸福的选择和追求就是正确的。

因此，一个人若要求得幸福，或求得他可能得到的最有价值的幸福，便必须使自己对幸福的主观认识与幸福的客观本性相符。这是每个人应当如何追求幸福的首要原则。不妨名之为“认识原则”。

如果一个人对幸福有了与其客观本性相符的正确认识，那么，他是否就可以求得幸福呢？还不能。他要得到幸福，还必须有对幸福的正确选择，即对幸福的选择必须与自己的才、力、命、德一致：一个人对于幸福的选择如果与自己的才、力、命、德一致，便是正确的；如果与自己的才、力、命、德不一致，便是错误的。

首先，你对幸福的选择要符合你的“才”。举例说，一个人是否应该选择成为画家的幸福，要看他有没有画家的天资。如果没有画家的天资，他就不可能成为画家，那么他当画家的选择与自己的才便不一致，他当画家的选择就是错误的。反之，如果他有画家的天资，他就有可能成为画家，那么，他的当画家的选择与自己的才便是一致的，他当画家的选择，就才这个方面看，便是正确的。确实，你要想当一个小说家，你须有一个小说家的“才”，比如说，善于做白日梦，甚至能够被自己所编造的情节感动得痛哭流涕。你想当商人，那么，你就得有当商人的“才”，比如说，善于经营算计，爱钱如命。你想当一个哲学家，你一定要有哲学家的才，比如说，善于抽象思辨。

其次，你对于幸福的选择必须与自己的命一致。举例说，一个人是否应该选择成为骁勇善战的大将军之幸福，要看他有没有战争的机遇。如果他生逢太平盛世，就不可能成为善战将军，那么，他做骁勇善战大将军的选择与自己的命便不一致，他的选择就是错误的。反之，如果他生逢乱世，群雄逐鹿，他就有可能成为善战将军，那么，他做骁勇善战大将军的选择与自己的命便是一致的，他做此次选择，就机遇来说，便是正确的。

再次，你对幸福的选择要符合你的“力”。举例说，一个人是否应该选择成就伟业之幸福，要看他有没有巨大的恒心和毅力，有没有持之以恒、终生为之奋斗的努力。如果具有这种努力，他就有可能成就伟业，那么，他做此选择与自己的力便是一致的，他的选择，就力这方面说，便是正确的。反之，如果不具有这种努力，他就不可能成就伟业，他就有可能大事做不来，小事又不做而终生一事无成，那么，他做此选择与自己的力便不一致，他的选择就是错误的。

最后,你对于幸福的选择必须与自己的德一致。举例说,一个人是否应该选择官场幸福,要看他有没有合群机敏、处世圆滑、善与人处、喜怒哀乐不形于色之德性。如果具有,他就可能如鱼得水、官场成功,他做此选择与自己的德就是一致的,他做此选择,就德这方面来说,就是正确的。反之,如果他不具有这种德行,如果他清高、孤僻、难与人处,他就很难为官,他做此选择就是错误的。

总而言之,一个人对幸福的选择只有与自己的才、力、命、德四项要素一致,才能求得幸福,才能求得他可能得到的最有价值的幸福;如有一项不一致,便不可能得到幸福,便不可能求得他可能得到的最有价值的幸福。因此,对幸福的选择与自己的才、力、命、德一致,便是追求幸福的第二条原则,可以名之为"选择原则"。

一个人有了对幸福的正确认识和正确选择,就可以得到幸福吗?还不能。因为你光是认识了,选择了,要是没有行动,还是实现不了幸福。你选择了当一个大画家的幸福,选择都对,"才"、"力"、"命"、"德"都有,但是你下一步你必须要"做"才成。"做"是什么原则呢?你仔细看一看,"才"、"力"、"命"、"德",一共是四大要素。"才"是天生的,和行动没有关系;"命"是不能改变的,和行动也没有关系。只有这"力"和"德"属于行动范畴。所以,你要想求得幸福,你的行动原则就是,要使你求幸福的努力和求幸福的那种品德结合起来,你要既有努力,又有美德,使追求幸福的努力和修养自己的德性相结合,这样你的幸福就能够实现。

如果你仅仅有"德"没有"力",你得不到你所追求的幸福。比如说,你追求成为画家的幸福,如果只修养自己的品德而不努力作画,你怎么能成为画家呢?反之,仅仅努力求幸福而不修德,能实现所选择的幸福吗?也不能。只有努力和修德结合起来才能实现所选择的幸福,才是追求幸福的正确行动:求幸福的努力和修自己的德性相结合,是追求幸福的正确的"行动原则"。

总观幸福原则,可以得出结论说,一个人要求得幸福,首先应当使自己"对幸福的认识与幸福的客观本性相符",这是追求幸福的正确的"认识原则";其次应该使"对幸福的选择与自己的才、力、命、德一致"这是追求幸福的正确的"选择原则";最后应当使"求幸福的努力与修自己的德性相结合",这是追求幸福的正确的"行动原则"。这就是追求幸福的三大原则,就是攀登幸福殿堂的三阶梯,就是幸福人生或成功人生的三部曲。谁能依次唱好这三部曲、顺序攀登这三阶梯、谨慎遵循这三原则,谁就能求得真正的幸福,谁就能够享有成功的人生,谁就是真正幸福的人。

至此，我们终于完成了规范伦理学主要内容——道德原则体系——的研究，确证了人类社会所当普遍奉行的优良道德原则。这些普遍道德原则是优良的，因为它们并非主观任意，而都是通过社会创造道德的最终目的和道德终极标准——增进每个人利益——从行为事实中推导、制定出来的：一方面，它们符合行为事实如何的客观规律；另一方面，它们符合社会创造道德的最终目的，亦即道德终极标准。那么，我们将通过怎样的方法和途径使人们遵守这些道德原则，从而使之得到实现？通过良心、名誉、品德：良心与名誉的道德评价是道德规范实现的途径；美德则是道德规范的真正实现。

第十一讲

良心与名誉：优良道德实现之途径

■ 本讲提要

良心的主要问题是其来源：一个人怎样才能有良心或良心较强。每个人的良心的强弱，固然与他自己的道德修养等偶然因素有关；但就其必然性因素来看，则直接说来，取决于他希望自己做一个好人的道德需要的多少，根本说来，则取决于他因自己品德好坏而得到的赏罚利害之多少：他因品德好而得到的赏誉越多，他因品德坏而遭到的惩罚和损失越多，他做好人而不做坏人的道德需要便越强，他的良心便越强。名誉的问题主要是其价值。名誉具有巨大价值：它一方面使人遵守道德从而保障社会存在、发展；另一方面则推动人们奋发有为、取得成就。但是，名誉同时又具有相当大的负价值，它往往使人陷于邪恶：假仁假义和自我异化。这种负作用几乎是不可避免的，只有依靠良心来消解：一个人不应该昧着良心追求虚荣，而应该凭着良心追求光荣；不应该以自我异化、屈己从众的方式追求光荣，而应该以自我实现、实现自己创造性潜能的方式追求光荣。

一、他为何向妓女求婚?

20世纪60至70年代,我陶醉于俄罗斯文学。然而,令我多年困惑不解的是,托尔斯泰的小说《复活》里的主人公聂赫留朵夫为何非要抛弃锦绣前程而向一个妓女求婚呢?其时,他是陪审员,当他看清楚坐在被告席上的妓女杀人犯竟然是玛斯洛娃时,他震惊之余,痛苦异常。因为几年前,玛斯洛娃是他家的女仆,他诱奸了她之后,就扬长而去,将她忘得一干二净。现在他知道,就是他的过错,使得玛斯洛娃沦为妓女和杀人犯。休庭之后,他内疚不已,嘴里喃喃自语,不停地骂自己是个流氓、坏蛋。于是,他四处奔走,想方设法解救玛斯洛娃。然而,难以理解的是,最后他竟然决定放弃他的辉煌前途,追随玛斯洛娃到她的充军地,向这个妓女杀人犯求婚!这究竟是为什么呢?谁都会说,这是聂赫留朵夫的"良心发现"。但是,良心怎么会有这样的魔力?良心究竟是个什么东西?

良心原本是个十分复杂难解的概念。在西方语言中,良心是conscience(英语)、conscience morale(法语)、Gewissen(德语)、conscientia(拉丁语)。它们的前缀con-、Ge-都是"共同"、"一起"的意思;而后半部分的词干-science、-wissen、-scientia都是"知"、"知识"的意思;合起来就是"共识"、"共同知晓"之意;进而引申为一种特殊的共识:道德价值意识或道德评价。那么,能否说这就是良心概念的定义?否。因为良心固然都是个人道德价值意识或个人道德评价,但个人道德价值意识或个人道德评价却不都是良心。例如,一个人知道偷盗是恶,并且谴责、痛恨某人偷盗。这是一种个人道德评价、道德价值意识。但是,我们却不能说这是他的良心发现,说他有良心;只有当他知道他自己的偷盗是恶并且谴责自己、痛恨自己时,我们才能说这是他的良心发现,说他有良心。因此,良心是一种个人的、特殊的、具体的道德评价,它的种差、它区别于其他道德评价的根本特征乃是自我评价、自我意识:良心是每个人自身内部的道德评价,是自我道德评价,是自己对自己行为的道德评价,是自己对自己行为道德价值的反应。这就是良心的定义。

因此，就词义来说，汉语的“良心”比西文的 conscience 更接近良心的定义。因为在汉语中，“良”就是“好”，“良心”就是好心。西方良心这个名词就没有这么明确，没有“好”的意思，而只是一种“道德价值意识”。中国的“良心”一词很妙，可以顾名思义，“良心”就是好心。“心”就是心理，就是意识，是由知、情、意构成的。一切心理或意识都是由知、情、意构成的。比如说，我这个人喜欢花，我看见了一朵玫瑰花，觉得这个花很美。“认为”它很美，“觉得”很美，这是一种认识、认知。我对这朵花顿生爱意，一下子就喜欢它了，这就叫做“情”、“感情”。既然我动了情，喜欢它，那么我就想把它摘下来，拿回家里，把它插到瓶子里。这个“摘”的动作，不叫做意志，而叫做行为。但是，我作出这个决定，我心里要把它摘下来，我想摘它，这个就叫做“意志”。

“知、情、意”合起来，就叫做“心”、“心理”或“意识”。那么，再给它加上一个“好”字来进行限定，“好心”，“好的知、情、意”，就叫做良心。但是，并非任何好心都是良心；良心是一种特殊的好心。那就是，一个人如果做了好事，他就有愉快和自豪的心理；如果做了坏事，他就有痛苦和自责心理。那么，这个人的这种心理显然是好的，是一种好的心理、好心。做坏事的心理固然不是好心，但做了坏事就内疚的心理却无疑是好的，是一种好心。并且，这种好心，就是所谓的良心。做了好事就快乐、做了坏事就痛苦的心理，就是一种良心：做好事感到快乐叫做良心满足；做坏事感到痛苦叫做良心谴责。

因此，良心就是每个人的自我道德评价，是自己对自己行为的道德评价，是自己对自己行为道德价值的反应。所以，干坏事的人，不一定就没有良心。如果你干了坏事，但你知道这是坏事，并且深感痛苦，那么，你还是有良心的。反之，干好事的人，不一定就有良心。如果你干了好事，但你不知道这是好事，并且不感到快乐和自豪，那么，你虽然有好心因而能干好事，却是没有良心的。良心，要言之，就是做了好事就快乐、做了坏事就痛苦的心理。

在 2007 年过年前后的一次会议上，有位学者津津乐道于自己当知青的时候怎么去偷人家的鸡，说得兴高采烈。我觉得，这位学者没有良心。他的良心被狗吃了，因为他不知道偷鸡摸狗可耻，一点没有悔过和羞耻，反而觉得非常好玩。殊不知，老百姓养只鸡有那么容易吗？相反的，我们说，聂赫留朵夫有良心，他为救玛斯洛娃四处奔走，还放弃锦绣前程而向这个妓女、杀人犯求婚，说明聂赫留朵夫是有良心的：认为自己诱奸玛斯洛娃是错误的、罪恶的，这是他的良心的“知”、“认知”的部分；为此非常痛苦，是他的良心的“情”、“感情”的因素；决定放弃前程而与玛斯洛娃结婚，是他的良心的“意”、“意志”的部分。

所以，良心由知、情、意三因素构成：良心是自己对自己行为的道德评价，是自己对自己行为道德价值的反应，说到底，也就是自己对自己行为道德价值的认知反应、情感反应和意志反应，亦即认知良心、情感良心和意志良心。这些良心如果是对自己行为所具有的正道德价值的肯定性反应，便是正面的良心，叫做"良心满足"；如果是对自己行为所具有的负道德价值的否定性反应，便是负面的良心，叫做"良心谴责"。然而，我们现在很多人，很多的学者，他们不说良心，却用"良知"来代替"良心"。良知，中国大哲学家王阳明讲的良知，说起来多文雅啊！但是，这种替代是不科学的。因为"良知"只是"良心"的一部分，是良心的认知因素，亦即认知良心。并且，良心的主要的成分，正像穆勒所说的那样，并不是认知，不是良知；而是良心的感情因素，是情感良心。

良心是每个人的自我道德评价，而在社会生活中，一个人怎么样评价自己，反过来也会怎样评价他人。他怎样评价他人，反过来也会怎样评价自己。所以，有一句老话说："谁在人前不说人，哪个人后没人说。"人们往往是当面说好话，背后就变了。甚至孔子，当樊迟向他质疑孝道时，孔子虽然很生气，但当面也没说什么。等樊迟一走，孔子就说了。他说，樊迟啊，这个人不怎么样啊！不仁啊！这就是名誉，名誉就是人们相互的道德评价，亦即自己对他人和他人对自己的道德评价。

但是，更确切些说，名誉就是舆论评价，就是众人评价。名誉的英文是fame或reputation，意思是其他人或公众的评价、估价、报道、意见、判断，说到底，也就是舆论评价。汉语的名誉也是此意。"名"的基本词义是名称或说出。《说文解字》曰："名，自命也，从口从夕。""誉"的基本词义是称扬、赞美、声名。《说文解字》曰："誉，称也，从言与声。"因此，"名"与"誉"合为一个词"名誉"，也是其他人或公众的评价之意，说到底，也就是舆论评价。那么，名誉是否可以定义为其他人或公众的评价？是否可以定义为舆论评价？答案是肯定的。因为不言而喻，一个人或寥寥几个人的评价，算不上名誉；只有众人的评价才是名誉。试想，如果只是一个人或几个人说我坏话，岂不是不能说我名誉不好？岂不只有众人都说我坏话，才能说我名誉不好？所以，名誉的本质就是舆论：名誉就是舆论评价，就是众人评价，说到底，就是社会评价：名誉与社会评价是同一概念。

因此，一方面，名誉与良心便是对立的，是划分具体道德评价的两种相反类型：名誉是外在呼声，是人们相互的、外部的道德评价，是自己对他人和他人对自己的行为的道德评价；反之，良心是内在心声，是每个人自身内部的道德评价，是自己对自己的行为的道德评价。另一方面，良心与名誉又是同一的，每一方都潜在着对方，每一方潜在地就是对方。因为当自己像自己评价他人那样——或者像他人评价自己那样——来评价自己时，名誉便变成了良心：良心是名誉的内化；当自己像评价自己那样来评价他人时，良心便变成了名誉：名誉是良心的外化。

这样一来，名誉也就与良心一样，分为认知名誉、情感名誉和意志名誉以及肯定性的名誉（荣誉或光荣）与否定性的名誉（耻辱）：荣誉就是社会、众人或领导人所进行的肯定性的道德评价；耻辱就是社会、众人或领导人所进行的否定性的道德评价。我们不妨用一个例子来说明：我对穷人和弱者有一种深切的同情，常常救济、帮助他们。别人都说我做得对（认知名誉、认知荣誉）；钦佩之情溢于言表（情感名誉、情感荣誉）；皆有与我结交之意（意志名誉、意志荣誉）。反之，我嫉妒张三，造谣以中伤。同行们都说我心术不正（认知名誉、认知耻辱），人人义愤填膺（情感名誉、情感耻辱），个个有让我公开道歉之意（意志名誉、意志耻辱）。

二、即使是浮名虚誉，我为什么总是看不开放不下啊？

整整22个寒暑，我几乎谢绝一切社会交际和亲朋往来而只做三件事：撰写《新伦理学》、讲课和锻炼身体。吾师杨焕章先生早有警告：人是社会动物，如此心无旁骛独往独来岂不注定前途坎坷多难！诚哉斯言！但我惜时如金，无论如何也要将一切时间尽可能用到《新伦理学》的写作上来。每当不公正的谴责、谣言和阴霾袭来，我总是这样想：《新伦理学》就是我人生的目的和意义，比我自己的性命还重要：前途的磨难和名誉扫地又算得了什么？在亲朋面前，谈及世人对我的毁誉，我更是一副满不在乎的样子。但是，我的内心深处，却总是看不开放不下这身外浮名虚誉，痛苦异常。甚至一点点闲言碎语，一个脸色也令我心惊肉跳，夜不能寐。那么，为什么像我这样特立独行的铁汉也竟然如此在乎名誉？名誉这个鬼东西怎么会有如此魔力？它究竟有何来历？

名誉的产生过程相当复杂，有内部的根源和外部的根源之分。名誉的内在根源是追求名誉的根源，是每个人追求自己的名誉的根源，是每个人自己的名誉心、求名心、好名心的根源，说到底，也就是每个人追求荣誉、光荣而避免耻辱或舆论谴责的根源。反之，名誉的外在根源则是给予名誉的根源，是自己给予他人和他人给予自己名誉的根源，说到底，也就是人们相互给予名誉——荣誉或耻辱——的根源。

名誉的外在根源，原本在于每个人都具有希望他人做一个好人的道德需要，特别是社会、众人和领导人具有希望每个人做一个好人的道德需要。因为每个人——特别是社会、众人和领导人——的道德需要都是双重的：他不仅有自己遵守道德规范、做一个合乎道德的人、做一个好人的道德需要；而且还有希望他人遵守道德规范、做一个合乎道德的人、做一个好人的道德需要。你想想看，有谁不希望他周围的人是好人？有谁愿意他周围的人是坏人？

那么，一个人究竟怎样才能满足他希望别人做一个好人的道德需要呢？他满足自己做一个好人的道德需要的唯一途径，无疑是自己遵守道德做好事。同理，他满足自己希望别人做一个好人的道德需要的唯一途径，当然是看到别人遵守道德做好事。这样一来，每个人希望别人做好人的道德需要，便会推动他对别人的行为是否符合道德进行名誉评价。别人的行为如果符合道德，他希望别人做好人的道德需要就得到了满足，他就会高兴，就会赞扬这些人，给他们以荣誉；别人的行为如果不符合道德，他希望别人做好人的道德需要就得不到满足了，他就会产生一种义愤，他就会给这些人以耻辱与舆论谴责。

可是，每个人为什么会有希望别人做一个好人的道德需要呢？名誉最终的外部源头是什么？说到底，这是一种利己的动机。因为，如果你的邻人是坏人，那么，你就会受到他们的损害；要是别人都是好人，那么，你就能得利啊！别人都是活雷锋，那对你多安全，多有利啊！相反的，如果坏人和小偷与你一起，那你可就倒霉了！所以，人之所以希望别人做好人不做坏人，是一种利己的动机驱使的缘故。因为别人要是坏人，你是好人，那你就如同绵羊走进虎豹豺狼窝了！别人都是好人的话，那我们大家就都是羊了！大家都一块吃草，谁也不会吃谁，大家就都相安无事了。

因此，每个人希望别人做一个好人，说到底，无非是因为别人是好人对自己有利，而别人是坏人对自己有害：利己、自我利益、他人品德的好坏对自己的利害关系，是引发每个人希望别人是好人的道德需要产生的原因，从而也就是最终引发名誉的外部的原因、根源、原动力。那么，名誉的内在根源是什么？或者说，一个人为什么会追求名誉？

常听人说，他早就把名利看开了。我也常常自以为看开了浮名虚誉。其实，这是谁都看不开的，每个人都有一种最深重的名誉心、名利心。所谓的“看开了”是怎么一回事呢？那是因为你得不到那个名誉，你吃不到葡萄，所以你只好说它酸。你想，谁不想成名啊？问题是，他为什么想成名呢？因为人是一个社会动物！你的一切都是社会和他人给的！而社会和他人是否给予你这一切，说到底，取决于你的名声好坏：荣誉、光荣意味着你能从社会和他人那里得到你所能够得到一切利益；耻辱、恶誉则意味着社会和他人将拒绝给予你一切利益。于是，名誉便是每个人的一切利益之本，便是他的最为根本、最为重大的利益：荣誉、光荣是每个人求得自己利益的根本手段。

所以，名和利总是连在一块的：名利！名利！名，就其本身来看没有什么用。它的真正的意义，在于它能带来利。你有了名，就有了利啊！这是它的真正的意义之所在，这是人们为什么追求名誉的真正的原因，这就是我瞧不起浮名虚誉却总是看不开放不下浮名虚誉的缘故：名誉，即使是浮名虚誉，仍然是一个人最根本的利益之所在！所以，斯密说，一个人如果他的名声坏了，这是他最最倒霉、最最不幸的一件事情；一个人要是有了好的名声，这是他的最大利益之所在。

诚然，古往今来，确实有些伟大的智者蔑视名誉、蔑视荣誉。然而，这并不是因为他们没有名誉心、没有对荣誉的渴求；而只能表明他们在压抑自己的名誉心而不去追求荣誉。他们不但同样具有名誉心，而且同样具有极为深重的名誉心；否则，他们就不会因为遭到舆论谴责而极为痛苦了。西赛罗说："许多人蔑视荣誉，却又因遭受不公正的谴责而感到莫大的羞辱和痛心：这岂不极为矛盾？"①其实，这并不矛盾。他们蔑视荣誉，并不是因为他们没有追求好名誉、避免坏名誉的极为深重的欲望；而是因为他们为了其他在他们看来更为重大的欲望——如追求自由和自我实现——而不得不压抑、放弃与其冲突的追求荣誉的欲望。他们为了实现更为重大、更为强烈的追求自由和实现创造性潜能的欲望，而压抑、放弃了对荣誉的渴求，因而能够蔑视荣誉，不为荣誉所动。但是，他们并没有压抑、放弃避免耻辱或坏名誉的欲望。这是因为：

一方面，避免耻辱或坏名誉的欲望远比追求荣誉的欲望更为根本、更为重大：有没有荣誉，有没有好名誉，是一个人在社会中生活得好不好的问题，是一个人在社会中能否发展的问题；而有没有坏名誉，则是一个人能否在社会中生存的问题：坏名誉意味着社会生活的终结和死亡。所以，任何一个智者，任何一个人，只要他生活在社会中，他便只可能为了自由和自我实现等等而压抑、放弃追求好名誉的渴求，但是，他不可能为了自由和自我实现等等而压抑、放弃避免耻辱或坏名誉的欲望。另一方面，避免耻辱或坏名誉的欲望是每个

① Adam Smith, *The Theory of Moral Sentiments*, Edited by D. D. Raphael and A. L. Macfie, Clarendon Press, Oxford, 1976, p. 128.

人的社会生活的最为根本、最低级的欲望，因而只有在这种欲望得到相对满足的条件下，每个人才可能产生追求自由和自我实现等等比较高级的欲望。这样，一般说来，避免耻辱或坏名誉的欲望并不会与追求自由和自我实现等等比较高级的欲望发生冲突、不可两全。因此，避免耻辱或坏名誉的欲望在这些伟大智者的心中同样极为深重地存在着。所以，他们固然因为压抑求名心或荣誉的追求而能够不为荣誉所动，却不能不为坏名誉而感到莫大痛苦。

可见，每个人必定因名誉攸关自己最为根本的利害而无不具有极为深重的名誉心，无不极为深重地渴求荣誉、光荣，无不极为深重地怀有避免耻辱或坏名誉的欲望；正如无不深重地好利恶害、趋利避害一样；只不过人们各自所求的荣誉和所避的耻辱往往大不相同，亦如他们所求的利和所避的害往往大不相同罢了。一言以蔽之，每个人的求名心源于求利心：求名是求利的手段。

但是，手段与目的是互相转化的。当一个人的好名誉、荣誉不断给他带来利益和快乐时，他便会逐渐爱上名誉——爱是自我对其快乐和利益之因的心理反应——从而能够为荣誉而求荣誉、为名誉而求名誉、为名而求名。这时，荣誉和名誉便不再是求利的手段，而是目的本身；求利则不再是求名的目的，而只是产生求名目的之原因、原动力：为名而求名是因利而求名，而不是为利而求名。这是不难理解的。因为我们到处都能够看到，那些极为珍爱自己名誉的人，他们某些行为的目的岂不往往是为名誉而求名誉？他们这些行为的目的只是名誉、荣誉而不是利益；不但不是为利益，而且往往为了名誉而牺牲利益乃至牺牲性命。因此，利己决不是这些行为的目的，而只是最终引发这些行为目的之原因、原动力：为名而求名不是为利而求名，而是因利而求名。这样，求利心（为求利而求名）和求名心（为求名而求名）便是名誉内在的双重直接根源，是名誉内在的双重目的；而利己心则是最终产生这些目的的名誉内在之终极根源、原动力。

综观名誉的内外起源可知，名誉的来历颇为复杂，一方面，每个人之所以都有对他人进行道德评价而给他人以毁誉的深重欲望，直接说来，是因为每个人都有希望他人做一个好人的道德需要；说到底，是因为别人是好人对自己有利，而别人是坏人对自己有害：利己是名誉外在的终极根源、原动力。另一方面，每个人之所以渴求光荣、避免耻辱而怀有深重的名誉心，直接说来，是因为名誉攸关自己最为根本的利害，因而每个人是为求利而求名，进而为求名而求名；说到底，每个人必定是因利而求名：利己是名誉内在的终极原因、原动力。

良心的产生过程似乎比名誉更为幽深曲折，但二者相反相成，弄清了名誉起源，良心的源头也就昭然若揭了。你仔细想一想，一个人为什么会有良心？为什么他做了坏事会痛苦，做了好事就快乐？这是怎么一回事呢？原来，良心的源头与名誉的外部源头一样，是起源于一个人做一个好人的道德需要。只不过，名誉起源于希望他人做好人的道德需要；良心则起源于自己做一个好人的道德需要。人是一种道德动物，每个人或多或少都有道德需要：一方面，或多或少有希望他人遵守道德规范，从而做一个合乎道德的人、做一个好人、做一个有美德的人的需要；另一方面，则或多或少都有自己遵守道德规范，从而做一个合乎道德的人、做一个好人、做一个有美德的人的需要。比如，看电影、电视剧时，很多人禁不住会问：那个人是好人还是坏人？一个小孩，我们若是对他说，你是一个坏孩子，他就生气了，一下子就哭了；要是说他是好孩子，他就高兴了，喜笑颜开。为什么呢？因为我们每个人都有一种做好人不做坏人的道德需要。试问，有谁不想做一个好人？有谁愿意做一个坏人？没有。每个人都想做一个好人，这是最深刻的人性。坏人也是人，也与好人同样具有人性，也与好人同样具有做一个好人的道德需要。

我们都见到过坏人，你仔细想一想，其实他并非没有做一个好人的道德需要。你说哪一个坏人就想做坏人，不做好人？不是，他也想做好人。但是，他还有更加强烈的需要，需要欺诈拐骗、偷盗抢劫、杀人越货，需要偷鸡摸狗，需要往上爬，嫉妒心推动他把别人踩下去，自己爬上来。人有七情六欲，他有种种的需要、欲望、目的，做一个好人的道德需要仅仅是其中的一种。如果一个人不道德的需要和愿望非常强烈，远远超过了他想做一个好人的道德需要，那么，他做好人的道德需要就会被压抑、克服而显现不出来。这样的人就是所谓的坏人，一事当前，他的良心的需要好像泯灭了，其实还是有的。他也是人，怎么会没有做一个好人的人性呢？

那么，一个人究竟怎样才能成为一个好人、有道德的人、有美德的人，从而满足其道德需要？无疑只有去遵守道德、去做好事。这样，每个人做一个好人的道德需要，便会推动他去做遵守道德的好事，推动他对自己行为是否符合道德规范进行判断、评价，从而因自己做一个好人的道德需要是否被自己的行为所满足而发生种种心理与行为反应，亦即良心的知情意行之反应：如果看到自己的行为符合道德规范，便会认为自己是一个好人（良知、认知良心），便会因自己做一个好人的道德需要得到实现而沉浸于良心满足的快乐（情感良心），便会有继续行善而遵守道德规范之意（意志良心）；如果看到自己的行为不符合道德规范，便会认为自己不是一个好人（良知、认知良心），便会因自己做一个好人的道德需要得不到实现而陷入良心谴责的痛苦（情感良心），便会有改过迁善而遵守道德规范之意(意志良心)。

可见，良心这种自我道德评价源于每个人希望自己做一个好人、做一个有美德的人的道德需要，目的在于满足自己做一个好人、做一个有美德的人的道德需要。然而，一个人为什么会有做一个好人的道德需要？良心的最终源头、原动力是什么？其实，做一个好人是挺累的。你看我的女儿，有一天突然大喊："我不要做一个好孩子！"为什么呢？因为做一个好孩子就得循规蹈矩、遵守道德、限制和压抑自己的种种欲望和自由，因而就是一种痛苦，是不是？所以，人，就他的本性来说，原本是不愿意有美德，不愿意有道德的。但是，为什么他还要追求美德、遵守道德？为什么他还会有一个做遵守道德的好人的需要呢？

原来，人是个社会动物，每个人的生活都完全依靠社会和他人：他的一切利益都是社会和他人给的。所以，能否得到社会和他人的赞许，便是他一切利益中最根本、最重大的利益：得到赞许，便意味着得到一切；遭到谴责，便意味着丧失一切。不言而喻，能否得到社会和他人的赞许之关键，在于他的品德如何：如果社会和他人认为他品德好，那么，他便会得到社会和他人的赞许和给予；反之，则会受到社会和他人的谴责和惩罚。所以，正如孟子所言，一个人是否有美德，乃是他一切利益中最根本的利益："夫仁，天之尊爵也，人之安宅也。莫之御而不仁，是不智也。"这恐怕就是一个人最初为什么会有美德需要的缘故：他需要美德，因为美德就其自身来说，虽然是对他的某些欲望和自由的压抑、侵犯，因而是一种害和恶；但就其结果和目的来说，却能够防止更大的害或恶(社会和他人的唾弃、惩罚)和求得更大的利或善(社会和他人的赞许、赏誉)，因而是净余额为善的恶，是必要的恶。

所以，一个人之所以有做一个好人的道德需要，归根结底，是为了吃小亏，占大便宜。是不是？你看，我的女儿，她为什么要做一个好孩子？就是因为做好孩子能够得到更大的好处。她要是做好孩子呢，就能够得到爸爸、妈妈的赞许，妈妈会给她买好衣服、买玩具、买好吃的等等。就像海洋馆里的海豚似的，它听话，乖一点，按着驯兽员的要求来做，就给它一条鱼。确实，一个人为什么遵守道德啊？因为遵守道德，就能够得到父爱、母爱，就能够得到领导的表扬，就能够得到社会的赞许，就能够得到他能够从社会那里得到的一切利益和快乐。这些利益和快乐的正价值显然远远大于他遵守道德所受到的压抑和限制的负价值。所以，一个人有做一个好人的道德需要，归根结底，是因为它能够得到更大的利益。

这样，每个人有做一个有美德的人、做一个好人的道德需要，说到底，都源于利己，源于社会和别人因他品德的好坏所给予他的赏罚。对于良心的这一终极源头、原动力，弗洛伊德曾有大量论述。通过这些论述，他得出结论说，良心起源于自己对于父母、养育者、教师、领导、国家、舆论等外在权威的赏罚的恐惧①。那么，对于这些外在权威赏罚的恐惧究竟是怎样形成良心的？

这一形成过程并不难理解。因为每个人最为恐惧的，既然是这些外在权威的赏罚，那么，他自然便会常常以这些外部权威自居，亦即从这些外在权威的立场来评价自己的行为。逐渐地，这些外在权威便成了他自己内心世界的一部分，成了他自己的另一个自我："我自己仿佛分成两个人；一个我是审查者和评判者，扮演和另一个我——亦即被审查和被评判者——不同的角色。"②这个作为评判者的自我对于另一个自我——亦即作为行为者的自我——的道德评价非他，正是所谓的良心：良心就是自我道德评价。这样，在一个人的内心世界，作为评判者的自我的形成，也就是良心的形成。因此，良心是自己以父母或其他外在权威的立场来看待自己行为的结果，是以这些外部权威自居的结果，是这些外部权威的内化。

正因为良心直接源于做一个好人的道德需要，最终源于利己、源于社会和他人因自己品德好坏所给予自己的赏罚，因此，每个人的良心的强弱，固然与他自己的道德修养等偶然因素有关，但就其必然性因素来看，直接说来，则取决于他希望自己做一个好人的道德需要的多少，根本说来，则取决于他因自己品德好坏而得到的赏罚利害之多少：他因品德好而得到的赏誉越多，他因品德坏而遭到的惩罚和损失越多，他做好人而不做坏人的道德需要便越强，他的良心便越强；反之，他因品德好而得到的赏誉越少，他因品德坏而遭到的惩罚和损失越少，他做好人而不做坏人的道德需要便越少，他的良心便越弱。换言之，每个人良心的强弱，他的做一个好人的道德需要的多少，固然与他自己的道德修养等偶然因素有关；但是，就其必然性因素来看，根本说来，却取决于他生活于其中的社会，取决于他的品德好坏的赏罚者，亦即童年时代的父母或养育者、长大以后的学校的老师和同学、工作单位的领导和同事、国家的管理和教育等等：赏罚公正，人们的良心就强；赏罚不公，人们的良心就弱。所以，一个社会如果人们普遍都没有良心，良心少了，归根结底，是因为社会制度出了问题，是这个社会的赏罚机制造成的。

---

① 《弗洛伊德后期著作选》，林尘等译，上海译文出版社 1986 年版，第 18 页。

② Adam Smith, *The Theory of Moral Sentiments*, Edited by D. D. Raphael and A. L. Macfie, Clarendon Press, Oxford, 1976, p. 113.

三、抹嘴的肉皮让猫叼去了

我自幼打骨子里就瞧不起对名誉的追求，硬是对别人的评价满不在乎，极端蔑视沽名钓誉之徒。这大概是受了我小时候我爹给我讲的一个故事的影响。那个故事我现在还记得清清楚楚，说的是一个人很爱慕虚荣，他在家里藏了一块肉皮，每次出门就拿这块肉皮往嘴唇抹几下，抹得油光光的，以便让别人看看：你看我吃的多好啊！嘴上都是油！但是很不幸，有一天，他正在向别人大吹大擂，夸耀他如何富有的时候，他的小儿子慌慌张张跑来，大叫道："爹呀！不好了，你的那块抹嘴的肉皮叫猫给叼去了！"这个故事在我幼小的心灵打上了极其深刻的烙印，使我只觉得名誉心使人自欺欺人、追求虚荣，不是什么好东西。这种片面的见地使我不知道珍惜自己的名誉，结果总是被人家指指点点，动不动就被领导和众人整治一顿，吃尽了苦头。其实，名誉心固然使人不免自欺欺人、追求虚荣，但这只是名誉心的一种副作用、负价值。名誉心的好作用、正价值则是极其巨大的，并且它的副作用可以借助良心来克服、消解和避免。

因为对于良心起源的研究表明，良心直接起源于做一个好人的道德需要，目的是为了做一个好人、有道德的人、有美德的人。这意味着：良心具有使人遵守道德规范的价值或作用。因为美德是长期遵守道德的结果。所以，一个人只有遵守道德规范、做好事，才可能成为一个好人、有道德的人、有美德的人，从而才能实现良心的目的。反之，如果他不遵守道德、做坏事，便不可能成为一个好人、有道德的人、有美德的人，便不可能满足自己做一个好人、有道德的人、有美德的人的道德需要，便不可能实现良心的目的。

这样，每个人的良心便会推动他去做遵守道德规范的好事、有道德的事、有美德的事，推动他对自己的行为是否符合道德规范进行评价，从而因自己做一个好人的需要是否被自己的行为所实现而发生种种情感反应：他要是做了好事，做了符合道德的事，他做好人的道德需要就会得到满足，他就会体验到自豪的快乐，沉浸于良心满足的喜悦；反之，他要是做了坏事，他做一个好人的道德需要就得不到满足，他便会陷入内疚感和罪恶感，便会遭受良心谴责的痛苦。对不对？快乐与痛苦是引发一切行为的原动力。因此，良心便一方面通过产生自豪感和良心满足的快乐，推动行为者遵守道德，以便再度享受这种快乐；另一方面，则通过产生内疚感、罪恶感和良心谴责的痛苦，阻止行为者违背道德，以便从这种痛苦中解脱出来。

良心使人遵守道德规范的力量，当然与良心的强弱成正比：良心越弱，使人遵守道德规范的力量便越弱；良心越强，使人遵守道德规范的力量便越大。人人皆有良心，只不过强弱不同；但良心不论强弱，毕竟都具有使人遵守道德的作用。那么，为什么人们还会不遵守道德呢？原来，每个人的行为都产生和决定于他的需要、欲望、目的；而任何人都绝不仅仅有“做一个好人、一个有良心的人”这样一种需要、欲望、目的：每个人的需要、欲望和目的都是多种多样的。这些需要和欲望往往会与良心发生冲突而不能两全。在这种情况下，若顺从和满足良心的欲望而遵守道德做一个好人，便不能顺从和满足与其冲突的需要和欲望。就拿小偷来说，他并不是没有良心。但他的良心与其贼心互相冲突而不能两全：若顺从良心的欲望、遵守道德而做一个好人，便不能顺从、满足其偷盗的需要和欲望。斗争的结果，无疑是顺从、满足比较强大的起决定作用的需要和欲望。

这样，当一个人的良心与其他欲望发生冲突时，如果他的良心比较强大，而与之冲突的欲望比较弱小，那么，他便会顺从良心的指令，遵守道德；而由此产生的自豪感和良心满足的快乐，又会推动他继续遵守道德。反之，如果他的良心比较弱小，而与之冲突的欲望比较强大，那么，他便会顺从这些比较强大的欲望而违背良心的指令，不遵守道德。但事后他会或多或少——多还是少取决于其良心是强还是弱——感受到不遵守道德所产生的内疚感、罪恶感和良心谴责的痛苦，从而或多或少会阻止他继续违背道德，以便从这种痛苦中解脱出来。坏人不断干坏事而不断违背道德，并不是因为他事后感受不到违背道德所产生的内疚感、罪恶感和良心谴责的痛苦，也并不是因为这些痛苦不阻止他继续违背道德；而是因为他的良心比较弱，因而他违背道德所产生的内疚感、罪恶感和良心谴责的痛苦比较小，这些痛苦比起他干坏事所得到的快乐和满足是微不足道的，因而不足以阻止他继续违背道德干坏事。

一个人的良心具有使他遵守道德规范之作用，因而便极其有利于社会和他人。那么，它是否也有利于自己呢？是的。因为，一方面，良心能够使自己遵守道德，显然意味着，良心能够使自己具有美德：美德是经常遵守道德的结果；另一方面，良心能够使自己达到无私利人的崇高境界，显然意味着，良心能够使自己具有最崇高的美德。这样，良心对自己的作用，与美德对自己的作用便是一样的：良心就其直接作用来说，无疑是对自己的某些欲望和自由的压抑、侵犯，因而是一种害和恶；但就其间接的、最终的作用来说，却能够防止更大的害或恶（社会和他人的唾弃、惩罚）和求得更大的利或善（社会和他人的赞许、赏誉)，因而是净余额为利的害，是净余额为善的恶，是必要的害和恶。所以，根本地、长远地看，良心对自己是极其有利的，是自己在社会安身立命之本，是自己的最根本、最重大的利益。

于是，总而言之，我们便可以得出一条良心强弱与遵守道德以及利害人己的关系的正比例定律：社会对于每个人品德好坏的赏罚越公正，他做一个好人的道德需要便越强，他的良心便越强，他遵守道德所带来的自豪感和良心满足的快乐便越强大，他违背道德所产生的内疚感、罪恶感和良心谴责的痛苦便越深重，他便越能够克服违背道德的欲望而遵守道德，他的品德便越高尚，他便越有利于社会和他人，他自己——长远地看——从中所得到的利益也就越多，最终社会的道德风气便越良好；反之，社会对于一个人品德好坏的赏罚越不公正，他做一个好人的道德需要便越弱，他的良心越弱，他遵守道德所带来的自豪感和良心满足的快乐便越弱小，他违背道德所产生的内疚感、罪恶感和良心谴责的痛苦便越薄弱，他便越容易顺从不道德的欲望而违背道德，他的品德便越卑鄙，他便越可能有害于社会和他人，他自己——长远地看——从中所遭受的损害也就越多，最终社会的道德风气便越败坏。这就是被良心的起源和本性所决定的良心作用之定律。

名誉起源的研究表明，一方面，每个人都有希望他人做一个好人的道德需要，因而便会对他人的行为是否符合道德进行评价，从而因自己希望他人做好人的道德需要是否被他人的行为所满足而赋予他人以荣誉或耻辱；另一方面，名誉攸关自己最为根本的利害，因而每个人无不具有极为深重的名誉心。这样一来，当一个人的行为符合道德规范、具有正道德价值，那么，他便会从社会和他人那里得到好名誉、得到荣誉、得到荣誉所带来的巨大利益，他的极为深重的名誉心便会得到满足而体验到巨大的快乐；反之，如果他的行为违背道德规范、具有负道德价值，那么，他便会从社会和他人那里得到坏名誉、遭受耻辱和舆论谴责及其所造成的巨大利益损失，他的极为深重的名誉心便得不到满足而体验到巨大的痛苦。于是，荣誉、好名誉便通过给予行为者以巨大的快乐、利益，而极有成效地推动他遵守道德；而耻辱、坏名誉则通过使行为者遭受巨大的痛苦、损害，而极有成效地阻止他违背道德。这就是被名誉的起源所决定的名誉的基本作用。

“众人所指，无病而死”这句格言，十分生动而准确地道出了名誉——荣誉和耻辱——使人遵守道德的巨大力量。一个人要是大家都说他坏，大家都背后指他的脊梁骨，那他没有得病也会死啊！所以，名誉具有一种极大的力量，从而能够使人遵守道德，避免舆论谴责，求得舆论的赞扬。名誉这种使人遵守道德的力量之巨大，确实往往强大于良心。但是，名誉之使人遵守道德，和良心不一样。良心是自我道德评价，是每个人自身的内在的力量，因而是无可逃避的，它总是使人真诚地遵守道德，它使人遵守道德是没有什么负作用的。反之，名誉却是人们之间相互的道德评价，是作用于每个人的外部力量，是可以逃避的：它既可能使人真诚地遵守道德，也可能使人假装遵守道德。因此，名誉使人遵守道德，往往有相当大的负作用，这种负作用就表现在：人们在名誉心的驱使下，既可能真诚遵守道德而追求光荣，也可能假装遵守道德而追求虚荣。

因为，人要想求得好名誉，说到底，你就得有所成就，在各个方面要做出成绩来。这样，你才能得到好的名声。而人们要想做出成就，有两种途径。一种是做出真的成就，真正做出成就来，真正干一番轰轰烈烈的伟大事业。这就是追求光荣。所谓追求光荣，就是你通过作出真实的成就，来赢得他人的好评。追求光荣是通过一个人做出真实的成就，通过一个人有所作为、有所成就、有所创造、有所发明来实现的。因此，光荣的追求乃是最具有道德价值的，是人类历史前进的动力之一。很多大思想家，都是出于对光荣的渴望而写出一部又一部旷世名著的。像托尔斯泰，人们问他为什么写了那么多书啊？托尔斯泰答道：就是为了追求光荣！所以，对光荣的追求是一种具有正道德价值的并能够推动人类前进的动力！因此，鲍尔生说："最高的名望和荣誉是大多数曾给历史带来转折点的人们的最强有力的动机——在亚历山大、恺撒、弗里德里希、拿破仑那里就是这样。而且，假如在人的记忆中没有对荣誉、名望和不朽的憧憬，伟大的精神和艺术成就也就不可能获得。"就是对于光荣的渴望，使得拿破仑这个科西嘉岛的一个穷光蛋，做出了一系列的丰功伟绩。对光荣的追求是非常好的，一个人要是没有强烈的光荣欲，他注定一生会庸庸碌碌，一事无成。所以茅盾说，一个青年人，如果他不以为世界是他的，那么他注定是一个庸人。

但是，名誉心使人追求好名誉，还有另一种途径，那就是通过自欺欺人和贬低他人，取得假的成就。假的成就也是成就，也能给他带来好名誉啊！通过假的成就来取得好的名声，就叫做虚荣心。这就是为什么，人总是好贬低别人的缘故。"同行是冤家"！你看，瓦匠恨瓦匠，保姆恨保姆，学者恨学者。"文人相轻，自古而然，于今为烈"！为什么呢？说来说去，就是虚荣心造成的。因为自己取得成就很难，那么怎么办呢？贬低别人！如果别人没有成就，别人什么也不是了，那我不就好了吗？别人啥也不是，那我不就有成就了吗？所以，人们往往都要贬低别人，都有这样的一种心理倾向，你很难从同行的口里听到对同行好的评价。有的时候好的评价都是很违心的，他不得不承认的。不承认，人家就看出你是虚荣心在作祟，看出你是伪君子了，看出你是想贬低别人了，所以他才承认。

因此，人的名誉心，固然能够使他遵守道德、是一种好的东西，但是它使人遵守道德，有巨大的负作用：不是追求光荣，而是追求虚荣。因此，面对名誉这种使人遵守道德的巨大力量，每个人却可能有两种相反的选择。一种是，名誉的巨大力量使他产生了与自己的良心一致的名誉心，亦即对光荣的渴求。他凭着自己的良心追求光荣，真诚对待社会和他人：老老实实遵守而不违背道德，从而赢得荣誉、避免耻辱和舆论谴责。另一种则是，名誉的巨大力量使他产生了与自己的良心相反的名誉心，亦即虚荣心。他昧着良心追求虚荣，欺骗社会和他人：自己并不遵守道德，却设法使社会和他人相信自己遵守道德，从而赢得荣誉、避免舆论谴责。显然，一个人不应该昧着良心、追求虚荣；而应该凭着良心、追求真正的光荣。但是，细究起来，追求真正的光荣、追求名副其实的荣誉，也有两种相反的方式：自我异化和自我实现。

自我异化方式的特点是：为了求得荣誉，便放弃自由、违背自我意志而屈从社会和他人意志，从而赢得社会和他人的赞誉。选择这种方式的人，与其说是按照良心不如说是按照名誉行事。反之，自我实现方式的特点是：虽然是为了得到荣誉，却仍然坚持自由、按照自己的意志，从而实现自己的潜能，成为一个可能成为的最有价值的人，最终赢得社会和他人的赞誉。选择这种方式的人，与其说是按照名誉不如说是按照良心行事。这个道理，被果戈理写成了小说《画家》，我读了很受感动。故事讲有两个渴慕光荣的画家，一个在本地作画，一个则到意大利去学画。在本地作画的画家为了得到真正的光荣，自我异化了。为什么呢？因为他不是按照自己的意志去作画，而是按照他人的意志，迎合社会的需求。社会需要大红大绿，他就画一些大红大绿的画。贵夫人需要被画得更美一些，他就曲意逢迎，将贵夫人脸上的斑点和缺陷去掉。结果他取得了极大的成功，荣耀无比，银元滚滚而来，一发不可收拾。但是，这是一种自我异化的荣誉和幸福。另一个到意大利去学画的画家则特立独行，标新立异，默默无闻，潜心作画七年。七年之后，回来举行画展。他的那位大红大紫的朋友仔细看了画展，不得不承认这是真正原创性的、划时代的。他就把这些画全部买下。买下来干什么？他都给烧了！变为灰烬！他太嫉妒啦！太痛苦啦！是不是？这两位画家就代表追求真正的光荣的两种方式：自我异化方式与自我实现方式。

遗憾的是，绝大多数人，恐怕都会选择做第一个画家：不是用自我实现的方式，不是用自由的方式，而是用异化的方式，用屈己从众的方式，来求得荣誉、光荣。为什么呢？因为荣誉是社会和他人给的，这样，你要想求得荣誉，最好的方法，最聪明的方法，最便捷的方法，最稳妥的方法，就是按照社会和他人的意志来做，而不是按着自己的意志来做，不是按照与社会、他人不同的意志来做。你要是按照与社会、他人不同的、自己特有的意志去做，那么你想想，你就会遭到社会和他人的反对。你不但不会得到荣誉，你还会得到毁誉！你要是按照社会和他人的意志——而不是按照自己的意志——也就是按照自我异化的方式，去追求光荣，那么你做出的成就，即使不是什么真正的成就，也会得到社会和他人的好评，你也会得到荣誉，这样你就会得到现实的幸福。你要是追求自我实现，追求自由，你要是按照自己的意志而不是按照社会和他人的意志来追求光荣，那么，你注定一生坎坷。所以，古往今来，真正有所创造的，真正有大成就的人，那些划时代的圣贤，注定都是一生坎坷啊！当然不是绝对的，但绝大多数是服从这个规律的。少数的幸运儿是有的，那就是当社会和他人的意志与自己的意志相一致的时候。只有在这种时候，你以自我实现的方式来求得光荣，你才能够顺利地求得光荣，你才能够享有现实的幸福。

然而，真正有创造性的人，他个人的意志总是与社会、他人的意志不一样，否则他就是学习而不是创造，他就不是一个原创性的思想家，不是一个原创性的政治家。因为你的意志要是不和别人的意志一样，那你按照别人的意志做，最多不过是模仿、学习，而绝不会是原创；只有在你的意志和别人的意志不一样，你的见解与别人不一样，你坚持你的见解，继续做下去，那么你最终赢得的成就，才是真正创造性的、原创性的，那才是真正的自我的创造性潜能之实现。那么，这样的人，你想想，他能得到现实的幸福吗？他不能！他有个性，他有创造性，众人能容他吗？不可能！

这就是为什么，古代的圣贤，绝大多数的圣贤，甚至所有的圣贤，都蔑视名誉的原因！为什么蔑视名誉？有人说可能是他们不好名。这是错的。道家对这一点看得很通。道家说，富贵、名誉都是好东西，但是我为什么不要？因为我要是要它的话，我将失去我的性命，失去我的本真，失去更好的东西！所以，我不要名誉这些东西，不是因为我们没有深重的名誉心。我蔑视名誉不是因为我不要脸，没有名誉心，而是因为我有更加伟大的东西，那就是自我实现，那就是原创性，那就是成为一个划时代的大思想家。所以，马克思在他的《资本论》的序言最后引用了但丁的那一句话："走自己的路，让别人去说吧！"这句话所体现的，其实就是圣贤对众人评价的蔑视，对于名誉的蔑视。

其实，马克思的名誉心——你看一看他的传记就知道——是很强的，我用一个例子就可以证明这一点。他的一个好朋友库格曼医生有一次对他说：你太伟大了，但小事你可能看不清。所以，那些小事你就别做了，让恩格斯、拉萨尔、李卜克内西他们去做这不就行了吗？马克思大怒，从此翻脸不理库格曼。马克思很蔑视名誉，但是，他内心深处，却有着最深重的对名誉的渴求，那种对别人的好评的需要，否则他怎么会翻脸呢？但是马克思的一生确实表现出对名誉心的蔑视。他为什么有那么深重的名誉心，却还蔑视名誉呢？因为他有更加深重和巨大无比的自我成就的需要：写出一部划时代经济学巨著《资本论》，做一个原创性的伟大的划时代的思想家。这个东西往往与名誉不能两全，却比名誉更重要：这就是马克思们渴望荣誉同时又蔑视荣誉的根本原因。

所以，古代圣贤蔑视名誉的最根本的原因就在于，光荣的追求与自我实现的追求或原创性的追求往往水火不容、格格不入，特别是在专制社会。所以，马克思等等，古往今来的那些圣贤，他们蔑视名誉，不是因为他们没有名誉心，而是因为他们有与名誉相矛盾的更重要的追求。所以，人们一方面是应该追求光荣，另一方面也应该走自己的路，蔑视众人的七嘴八舌，蔑视名誉，一定要蔑视它！否则，你就不能充分实现自己的创造性潜能，成为可能成为的最有价值的人。

但是，庸人自有庸人的道理。要想取得现实的幸福，要想得到爱情、想得到亲朋世人的爱戴拥护，自我异化确实是最有保障、最可靠的方法。相反，你要想自我实现，真正地实现你的创造性的潜能，恐怕就要一生清贫，甚至不为世人所接纳。而若是生活于专制社会，你就更要慎重考虑和琢磨了：究竟应该追求那一种光荣？是要生前的盛宴，还是要死后的声名？你要哪个？李白固然选择后者，但也不免咏叹："且乐生前一杯酒，何虑身后千载名"？陶渊明固然也选择了后者，但同样难免犹豫惶恐："胡为惶惶欲何之？"这恐怕就是为什么，人们盛赞那些特立独行的自我实现者的缘故：那是需要做出巨大牺牲的！

总之，以自我实现的方式追求荣誉，不但能够使人真诚地遵守道德，而且还能使人实现自己的创造潜能，成为一个可能成为的最有价值的人。所以，这种方式既极其有利自己，最终说来，又极其有利社会和他人。但是，以这种方式追求荣誉者——不论从名誉的本性来看，还是就历史和现实来说——往往要在他死后才能得到荣誉；而在他有生之年，却大都得不到社会和他人的理解而备受耻辱与舆论谴责之苦。反之，以自我异化的方式追求荣誉，固然能够使人真诚地循规蹈矩、遵守道德；但是，最终说来，却因其使人发生异化、丧失创造性而既不利于自己，又有不利于社会和他人。但是，以这种方式追求荣誉者,却必定能够如愿以偿,得到社会和他人的理解和盛赞,在他有生之年,便可望享尽荣华富贵。这就是为什么古往今来那些圣贤往往蔑视荣誉的缘故。显然,这种蔑视只意味着:荣誉往往导致自我异化;而并不意味着:不应该追求荣誉。人无疑应该追逐荣誉。但是,他不应该以自我异化的方式追求荣誉,而应该以自我实现的方式追求荣誉。

比较良心和名誉的作用,可以理解为什么先哲们无不盛赞良心却很少盛赞名誉。诚然,良心和名誉都是使人遵守道德的极其巨大的力量:名誉是人的外在名声,因而是使人遵守道德的外在力量;良心是人的内心信念,因而是使人遵守道德的内在力量。但是,良心使人遵守道德的力量是纯粹的、无负作用的:它只会使人遵守道德而不会使人背离道德。反之,名誉使人遵守道德的力量是不纯粹的、有负作用的:它使人遵守道德往往以使人陷于恶德——假仁假义和自我异化——为代价。名誉的负作用几乎是不可避免的,因而只有依靠良心来消解:如果一个人遭受了不该得的谴责,如果他因为追求自由、创新、自我实现而遭受轻蔑,他的良心便应该自豪,从而化解这种错误评价的压力;如果他得到了不该得的荣誉,如果他因为屈己从众、追赶时髦而赢得赞誉,他的良心便应该惭愧,从而改弦易辙而追求自由、创新、自我实现①。

因此,当每个人的名誉心与良心发生冲突时,应该牺牲名誉而服从良心:他若服从名誉便必定陷入虚荣而背离道德;他若服从良心便必定抛弃虚荣而遵守道德。不过,良心与名誉一样,对善恶的判断有时是错误的,因而有所谓正确的良心与错误的良心之分;正如有正确的名誉与错误的名誉之分一样。可是,错误的良心难道与正确的良心一样使人不差不错地遵守道德吗?究竟何谓正确与错误的良心或名誉?怎样才能避免良心与名誉的错误而使之正确?这无疑是一些极为复杂的难题,它们关涉到良心与名誉的评价标准和评价依据,说到底,它们是“应该怎样”进行良心与名誉的评价问题,是良心与名誉的主观评价问题;反之,良心与名誉的起源和作用,说到底,则是“为什么应该”进行良心与名誉的评价的问题,是良心与名誉的客观本性问题。良心与名誉的起源及其作用的研究,已使我们完成了“为什么应该”进行良心与名誉的道德评价问题;那么,究竟“应该怎样”进行良心与名誉的道德评价?

---

① Adam Smith, *The Theory of Moral Sentiments*, Edited by D. D. Raphael and A. L. Macfie, Clarendon Press, Oxford, 1976, p. 131.

四、文章憎命达

记得我看过一篇报道，说作家冯德英在一家电台工作的时候，悄悄地写小说。但是，要想人不知，除非己莫为，最后还是让台长知道了。台长想狠整一下冯德英，就在全台大会上批判冯德英，大叫道：你要是能写小说，还要巴金干什么？冯德英眼看在台里呆不下去了，只好离开电台，一门心思写小说，结果大获成功，写出了名噪一时的《苦菜花》，成为一代名作家。古人云，文章憎命达，文章穷而后工。确实如此。然而，问题在于，我们应该怎样评价领导的行为呢？从领导整冯德英的效果来看，是好的，《苦菜花》是领导整冯德英的结果嘛！但是，从领导整冯德英的动机来看，无疑是坏的，坏透了！这样一来，应该怎样评价呢？应该依据动机还是依据效果抑或既依据动机又依据效果？这就是良心与名誉的主观评价的难题。那么，究竟应该怎样进行良心与名誉的主观评价？

不言而喻，良心与名誉的评价过程，无非是运用一定的评价标准来评价自己的行为和他人的行为的过程。这两种评价的标准完全相同，区别只在于评价对象：良心是评价自己的行为而名誉是评价他人的行为。因为不论是评价自己的行为还是评价他人的行为，都同样是评价这些行为的道德价值，因而也就只能同样以道德规范作为评价标准：道德规范是良心与名誉的标准。然而，问题是：行为由动机与效果构成，二者有时并不一致。那么，当我们运用良心与名誉的标准对行为进行评价时，究竟是依据行为动机还是行为效果？

这是一个难题，古往今来一直争论不休。其实，对于行为本身的评价，应该只看效果而不看动机。你仔细想想，是不是这个道理？我们不是经常说“好心办坏事”吗？“坏事”、“事”，就是行为；“好心”、“心”，就是动机。你虽然是“好心”，但是你办出来的“事”，却恰恰相反，可能是坏事。这意味着什么呢？意味着对“事”或行为的评价，是不看动机只看效果。前几年媒体曾报道一个女孩的妈妈，因为孩子学习成绩很差，一怒之下就用铁棒打她，结果打死了！妈妈打女儿这个行为的动机是好的，“心”是好的，是望女成凤，但是，打死女儿这件事却是坏事。这就是“好心办坏事”。可见对这件事的评价，是只看效果不看动机。所以，领导整冯德英的行为本身是好的，是好事，因为这种行为的效果好，使他潜心著述，写出了《苦菜花》。

相反，对人的品德的评价，对人是好人还是坏人的评价，却应该只看动机不看效果。所以,“好心办坏事”的人是好人,“坏心办好事”的人是坏人。我当年就曾“好心办坏事”。那是 1974 年,我二哥要提升为白城市图书馆馆长。我当时在白城市市委宣传部工作,就向市委宣传部主管此事的一个干事打招呼,请他关照一下。结果他真的“关照”了一下。他对市委组织部讲:“不能让王海宾当图书馆馆长!因为他托弟弟说情求官”。本来,我二哥极可能当馆长的,结果,我好心办了坏事,他没有当成。那么,我是好人坏人呢?我哥仍然认为我是好人,对我仍然一往情深,丝毫没有怨恨我。我们在日常生活中经常能够看到这种情况,就是好心办坏事。但是我们并不恨这种人,对不对?为什么?因为他是好人。为什么我们认为好心办坏事的人还是好人呢?因为评价人的品德的好坏,只看心不看事,只看动机不看效果。所以,坏心办好事的人,歪打正着的人,我们还说他是坏人。比如说,有一个人,想要毒死他的竞争者,给他下了毒药。结果,不料竞争者有一种绝症,他下的毒药,以毒攻毒,一下子把他的绝症给治好了。那么,你说,这个下毒的人,他是坏人还是好人呢?他坏心办了好事,办了一个特大的好事。但是,我们说,他还是坏人。所以,领导整冯德英的行为所表现的领导者的品德是不好的,因为领导整他的动机显然是不好的。

可见,良心与名誉的评价依据应该分别论:对行为本身的评价只应该看效果;对行为者品德的评价只应该看动机。因此,所谓动机效果统一论的观点是不能成立的。因为,动机效果一致的时候,你可以“统一论”。例如,好心办好事的动机与效果是一致的,那么,不论依据动机还是依据效果都可以说,好心办好事者是好的、道德的。坏心办坏事的动机与效果是一致的,那么,不论依据动机还是依据效果都可以说,坏心办坏事者是坏的、不道德的。但是,当动机与效果矛盾的时候,“统一论”就不适用了。一个人要是好心办了坏事,我问问你,你怎么统一论啊?你怎么能够既依据动机又依据效果?如果对行为者品德进行评价既依据动机又依据效果,那么,我们就既不能说好心办坏事者是道德的,也不能说他是不道德的,而只能说他既是道德的,又是不道德的:依据动机是道德的,依据效果是不道德的。这岂不荒唐之极?

弄清了良心与名誉的评价标准及依据,也就可以解析良心与名誉评价之真假对错了。真的或对的良心与名誉之根本特征,就是与所评价的行为之实际道德价值相符;假的或错的良心与名誉之根本特征,就是与所评价的行为之实际道德价值不相符。举例说,我当年渴望成名成家而刻苦读书,领导和同事们却认为我走“白专”道路是不道德的(这是我的名誉);我自己最终也觉得自己成名成家的思想是不道德的(这是我的良心)。我的这种良心和领导、同事们赋予我的这种名誉都是假的、错误的，因为它们不符合成名成家的实际道德价值：成名成家事实上具有正道德价值。

不难看出，良心与名誉之真假，主要讲来，取决于所信奉的道德规范之对错。良心与名誉是真的、正确的，往往因为所信奉的道德规范是优良的、正确的；良心与名誉是假的，往往因为所信奉的道德规范是恶劣的、不正确的。试想，我之所以觉得自己成名成家的思想是不道德的（良心是假的、错的），主要讲来，岂不就是因为我所信奉的道德原则是恶劣的、不正确的？岂不就是因为我错误地否定为己利他而片面地认为无私利他是评价行为是否道德的唯一准则？如果良心与名誉是假的，并不是因为所信奉的道德规范是恶劣的、不正确的，那一定是因为对自己和他人行为——动机和效果——的事实判断是假的：对于名誉来说尤其如此。试举一例。张三在自选商场实际上并没有偷商品。可是，不知为何，防盗警报却响起来。保安人员赶来，把张三带走了。于是，他的一些熟人和朋友便认为张三偷了东西（对评价对象事实如何的判断是假的）。因此，他们便都认为张三缺德（名誉是假的、错的）。所以，人们之所以对于张三名誉的评价是假的，完全是因为他们误以为张三偷了东西：对评价对象事实如何的判断是假的。

错误的良心与名誉和正确的良心与名誉，同样能够使人遵守道德，不论这种道德是多么荒唐。想想看，恐怕再也没有比"女人应该裹小脚"的道德规范更为荒唐的了！但是，问一下我们上一辈的人就可以知道，信奉这种道德规范的错误的良心与名誉，与那些正确的良心与名誉同样能够使人遵守它们所信奉的道德规范。"因此"，达尔文说，"极为离奇怪诞的风俗和迷信，尽管与人类的真正福利与幸福完全背道而驰，却变得比什么都强大有力地通行于全世界"①。错误的良心与名誉，一般说来，并不影响使人遵守道德的巨大力量。然而，唯有正确的良心与名誉才能使人遵守优良道德，从而才能够做出真正的善行；而错误的良心与名誉则只可能使人遵守恶劣道德，从而便可能使人陷入真正的罪恶。

想想看，当年纳粹分子受着诸如"应该灭绝犹太人"的错误的良心与名誉的鼓舞，曾做出了多少惨绝人寰的真正的罪恶：短短几年间就有600万犹太人因此命丧黄泉！所以，只有按照正确的良心与名誉的道德指令而行，行为者才能因其遵守优良道德而做出真正的善行；错误的良心与名誉或者只可能使

---

① Charles Darwin, *Descent of Man and selection In Relation to Sex*, John Murray, Albemarle Street, W. London, 1922, p. 186.

行为者的行为遵守恶劣道德，从而便可能使行为者的行为陷入真正的罪恶。这就是良心与名誉的真假之意义之所在。这种意义表明，与其说良心与名誉，不如说正确的良心与名誉，是实现道德的真正途径，至少是实现优良道德的唯一途径：正确的良心是使人遵守道德的内在途径，是实现优良道德的唯一的内在途径；正确的名誉是使人遵守道德的外在途径，是实现优良道德的唯一的外在途径。

如果一个人，他遵守道德，遵守到一定的程度，不是一次、两次、偶尔的行为遵守道德，而是一系列的、长期的、恒久的行为遵守道德，那么，道德就会由外在的社会规范，转化为他的内在品德，从而变成了他的美德。道德一旦内化为他的美德，即使没有良心和名誉这些东西来约束他，他也能够自动地、主动地、心甘情愿来遵守道德，追求美德了。这个时候，这个人就达到了“慎独”的境界。所谓“慎独”就是即使没有人注视着你，他也能够遵守道德。这个时候道德就得到了实现：美德是道德的实现。那么，究竟什么是美德？美德的本性是什么？人们为什么会追求美德？相反的，还有很多人，甚至每一个人，并不纯粹追求美德，而还追求恶德？人没有完全追求美德的，他可能甚至恒久地追求恶德，而不追求美德。如此等等，原因何在？人们的品德究竟是如何形成与发展的？究竟应该如何培养人们的品德？这是下一讲“品德”的研究对象。

第十二讲

品德：优良道德之实现

■ 本讲提要

国民总体品德发展规律可以归结为四条。(1) 德富律：一个社会的经济发展越快，物质财富增加得越多，对于这些物质财富的分配越公平，人们的生理需要、物质需要相对满足的程度便越充分，因而人们做一个好人的道德需要和欲望便越多，人们的品德便越高尚。(2) 德福律：一个国家的政治越清明，人们的德福便越一致，人们做一个有美德的人的动力便越强大，他们做一个有美德的好人的道德愿望便越强大，他们善的动机便越强大以至能够克服恶的动机和实现善的动机的内外困难，他们的道德意志便越强大，他们的品德便越高尚。(3) 德识律：一个国家的科教文化越发达，该国国民普遍的认识水平便越高，国民普遍的道德认识水平便越高，国民的品德便越高尚。(4) 德道律：道德越优良，它给予每个人的压抑和损害便越少，而给予他的利益和快乐便越多，于是人们遵守道德从而做一个有美德的人的动力、道德欲望、动机以及道德意志便越强大，因而他们的品德便越高尚。基于国民总体品德发展四大规律，国民总体品德培养方法便可以归结为"宪政民主"、"市场经济"、"优良道德"和"思想自由"四大制度建设。因为一个国家的制度越接近四者，该国的政治便越清明、经济发展便越快、财富分配便越公平、科教文化便越繁荣、所奉行的道德便越优良；这样一来，国民的德福便越一致、物质需要的相对满足的程度便越充分、做一个有美德的人的道德欲望和道德认识以及道德意志便越强烈，从而国民的品德便越高尚。

一、“忠君”究竟是恶德还是美德

记得 1962 年，我在读小学五年级，迷上了《说岳全传》，在煤油灯下夜读。最令我不能释怀的是，岳飞挥师追赶金兀术，眼看就要大获全胜、迎回徽宗和钦宗，却被宋高宗 12 道金牌召回朝廷，冤死在风波亭。我当时极为困惑不解，因为“将在外，君命有所不受”。岳飞为什么在“收拾旧山河”的成败关键时刻，一定要听从君命？为什么宁可牺牲民族、家国和自己的性命，也要一定忠君？这个问题，后来在我沉溺于伦理学研究时，又时时浮现，令我苦恼：岳飞忠君究竟是一种美德还是恶德？忠君违背政治自由和政治民主原则，无疑是一种恶劣道德；而内化恶劣道德的品德岂不是恶德？这些问题一直到我研究品德概念的时候才豁然开朗。

原来，所谓“德”，正如朱熹所言，就是“得”，就是按照道德规范去行事而心有所得：“德者，得也。行道而有得于心者也。”[①]品德与“德”、“德性”、“道德品质”、“道德自我”、“道德人格”、“道德个性”等等无疑都是同一概念，都是长期遵守或违背道德的行为所表现和形成的稳定的、恒久的、整体的心理状态，是一个人长期遵守或违背道德的伦理行为所形成和表现出来的稳定的心理自我、道德人格或道德个性：长期遵守道德的行为所形成和表现出来的稳定的心理自我、道德人格或道德个性，就叫做美德；长期违背道德的行为所形成和表现出来的稳定的心理自我、道德人格或道德个性，就叫做恶德。

可是，问题在于：道德有优劣之分。遵守优良道德而形成的道德人格无疑是美德；但遵守恶劣道德所形成的道德人格也是美德吗？违背优良道德而形成的道德人格无疑是恶德；但违背恶劣道德所形成的道德人格也是恶德吗？这显然是一个难题。破解这一难题的答案恐怕只能是：一个人因遵守道德——不论这种道德是优良的还是恶劣的——而形成的品德就叫做美德；因

① (南宋)朱熹：《四书集注·论语·学而篇》。

违背道德——不论这种道德是优良的还是恶劣的——而形成的品德就叫做恶德。最能说明这个道理并且极具理论和现实意义的，恐怕就是解析孔子所倡导的“君君臣臣”这一道德规范。

所谓“君君臣臣”，如所周知，是说君必须像君所应该的那样，亦即“应该做明君”或“应该做开明的、仁慈的君主”；臣必须像臣所应该的那样，亦即“应该做忠臣”或“应该忠君”：“君君臣臣”就是“应该做明君”和“应该忠君”。那么，这两种道德规范究竟是优良的还是恶劣的？都是恶劣道德！因为“应该做明君”、“应该忠君”的道德规范与忠君、明君的实际道德价值不相符：忠君和明君都因其维护、实行君主制而直接违背“政治自由”和“政治平等”道德原则，最终违背“增进每个人利益”的道德终极标准，因而都具有负道德价值，都是不应该的。

既然忠君和明君具有负道德价值，是不道德、不应该的，那么，孔子所倡导的“君君臣臣”的道德规范，便因其与忠君和明君的道德价值不相符，而都是恶劣道德规范。反之，“应该民主”或“不应该倡导忠君和明君而应该代之以民主”则是优良道德规范，因为它们与民主的道德价值相符：民主符合“政治自由”和“政治平等”道德原则，最终符合道德终极标准——“增进每个人利益”，因而具有正道德价值，是应该的。

“应该民主”与“应该忠君”（或“应该当明君”）的道德规范虽有优劣之分，但遵守二者所形成的品德，却同样都是美德。试想，遵守“应该民主”这种优良道德规范而形成的热爱民主、平等和自由的品德，无疑是一种美德；而违背“应该民主”所形成的独裁专制之品德，无疑是一种恶德。同样，遵守“应该忠君”和“应该做明君”这两种恶劣道德规范而形成的忠君、忠臣和明君、开明君主的品德，岂不也是一种美德？而违背“应该忠君”和“应该做明君”这两种恶劣道德规范所形成的欺君、奸臣和昏君、暴君的品德，岂不也是一种恶德？谁能说岳飞忠君、忠臣的品德不是美德而是恶德？谁能说尧舜禹等明君的品德不是美德而是恶德？谁能说秦桧欺君、奸臣的品德不是恶德而是美德？谁能说夏桀商纣等昏君、暴君的品德不是恶德而是美德？然而，实在令人困惑：究竟为何遵守恶劣道德所形成的品德不是恶劣的品德、恶德反而是美德？遵守恶劣道德所形成的品德，顾名思义，岂不正是恶劣的品德吗？

原来，如果有道德，哪怕是恶劣道德，社会也能够存在、发展；但如果没有道德，社会必定崩溃。所以，即使是恶劣道德，也远比没有道德好；因而即使遵守恶劣道德也远比不遵守道德好。因为即使遵守恶劣道德，社会也能够存在、发展；但如果不遵守道德，社会必定崩溃。这样，“应该忠君”和“应该做明君”固然是恶劣道德规范，但遵守这种恶劣道德，总要比不遵守道德好得多，忠臣总比奸臣好得多，明君总比昏君和暴君好得多，岳飞总比秦桧好得多，尧舜禹总比夏桀商纣好得多。所以，虽然“应该忠君”和“应该做明君”是一种恶劣道德规范，但我们仍然说遵守这种道德所形成的品德是一种美德，而不遵守这种道德规范所形成的品德是一种恶德。这就是为什么我们说岳飞的忠君是美德，而秦桧的欺君是一种恶德的缘故，这就是为什么遵守恶劣道德所形成的品德也是一种好品德而不是坏品德，也是一种美德而不是恶劣品德的缘故。

因此，只有不遵守道德——既不遵守优良道德也不遵守恶劣道德——所形成的品德才是恶德；而只要遵守道德——不论是优良道德还是恶劣道德——所形成的品德都是美德。但是，这两种美德的道德价值根本不同。遵守恶劣道德的行为及其所形成的美德，固然具有保障社会存在的效果从而具有莫大的正道德价值；然而，就其自身来说，却是不应该、不道德的。所以，遵守恶劣道德所形成的美德乃是一种具有不应有的负作用和负道德价值的不纯粹的美德，是一种具有不必要和不应有的损害的美德，是一种具有不必要的恶的美德。我们怎么能忘记，两千年来，吾国吾民遵守儒家的“君君臣臣”、“应该做明君和忠君”的恶劣道德的行为及其所形成的美德，固然保障了中国的存在和缓慢发展，却具有何等严重的不应有的负作用啊！它们不但极其严重地侵犯和剥夺了每个人的政治自由和政治平等权利，使每个人遭受政治奴役而发生政治异化；而且更因剥夺个人自由而使人们不能实现自己的创造性潜能——自由是每个人实现自己创造性潜能最根本的必要条件——从而必定使社会停滞不前！这就是中国自从罢黜百家、独尊儒术以来一直踏步不前的最深刻的原因。

反之，遵守优良道德不具有任何不应有的负作用：遵守优良道德的行为及其所形成的美德，就其本身来说，也是一种具有正道德价值的、应该的、道德的行为和美德。所以，遵守优良道德所形成的美德是不具有任何负道德价值的纯粹的美德，是一种不具有任何不必要和不应有的损害的美德，是一种不具有任何不必要的恶的美德。这样，遵守优良道德便不但能够保障社会存在、发展，而且必定推动社会迅猛前进，极大地增进每个人利益。

因此，在任何情况下，人们都应该寻求否定恶劣道德的优良道德，都应该为优良道德取代恶劣道德而努力斗争：伦理学——关于优良道德的科学——的意义全在于此！当然，如果这种斗争还没有能够使优良道德得到社会认可，那么，人们还是应该遵守恶劣道德，还是应该拥有遵守这种恶劣道德所形成的美德。因为道德是社会所制定或认可的行为规范，没有得到社会认可的行为规范——不论这些规范如何优良——就仅仅是行为规范而并不是道德，更不可能是优良道德。所以,如果优良道德还没有得到社会认可,那么,社会就等于没有优良道德而仅仅存在恶劣道德。这样,在优良道德还没有得到社会认可的情况下,人们就应该遵守恶劣道德;否则,岂不就等于不遵守任何道德?那样一来社会岂不必定崩溃?这似乎就是苏格拉底宁死也遵守在他看来无疑是恶劣的法律和道德——一切法律同时都是道德——而不逃生的缘故。所以,在任何情况下,每个人都应该遵守道德和追求美德:有优良道德便追求遵守优良道德的美德;无优良道德则追求遵守恶劣道德的美德。可是,问题的关键在于,究竟为什么一些人会长期遵守道德从而具有美德?反之,另一些人为什么会长期违背道德从而具有恶德?一个人究竟为什么应该具有美德而不应该具有恶德?这就是品德本性之难题,亦即今日西方美德伦理学的根本问题:一个人究竟为什么是道德的?

二、吃小亏占大便宜与占小便宜吃大亏

西方美德伦理学最根本也是最首要的问题就是:为什么是道德的?这一问题现在在西方伦理学界研究得很热,而我国伦理学界在这方面的研究则相对较少,无法和西方学界对话。"为什么是道德的?"这一问题同时也蕴含着:"为什么是不道德的?"也就是说,人为什么会追求美德?又为什么会陷于恶德?当我深入探究这个问题时,居然发现,这些困扰着今日西方伦理学家们的难题之答案,就在中国的两句俗语之中。这两句俗语就是:"吃小亏占大便宜"与"占小便宜吃大亏"。

原来,人们之所以追求美德或背离美德而陷入恶德,乃是由美德和恶德的价值——美德和恶德对于其拥有者都既是一种"善"同时又是一种"恶"——所决定的:"善"与"好"和"正价值"是同一概念,就是客体有利于主体的需要、欲望和目的的效用性;"恶"与"坏"和"负价值"是同一概念,就是客体有害于主体的需要、欲望和目的的效用性。所以,罗素说:"当一个事物满足了愿望时,它就是善的。或者更确切些说,我们可以把善定义为愿望的满足。"①不过,罗素这一真知灼见早在两千年前就已经被孟子极为精辟地概括为五个字:"可欲之谓善"②。

---

① 罗素:《伦理学和政治学中的人类社会》,肖巍译,中国社会科学出版社 1992 年版,第66 页。
② 《孟子·尽心上》。

这样一来，美德就是一种必要的恶。因为，就美德本身来说，它是对人的欲望、自由的一种压抑、一种限制、一种侵犯。因此，就它本身来说，它是一种"恶"。只有就美德的结果来说，美德才是一种"善"。比如说，"节制"是古希腊人所崇奉的四个主要德性之一，是一种非常重要的美德。但是，就"节制"本身来说，它是对人的欲望的一种压抑，因而是一种恶。就拿我们最熟悉的一种节制"适量饮酒"来说。我当年嗜酒如命，适量饮酒或甚至是戒酒，对我来说，是非常痛苦的。因为，这是对我的非常重要的欲望的压抑、限制和损害，因而是一种恶，一种非常重要的恶。但是，就它的结果而言，这却能够使你健康长寿，使你能够有时间和闲暇，保持清醒的头脑，来从事学问，从而使你创造性的潜能能够得到实现，成为一个可能成为的最有价值的人。这样，适量饮酒或戒酒的结果就是一种"利"，是一种"善"。它远远大于"戒酒"本身的恶。所以，戒酒、节制、美德的净余额是巨大的善和利。这就是美德的本性，就是人们为什么会追求美德的原因。

那么，人们为什么还是会陷于"恶德"呢？这是因为，"恶德"和"美德"相反，就它本身来说，乃是一种善，是一种利，是一种解放，而不是对你欲望的一种压抑。你想一想，放纵多快活啊！我们有时说"人得放纵一下"。其实，"放纵一下"那就是"缺德一下"。"放纵"显然是一种"恶德"。但"放纵"非常快乐。我有的时候也想："戒酒太累了！算了，放纵一下吧，喝！"有一次，有位朋友到我家，我一下子喝了四两六十度的白酒，喝的时候特别高兴，什么节制，见鬼去吧！但第二天就觉得身体不舒服。所以，"放纵"本身是一种解放，是一种"善"，是一种"利"；但是，放纵的结果却是一种恶，并且，放纵等恶德结果的恶和害远远大于其本身的"善"和"利"，因而其净余额是"恶"和"害"。

恶德的净余额是一种害和恶，而美德的净余额是一种善和利。那么，人们为什么还是那么容易陷于恶德而背离美德呢？人们为什么很难真正地向往和追求美德呢？仔细分析一下，就会发现，原来，恶德的净余额虽然是一种恶和害，但是这种恶和害是一种结果恶而不是本身恶，因而是未来的、不确定的、说不准的。反之，美德的净余额虽然是一种善和利，但是这种善和利也是一种结果善和利，而不是本身善和利，因而也是是一种遥远的、将来的、不确定的、说不准的。这样一来，美德作为一种善，到底能带来多大好处，只有未来才能知道，因为它是一种结果善；而恶德作为一种恶，也是作为结果存在的，也是要到若干时间以后，甚至是在遥远的未来才能看到的。相反，美德本身是恶的，因而它的恶是眼前的，看得见的。你助人为乐、自我牺牲，你被截肢了，马上就会痛苦。但是，恶德本身是"利"和"善"，因而它的善和利也是眼前的，看得见的，当下亲自能够感到的，而它的“恶”和“不善”却是遥远的、不确定的。这就是人们为什么陷于恶德的原因，也是人们为什么追求美德的原因。追求美德的人都是比较理智的，有着长远的打算，他的欲望是被理智所约束的，他是有远大的见识和抱负的人，这样的人会倾向于美德；而急功近利、鼠目寸光的人，就容易追求恶德。这就是美德和恶德的真正的本性和人们为什么是有美德的以及为什么会陷于恶德的真正的原因。

因此，一个人陷入恶德的原因，说到底，可以概括为七个字“占小便宜吃大亏”：为了占有当前的、近的、确实的小利小善，而不顾尔后的、远的、不确实的大恶大害，为了眼前小利而不顾日后长远大害。相反的，一个人追求美德的原因，说到底，也可以归结为七个字“吃小亏占大便宜”：为了占有尔后的、远的、不确实的大利大善，而宁愿承受当前的、近的、确实的小恶小害，为了日后长远大利而忍受眼前小害。因此，一个人追求美德还是陷入恶德，说到底，乃是他有无智慧的结果和标志：陷入恶德是“占小便宜吃大亏”，得不偿失，显然是一种真正的愚蠢和不智，是愚蠢和不智的结果；反之，追求美德是“吃小亏占大便宜”，得大于失，无疑是一种真正的智慧，是智慧的结果。所以，孟子曰：“夫仁，天之尊爵也，人之安宅也。莫之御而不仁，是不智也。”

这样一来，美德的追求便因其是智慧使然而最终是学习的结果；反之，恶德的陷入则因其是不智使然而最终是不学的结果。因此，恶德便比美德更接近人的本能：美德的形成是困难的，它是学习的结果，它必须有一定的学习过程，必须有一定的教育、经验和训练；反之，恶德的形成则是容易的，它是不学而能的，是人的自然倾向。因此，每个人一生下来，最初总是因其尚无智慧而自愿接受恶德，他接受美德而遵守道德实出于被社会和他人所迫：道德最初总是他律的，总是作为一种外在的东西强加于每个人。只有随着学习和经验的积累以及道德教育训练，一个人才会因具有一定的智慧而逐渐懂得美德的利益和恶德的不利，他才能自觉地克服恶德而自愿追求美德。

三、坏人也有美德和处于美德境界吗？

当一个人追逐美德或陷入恶德达到一定程度时，他就进入了美德境界或陷入了恶德境界。不过，当我们进一步考察品德的这些境界时将会发现，“品德境界”是个很难界定的概念：它与“品德”概念根本不同。因为，任何人，不论他多么坏，哪怕他是个十足的坏人，他或多或少也总会有一些美德，如勇敢或勤奋等等。但是，我们能因此就说他——一个坏人——处于美德境界吗？显然不能。无论他多么勇敢勤奋，我们只能说他处于恶德境界。反之，任何人，不论他多么好，即使他是个十足的好人，他或多或少也总会有一些恶德，如拼命工作，甚至嗜酒如命，以致英年早逝，违背了"贵生"道德而堕入轻生之恶德。但是，不论他何等的轻生和嗜酒，我们能说他——一个好人——处于恶德境界吗？显然不能。我们只能说他处于美德境界。

因此，品德境界与品德不同，好人与坏人都具有美德与恶德；但只有好人处于美德境界而坏人则处于恶德境界：美德境界就是好人的品德境界；而恶德境界则是坏人的品德境界。显然，好人或处于美德境界的人，虽然有美德也有恶德，但必定以美德为主，美德必定居于主要的、决定性的、支配性的地位；反之，坏人或处于恶德境界的人，虽然有恶德也有美德，但必定以恶德为主，恶德必定居于主要的、决定性的、支配的地位。那么，这种将好人与坏人以及美德境界与恶德境界区别开来的主要的、决定性的、支配性的品德究竟是什么？就是"善"与"恶"！

因为，"善"是道德总原则，它在一个人的人格和个性中的内化或实现，是一切美德的总汇，是一种完全的美德；"恶"是不道德总原则，它在一个人的人格和个性中的内化或实现，是一切恶德的总汇，是一种完全的恶德。这样，人们品德境界的根本区别显然便在于：就"善"与"恶"来说，他们究竟具有哪一种品德？如果一个人长期的恒久的行为遵守"善"原则，从而形成和具有了"善"的美德，那么，尽管他同时具有懦弱、不智、轻生、放纵、偏执、自卑等等恶德，却显然是美德为主，因而他仍然是一个好人而处于美德境界；反之，如果一个人长期的恒久的行为不遵守"善"原则，从而形成和具有了"恶"的恶德，那么，尽管他同时具有勇敢、智慧、贵生、节制、中庸、自尊等等美德，却无疑恶德为主，因而他仍然是一个坏人而处于恶德境界。

因此，所谓恶德境界，也就是一个人长期、恒久地违背道德总原则"善"的伦理行为所形成和表现出来的一种不道德的人格境界，是不应该如何的道德道德总原则"恶"已经转化为自己的人格和个性的品德境界。这就是说，一个陷入恶德境界的人，并非完全违背道德而全干坏事；而必定也会遵守道德干好事。不过，他的行为违背道德干坏事必定是恒久的；而遵守道德干好事则只能是偶尔的。否则，如果他的行为恒久遵守道德和偶尔违背道德，他就处于美德境界而不是处于恶德境界了。

反之，所谓美德境界，也就是一个人长期、恒久地遵守道德总原则"善"的伦理行为所形成和表现出来的一种善的、道德的人格境界，是道德总原则“善”已经转化为一个人的人格和个性的品德境界。这就是说，一个即使达到了美德最高境界的人，也绝不可能完全遵守道德而全干好事；而必定也会违背道德干坏事。只不过，他的行为违背道德干坏事只能是偶尔的；而遵守道德干好事则必定是恒久的。否则，如果他的行为偶尔遵守道德而恒久违背道德，他就不是处于美德境界而是处于恶德境界了。

美德境界比恶德境界复杂得多，因而进一步分为美德自律与美德他律两大境界。美德他律境界是为了美德之外的他物——自己的利益和幸福——而追求和获得美德的美德境界，是为了自己的利益、幸福而追求和获得美德的美德境界，是为了利己而求得美德的美德境界，说到底，也就是一个人长期的为了利己而求得美德的遵守道德的行为所形成和表现出来的美德境界。我们绝大多数人的绝大多数行为，都是处于美德他律阶段。我们都不偷不抢，是吧？我们轻易也不去伤害别人。我们一天到晚也都像个“人”似的，其实我们的七情六欲可能是非常恶劣的，如果放任自流，我们都可能成为杀人犯，对不对？你想想看是不是这样？谁不想把仇人杀死阿！“爱之欲其生，恨之欲其死”嘛！谁没有爱和恨啊？可是，为什么我们没有杀人呢？因为理智告诉我们说，遵纪守法，拥有美德，你才能得到幸福。

其实，每个人一开始，一定是处于“美德是手段”的美德他律境界。他把美德当成手段，他是为了利己而遵守美德。更多的时候，我们之所以要遵守道德，我们要拥有美德，就是因为美德的净余额是“利”和“善”，是因为我们会“算计”，是吧？一算计，有美德是吃小亏占大便宜；有恶德是占小便宜吃大亏。所以，美德合算，恶德不合算。酗酒，固然一时快乐，但是终身遗憾。所以，我为了我自己的幸福，为了我的健康，我要节制，我要戒酒，我要追求美德。当我这么做的时候，目的是为了幸福和利益，而美德是一种手段。这就是美德他律境界。但是，当我不断地这么做的时候，美德便不断带给我幸福和快乐，美德就成了我的快乐和利益的源泉。那么，这时候我就会爱上美德。因为爱就是对于快乐和利益的心理反应，当美德不断地给我带来利益和快乐的时候，我对美德就会有一种爱的心理反应。而一旦一个人爱上美德，他就会为了美德而追求美德。那么，这个时候他就进入了美德自律境界。美德自律境界就是以美德为目的的美德境界，是受完善自我品德之心所驱动，从而为了美德而求美德的美德境界，说到底，也就是一个人为了完善自己的品德而遵守道德的长期的行为所形成和表现出来的美德境界。

一个处于美德他律境界的人，既然是一种为了美德之外的他物——自己的利益、幸福——而求美德，那么，他必不以拥有美德而快乐和幸福，而仅仅以拥有美德给自己所带来的利益而快乐和幸福：在他那里，美德与幸福、快乐是两回事。因此，他遵守道德、追求美德是有条件的：只有美德能够给自己带来利益和幸福，他才会遵守道德、追求美德；否则，如果美德不能够给自己带来利益和幸福，他就不会遵守道德、追求美德了。

反之，如果一个人达到了美德自律境界，则会以拥有美德而快乐和幸福：在他那里，美德与幸福、快乐原本是一回事。因为幸福无非是重大的快乐，无非是人生重大的需要、欲望和目的得到实现的心理体验。处于美德自律境界的人，其人生既然以美德为重大目的，那么，他求得了美德岂不就得到了快乐和幸福？当然，他得到的只是内在的"德性幸福"而不是外在的"非德性幸福"①。因此，一个处于美德自律境界的人，他遵守道德和追求美德，并不以道德和美德是否带来外在的"非德性幸福"为条件：不论道德和美德能否带来这些快乐和幸福，他都会遵守道德、追求美德。

在美德境界与恶德境界之间，还存在一个过渡境界：无德境界。所谓无德境界，就是尚未形成品德、道德人格或道德个性的不稳定的心理状态，就是一个人遵守或违背道德总原则"善"的伦理行为还没有形成一种品德，道德人格和道德个性不稳定的心理状态。在这种状态中，善和恶两大道德总原则还都没有转化为一个人的个性和人格。因此，一个处于无德境界的人，必定断断续续交错地、半斤八两地遵守道德总原则和不遵守道德总原则，以致道德和不道德互相中和、抵消而皆未能内化为其人格或个性，从而他既不是一个具有恶德的坏人，也不是一个具有美德的好人，而摇摆于美德与恶德、好人和坏人之间，处于美德与恶德的中间状态。这样，他的道德境界便是不定的，他没有确定的品德：他是个名副其实的"无德者"。

显然，一个人最初既不会处于美德境界，也不会处于恶德境界，而只能处于无德境界。因为恶德与美德一样，都只能形成于一个人的长期的行为。所以，任何人都不可能一生下来就是个具有恶德的坏人或具有美德的好人。人生之初，小孩一生下来，他必定因缺乏道德智慧而自愿逃避道德而接受恶德。但是，父母对他的教育，外在的舆论和他自己内在的良心，迫使他又得遵守道德。所以，一开始，他是处于一种摇摆状态，他偶尔遵守道德，偶尔背离道德。这样，他就既不会有美德，也不会有恶德，他实实在在处于一种"无德"的境界。

---

① Friedrich Paulsen, *System of Ethics*, Translated By Frank Thilly, Charles Scribner's Sons, New York, 1908, p. 406.

但是,他不会永远的处于“无德”境界的。从无德的境界出发,他或者会不受良心和名誉的约束,长久不遵守道德,这个时候,他就进入了恶德的境界;或者他非常注重外在的评价,就是所谓听话,他比较理智,因为听话能够带来巨大的好处,这个时候,他就会恒久地遵守道德,那么,他就进入了美德境界:首先进入以美德为手段的美德他律境界,最终达到以美德为目的的美德自律境界。

总之,品德境界分为三类四种:恶德境界、无德境界和美德境界三类,美德境界又分为美德他律境界与美德自律境界。恶德境界是坏人的品德境界;处于这一境界的人,恒久说来,是不遵守道德的。无德境界是品德的中立境界,是无恶德亦无美德的境界,主要是儿童的品德境界;处于这一境界的人,必定半斤八两地、交错地遵守道德和不遵守道德。美德境界是好人的品德境界,处于这一境界的人,必定恒久遵守道德:处于美德他律境界者的大多数的行为必定遵守道德;而处于美德自律境界者的行为则近乎百分之百地遵守道德。因此,不论处于恶德境界,还是处于无德境界,道德都不会真正被遵守从而得到实现;只有处于美德境界,特别是美德自律境界,道德才能真正被遵守,从而得到实现。那么,究竟怎样才能提高人的品德,使人从无德境界进入美德境界而不堕入恶德境界?怎样才能使人从恶德境界皈依美德境界?怎样才能使人从美德他律境界达于美德自律境界?一句话,品德培养的方法究竟如何?

四、菽粟如水火,而民焉有不仁者乎?

究竟应该怎样培养和提高国民品德?管子说:“仓廪实则知礼节,衣食足则知荣辱。”墨子说:“故时年岁善,则民仁且良;时年岁凶,则民吝且恶。”①韩非说:“饥岁之春,幼弟不饷;穰岁之秋,疏客必食。非疏骨肉爱过客也,多少之实异也。”②王充说:“礼义之行,在谷足也。”③但是,说得最系统的恐怕还是孟子:“民非水火不生活。昏暮叩人之门户,求水火,无弗与者,至足矣。圣人治天下,使有菽粟如水火。菽粟如水火,而民焉有不仁者乎?”④一言以蔽之曰:满足国民的物质需要乃是国民品德培养的根本方法。这种古老的观点能成立

① 《墨子·七患》。
② 《韩非子·五蠹》。
③ (东汉)王充:《论衡·治期》。
④ 《孟子·尽心上》。

吗？答案是肯定的。

因为，一个社会，一个国家，要想使得国民的品德普遍的得到提高，关键就要使得每一个人有比较多的做一个好人的道德需要。我们现在的中国社会，大家想一想，怎么会道德滑坡呢？国民的品德怎么这样差劲？你仔细想一想，就是因为我们每一个人做一个好人的道德需要太少、太弱。最典型的表现，就是人们心里想的或嘴上说的那句话："良心值几个钱哪！"家长教育小孩，往往都忽略了美德的教育，因为他本人也没有做一个好人的那种非常充实的道德需要。那么，怎么才能使人做一个好人的道德需要增多呢？靠立榜样？我们树立的榜样还少吗？那显然不起多大的作用。所谓榜样的力量是无穷的，不过是一句大话空话而已。真正起作用的，恐怕还是我国那些先哲说的，要满足国民的物质需要、生理需要。

因为正如马斯洛所言，人的一切需要和欲望最终都是在生理需要、物质需要的基础上产生的，都是生理需要相对满足的产物。一个人，如果他的物质需要得不到相对满足，比如说，他经常忍饥挨饿，在生存线上挣扎，那么，他做一个好人的道德需要就相当微弱无力，甚至根本就不会产生。这是千真万确的。试想，每个人都有食欲、性欲、安全欲、功名心、自尊心、道德感、自我实现的追求等等。但是，一旦他处于饥饿之中而食欲得不到满足时，他的功名心和道德感等等其他欲求便都退后或消失了：他一心要满足的只是食欲。只有食欲得到满足，其他的欲求才会出现，他才会去满足其他欲求。这是一条普遍定律：不论是谁，不论他多么崇高伟大，多么蔑视物质享乐，当他饥饿的时候，他都不能不停止他的崇高理想而追逐食欲的满足。黑格尔最喜欢的话是："即使是罪犯的思想，也比天上的奇迹更加灿烂辉煌。"对思想的价值的推崇可谓登峰造极。但是，如果他吃喝不成、又饥又渴，他能够构思他的《逻辑学》吗？当此际，充满他那伟大的头脑的，必定是面包、牛肉、红葡萄酒。只有当他的食欲得到满足之后，他的头脑才可能出现"有"、"无"等概念，才可能构思《逻辑学》。

对于这个道理，我小的时候特别有体验。那是1961年前后，虽然那时我野心勃勃，一心想将来干一番大事业；但我常年挨饿，结果整天想的就是大米干饭、小葱拌豆腐。真的，那个挨饿的年代的人们，不必说做一个有美德的好人的道德需要淡薄了，甚至没有羞耻心了，连脸都不要了。那时你要在别人面前吃东西都得万分小心，因为随时都可能有人将你的食物打掉地上，然后他捡起来吃。所以，人要是总也吃不饱肚子，那他就不要脸了！人啊，就像马克思说的，只有当他吃了、喝了、有了住的地方，他才能够进行道德等上层建筑活动。确实，这是放之四海而皆准的真理。你要是不叫马克思吃喝，让他常年饥肠辘辘，他肯定也写不了《资本论》。马克思能写《资本论》的一个必要前提，就是因为他吃饱了！不要忘记，马克思就其经济地位来说，是属于资产阶级啊！

可见，人的一切需要和欲望最终都是在生理需要的基础上产生的，都是生理需要相对满足的产物。因此，每个人做一个好人的道德需要、欲望便是在他的生理需要、物质需要基础上产生的，是他的生理需要、物质需要相对满足的结果：他的生理需要、物质需要满足得越充分，他做一个好人的道德需要、欲望便越多；他的生理需要、物质需要满足得越不充分，他做一个好人的道德需要、欲望便越少；他的生理需要如果得不到满足，他便不会有做一个好人的道德需要和道德欲望；只有他的物质需要得到了相对的满足，他才会有做一个好人的道德需要和道德欲望。一言以蔽之，生理需要的相对满足，乃是一个人做一个好人的道德需要产生和发展的必要条件。“仓廪实则知礼节，衣食足则知荣辱。”此之谓也！

可是，一个人的生理需要、物质需要相对满足的充分与否又取决于什么？不难看出，既取决于他所拥有的物质财富的多少，又取决于他的物质需要的多少：他的物质需要越少、物质财富越多，他的物质需要的相对满足便越充分。换言之，一个人的生理需要、物质需要相对满足的充分与否，取决于物质财富和物质需要双重因素：一方面取决于他所拥有的物质财富的多少而与之成正比；另一方面则取决于他的物质需要的多少而与之成反比。因此，一个社会的物质财富越多，每个人的物质需要越少，那么，每个人的物质需要的相对满足就越充分，对不对？从这一点来看，在任何社会，每个人的物质需要都可能得到相对充分的满足。以往的社会，生产力极低，但是那个时候人的需要也低啊！对不对？所以，每个人的物质需要也可能得到相对充分的满足。在孟子的那个时代，生产力非常低，物质财富非常少，但是人的物质需要也低。上世纪 80 年代的中国，我还不知道什么叫做录音机啊！我的一个朋友问我买不买录音机，84 元一台。她拿来了一台录音机，我一看，愣住了：这是什么东西啊？那个时候还没有录音机的需要呢。所以，那个时候钱虽然挣得非常的少，但是我的物质需要也得到了满足，因为我的需要也很少。现在呢，我的物质财富越来越多了，月收入都是六七千，但是，我的需要也高了，所以，还是觉得好像没有满足。

所以，一个人的物质需要是否得到满足和社会发展的历史阶段没有必然关系。我们往往以为只有到了共产主义社会，人的物质需要才能够得到满足。其实，在任何社会，人们的物质需要都可能得到满足，也可能得不到满足。那么，关键取决于什么呢？一方面取决于社会经济发展的速度；另一方面取决于社会财富分配的公平程度。这就是说，一个社会的物质财富即使不多，但是发展得快，那么，相对来说，人的需要增长得就比较慢，这个时候，人的物质需要就会得到相对满足。这是自明之理。不过，改革开放以来，我们的经济发展的速度是非常快的，但是，我们的物质需要好像更加不满足了，甚至怨声载道，为什么呢？因为人的物质需要是否得到相对满足，不仅仅取决于经济发展的速度，还取决于财富的分配是否公平。

确实，我们比以前富裕多了，对不对？你看北大的燕北园，那汽车多得你都没法走路了。但是人们反倒觉得更加不满足。真的，现在我也觉得不满足，虽然我的钱都已经花不了了。一个月六七千块钱，你想，我干嘛花啊？但是，我比80年代还不满足。为什么呢？因为不公平！你看那些家伙，一个一个的，没干什么活，都买两套房子了，是不是？我才一套房子，还那么小，才80平米。你看这帮小子，都已经200平米、300平米了。甚至我妹妹，她的贡献没有我大，但她家光是一个厅就45平米！你再看有些当官的，你看他们那副德性！他们除了会搞人际关系真是要什么本事没什么本事。但是，他们的所得却是要什么有什么。所以，虽然我的物质财富比以前有了极大的增长，但是我极不满足。为什么呢？因为分配不公平：该多得的得的少，该少得的得的多。

当然，20世纪60年代和70年代我国搞平均分配，它也是不公平的。因为所谓公平、公正，就是同等的利害相交换，就是等利交换和等害交换，就是该多得的得的多，该少得的得的少。如果不论应该得的多还是得的少，一律平均分配，那也是一种不公平。而今日中国，我们现在的这种不公平啊，超过了20世纪60年代和70年代的那种不公平。为什么呢？因为那个时代，你劳多劳少所得一样；而我们现在是该多得的得的少，该少得的得的多。这显然要比平均分配还更加不公平！因此，人们的物质需要以及心理需要——对公平的需要——就处于更大的不满足状态！对不对？所以，每个人做一个好人的道德需要就更加的少。这就是我们道德滑坡的经济原因：分配不公平。

因此，人们的生理需要、物质需要满足与否，一方面取决于经济发展、物质财富增加的速度而与之成正比，另一方面则取决于这些物质财富分配的公平性而与之成正比：社会的经济发展越快、物质财富增加的速度越快，对于这些物质财富的分配越公平，人们的生理需要、物质需要的相对满足的程度便越充分；社会的经济发展越慢、物质财富增加的速度越慢，对于这些物质财富的分配越不公平，人们生理需要、物质需要的相对满足便越不充分。

于是，总而言之，可以得出结论说：一个社会的经济发展越快，物质财富增加得越多，对于这些物质财富的分配越公平，人们的生理需要、物质需要的相对满足的程度便越充分，因而人们做一个好人的道德需要和欲望便越多，人们的品德便越高尚；反之，经济发展越慢，物质财富的增加越少，对于这些物质财富的分配越不公平，人们生理需要、物质需要的相对满足便越不充分，因而人们做一个好人的道德需要和欲望便越少，人们的品德便越恶劣。这个品德高低发展变化的规律，关乎人们的道德需要、道德欲望与经济以及财富的关系，属于品德的道德感情因素高低变化的前提和基础之规律，因而可以名之为"德富律：品德与经济的内在联系"。根据这个规律，国民品德培养的根本方法显然就是：迅速发展经济、公平分配财富从而使国民物质需要得到相对充分的满足。这岂不就是"仓廪实则知礼节，衣食足则知荣辱"之真谛？那么，究竟怎样才能迅速发展经济和公平分配财富呢？或者说，一个国家的经济发展速度和财富分配的公平程度究竟取决于什么？

不难看出，任何社会的经济发展速度和财富分配的公平程度，固然取决于劳动者和管理者的个人品质，但是，根本说来，则取决于国家的经济体制。因为一目了然，劳动者和管理者的个人品质不过是经济发展快慢和财富分配是否公平的偶然的、特殊的根源；而国家的经济体制则是经济发展快慢和财富分配是否公平的普遍的、必然的根源。那么，能够保障经济迅速发展和财富公平分配的经济体制究竟是怎样的呢？是市场经济。

因为市场经济是一种没有外在强制的自发的、自愿的经济，因而在这种经济体制下，每个人都享有经济自由，而经济自由无疑是经济繁荣昌盛的必要的、根本的条件。这就是为什么我们到处看到，哪个国家实行市场经济而经济自由，哪个国家的经济便繁荣昌盛的缘故。不过，如果没有政府干预，仅凭市场经济自身不但不能完全实现经济公正，不能完全实现公正的收入分配，而且不能够完全实现经济自由：市场经济自身无法自动消除垄断。因此，为了实现自由而公正的市场经济，必需政府干预市场经济活动。但是，政府的干预应该只限于确立和实现市场经济自由且公正地运行的规范，而不应该指挥市场经济活动：政府应该是经济活动规范的制定者与仲裁者，而不应该是经济活动的指挥者。

因此，如果一个国家实行了市场经济，并且政府对市场经济的干预只限于对经济自由与经济公正等市场经济规范的制定和执行，因而只是充当市场经济的仲裁人而不是市场经济的指挥者，那么，该国便建立了自由而公正的市场经济体制。这样一来，该国的经济便必定迅速发展、物质财富必定迅猛增加，对于这些财富的分配必定公正，从而国民的物质需要必定得到相对充分的满足，因而做一个好人的道德需要和欲望必定强烈，最终势必导致国民品德的普遍提高，势必导致好人普遍增多。因此，建立自由且公正的市场经济体制是形成国民做一个好人的道德愿望的前提和基础之方法，是培养国民品德的道德感情因素的基本方法，是提高国民品德的基本方法。

五、孟子的二律背反："富方能仁"与"为富不仁"

孟子说："民非水火不生活。昏暮叩人之门户，求水火，无弗与者，至足矣。圣人治天下，使有菽粟如水火。菽粟如水火，而民焉有不仁者乎？"这种思想显然可以归结为四个字："富方能仁"或"富而后仁"。可是，孟子又引用阳虎的话断言："为富不仁矣，为仁不富矣。"这就是孟子的一种二律背反：一方面，菽粟如水火而民不会不仁；另一方面，为富不仁矣，为仁不富矣；一方面，富方能仁、富而后仁；另一方面，为富不仁、为仁不富。然而，既有"菽粟如水火而民不会不仁"之说，又云"为富不仁矣，为仁不富矣"；既说"富方能仁、富而后仁"，又说"为富不仁、为仁不富"：这岂不自相矛盾？

并不矛盾。因为使菽粟如水火，从而使人们的物质需要得到相对满足，只是人们做一个好人的道德需要得以产生和发展的必要条件。这就是说，没有菽粟如水火，没有物质需要的相对满足，人们便不会有——或不会较多地具有——做一个好人的道德需要；但有了菽粟如水火，有了物质需要的相对满足，人们未必会有——或未必会较多地具有——做一个好人的道德需要。这就是为什么我们会经常看到"为富不仁"的现象：有些丰衣足食、生活富裕的人们，不但没有强烈的做一个好人的道德需要，而且竟是些地地道道的坏蛋！因此，使人们具有强烈的做一个好人的道德需要，除了必须做到菽粟如水火，从而使人们的物质需要得到相对满足，还必须具备一些其他条件。那么，这些条件究竟是什么？主要是德福一致：越有美德便越有幸福。

这是因为，美德原本以幸福、利益为动力。这一点，很多人都不理解。前面我们已经反复讲过，一个人为什么会追求美德呢？美德与道德，就其自身来说，不过是对于愿望和自由的一种压抑、限制和侵犯，因而是一种害与恶。可是，你为什么还要遵守道德和追求美德呢？因为美德是你获得幸福和利益的根本手段。因为人是个社会动物，每个人的生活都完全依靠社会和他人：他的一切利益都是社会和他人给的。所以，能否得到社会和他人的赞许，便是他一切利益中最根本、最重大的利益：得到赞许，便意味着得到一切；遭到谴责，便意味着丧失一切。不言而喻,能否得到社会和他人的赞许之关键,在于他的品德如何:如果社会和他人认为他品德好、有美德,那么,他便会得到社会和他人的赞许和给予;反之,则会受到社会和他人的谴责和惩罚。这就是一个人最初为什么会有做一个有美德的人的道德需要的缘故:他需要美德,因为美德就其自身来说,虽然是对他的某些欲望和自由的压抑、侵犯,因而是一种害和恶;但就其结果和目的来说,却能够防止更大的害或恶(社会和他人的唾弃、惩罚)和求得更大的利或善(社会和他人的赞许、赏誉),因而是净余额为善的恶,是必要的恶。因此,美德乃是他求得幸福的最根本、最重要的手段。

你想想看,人在社会上,要是有人说你缺德,那你就完了!我王海明为什么现在还能站在北大的讲台上?因为没有人说我王海明缺德!一个人要是被人家说"这家伙缺德,缺了大德了!"那他就完蛋了!所以,美德是人获得幸福的根本手段,是人安身立命的根本。但是,手段可以变成目的。当美德不断地给一个人带来幸福和快乐时候,逐渐地,他便会爱好美德(爱就是对于快乐和利益的心理反应)、欲求美德,从而便为了美德而求美德,使美德由手段变成目的;就像他会爱金钱、欲求金钱、使金钱由手段变成目的一样。这时,他对美德的需要便不再是把它们作为一种手段的需要,而是把它们作为一种目的的需要了。

当一个人以美德为手段、为利己而美德的时候,这个时候利己不但是美德的动力,而且还是美德的目的;当一个人为美德而美德,以美德为目的的时候,那么,利己固然不是他追求美德的目的,却仍然是他追求美德的动力。因为,你为什么会把美德作为你的行为目的呢?因为你爱上了美德。可是,你为什么会爱上美德呢?因为美德给了你巨大的利益和快乐啊!所以,一个人以美德为目的的道德需要,源于以美德为手段的道德需要;而以美德为手段的道德需要又源于个人的利益和幸福,源于社会和别人因他品德的好坏所给予他的赏罚。因此,说到底,一个人做一个有美德的好人的道德需要,不论是以美德为手段的需要,还是以美德为目的的需要,均以个人的利益和幸福为动因、动力。利己一定是美德的动力!换言之,个人利益和幸福虽然不是一切美德的目的,却必定是一切美德的动因、动力。这就意味着:

如果德福背离,有德无福、无德有福,那么,美德便失去了动因、动力,人们便不会追求美德了;如果德福一致,有德有福、无德无福,那么美德便有了动因、动力,人们便必定会追求美德了。因此,德福越一致——越有德便越有福、越无德便越无福——那么,人们追求美德的动力便越强大,他们做一个有美德的好人的道德愿望便越强大,他们的品德便越高尚;反之,德福越背离——越有德便越无福，越无德便越有福——那么，人们追求美德的动力便越弱小，他们的品德便越低劣。

这就是说，只有当一个社会德福一致的时候，只有美德能够带来幸福的时候，人们才会追求美德，才会有一个做好人的道德需要，国民的品德才能趋于良好。如果一个社会德福背离，有德没福，有福没德，这个时候，人们就不会追求美德了，他们做一个好人的道德需要就少了，良心就不值钱了。我们现在为什么说“良心不值钱了”？就是因为我们社会的“德”和“福”背离的时候太多了。你看，有德的人往往没有幸福，有福的人往往没有美德，这就是政治腐败的一种特点。所谓政治清明，一定是那样的一个社会，在那个社会里德福是一致的，是吧？在政治清明的社会里，有德的就有福、缺德就有祸啊！

当然，任何社会——不论政治清明还是腐败——德和福大体都是一致的，否则，这个社会就崩溃了。如果一个社会的德和福大体背离，这个社会就不能存在了。因为，一个社会之所以能够存在，就是因为这个社会的好事多于坏事，因而每个人从这个社会得到的利益多于所受到的损害。只有在这种情况下，人们才会过这种社会生活，对不对？不难理解，任何一种集体，要想能够存在，就得保证每一个人从这个集体里所得到的利益多于损害，从而“净余额”是利；如果每个人受到的损害多于得到的利益，净余额是害，那么这个集体就得崩溃。社会也是一样的。社会就是两个以上的人因一定联系而结成的共同体，就是一种集体。一个社会无论是小是大，它能够存在的条件都是一样的，就是每个人在这个社会里得到的好处一定得多于所受到的损害。

这个条件的达到，是以德福大体一致为前提的。因为你仔细地想一想，德福一致是人们追求美德做好事的动因、动力。这样，一个社会，只有德福大体一致，只有德福一致的次数多于德福背离的次数，人们行德的动因才会多于作恶的动因，社会的德行才能多于恶行，每个人从社会那里所得到的利益才能多于所受到的损害，从而该社会才能存在。要是德福大体背离，德福一致的次数少于德福背离的次数，有德就没有福，做好事却受到损害，那么这个时候，人们作恶的动因就会多于行德的动因，人们做好事的行为就少于做坏事的行为，因而每个人从社会那里所受到的损害就会多于所得到的利益，从而该社会也就不可能存在了。所以，任何一个社会，即使它极其腐败堕落，但是，只要它还存在而没有崩溃瓦解，那么，就该社会的行为总和来说，德福一致的次数必定多于德福背离的次数，从而人们的德福必定都大体一致。

虽然在任何社会，人们的德福都必定大体一致，但是，社会不同，人们德福一致的程度显然是不同的：有些社会人们德福一致的程度可能极高而接近德福完全一致;有些社会人们德福一致的程度可能极低而接近德福背离。各个社会人们德福一致的程度,如所周知,主要取决于各个社会的政治状况:社会的政治越清明,人们的德福一致程度便越高,便越接近德福完全一致,以致每个人越有德便越有福,越无德便越无福:社会的政治越腐败,人们的德福一致程度便越低,便越接近德福背离,以致一个人越有德却可能越无福,而越无德却可能越有福。

任何社会,人们的德福总是大体一致的。只不过,政治腐败的社会,它的德和福一致的程度要远远小于政治清明的社会。就是说,政治越清明,人们的德福一致的程度就越高,就越接近于完全一致;而政治越腐败,人们的德福一致的程度就越低,就越接近德福背离。

可见,人们的品德高尚与否,归根结底,取决于社会的政治清明与否:一个国家的政治越清明,人们的德福便越一致,人们做一个有美德的人的动力便越强大,他们做一个有美德的好人的道德愿望便越强大,他们的品德便越高尚;一个国家的政治越腐败,人们的德福便越背离,人们追求美德的动力便越弱小,他们做一个有美德的好人的道德愿望便越弱小,他们的品德便越低劣。这个品德高低发展变化的规律,可以名之为"德福律:品德与政治的内在联系"。根据这个规律,国民品德培养的主要方法显然就是:政治清明从而使国民德福一致。那么,究竟怎样才能做到政治清明、国民德福一致呢?或者说,一个国家的政治清明抑或腐败以及德福一致与否究竟取决于什么?

不难理解,只有民主的政治体制才可能保障政治清明和德福一致而防止政治腐败和德福背离。这可以从两方面看。一方面,只有民主政体才符合政治自由和政治平等两大社会治理道德原则。因为只有在民主政体中,每个人才能完全平等地共同执掌国家最高权力,从而完全平等地享有政治自由,亦即完全平等地使国家的政治按照自己的意志进行。这就是为什么民主政体能够保障政治清明的缘故:政治平等和政治自由——每个人完全平等地共同执掌国家最高权力——无疑是政治清明和德福一致的普遍的必然的根源。另一方面,民主政体意味着国家最高权力完全平等地共同掌握在每个公民手中,因而造成最高权力最大限度的分散和分立,使立法、行政和司法等政治权力互相分立、牵制、监督和抗衡,从而能够有效防止各级官员的腐败和德福背离而保障其清廉和德福一致。

不过,民主只是保障政治清明和德福一致而防止政治腐败和德福背离的必要条件,而不是其充分条件。因为民主的政权仍然可能被滥用而成为无限的(unlimited democracy)，因而违背了自由与平等以及人道和公正等社会治理道德原则，从而导致民主的暴政。如果民主政权能够得到限制，亦即遵循自由与平等以及人道和公正等社会治理道德原则，那么，民主便不会沦为暴政，因而也就能够保障政治清明和德福一致而防止政治腐败和德福背离：受到自由等社会治理道德原则有效限制的民主，是保障政治清明和德福一致而防止政治腐败和德福背离的充分且必要条件。这种民主就是所谓"宪政民主(Constitutional democracy)"：宪政民主就是被自由与平等以及人道和公正等社会治理道德原则有效限制的民主，就是将这些原则作为宪法的指导原则和基本精神的民主，就是遵循这种宪法而受其限制的民主。

因此，遵循宪法而受其限制的所谓"宪政民主"，真正讲来，也就是遵循名副其实的宪法之指导原则——自由与平等以及人道与公正诸社会治理道德原则——而受其限制的民主，因而也就是保障政治清明和德福一致而防止政治腐败和德福背离的充分且必要条件，是政治清明和德福一致的普遍的必然的根源。这样一来，如果一个国家实现了宪政民主，那么，该国的政治必定清明，国民的德福必定一致，他们做一个有美德的好人的动力必定强大，他们做一个有美德的好人的道德愿望必定强大，他们善的动机必定强大以致能够克服恶的动机和实现善的动机的内外困难，他们的道德意志必定强大，最终势必导致国民品德的普遍提高，势必导致君子、仁人乃至圣人之普遍增多：宪政民主是形成国民做一个好人的道德愿望的目的和动力之方法，因而是培养国民品德道德感情因素的主要方法，是提高国民品德的主要方法。

六、科学与艺术的复兴是否有助于敦风化俗

一个国家国民品德高低变化，是否完全取决于该国经济发展的快慢和财富分配的公平不公平以及政治的清明与否？否。国民品德的高低变化无疑还与该国科教文化事业的发达程度密切相关。当年法国第戎科学院就已经看到了这一点，因而于1749年发布征文，题目就是：科学与艺术的复兴是否有助于敦风化俗？卢梭在应征论文中回答是否定的："我们的灵魂是随着我们的科学和我们的艺术之臻于完善而越发腐败……海水每日的潮汐经常受那些夜晚照临我们的星球的运行所支配，也还比不上风尚与节操的命运之受科学与艺术的支配呢。我们可以看到，随着科学与艺术的光芒在我们的天边上升起，德

行也就消逝了。这种现象在各个时代和各个地方都可以观察到。”①

卢梭这种观点是不能成立的。因为品德属于心理范畴,因而由知、情、意三者构成:品德的“知”即其个人道德认识或个人道德认知;品德的“情”即个人道德感情或道德情感;品德的“意”即个人道德意志。仅凭个人道德认识是品德的一个因素,显然就可以得出结论说,品德必定与个人道德认识成正相关变化:一个人的个人道德认识越加提高,他的品德便必定会越加提高;他的个人道德认识越降低,他的品德便必定会越降低。诚然,实际上,我们到处可以看到恰恰相反的现象:个人道德认识比较高者,品德却比较低;品德比较高者,个人道德认识却比较低。一个终生都在研究伦理学的专家,道德认识可谓高且深矣!但他却明明是个嫉贤妒能、忘恩负义的卑鄙小人。反之,一个目不识丁的农民,个人道德认识可谓低且浅矣!但他却极地地道道是个忠厚善良的好人。那么,由此岂不可以否定品德与个人道德认识成正相关变化?造成这种理论与实际的“悖论”的原因究竟何在?

不难看出,这种所谓“悖论”现象的成因在于:品德的决定因素是个人道德感情而不是个人道德认识。所以,一个人的品德的总体水平必定与其道德感情水平一致,而未必与其道德认识一致:个人道德感情高者,即使其道德认识低,品德必高;个人道德认识水平高者,如其道德感情低,其品德必低。因此,个人道德认识高的人所以品德低,完全不是因为他的道德认识高,而仅仅是因为他的品德的其他方面——如道德感情——低。反之,个人道德认识低的人所以品德高,完全不是因为他的道德认识低,而仅仅是因为他的品德的其他方面——如道德感情——高。如果人们只有个人道德认识不同而其他条件完全一样,那么毫无疑义,个人道德认识高者,品德必高;品德高者,个人道德认识必高。换言之,仅仅从个人道德认识与品德的关系来看,二者完全成正比例变化:个人道德认识越高,品德便越高;个人道德认识越低,品德便越低。

既然人们的品德高低必定与其个人道德认识高低成正相关变化,那么,人们的个人道德认识高低究竟又决定于什么呢?每个国家国民普遍的个人道德认识水平,显然与该国的科教文化水平有必然联系。我们很难想象,一个国民普遍愚昧无知的国家,他们的道德认识和道德知识水平,普遍说来,却会很高:国民道德认识和知识水平普遍高的国家,岂不必定是那些认识和知识水平高的国家?而一个国家认识和知识水平当然取决于该国科教文化发展水平:一个国家的科教文化越发达,该国国民普遍的认识水平便越高,国民普遍的道德

① 〔法〕卢梭:《论科学与艺术》,何兆武译,商务印书馆 1959 年版,第 7 页。

认识水平便越高；反之，一个国家的科教文化越不发达，该国国民普遍的认识水平便越低，国民普遍的道德认识水平便越低。

于是，一个国家国民品德的高低变化，不仅取决于该国经济发展的快慢和财富分配的公平与否以及政治的清明与否，而且取决于该国科教文化事业的发达程度：一个国家的科教文化越发达，该国国民普遍的认识水平便越高，国民普遍的道德认识水平便越高，国民的品德便越高尚；一个国家的科教文化越不发达，该国国民普遍的认识水平便越低，国民普遍的道德认识水平便越低，国民的品德便越败坏。这个规律，关乎国民的个人道德认识与其科教文化事业的关系，属于品德的个人道德认识方面的规律，因而可以名之为"德识律：品德与科教文化的内在联系"。

卢梭认为科教文化事业越发达人们的品德便越低劣的主要依据，真正讲来，无疑是他所谓人类的"自然状态"与"文明状态"之比较。在他看来，处于自然状态的原始人品德淳朴高尚；他们虽然无知无识，但政治民主清明、财富分配公正、平等。反之，生活于文明状态——亦即君主专制的封建社会——的国民品德堕落败坏；他们的科教文化虽然发达，但政治专制腐败、财富分配极端不公正、不平等。这一见地大体符合史实。因为确如卢梭所言，在原始社会，人们的品德淳朴高尚，他们无知无识得很，但政治民主清明，财富分配公正、平等；反之，在君主专制的封建社会，国民品德远远堕落败坏于原始社会，他们的科教文化虽然发达，但政治专制腐败，财富分配极端不公正、不平等。

然而，卢梭却将"在此(科教发达、政治腐败和财富分配不公)之后(品德败坏)"统统当作"因此(科教发达、政治腐败和财富分配不公)之故"，因而误以为：文明社会国民品德败坏的原因是科教发达、政治腐败和分配不公；自然状态人们品德高尚的原因则是科教文化不发达、政治民主清明和财富分配公正①。这是一种双重的错误。一方面，卢梭不懂得，原始社会人们的品德之所以高尚，完全不是因为科教事业不发达。科教事业不发达只能降低人们的道德认识，只能降低人们品德所由以构成的道德认识因素，从而也就只能降低人们的品德：它怎么可能完善人们的品德呢？原始社会人们的品德之所以高尚，只是因为与科教文化不发达同时并存的政治和经济的状况：政治民主清明和分配公正平等。政治民主清明和分配公正所提高的乃是国民品德的决定性因素：个人道德感情。反之，科教文化的不发达所降低的则是国民品德的非决定性因素：个人道德认识。因此，科教文化落后所导致的国民品德降低，

① 〔法〕卢梭：《论人类不平等的起源和基础》，李常山译，商务印书馆 1962 年版，第 99 页。

必定远不及政治民主清明和财富分配公正所导致的国民品德的提高：其净余额是提高而不是降低。这就是无知无识的原始社会人们品德反倒高尚的真正原因：政治清明和财富分配公正对于人们品德的提高超过了科教文化落后对人们品德的降低。

另一方面，卢梭不懂得，封建社会国民品德败坏，完全不是因为科教文化事业发达。科教文化事业发达只能提高人们的道德认识，从而只能提高人们的品德：它怎么可能败坏国民的品德呢？封建社会国民品德之所以败坏，只是因为与科教文化进步同时发生的该国的政治和经济的变化：政治专制腐败和财富分配不公。政治专制腐败和经济分配不公所降低的乃是国民品德的决定性因素：个人道德感情。反之，科教文化的进步所提高的则是国民品德的非决定性因素：个人道德认识。因此，科教文化进步所导致的国民品德提高，必定远不及政治专制腐败和经济不公所导致的国民品德的降低：其净余额是降低而不是提高。这就是君主专制的封建社会的"科学与艺术的光芒升起而德行也就消逝"的真正原因：政治专制腐败和经济不公对于国民品德的败坏超过了科教文化对国民品德的提高。

可叹卢梭被"国民品德与科教文化发展恰成反比"的假象所惑而未见于此，遂将"在此(科教发达)之后(品德败坏)"当作"因此之故"，于是错误地得出结论说：科教事业越发达，人们的品德便越低劣。殊不知真理恰恰相反：一个国家的科教文化越发达，该国国民普遍的认识水平便越高，国民普遍的道德认识水平便越高，国民的品德便越高尚；一个国家的科教文化越不发达，该国国民普遍的认识水平便越低，国民普遍的道德认识水平便越低，国民的品德便越败坏。那么，一个国家的科教文化发达与否又取决于什么？

一个国家的科教文化发达与否，根本说来，无疑取决于该国是否有思想自由，亦即是否有获得与传达思想之自由，说到底，是否有言论与出版——言论与出版是思想获得与传达的主要途径——之自由：思想自由是科教文化迅速发展的根本条件，是精神财富繁荣兴盛的根本条件，是真理得以诞生的根本条件。因为不言而喻，任何人的思想，都不可能在强制和奴役的条件下得到发展。思想自由，确如无数先哲所论，是思想和真理发展的根本条件而与其成正相关变化：一个社会的言论和出版越自由，它所能得到的真理便越多，它的科学与艺术便越繁荣兴旺，它所获得的精神财富便越先进发达；一个社会的言论和出版越不自由，它所能得到的真理便越少，它的科学与艺术便越萧条荒芜，它所获得的精神财富便越低劣落后。

诚然，言论与出版自由往往会产生一些有害后果，如种种谬论流传而引人误入歧途。反对言论与出版自由的理由，说来说去，亦莫过于此：禁止错误思想。然而，这个理由是不能成立的。因为，一方面，禁者未必正确，被禁者未必错误，我们今天禁止的所谓错误，往往便是明天的真理；另一方面，就算被禁者是错误，也不应禁止，因为真理只有在同错误的斗争中才能发展起来，没有这种斗争，真理便会丧失生命力而成为僵死的教条①。因此，正如诺兰所指出的，如果因言论和出版完全自由的危害而限制其自由，那么，这种限制所带来的危害，便远远大于言论与出版完全自由所带来的危害②。

那么，是否有不通过限制言论和出版自由的方法来防止其危害呢？有的。一种方法是提高听众和读者的鉴别力。诺兰说："一种信息通畅的具有批判精神的社会，乃是免除言论自由危害的最好武器。"③而这样的社会显然只有通过思想完全自由才能建立起来。所以，思想完全自由的有害后果，通过思想自由本身便可逐渐防止。另一种方法是追究言论者和出版者的责任：每个人都必须对自己的言论和出版的有害后果承担责任。对自己言论和出版的危害性后果承担责任的恐惧，无疑既能有效防止自己言论和出版的危害性，同时又没有限制言论和出版自由。

可见，应该坚持思想自由原则：一个国家的思想、言论和出版越不自由，该国的科教文化便越不发达，该国国民普遍的认识水平便越低，国民普遍的道德认识水平便越低，国民的品德便越败坏，国中君子、仁人乃至圣人便越稀少；一个国家的思想、言论和出版越自由，该国的科教文化便越发达，该国国民普遍的认识水平便越高，国民普遍的道德认识水平便越高，国民的品德便越高尚，国中君子、仁人乃至圣人便越多。这岂不意味着：思想自由是培养国民品德道德认识因素的方法，是提高国民品德的首要方法？

七、国民品德的败坏与最高调的道德如影随形

遍观历史和现实，我们到处都会看到这样一种奇怪的现象：一个社会所

---

① 参阅：John Stuart Mill, *The Federalist*, Robert Maynard Hutchins, Great Books of the Western World, Volume 43, American State Papers, Encyclopaedia Britannica Inc., Chicago, 1952, p. 292。

② 参阅：Richard T. Nolan, Frank G. Kirkpatrick with Harold H. Titus, and Morris T. Keeton, *Living Issues in Ethics*, Wadsworth Pub. Co., Belmont, Calif., 1982, pp. 285 - 286。

③ 同上书，p. 296。

奉行的道德对人们的要求越高，人们的品德反倒越低；国民品德的败坏竟会与最高调的道德——利他主义道德——如影随形。这究竟是怎么一回事呢？

原来，一个国家国民品德高低变化，不仅取决于该国经济发展的快慢、财富分配的公平程度和政治的清明以及科教文化发达与否，而且——最为直接地——取决于该国所奉行的道德之优劣：道德优良则品德良好；道德恶劣则品德败坏。因为品德亦即长期遵守或违背道德的行为所形成的道德人格，完全是遵守或违背道德的结果；而每个人究竟遵守还是违背道德，无疑直接取决于道德本身的性质，取决于道德本身之优劣：道德越优良，便越易于被人们遵守，人们的品德便越良好；道德越恶劣，便越难以被人们遵守，人们的品德便越败坏。那么，究竟为什么道德越优良就越易于被遵守？

这是因为，道德与法律一样，就其自身来说，不过是对人的某些欲望和自由的压抑、侵犯，因而是一种害或恶；就其结果和目的来说，却能够防止更大的害或恶（社会的崩溃和每个人的死亡）和求得更大的利或善（社会的存在、发展和每个人利益的增进），因而是净余额为利的害，是净余额为善的恶，是必要的害和恶：道德的手段是压抑、限制每个人的某些欲望和自由；道德的最终目的是保障社会——亦即经济、文化产业、人际交往、法、政治——的存在发展，增进每个人的个人利益。因此，保障经济、文化产业、人际交往、法、政治的存在、发展，增进全社会和每个人的利益总量——亦即道德给予每个人的利与害之比值——便是评价一切道德优劣之终极标准：哪种道德对人的欲望和自由侵犯最少、促进经济和文化产业发展速度最快、保障人际交往的自由和安全的系数最大、使法和政治最优良、最终增进每个人利益最多、给予每个人的利与害的比值最大，哪种道德便最优良；反之，则最恶劣。

因此，不管是哪种道德，不管它如何不理想不漂亮，只要它对人的欲望和自由侵犯较少，又能够把经济搞上去、能够让文化产业繁荣起来、能够保障人际交往之自由和安全、能够造就优良的法和政治、能够较大限度地增进每个人利益，从而给予每个人的利与害的比值较大，那么，它就是比较优良的道德。反之，它就是比较恶劣的道德。

这就是说，任何道德都是对于人的利益和愿望的一种压抑和损害，因而都是一种害和恶。所谓优良的道德，就是给予每个人的损害比较小，而给予每个人的利益比较多，因而其净余额是利和善。因此，最优良的道德，说到底，就是一种给予每个人的利和害的比值最大的道德，就是其净余额的利和善是最大的道德。这样的道德，人们不就愿意遵守了吗？我遵守这样的道德得到的利多，我受到的害小，我当然就会遵守这样的道德了。我们恒久地遵守道德，就意味着拥有了美德。那么，一个社会的国民都恒久地遵守道德和拥有美德，这个社会就处于一种道德高尚、风俗良好的状态，是不是？相反，所谓恶劣的道德，就是给予每个人的损害比较大，而给予每个人的利益比较少。最恶劣的道德，说到底，就是一种给予每个人的害和利的比值最大的道德。这样的道德，人们怎么会愿意遵守呢？我遵守这样的道德得到的利少，我受到的害大，我当然就不愿意遵守这样的道德了。一个社会的国民都不愿意遵守道德，这个社会的道德岂不就处于沦丧状态？

于是，道德越优良，它给予一个人的压抑和损害便越少，而给予一个人的利益和快乐便越多；因而人们遵守道德、做一个有美德的人的动力便越强大，他们做一个有美德的人的道德愿望便越强大，他们的道德意志便越强大，他们的品德便越高尚。反之，道德越恶劣，它给予每个人的压抑和损害便越多，而给予他的利益和快乐便越少；因而人们遵守道德、做一个有美德的人的动力便越弱小，他们做一个有美德的好人的道德愿望便越弱小，他们的道德意志便越弱小，他们的品德便越低劣。这个规律，是关于每个人的道德感情以及道德行为或道德意志与社会所奉行的道德之优劣的关系之规律，因而也属于国民品德的个人道德感情和道德意志两方面的复合规律，不妨名之为“德道律：品德与道德的内在联系”。根据这个规律，废除恶劣道德而奉行优良道德显然是国民品德培养的重要方法。可是，一个国家究竟奉行怎样的道德才算得上优良呢？

任何国家所奉行的道德无疑都是不胜枚举的，因而必定既有一些是优良的，又有一些是恶劣的，而不可能全部优良或全部恶劣。所以，我们说一个国家所奉行的道德是恶劣的或是优良的，只能是就其处于基础与核心地位的——亦即具有决定意义——的道德来说的：如果一个国家处于基础与核心地位的道德是优良的，我们就说该国奉行优良道德；反之，如果一个国家处于基础与核心地位的道德是恶劣的，我们就说该国奉行恶劣道德。在一个国家所奉行的道德规范体系中，处于基础与核心地位的无疑是普遍的道德原则，而不是推导于普遍道德原则的特殊道德原则和道德规则。人类社会普遍的道德原则无非四类。第一类是道德终极标准，亦即道德最终目的之量化：“增进每个人利益总量”；第二类是一切伦理行为应该如何的道德总原则，亦即所谓“善”；第三类是善待他人的道德原则，主要是社会治理的道德原则，亦即“公正（平等是最重要的公正）”和“人道（自由是最根本的人道）”；第四类是善待自我的道德原则，亦即所谓“幸福”。善待自我的道德原则在一个国家所奉行的道德规范体系中显然不可能处于基础与核心地位。因此，判断一个国家所奉行的道德是否优良，说到底，全在于该国所奉行的道德终极标准和道德总原则以及社会治理道德原则是否优良。那么,一个国家究竟奉行怎样的道德终极标准、道德总原则和社会治理道德原则才堪称优良?规范伦理学的研究表明:

首先,功利主义道德终极标准和己他两利主义道德总原则最优良,因其将无私利他和利己不损人(为己利他与单纯利己)一起奉为评价行为是否道德的多元准则。这样,一方面,这种道德对每个人的欲望和自由的压抑和限制便最为轻微:它仅仅压抑、否定每个人的损人的欲望和自由,因而只有在利益冲突时才要求无私利他、自我牺牲。另一方面,这种道德增进全社会和每个人利益又最为迅速。因为它不但提倡无私利他、自我牺牲,激励人们在利益冲突时无私利他、自我牺牲而不致损人利己,从而增进了社会利益总量;而且倡导为己利他与自我实现,肯定一切利己不损人的行为,鼓励一切有利于社会和他人的个人利益的追求,也就开放了增进社会和每个人利益的最有力的源泉。于是,合而言之,功利主义道德终极标准和己他两利主义道德总原则便是给予每个人的利与害的比值最大的道德,因而也就是最为优良的道德。相反的,最高调的道德——义务论道德终极标准和利他主义的道德总原则——最恶劣。因为二者虽然坚持了无私利他,鼓舞了人们无私奉献的至善热忱,却反对一切个人利益的追求,抛弃为己利他和自我实现原则,而以无私利他要求人的一切行为。这样,一方面,它们对每个人的欲望和自由压抑、限制得便最为严重:它们压抑、否定每个人的一切目的利己的欲望和自由,而妄图使人的一切行为都达到无私利他的至善峰峦;另一方面,它们增进社会和每个人利益最为缓慢,因为它们否定目的利己、反对一切个人利益的追求,也就堵塞了人们增进社会和他人利益的最有力的源泉。于是,合而言之,利他主义和义务论道德便是给予每个人的害与利的比值最大的道德,因而也就是最为恶劣的道德。

其次,专制主义社会治理道德原则最恶劣。因为,一方面,它维护一个人独掌国家最高权力,而违背政治平等、经济平等和机会平等原则,从而剥夺所有人应该享有的各种平等权利,使所有人生活于一个极端不平等、不公正和无人权的等级社会;另一方面,它维护一个人独掌国家最高权力,而违背政治自由、经济自由和思想自由原则,剥夺所有人应该享有的各种自由权利,使所有人都生活于一个遭受全面的奴役、异化和不自由的社会,完全丧失个性而不可能实现自己的创造性潜能,因而必定极端阻碍社会发展进步,造成社会停滞不前。合而言之,专制主义道德对每个人的欲望和自由的压抑、限制和侵犯最大,而增进全社会和每个人利益却最少:它是给予每个人的害与利的比值最大的道德,因而是最为恶劣的社会治理道德。相反的,人道与自由以及公正与平等的社会治理道德原则最优良。因为,一方面,它们对每个人的欲望和自由的压抑无疑最为轻微——它们甚至倡导每个人的自由应该广泛到社会的存在所能容许的最大限度——另一方面，它们增进全社会和每个人利益必定最为迅速，因为人道与自由以及公正与平等无疑是实现每个人创造潜能、调动每个人劳动积极性和保障社会繁荣进步的根本条件。于是，合而言之，人道与自由以及公正与平等的道德原则便是给予每个人的利与害的比值最大的道德，因而是最为优良的社会治理道德。

这样一来，如果一个国家奉行最高调道德——义务论和利他主义——以及专制主义道德，那么，该国所奉行的道德，就其基础或核心来说，便是最恶劣道德，因而不论其余道德如何，该国所奉行的都是最恶劣的道德：一方面，它对于国民的压抑、限制和损害必定极大，而给国民的利益和快乐必定极少；另一方面，它势必背离行为的客观本性而难以被每个人实行。于是，人们遵守这种道德从而做一个有美德的人的动力、欲望、动机和意志便必定极其弱小，因而他们的品德必定极其恶劣。这就是为什么一个社会所奉行的道德对人们的要求越高，人们的品德反倒越低的缘故。这就是为什么国民品德败坏竟会与最高调的道德——利他主义道德——如影随形的缘故。反之，如果一个国家奉行功利主义、己他两利主义以及人道、自由、公正和平等的道德，那么，该国所奉行的道德，就其基础或核心来说，便是最优良的道德，因而不论其余道德如何，该国所奉行的都是最优良道德：一方面，它对国民的压抑、限制和损害必定极少，而给予国民的利益和快乐必定极多；另一方面，它必定符合行为的客观本性因而易于被每个人实行。于是，人们遵守这种道德从而做一个有美德的人的动力、欲望、动机和意志必定极其强大，因而他们的品德必定高尚。所以，功利主义、己他两利主义以及人道、自由、公正和平等之优良道德，乃是形成国民做一个有美德的人——君子、仁人乃至圣人——的强大的动力、动机、欲望和意志之方法，因而是培养国民品德道德感情和道德意志两因素的复合方法，是提高国民品德的基本方法。

综观国民品德变化规律和培养方法，不难看出，宪政民主、市场经济、思想自由和优良道德四大制度建设均为国民总体品德或群体品德培养方法，而不是国民个体品德、个人品德培养方法。因此，这些方法并不能保证提高一个具体的、特殊的个人的品德境界；而只能保证提高一个国家的国民总体的品德境界。这些方法只能保证提高一个国家的国民总体的品德境界，因而一个国家或社会，只要实行君主专制、政治腐败，不论诞生了多么伟大的道德楷模，该国国民总体来说必定品德败坏；反之，只要实行宪政民主、政治清明，不论出现了多么十恶不赦的坏蛋，该国国民总体必定品德高尚。但是，这些方法并不能保证具体提高某一个个人的品德境界，因而一个国家或社会，不论如何专制腐败，总有一个或一些品德极其高尚的人；反之，不论如何宪政民主，总有一个或一些品德极其败坏的人。

这样一来，一个人即使有幸生活于宪政民主的国度，也未必品德良好，而仍然可能品德败坏；反之，即使他不幸生活于君主专制社会，也未必品德败坏，而仍然可能品德良好。那么，一个人究竟怎样才能具有良好和高尚的品德？究竟怎样才能使一个人具有良好和高尚的品德？换言之，能够保证具体提高某一个个人的品德境界的品德培养方法究竟如何？说到底，国民个体品德培养方法究竟是什么？是道德教养：道德教育与道德修养。道德教育是国民个体品德培养的外在方法，包括言教、奖惩、身教和榜样；道德修养是国民个体品德培养的内在方法，包括学习、立志、躬行和自省。这些品德培养方法众所周知，毋庸赘言。问题乃在于：道德教养与制度建设之关系究竟如何？

制度建设——宪政民主、市场经济、思想自由和优良道德四大制度建设——是国民总体或群体品德培养方法，它虽然不能保证具体提高各个个人的品德境界，却能够保证提高一个国家的国民总体的品德境界；而道德教养——道德教育与道德修养——则是国民个体或个人的品德培养方法，它只能保证具体提高各个个人的品德境界，却不能够保证提高一个国家的国民总体的品德境界。这样一来，一个国家或社会，只要制度优良，不论该国道德教育与道德修养如何，即使该国不进行任何道德教育与道德修养，该国国民总体来说必定品德高尚；而它的道德教育和道德修养不论如何恶劣、松懈乃至等于零，充其量，也只能导致极少数人品德败坏而已。反之，一个国家或社会，只要制度恶劣，那么，不论道德教育与道德修养如何，即使有最优良最努力的道德教育和道德修养，该国国民总体来说也必定品德败坏；而它的道德教育和道德修养不论如何优良努力，充其量，只能造就极少数有美德的人而已。因此，作为品德培养方法，制度建设远远重要于道德教养：制度建设是大体，是品德培养的根本的、主要的和决定性的方法；而道德教养则是小体，是品德培养的非根本的、非主要的和非决定性的方法。所以，邓小平说："制度好可以使坏人无法任意横行，制度不好可以使好人无法充分做好事，甚至会走向反面。即使像毛泽东同志这样伟大的人物，也受到一些不好的制度的严重影响，以至于对党对国家对他个人都造成了很大的不幸——不是说个人没有责任，而是说领导制度、组织制度问题更带有根本性、全局性、稳定性和长期性。"①

---

① 《邓小平文选》第二卷，人民出版社 1994 年版，第 333 页。

POSTSCRIPT 后记

2006年，素不相识的复旦大学出版社编辑陈军博士约我撰写“名校名师名课系列”中的《伦理学与人生》一书，正中下怀。因为我刚刚完成150余万字的《新伦理学》，正拟将其要义化为一本通俗读物。恰好此时贾旗（北大哲学系博士研究生）已把我在北京大学开设的通选课《伦理学导论》录音完毕，并整理成文字。于是，我就在讲稿的基础上，参照贾旗的录音整理，将每个伦理学理论问题都化为一个鲜活的人生案例，最后承蒙陈军博士逐字逐句精心修改，遂成此书。此书的写作还得到“北京大学创建世界一流大学计划”经费资助，在此一并深致谢忱。

王海明

北京大学燕北园忘机书斋

2008年7月1日

图书在版编目(CIP)数据

伦理学与人生/王海明著. —上海:复旦大学出版社,2009. 1(2021. 1 重印)
(名校名师名课系列)
ISBN 978-7-309-06266-3

Ⅰ. 伦…　Ⅱ. 王…　Ⅲ. 伦理学　Ⅳ. B82

中国版本图书馆 CIP 数据核字(2008)第 136107 号

伦理学与人生
王海明　著
责任编辑/陈　军

复旦大学出版社有限公司出版发行
上海市国权路 579 号　邮编: 200433
网址: fupnet@fudanpress.com　http://www.fudanpress.com
门市零售: 86-21-65102580　团体订购: 86-21-65104505
外埠邮购: 86-21-65642846　出版部电话: 86-21-65642845
上海春秋印刷厂

开本 787×960　1/16　印张 22.5　字数 392 千
2021 年 1 月第 1 版第 3 次印刷

ISBN 978-7-309-06266-3/B·299
定价: 48.00 元